나의 군 생활 30개월

1사단 돈까스의
추억의 단상

1사단 돈까스의 추억의 단상
나의 군 생활 30개월

초판 1쇄 발행 2023년 6월 17일

지은이 주완순
펴낸이 장현수
펴낸곳 메이킹북스
출판등록 제 2019-000010호

디자인 박단비
편집 박단비
교정 강인영
마케팅 장윤정

주소 서울특별시 구로구 경인로 661, 판포인트타워 912-914호
전화 02-2135-5086
팩스 02-2135-5087
이메일 making_books@naver.com
홈페이지 www.makingbooks.co.kr

ISBN 979-11-6791-386-9(03810)
값 16,800원

ⓒ 주완순 2023 Printed in Korea

잘못된 책은 구입하신 곳에서 바꾸어 드립니다.
이 책의 전부 또는 일부 내용을 재사용하려면 사전에 저작권자와 펴낸곳의 동의를 받아야 합니다.

메이킹북스는 저자님의 소중한 투고 원고를 기다립니다.
출간에 대한 관심이 있으신 분은 making_books@naver.com으로 보내 주세요.

주완순의 자전적 해병대 수필집

나의 군 생활 30개월   주완순 지음

1사단 돈까스의
추억의 단상

메이킹북스

서문

 신설동 192번지… 그냥 평범한 서울의 한 동네 신설동 로터리가 그때 서울의 사대문 중 하나인 동대문의 조금 밖이지만, 서울의 모든 버스가 통과하는 교통의 요충지였다. 로터리 옆으로는 육교 건너 시외 전화국이 있었고, 로터리 바로 앞에는 동보극장, 대각 선 건너편에는 노벨 극장이 있었다. 이 로터리를 통과하는 버스가 6~7개쯤인데 서울의 동서남북, 경기 근방을 다가는 그야말로 서울의 중심지라 해도 과언이 아니었다. 미화복장사. 신설동 로터리 육교 옆 용호 빌딩 1층에 가게를 차려놓고 신설동을 통과하는 6~7개의 버스 회사 중 4~5개의 운전사와 차장의 단체복을 아버지가 만들었다.

 허름한 한옥집을 나중에는 그때 최신식 2층으로 다시 지었다. 1층을 생활공간, 2층을 공장으로 만들어 본격적으로 돈을 벌었다. 한마디로 엄청 벌었다. 큰 돼지, 남동생 작은 돼지, 민자 누나는 어려서부터 분유도 미루꾸도 일제 모리나가 제품을 많이 먹고, 군것질도 어디 제품인지는 몰라도 엄마가 남대문 시장 외제품을 대놓고 먹었다. 그중 인삼 제품 군것질을 많이 먹었는데, 어디 제품인지 까먹었다. 어려서 오마니와 같이 걸어갈 때면 '이거 우리 집이야~! 이것도 우리 집이야~!' 하며 말씀해 주셨는데, 동네 근방에 우리 집 사 논 거라고 들은 것만 해도 5~6채는 됐었다. 대충 짐작이 갈 거다. 이렇게 큰 돼지는 어려서부터 어려움을 모르고 부족함 없이 귀하게 자랐다.

 아버지, 오마니가 두 분이 다 실향민으로 6.25때 어쩔 수 없이 아버지는 인민군 징집하니 친구들과 남한으로 도망쳐 오셨고, 오마니는 복막염으로 병원에 입원 중인데 미군 후퇴할 때 병원과 같이 내려오셨다.

이렇듯 혈혈단신으로 각자 내려와 금방 다시 올라갈 줄 알았지만 삼팔선이 막히면서 통한의 피난 시절을 이어가던 때 인연이 되어 두 분이 만나 살면서 아버지가 40세에 큰 돼지를 낳았으니 얼마나 귀하게 자랐겠나…. 많이 귀하게 자랐다. 그런데 그런 큰 돼지가 군대를 그것도 해병대를 지원해서 간다니? 큰 돼지의 어린 시절을 아는 사람들은 이렇게 생각할 거다. 미쳤나? 겁대가리 없이…? 그냥 방위나 가지~! 쇼킹, 그 자체다. 있을 수 없는 일이다.

이 글을 쓰게 된 이유 중 하나가 그거다. 있을 수 없는 일이 일어났기 때문이다.

1사단 돈까스는 소설가도 아니다. 다만 책을 좀 읽었고, 위트와 감성이 좀 있어 형식에 얽매이지 않고 있는 그대로 사실과 조금의 창작을 더해 감히 쓰게 된 거다. 넓은 아량을 베풀어 재미있게 읽어 주시길 바랍니다.

목차

서문   4

Chapter 1. 진해 훈련소

(1) 큰 돼지가 왜 해병대를 가?   12
(2) 입영 전야   18
(3) 새로운 도전(삶의 터닝 포인트)   27
(4) 절규와 희열의 나날들   40
(5) 지옥의 개돼지들   58
(6) 무조건 복종(unconditional obedience)   69
(7) 인간은 적응의 동물   90
(8) 맹종과 군인의 길   97
(9) 물딱이 큰 돼지   104
(10) 잊지 못할 행암 구보   116
(11) never give in(절대 포기 하지 마라)   123
(12) 순검(巡檢)   131
(13) 각개 전투와 화생방 교육
    (상륙병과 430기, 해병 464기)   141
(14) 글래디에이터(gladiator)   153
(15) 전사의 후예들(탄생)   158

Chapter 2. 포항 훈련소

(1) INAUGURATE(새로운 훈련소)   172
(2) we band of brothers 전우(戰友)   189
(3) Semper Fidelis(언제나 충성)   201
(4) 강하고 빡세게 4주   209
(5) 미래의 발판   224

Chapter 3. 실무 군 생활

(1) 바다로 간 개구리   232
(2) 塗炭之苦(도탄지고) 어려운 상황   242
(3) 철의 여인 故고양숙   257
(4) 칼날의 양면 포항 병원   267
(5) 지옥의 묵시록(대대로의 귀환)   273
(6) 살기 위한 타협과 적응   282
(7) 살아남아라(Surviving Life)   291
(8) 운 좋은 소총수   304
(9) 전천후 1사단 돈까스   322
(10) 고장 난 국방부 시계   330
(11) 군용 해바라기   338
(12) 특등 사수의 꿈   342
(13) 벽암지 유격장   350
(14) 대항군 훈련   357

Chapter 4. 병장 1사단 돈까스

(1) 해안 방어(Defense Coaster)   366
(2) 해안선   374
(3) 한달비 향수(鄕愁)   385
(4) 1사단 면도칼   391
(5) 한달비 연가   404
(6) 격오지 매복 근무   414
(7) 호국간성(護國干城)   420
(8) 풍림화산(風林火山)처럼   429
(9) 한달비 여정의 끄트머리   434
(10) 팀 스피리트 85(TEAM SPIRIT85'EX.) 1   445
(11) 팀 스피리트 85(수륙 양용 작전) 2   457
(12) 긴 여정의 끝과 시작   471

후기   486

Chapter 1. 진해 훈련소

(1) 큰 돼지가 왜 해병대를 가?

아버지와 차 타고 12시간을 달려 도착한 진해역

1982년 10월 완연한 가을바람이 스산하게 부는 보문동 보문다방. 돈까스, 수창, 혁우, 송욱이가 앉아 커피를 마시고 있다.

이때만 해도 음악다방이 한창 유행하고 많을 때라 젊은이들이 다방에 앉아 커피를 자주 마셨다. 물론 레지 누나들이 예쁘기도 했고 말이다.

"아~! 형 거짓말하지 마. 형은 방위 가야지 군대는 무슨."

혁우가 거든다.

"그래 형~! 형이 무슨 군대야, 조용히 있다가 동네 방위 가야지~! 형이 군대 가면 보문동은 누가 지켜~!"

아예 민방위로 빠진 수창이가 한마디 보탠다.

"아~! 시키 편하게 방위 가지 뭐 하러 군대를 가~! 넌 죽을지도 몰라~!"

하기야 돈까스를 아는 사람들은 이렇게 말하는 게 이상하지도 않다. 그만큼 돈까스가 아주 편안히, 조용히 살아왔으니까.
돈까스가 조용히 안주머니에서 편지 하나를 꺼낸다. 모두들 그걸 보더니 잠시 말없이 보고만 있다가 수창이가 탄식하듯 한마디 뱉어 낸다.

"하! 돼지 시키 미쳤네~!"

돈까스가 꺼낸 것은 '해병대 합격 통지서'였다. 입대 날짜는 한 달 후. 입대 장소 등이 적혀 있다. 돈까스는 한편으로는 걱정되지만 생애 첫 합격 통지서가 마냥 좋았다. 일단은 말이다.
아~! 돈까스가 군대 가는구나…. 크크크 근데 누구나 한 번은 다 갔다 와야 하잖아? 지~원? 돈까스는 방위 받았는데? 요샌 방위도 지원하나?

몇 개월 전. 대방동 해군 본부 앞. 돈까스가 해군 본부 안으로 바삐 걸어 들어간다. 한 무리의 젊은 장정들도 들어간다. 건물 입구에 작은 플래카드가 걸려 있다. '해군 해병 신체 검사장'. 신체검사를 다 받고 나오는 돈까스. 그렇다. 해병 지원을 하는 것이다. 왜? 돈까스는 몇 개월 전 이미 군 입대 신체검사에서 평발에 뚱뚱해서 보충역 판정을 받았다. 그냥 편하게 기다리다

Chapter 1. 진해 훈련소

때 되면 동네 방위를 가면 된다. 근데 왜? 해병 신체검사를 받냐고요? 여기에는 사연이 또 있다.

　돈까스가 입대하기 1년 전, 동네에서 좀 떨어진 곳에 친구 선홍이가 먼저 다니던 조그마한 여자 신발 공장이 있었다. 이 공장은 청계천 신발 상가에 소매 가게 부부 사장님이 자기 집 지하에 공장을 차려 직접 만들어서 파는 가게다.

　여기서 사장님과 처남이 같이 하고 있었다. 건실한 직장 구하기 전에 노느니 나오라고 해서 돈까스도 나가게 되었다. 사장님과 처남 그리고 선홍이, 돈까스, 그리고 화심이라고 우리 또래 여자 직원 하나 이렇게 있었다. 한화심. 우리 집에서 100여m 떨어진 곳에서 혼자 자취하는데 아침에 꼭 완순아~! 하고 공장 가자고 부른다. 어느 날인가 집에 아무도 없고, 화심이랑 집에서 라면 끓여 먹으려고 둘이 부엌에 있는데 퇴근하고 들어오던 아버지가 그 모습을 보고 다시 나가셨다. 왜? 그때 아버지는 왜 바로 그냥 나가셨을까?

　가끔 사장님 옆집에 사는 30대 여자가 가끔 와서 허드렛일을 도와줬다. 흠? 이 여자는 처남 사장의 친구라는데, 정말 무슨 관계인지 모르겠다. 애인도 아니고 결혼할 사이도 아니고, 어떨 땐 둘이 꼭 껴안고 있고. 뭐지? 아~! 모르겠다. 그건 그렇고, 처남 사장 이 작자다. 돈까스한테 해병대 바람을 허벌나게 불어넣은 것이…. 바로 정성태! 해병대 3백 몇 기인데 훤칠하게 키가 큰 선홍이도 아니고, 뚠뚠한 돈까스한테 해병대를 가게 만든 장본인이다. 공장일 중간중간 쉴 때면 위층 집으로 데려가 군 시절 앨범을 보여 주며 해병은 멋있다는 걸 열심히, 허벌나게 설명하며, 자기가 가지고 있던 새삥이 빨간 해병 티도 주고, 하여간 돈까스한테 해병 바람을 엄청 불어넣었다.

나중에 수창이도 들어왔고, 선홍이도 있는데 왜? 유독 돈까스에게만 해병 바람을 불어넣었을까? 나는 이것이 운명이라고 생각한다. 이전에는 군대에 대해 당연히 방위 갈 거라 생각했고 그때만 해도 해병대는 센 놈들만 지원해서 가는, 잘못하면 죽을 수도 있는 군대라고 생각했다. 돈까스 인생에는 있을 수도 없고, 있어서도 안 되는 일이었다.

근데 저 처남 사장이 막 꼬시고 두 달 정도 지나서 해병대에 지원서를 낸 것이다. 그리고 한 번 재수하고, 다시 지원해서 한 달 정도 기다리니 합격 통지서를 받고, 다시 한 달 정도 있다가 입대길에 오르게 되었다. 이 상황이 불과 몇 개월 만에 이루어졌으니, 이것이 운명 아니면 뭐란 말인가~! 돈까스는 첫 번째 해병대 지원에서는 떨어졌다. 신체검사를 하고, 다음으로 필기 적성 검사 시험을 봐야 하는데 돈까스가 이걸 잘못 인지하고 안 봤다.

운명이 아니라면 이때 포기했을 거다. 그런데 돈까스는 그러지 않았다. 그리고 돈까스가 이때 한 가지 마음먹은 게 있어서 그랬다. 돈까스의 부모님은 모두 실향민이다. 그래서 반공 사상이 철저했던바 만약 방위 나오면 유사시에 공산당에게 부모님의 복수를 못할 거 같았다. 이 말은 실향민을 부모님으로 둔 자식들은 이해할 것이다. 해병대는 전쟁 시 원산이나 청진으로 상륙한다. 내 상식으로는 그랬다. 그러면 해병대가 젤 먼저 북진을 하겠지? 그러면 부모님들 고향이 함흥이니 그쪽으로 지날 때 부모님 고향 흙을 담아 와 부모님께 드리자. 이게 돈까스가 생각하는 큰 그림이었다. 어느 영화에서 비슷한 내용을 봤다.

지금 생각하면 단순한 생각이었지만…

불합격 통지를 받자마자 병무청과 구청을 뛰어다니며(버스로) 열심히 물어봤다. 육군 훈련소 입대 전에 해병대를 다시 지원해도 될 시간이 되는지.

Chapter 1. 진해 훈련소

이때는 정말 절실했다.

이왕 가기로 했는데 끝을 봐야지 않겠는가. 결론은 입대 시기가 좀 남았으니 그전에 다시 지원해도 되고 만약 해병대 합격해서 가면 육군 방위 쪽은 자동으로 취소된다고 얘기해 주셨다. 그 말을 듣자마자 다시 지원서를 냈다. 지원서를 내고 며칠 있다가 필기 적성 검사 시험을 봤다. 이번엔 빼먹지 않고 잘 봤다. 적성 검사 시험을 보고 며칠 있다가 면접시험을 보는 날이다. 역시 대방동 해군 본부 안 강당에 많은 젊은 장정들이 모였다. 으쟁이… 뜨쟁이… 니주가리 씨빠빠… 히히히~! 다 모였다.

헉~! 근데 주위를 둘러봐도 돈까스만 한 뚠뚠이가 없다. 아~! 내가 젤 뚠뚠하구나~! 다 잘났다. 그렇구나~! 돈까스 차례는 중간쯤인 거 같다. 앞에 애들이 열심히 지원 동기를 피력하며, 시간이 점차 흘러간다. 어! 저놈도 뚱뚱하다. 크크크~! 뚱뚱하고 머리는 길고 머리 색깔이 누런색이다. 야~! 저놈도 참 이상하게 생겼네~! 히히히~! 그게 순복이와의 첫 대면이었다. 김순복. 힘든 훈련소 생활의 활력소가 되어 준 정말 고마운 동기다. 순복이와의 얘기는 훈련소 내내 밀접한 관계로 많이 펼쳐질 것이다. 돈까스 담당 면접관 해군 대위가 질문한다.

"자네는 몸이 뚱뚱하니 가면 구보도 그렇고 많이 힘들 텐데."

돈까스가 우렁찬 목소리로 자신 있게 대답한다.

"정신력으로 충분히 극복할 수 있습니다~!"

너무 우렁차서 옆 사람들이 다 쳐다본다. 옆에 면접관님들도 잠시 놀란 토끼 눈으로 쳐다보고 면접관님이 확신에 찬 모습으로 말씀하신다.

"흠~ 좋아! 넌 내가 책임지고 보내 줄게! 좋아~!"
"넵~! 감사합니다."

왜 그러셨어요, 면접관님~! 큭큭큭. 이래서 순둥이 큰 돼지가 대한민국 해병대에 가게 된 거다.

군대 가기 한 달 전 1사단 돈까스

(2) 입영 전야

1982년 11월 23일 초저녁. 신설동 로터리 근방에 '신설호프'라는 허름한 간판이 달린 생맥주 가게 앞. 한 무리의 사람들이 가게 앞에 모여 있다.

"엄마…. 나 갔다 올게. 걱정하지 마."
"몸 잘 챙기고 잘 갔다 와."

오마니가 한마디 하시고 바로 가게 안을 청소하신다. 1사단 돈까스. 잠시 엄마의 뒷모습을 바라본다. 그리고 생각한다. 우리 오마니 약한 모습 일부러 안 보이려고 하시네. 나중에서야 들었다. 오마니가 조용히 몇 날 며칠을 우셨다고…. 밖에는 1사단 돈까스 아버지, 누나, 남동생, 그리고 지인 두세 분이 있었다.

남동생, 누나는 가게 앞에서 몸조심하고 잘 갔다 오라고 하고 서울역에는 아버지와 같이 간다.

서울역에 가니 11월이라 스산한 찬바람이 제법 차다.

"형~! 여기 이리 와."

서울역 광장에 친구와 후배 몇이 배웅 차 나와 있다. 고맙게도 어릴 적부터 동네 친구들과 후배 몇이 마중을 나왔다. 전부 얼굴이 뭐 씹은 얼굴들을 하고 있다. 후배 송욱이가 많이 걱정스런 얼굴로 말한다.

"형. 지원은 안 가도 된대…. 지금이라도 생각 잘해."

옆에 있던 혁우가 더 걱정스런 얼굴로 한마디 한다.

"맞아, 형~! 그냥 편하게 방위 가지, 뭐 하러 거길 지원해."

친구나 후배들이 많이 걱정되나 보다. 이렇게까지 말릴까? 돈까스가 친구들과 후배들에게 확신에 찬 모습으로 말한다.

"응. 근데 앞으로의 나 자신을 위해서라도 갔다 와야 돼."
"아…. 이 형 미쳤나 봐~! 죽을 수도 있는데 뭐 하러 지원을 해."

돈까스가 배시시 미소만 짓는다. (새끼들아…. 나도 겁난다.) 불알친구인 수창이가 가만히 쳐다보다 말한다.

"그래 생각을 굳혔으면 잘 갔다 와~!"
"근데 우리 친구 중에 네가 첨으로 군대 가니 뭐라고 가르쳐 줄 수도 없고, 하여간 몸 건강히 잘 갔다 와~!"
"그래 고마워. 내가 결정한 일이니 잘 갔다 와야지."
"용균아~! 기차 시간 다 되어 간다. 가자~!"

저쪽 옆에서 기다리시던 아버지가 부르신다.

"이제 가야 되나 보다. 고마워. 편지 자주해 줘~!"

Chapter 1. 진해 훈련소

"그래 몸 건강히 잘 갔다 와~! 편지 자주 할게."

한참이나 서로를 보며 손을 흔든다. 돈까스는 친구들이 많이 고맙기도 하지만, 한편으로는 발걸음이 무겁다. 왜 안 그러겠는가? 돈까스에게는 미지의 세계 아니던가…. 입대 장소가 진해다. 진해? 첨 들어본 곳이다.

돈까스는 아버지가 어려서부터 물놀이를 좋아해 가족이 자주 놀러 다녔지만 고작해야 경기도다. 그때만 해도 신설동 로터리를 기준으로 북쪽으로는 미아리 고개, 동쪽으로는 워커힐, 서쪽으로는 서대문을 조금만 벗어나면 거의 시골이었다. 그 시절에는 그랬다. 그리고 돈까스는 바다를 진해 가는 길에 첨 봤다. 텔레비전에서야 봤지만….

아버지랑 기차에 오르니 사람들이 많았다. 특히 젊은 사람들이 많았는데 거의 내 또래다. 근데 혼자 가는 애들이 많았고, 가끔 나처럼 아버지나 오마니랑 같이 가고, 가끔 애인인가 본지 여자랑 둘이 간다. 돈까스가 보기에는 그 모습이 너무 생소했다. 벌써 애인이…?

돈까스 자리 근처에는 거의 혼자 가는 애들이다. 아버지랑 돈까스가 같이 앉고, 앞에는 내 또래 둘이 앉았다. 그리고 그냥 동네 마실 나온 것처럼 맨몸에 허름한 배낭, 간단한 종이봉투를 든 애들 몇이 있었다. 앗~! 저놈은 동네 호빵 사러 나왔나? 슬리퍼를 신고 나오기까지 했다.

서울역에서 진해까지 거의 10~12시간이다.

내일 아침 6신가? 진해역? 경화역? 도착이다.

흠…. 시간이 가물가물하다. 드디어 기차가 서서히 움직인다. 덜크덩~!

덜크덩~! 기차가 서서히 움직이고 창밖에 어둠을 보며, 돈까스는 잠시 생각한다. 아~! 이 시간이면 집에서 누나랑 동생이랑 호빵 사다가 먹을 시간인데…. 흑흑

　돈까스가 집 떠나본 적이 없기 때문에 벌써 집 생각이 나나 보다. 가장 긴 시간 집 떠날 수 있는 때가 고등학교 때 수학여행인데 그때 하도 사고가 많아서 전체적으로 취소가 됐었다. 친구들 집에 가서나 놀러가서 자는 거 빼고 1박 이상 집을 떠나 본 적이 없는 것이다.

　기차 밖으로 보이는 건 어두운 길, 마을 쪽에 간간이 켜진 불빛이다. 겨울이라 창밖의 어둠이 더욱더 차게 느껴진다.

　"삶은 계란~ 땅콩~ 사이다~ 있어요~!"

　뒤쪽에서 간식 파는 카트 소리가 난다.

　"사이다랑 계란 먹을까~?"

　아버지가 돈까스를 보며 말씀하신다.

　"네, 먹어요. 아버지~!"

　아버지는 아시는 거 같다. 이 시간이면 큰 돼지가 배가 고플 거라는 걸…. 계란과 칠성사이다를 샀는데 아버지는 다른 음료는 안 마시는데 꼭 칠성사이다를 마셨다. 큰 돼지, 작은 돼지랑 어디 놀러 갈 때나 놀고서 돌아올 때는 꼭 시골 점방에 들려서 꼭 이 사이다를 사서 마시곤 했다. 그때 나는 사

이다가 정말 정말 맛있었다.

　아버지가 피난 오실 때 대구에서 첨 마셔 본 음료가 칠성사이다라고 종종 말씀하셨다. 그래서 그러신가 보다.

　아버지가 계란이랑 사이다를 좀 많이 산다 싶었는데, 앞에 앉은 젊은 애 둘은 아무것도 안 샀는데 아버지가 계란이랑 사이다를 나눠 먹으라고 주시면서 물었다.

"너네도 진해 해병대 훈련소 가는 거니?"
"네, 저희도 진해 훈련소 가는 겁니다. 고맙습니다."

아버지와 그 애들이 이런저런 얘기를 하게 되었다.

"너네 훈련소 가면 얘하고 친하게 잘 지내라~!"

　그렇게 우리는 서로 통성명을 하였다. 나는 주완순, 나는 김영호다. 나는 박창수, 반갑다. 김영호는 불광동 쪽에서 왔다고 했고, 박창수는 천호동 쪽이라 했다. 아버지가 왜 이런 말씀을 하셨는지 돈까스는 잘 안다.
　앞에 두 친구는 똘망똘망하게 생겼다. 아버지는 돈까스가 물딱이니까 훈련소 가서 친구가 있으면 좀 나을 거라고 생각하신 거다.
　지금 생각해 보면 아버지의 배려가 참으로 고맙고 감사하다.
　아버지의 생각은 정확히 맞았다. 훈련소에서 친구가 있으면 서로 의지가 되고, 어려움 이겨 나가는 데 정말 도움이 되었으니까. 근데 삶은 정말 변수가 많다. 이때 돈까스는 이 말을 정말 절실히 느꼈다. 이때까지 마음에 항상 간직하는 말이다. 이 변수는 나중에 나올 것이다. 진해까지 가는 시간이 정말 길다. 새로 사귄 친구들과 얘기하다 자다가 해도 겨우 수원 쪽을 지나가고 있었다. 돈까스가 조용히 창밖을 보니 어둠밖에 안 보인다. 착잡하다. 아버지를 돌아보니 주무시는지 생각하시는지 눈을 감으시고 조용하시다. 아버지도 착잡하신가 보다. (아버지~!)

　기차 안에서 간간이 사투리가 들린다. 돈까스는 첨 들어보는 말소리다. 기차가 충청도 대전역으로 들어서나 보다. 히히, 그랬~시~유~! 저랬~시~유~! 큭큭큭. 사람들 말소리가 재밌다. 서울, 경기도를 처음 벗어나 보니 그럴 만하다.

"용균(완순의 어릴 적 이름)아~! 빨리 내려 봐~!"

　오~잉, 아버지가 갑자기 일어나시며 재촉을 하신다. 얼떨결에 따라 내린 돈까스. 아버지와 다른 사람들이 내려 한곳으로 달려간다. 허름하고 작은 하꼬방인데, 사람들이 몰려 있다. 전부 다 뭘 허겁지겁 먹고 있다.

"두 개 말아 주세요."

　…뭐가 두 개지?
　헉~! 엄청 빨리 금방 나왔다. 우동이다.

"빨리 먹어 봐, 맛있다."

　돈까스는 이런 우동 첨 먹어 본다. 정말 맛있다. 정~말~!^^
　나중에 알고 보니 기차가 대전역에 잠시 정차하나 보다. 이것도 나중에야 알았고, 역전 우동이란 걸 이때 첨 알았다. 아버지는 이걸 아셨나 보다. 그래서 돈까스에게 이 맛을 보여 주고 싶으셨나 보다. 헉~! 사람들이 엄청 빨리 먹고 다시 기차로 우르르 몰려간다. 아버지도 다행히 거의 다 드셨고 음식을 엄청 잘 먹고 빨리 먹는 돈까스는 벌써 그 뜨거운 국물까지 다 마셨다. 돈까스와 아버지도 기차를 향해 전력 질주하고 좀 이따 기차는 다시 출발했다. 돈까스가 앉아서 잠시 생각하는데, 이 광경이 되게 생소하고 신기했다. 이때까지 중국집에서 먹던 우동과는 완전 맛이 다르고, 천천히 먹고 했었는데 이 역전 우동은 정말 뜻밖의 맛, 신세계…. 그 자체다.

기차가 출발한다. 대전발 0시 50분~!인가?^^
컴컴한 창밖으로 기차 유리창에 허옇게 김이 서리니 돈까스 맘이 더욱더 차갑고 시리다. 돈까스는 오마니, 누나, 동생이 뭐 하고 있을까? 또 생각해 본다. 벌써 집 생각이 나면 히히히 우짜냐? 그러면서 한편으로는 다시 한번 맘을 잡아 본다. (아냐…. 나는 해병대를 갔다 와야 살 수 있어…. 지금의 이 정신 상태로는 앞으로 이 힘한 세상을 살아갈 수 없어….^^) 내가 이것이 운명이라는 건 이때까지 약하게 살아온 돈까스의 정신 상태로는 이때 다시 갈 수도 있었다. 그러나 그러지 않았다.

기차가 어둠 속을 하염없이 달린다. 돈까스가 잠시 잠을 청해본다. 문득 내일부터는 잠을 내 마음대로 잘 수 없을 거 같은 생각이 순간 스치며, 눈을 감는다. 돈까스 맘이 착잡하다. 잠시 눈을 붙였는데 시끄러운 소리에 잠을 깼다. 어디서 싸우나? 시끄러운 소리에 부스스 잠을 깼다. 창밖에는 아직도 어둠이 깔려 있는데…. 기차 안이 좀 시끄럽다. 얼마나 잔 걸까? 아버지는 그대로 눈을 감고 계신다. 방송이 나오는데 대구란다. 대구? 경상도로 접어들었다. 각 지역 이름은 나중에야 안 것이지 이때는 다 몰랐고, 처음 들었다. 그러니 돈까스가 지금 가는 이 길이 얼마나 생소했겠는가.^^ 지금 생각하며 추억으로 돌리지…. 이때는 정말 생소하고, 두려움도 있었다. 옆 좌석에 사람이 바뀌고, 아버지와 아들인 거 같은데…? 오~호~! 조그마한 꼬마가 이상한 말을 쓴다.

"내사마 인자 마카 다 엉성시럽다~!"
"이노무 자슥…. 발까 주 차뿔라."
"단디 해라 마."

헉…. 외국어? 일본어? 돈까스는 정말 이 상황이 낯설다. 기차가 지나 내려올 때마다 말이 달라진다? 요상하네? 아버지를 보니 눈을 감고, 배시시 웃으신다. 아버지가 피난을 내려오신 곳이 대구였단다. 그래서 아버지는 저 말들을 다 알아들으시나 보다.^^ 한참을 신기해하며, 구경하며 재미있게 시간이 지나 기차가 삼량진, 창원을 지나 진해에 가까워진다.

진해역…. 아직 어둠이 채 가시지 않은 역 앞에 나오니 아직 찬 공기에 비릿한 바다 내음이 돈까스의 코를 자극한다. 처음 맡아 보는 냄새가 낯설다.
나는 누구인가? 여기는 어디인가?^^
역에서 조금 내려가다 길가에 허름한 여인숙으로 방을 잡았다. 아직 시간이 이르니 아버지가 조금이라도 더 쉬었다 가라고 방을 잡으신 거다. 방에 들어가니 퀴퀴한 냄새가 나지만 찬 몸을 녹이는 데는 좋았다. 방에 누우니 따뜻하고 좋았는데 아버지가 누워 조금이라도 자라고 하고 부대 앞까지 얼마나 되나 갔다 오신다고 나가셨다. 돈까스는 아버지의 세심한 준비에 감탄한다.^^ 그리고 아버지에 대한 고마움을 다시 한번 느끼며 스르륵 잠결에 빠진다.

당분간은 누리지 못할 고귀한 잠에….

(3) 새로운 도전(삶의 터닝 포인트)

"용균아~! 갈 시간 됐어. 일어나~!"

아버지가 훈련소 가는 길을 갔다 오시고 돈까스를 깨운다. 돈까스는 잠시…. 어제 긴장한 상태라 잠을 잘 못 잤는데 짧은 시간을 무슨 꿈을 꾸면서 푹 잤나 보다. 일어난 순간 어? 여긴 어디?… 집인 줄 알았나 보다. 여인숙 방이 순간 낯설어 잠시 아버지 얼굴을 쳐다보며 멍 했던 거다. 훈련소는 진해 경화역에서 300여 미터를 직선으로 쭉 내려가면 바로 6정문이다. 아버지와 돈까스는 얼른 짐을 챙겨 여인숙을 나서 한동안 말이 없었다. 아버지를 보니 담담한 얼굴인데, 한편으론 걱정스런 얼굴이다. 잠시 걷다 아버지가 한마디 하신다.

"용균아~! 우선 들어가면 친구를 사귀어. 그리고 친구들이 하는 거 보고 따라서 해. 뒤처지지 말고, 알았지~! 빠릿빠릿해야 하는데, 너는 그러지 못하니 처음에는 애들 하는 거 잘 보고 따라 해…. 그리고 힘들어도 아버지, 엄마 생각하며 참아. 많이 힘들 거야."
"네~! 아버지 걱정 마세요. 잘할게요~!"

돈까스는 아버지를 안심시킨다고 이렇게 말했지만 6정문이 가까워질수록 걱정이다. 돈까스가 가던 길 잠깐 멈춘다. (아~! 여기서 돌아갈까? 아냐 난 꼭 가야 해…. 아냐…. 갈까.) 정말 맴이 갈까? 말까? 왔다리 갔다리 열 몇 번 했었다. 거의 다 왔다. 저기 진해 6정문 담벼락이 보인다.

진해 6정문 앞에는 많은 젊은이들이 모여 있었다. 부모님들, 친구들 많은 인파들이 모여 차가 통행을 잘 못할 정도였다. 돈까스는 이제 어느 정도 군 입대한다는 걸 조금 실감이 났다. 돈까스가 둘러보니 별놈 다 있다. 앞서도 말했던…. 품~! 으쟁이…. 뜨쟁이…. 니주가리 씨빠빠…. 크크크~! 앗…. 대방동에서 봤던 그 뚠뚠하고 못생긴 노랑머리다.^^

한 무리의 군인들이 교통정리하고 사람들 정리를 하고 문 안쪽으로는 하얀 바가지를 쓰고 똥폼 잡고 있는 군인들 몇이 있었다. 정말 복잡하게 우왕좌왕하던 그때…? 안쪽에 서너 명 서 있던 하얀 바가지 중 하나가 입구로 나오며

"입대하시는 젊은이들은 이 앞쪽으로 정렬해 주세요."

아~! 이제 들어가야 되나 보다. 돈까스가 아버지를 돌아보며

"아버지 이제 들어갈게. 걱정 말고 조심히 올라가세요."

아버지를 보니 우시는 것도 아니고 안 우시는 것도 아니고 아버지는 특유의 제스처가 있다. 고개를 끄덕이시며 손을 저으시며 들어가 하시는 듯 하는 제스처….
지금 그 동작을 하시면서 말씀하신다.

"용균아~! 들어가면 젤 먼저 너보다 못나 보이는 놈을 찾아. 그리고 저 놈도 견디는데 내가 왜 못 견뎌 하며 잘 버텨~! 편지 자주 하고 밥 꼬박꼬박

잘 먹어야 돼. 굶지 말고 알았지~!"

흔들린다. 아버지 말꼬리가 분명 흔들렸다. 언제나 약한 모습을 보이지 않으시고, 절대 약하지 않았던 우리 아버지가 우신다.

"아버지 걱정 마시고, 조심히 가세요, 오마니한테도 말 잘해 주시고요. 아버지~! 잘 갔다 올게~!"

돈까스가 돌아서 입구로 걸어가며 자꾸 돌아본다. 조금 떨어져 있던 아버지의 모습을 보니 우신다. 눈물은 안 흘리지만 표정이 한없이 슬프다. 아버지~! 엥? 근데 쟤네는 간다? 두 놈은 친구인가 본데 둘이 뭐라고 하더니 둘이 신난? 얼굴로 웃으며 도망치듯 가고 다른 애는 부모님이랑 왔나 본데 돌아서 같이 간다. 아버지인 듯한데 잘했다는 듯 등을 두드리며 자가용을 타고 간다. 오~! 부자다. 나도 갈까? 생각하며 돈까스가 아버지를 보니 아직도 손을 흔드시며 빨리 들어가란다. 아마 뒤처지지 말고 빠릿하게 행동하라고 그러시는가 보다.

"이제 들어가셔야 합니다. 빨리 와서 정렬해 주세요~!"

안쪽에 서 있던 하얀 바가지 중 하나가 앞쪽으로 나와 우리들을 정렬시킨다. 인상은 드럽지만 말은 참 부드럽게 한다.

"아~! 거기 뒤쪽 분들 요 앞쪽으로 와서 앉아 주세요."

Chapter 1. 진해 훈련소

말하면서 연방 웃는 모습…. 오, 정말 인자한 미소다. 크크크~!

돈까스는 생각한다. (어우 저분은 우리 동네 형이랑 닮았네)헉~! 근데 저 뒤쪽에 세 놈은 뭐 저렇게 생겼냐? 히히히~! 어우야~! 하나는 호랑이 눈깔인데 어색한 미소를 잃지 않고 한곳만 주시한다. 우리 쪽 보는데 누굴 보냐? 바보같이….^^ 히히~! 저 사람은 들창코다.^^ 진짜 못생겼다. 하나는 조금 늙어 보인다. 그래도 저 넷 중에 젤 잘생겼다. 돈까스가 아까부터 저 사람들을 자세히 본 건 문 쪽을 지키는 헌병이나 정리하는 군인들은 다 하얀 명찰인데…? 저 네 사람들만 빨간 명찰이다. 앉아서 뒤쪽을 보니 아버지가 아직 나를 보고 계셨다. 돈까스가 손을 들어 보이니 아버지도 봤는지 손을 흔드신다. 돈까스는 아버지 혼자 그 먼 길을 다시 가실 생각하니 맘이 좀 아프다. 그래도 어쩔 수 없다. 이제 죽으나 사나 빼박이다. 앗~! 뭔 일이랴? 뒤쪽에 서서 어영부영하던 한 놈, 두 놈이 뒤로 빠져 간다? 돈까스 생각에 엥~! 지금도 가도 되나?

"자 여러분 가실 분들은 지금 가시고 이제 들어갑니다."
"자 여러분들 뒤돌아서서 부모님들 걱정 말고 편히 가시라고 손 흔들면서 부모님들 걱정 마시고 건강히 잘 있겠다고 인사드리세요."

우리는 부모님들 쪽으로 일제히 돌아서서 절도 드리고, 인사도 드리며 "부모님들 걱정 마시고 잘들 가세요." 작별 인사를 하고 차례차례 줄지어 6정문 안으로 들어갔다. 우리가 차례차례 정문을 통과하자마자 그 하얀 바가지들이 일제히 씨익 웃으며? 우리들 쪽으로 온다. 순간 작은 돌풍이 우리 쪽으로 불어 찬바람이 더욱더 차게 느껴지며, 바닷가 쪽이라 그런가 비릿한 내음이 코로 확~! 들어온다. 차다. 11월의 바닷가 진해…. 도심보다 더 춥게 느껴지는 건 나만 그럴까?

정문에서 줄 맞춰 조금 들어오니 이제 정문 바깥쪽이 안 보인다. 바깥에서도 우리가 안 보이겠다. 무슨 비석 앞에 정지를 하고 하얀 바가지 중 호랑이 눈깔을 한 바가지가 우리를 보며 소리친다.

"이젠 니들은 사회의 묵은 때를 다 지워라~! 알았나~! 조용히 안 해~ X시키들아~!"

헉~! 뭥~미~! 아까 입대할 때 정문에서는 존댓말 하더니?
아~! 시키들 인상 봐라. X같다. 우히히히~!?

"대답할 때는 다나까로 끝을 맺는다! 알았나~?"
"누구야? 눈깔 굴리는 시키~!"
"뒤에 뚱띵이~! 얼른 튀어 나와~!"

헉~! 뚱띵이는 난데? 옆을 보니 헐~! 대방동에서 봤던 노랑머리다. 이 놈도 뚱띵인데? 누구를 부르냐~?

"저…요?"

아~! 띠바~! 돈까스는 이때 뭔가 X됐다 느꼈다.

"요? 아까 뭐라 했는데 그래 너 시끼야~! 안 튀어 나와?"

Chapter 1. 진해 훈련소

돈까스가 놀란 돼지처럼 졸라 빨리 튀어 나갔다. 풉~!

"내가 DI 생활 3년 만에 너같이 찐 넘이 들어온 건 첨이다~! 빽 썼냐?"

퍽~!

아~! 하얀 바가지 DI…. 쌍코피 교관이다. 오~잉? 방금 눈앞에 뭔가? 왔다 갔는데? 와~! 존나 빠르다. 헉~! 띠바 코에서 뜨거운 물이 흐른다? 엥? 쌍코피? 두~둥 아~놔~! 띠바~! 뭔 일이랴…. 흑흑 왜? 이런디야~! 오마니~! 돈까스는 몰랐다. 흑흑 이것이 진해 훈련소 6주 동안 쌍코피 단골의 서막이었다는 걸(첫날부터 왜 이런디야?) 교육 시간에 꾸벅꾸벅 졸다가 퍽~ 주륵~! 기간병이 빨던 담배 한 모금 얻어 빨다 걸려 또 퍽~ 주륵~! 암기 시간…. 그 노랑머리랑 둘이 침상 밑에서 자다 노랑머리가 코 골아서 걸려서 둘이 또 퍽~ 주륵~!(아~! 빈혈 오겠다) 정말 몰랐다. 흑흑 쌍코피 단골 고객이 될 거라는 걸…. 아~오! 누구는 처음 입대하면 3일이 가입교 기간이라 민간인 신분이라 안 때린다고? 히히히 하~! 띠바 내가 맞았는데 그런 게 어딨냐? 쌍코피한테 그게 통하냐? 근데 저 말이 어느 정도 맞다. 내일 신체검사 받고 최종 탈락되는 사람들은 집으로 귀가 조치된다고 아까 일정을 말해 줬다. 돈까스는 완전 시범 케이스였지 뭐~!

돈까스는 쌍코피 한 대 맞으니 멍하다. 아니 뭔가 모를 공포감이 밀려온다. 여긴 어디? 나는 누구냐? 뭔 일이랴? 옆을 봤다. 노랑머리가 완전 공포에 질려 거의 똥 씹은 얼굴에 확 찌그러져 있다. 다들 나를 불쌍한 듯 쳐다본다. 순간 내 뒤에 있던 작고 깡마른 넘이 냅다 정문 쪽을 향해 튄다. 어?

근데 뒤에 있던 교관이 가만 놔두고 실실 웃는다. 순간 대뇌를 강타하며 번개처럼 스치는 싸한 기운에 앞을 봤다. 호랑이 눈깔이 비열한 웃음이 흘리며 나지막이 한마디 한다. 다른 교관들도 그저 웃는다. 뭐지?

"늦었어, 시키야~! 들어올 땐 마음대로 들어왔지만 나가는 건 그렇게 안되지 X시키야~! 히히히~!"

진해 훈련소 명진, 병주와 돈까스

돈까스는 그 말을 듣고 얼어붙은 몸으로 뒤를 돌아봤다. 뒤를 보니 아까 튄 놈을 헌병 둘이 데리고 온다. 어? 저 넘 울었나 보다. 얼굴이 눈물, 콧물 범벅이다. 헌병 둘이 소대장한테 말한다.

"어떡할까요? 지금 바로 영창에 넣을까요?"

호랑이 눈깔 소대장이 또 씨익~! 비열한 미소를 날리며 한마디 하는데 돈까스는 이 말 듣고 완전 아니다 싶었다.

"어떡할래? 지금 바로 영창 갈래? 그냥 할래? 히히."
"엉엉~! 그냥 하겠습니다. 흑흑…."
"그래 넌 대열로 들어가고 헌병들 한 번 봐주자."

다른 소대장이 선심 쓰듯 말한다.

"그래 봐줘. 동생 같은데 봐줘. 히히히."
"넵 알겠습니다. 수고하십쇼~! 필~승!"

나중에 알았다. 10샤키들아~! 이게 다 쇼였다는 거….
고참 소대장(DI)이 앞에서 한마디 한다.

"나는 앞으로 6주 동안 너희들을 진정한 군인으로 만들어 줄 소대장 이근희 소대장이다. 자, 이제 병사로 이동하여 각 소대장으로부터 앞으로의 할 일과 지켜야 할 사항 등을 자세히 지시받는다. 소대장들의 지시에 따라 각 병사로 이동할 것이다. 내일은 신체검사를 받고, 모레는 군복과 각 생필품을 나눠 줄 것이다. 이탈하는 대원없이 잘 따라 주길 바란다. 알았나~!"
"녜~! 알겠습니다~!"

애들이 아직 똥인지 된장인지 구분이 안 되나 보다.^^

"네에? 목소리 봐라. 개시키들 전체 꼬라박어~! 너희는 이제부터 사회의 때를 완전 벗어 버려라!"

 (아…. 띠~바 첫날부터 왜 이런디야~!)

 돈까스가 신속히 꼬라박는다. 와~! 빠르다 웬일이랴? 뭔 웬일? 아까 한 대 터지니 정신 번쩍 들고 겁났지 뭐~! 돈까스가 옆을 돌아봤다. 헉~! 놀래라…. 띠~바~! 거기에는 얼굴이 일그러질 대로 일그러진 노랑 스포츠머리의 외계인이 울기 직전이었다. 와~! 진짜 못생겼다. 크크크~! 돈까스가 히히히 웃는다.

"일어서~! 개시키들 아직 똥인지 된장인지 구분이 안 되지? 이것들이 간이 부었나~? 앉아~! 여기서 병사까지 오리걸음으로 간다. 구호는 오리~! 꽥~꽥~! 실~시!"

"오~리~! 꽥~꽥~! … 오~리~! 꽥~꽥~!"

 크~흐~! 돈까스는 뚱뚱해서 허벅지가 너무 아프다. 옆에 노랑머리는 금방 세상 하직할 거 같다. 풉^^ 돈까스의 머릿속을 스치는 생각…. 아버지가 너보다 못한 넘 찾아서 '저 넘도 하는데 나라고 못하겠냐?' 이렇게 하라고 하신 말씀을 생각하며 괴로운 와중에 잠시 미소를 흘린다. 근데 돈까스가 간과한 것이 있다. 나중에 친하게 됐을 때 깨달은 것은 노랑머리가 사회생활이 풍부해 돈까스가 훈련소 생활 때 많은 도움을 받았다는 것이다.

"전체 일어서~! 잘할 수 있나?"

"넵~! 잘할 수 있습니다."

"좋아~! 한번 믿어 보겠어…. 대열 맞춰 앞으로~ 갓~!"

조금 가니까 무슨 동상이 서 있다. 故이인호 소령님이란다.
 그 옆쪽으로 무적 해병탑이 있고, 저쪽에 병사가 보인다. 하나~! 둘~! 하나~! 둘~! 병사 앞 사열대 앞에 섰다. 돈까스가 보기에는 꼭 학교 건물 같다.

"오늘 이 시간 이후부터 여러분은 저 6정문을 통과한 이상 군인이다. 물론 며칠간은 가입소 신분이지만, 여러분이 선택한 길…. 다시 한번 마음을 굳건히 가다듬길 바란다. 해병은 명예에 살고, 명예에 죽는다. 그러기 위해서는 해병으로서의 기본 자질과 소양을 갖춰야 한다. 그걸 가르쳐 주고, 해병을 만드는 게 우리 소대장들이다. 앞으로 잘 따라 주길 바란다. 알았나? 여기가 너희들이 6주 동안 있을 병사다. 중앙 입구를 기준으로 이쪽 5대대, 1중대 건너가 2중대, 2층 이쪽 3중대 건너가 5중대다."

464기는 총 425명 우리가 5대대고, 선배 기수(463기?)가 2대대~3대대다.

"저쪽 옆 건물은 해군 훈련병들 건물이다. 알았나?"
"네…. 알겠습니다~!"
"오늘은 우측부터 차례대로 내무실로 들어가 자리를 잡아 3일 동안 지내고, 3일째 되는 날 각 중대를 발표하면 그대로 6주 동안 자기 중대가 되는 것이다. 알았나?"
"네…. 알겠습니다~!"

낯선 도시…. 진해의 어느 곳…. 갑자기 부는 비릿한 찬바람을 맞으며 이제야 군대에 왔다는 것을 실감하는 1사단 돈까스…. 이 와중에 딴 생각? (어딜 봐 돈까스야~! 또 맞으려고) 아니다…. 정문 쪽을 바라보며 아버지는 지금쯤 기차를 잘 타셨나? 잘 올라가시나? 아버지 쓸쓸하시겠다…. 생각하고 고개를 돌렸다. 헉~! 띠~바 ! 놀래라…? 뭐~냐? 바로 코앞에 들창코가 서 있다. 오~! 유령이냐? 언제 왔디야? 뭐냐? 뭐지?

뭐긴 뭐냐? 고개 돌렸다가 주시하고 있던 들창코한테 걸린 거지 (아…. 뚠뚠하니 잘 보이나 보다. 히히히)

"앗…. 깜짝이야~!"

돈까스는 저두 모르게 이 말이 튀어 나왔다.

"뭐~? 아 깜짝이야? 나한테 말한 거야?"
"아닙니다~! 혼잣말입니다!" (헉~! 뒤질 뻔했네. 휴~!)
"교육 시간에 어딜 보나~! 이리 나와~!"

아~! 눈이 무섭다. 돈까스는 이제껏 이런 무서운 눈들을 보지 못했다. 정말 무섭다. 근데 소대장(DI)들은 왜 다들 눈이 무섭냐? (나중에 실무에 가서 이 눈을 또 본다.^^) 들창코 소대장이 돈까스의 귀때기를 비틀고 앞으로 나간다.

"엎드려뻗쳐~! 하나에 정신~! 둘에 통일~! 실~시!"
"정신~! 통일~! 정신~! 통일~!"

Chapter 1. 진해 훈련소

돈까스가 팔굽혀펴기를 하는데…. 두 번째인데 벌써 힘들다. 아~! 똥도 마렵고, 헉…. 금방 쌀 거 같은데 어쩌냐? 흑흑흑~! 돈까스는 집에서 똥 눌 때도 화장실 들어가면 한참을 있다가 나오는 스타일이라 군대 가면 똥을 맘대로 쌀 수 있나? 이것이 젤 걱정이었다.^^ 지금 그 현실에 닥친 것이다.

"일어서. 대열로 돌아가~!"

아~! 다행이다. 돈까스가 총알처럼 들어간다. 흠 빠르다.

"자 이제 좌측부터 차례로 들어간다. 네 줄씩 한 중대로 들어가서 자리 잡고 좀 쉬면서 짐들을 놓고 대기한다."

차례차례 중앙 현관으로 들어가고 그 다음엔 중구난방으로 튀어 들어간다. 내무실에 들어가니 오~잉 아래층은 벌써 다 찼다. 오~! 노랑머리 언제 아래 차지했냐? 히히히~! 돈까스는 건너편 이층으로 올라가 앉으니 전망은 좋다. 맞은편 아래에 노랑머리가 완전 죽상을 하고 앉아 있다. 돈까스가 얼른 가방에서 서울역에서 산 휴지를 갖고 화장실로 튄다. 오~! 화장실 깨끗하다. 앉자마자 핵폭탄이다.

'뿌~왁~! 푸드드덕~! 뽕~! 푸드덕~! 빵~!'

아~! 조금만 늦었어도 대참사가 벌어질 뻔했다. 그날은 내무실에서 앞으로의 할 일과 지시 사항 등을 숙지하고, 그리고 저녁을 먹으러 왕자 식당을 가서 밥을 먹는데…? 다~! 토했다. 이게 밥이야~? 냄새가 썩은 냄새다.

엄~마~! 흑흑흑.

벽암지 유격장 1중대원들

(4) 절규와 희열의 나날들

85 팀 스피리트 소대원들과 돈까스

응? 뭐지? 치약 냄새와 비누냄새가 코를 찌르며 시끌시끌…. 돈까스는 어렴풋이 눈을 떴다. 일어나 앉아 바로 보이는 창밖을 보니 아직 어두컴컴하다. 잠시 멍하게 앉아 있는다. 아~! 집이 아니지…. 여긴 어디?^^ 또 적응이 안 된다. 히히히.

"얼른 세면을 마치고, 잠시 후 식사를 하러 간다. 사열대 앞으로 집합한다. 병사 떠나 15분 전~! 식사 추진할 사람은 먼저 식당으로 출발한다."

아~! 뭔 소리야? 씻고 똥도 눠야 되는데…. 흑흑.

돈까스는 얼른 침구를 정리하고 내려와 세면장으로 달린다.

사실 어제 저녁까지 내무반에서 호랑이 눈깔이 오늘의 할 일과 준비할 시간 등을 얘기했는데, 돈까스가 허투루 들었나 보다. (하~! 돈까스 앞으로 워쩌냐?) 어우야~! 이놈들 정말 빠르다. 벌써 수도꼭지가 빈 데가 없다. 돈까스는 갑자기 아버지가 당부한 말이 스쳐간다.(용균아~! 애들이 빠르게 움직이면 일단 빠르게 따라 해) 돈까스는 엄청 빠르게 칫솔질하며 픕~! 실소를 한다. 아버지 말씀이 진리다. 선견지명이 있으신가 보다.^^

그때 두~둥~! 헉~? 뭐니~?

오~! 저기 입구에 노랑머리가 빤쓰에 손을 넣고 벅~벅~! 긁으며 입장한다. 인상은 완전 죽상이다. 역시 못생겼다. 우히히히히~! 나보다 느린 넘이 있다니….^^ 아버지~! 나보다 느린 넘 하나 찾았습니다. 큭큭큭~! 돈까스가 쾌재를 부르며, 똥 누러 들어간다.

'뿅~! 으으으으~! 뿅~! 에~잇~! 으으으~! 뿅~!'

흑흑흑 똥이 안 나온다. 하기야 먹은 게 없으니 나올 게 있나! (이후 돈까스는 똥을 4일째인가 5일째 처음 염소 똥을 눴다)

밖에서 "총~! 병사 떠나~!" 외친다. 돈까스 얼른 나와 내무실로 가려는데…? 노랑머리 아직 세수하고 있다. 오~! 강적이다. 쟤 뭐냐? 얼른 환복하고 연병장 사열대를 향해 총알(?)같이 튀는 돈까스…. 빠르다. 키키키 나보다 느리게 나오는 넘들이 있다니…. 돈까스는 스스로 대견하다. 결국 노랑머리는 막내 소대장한테 귀 잡혀 끌려 나온다. 돈까스…. 남의 일이 아니다.

Chapter 1. 진해 훈련소

똥 눴으면 지금도 못 나왔다. 똥이 문제로다.
그 생각하니 돈까스는 벌써 걱정된다. ㅠ·ㅠ

"좌우향~ 우~! 좌측부터 식당을 향해 앞으로~갓~!"
"하나~두울~하나~두울~!"

식당에 도착해서 배식을 받고 앉아서 기다린다.

"자~! 여러분이 먹는 이 밥은 국민들의 세금으로 마련한 것이므로 국민들을 위해 감사히 먹겠습니다~! 구호를 외치고 감사히 먹는다. 알겠나~!"
"넵 알겠습니다."
"자~ 식사 시~작~!"
"식사~ 시~작~! 감사히 먹겠습니다~!"

돈까스…. 한 입 먹어 본다. 아~오~! 냄새…. 흑흑 못 먹겠다. 안 돼~! 오늘은 먹어야 해…. 안 먹으면 못 버텨~! 흑흑 두 숟갈…. 세 숟갈…. 국물을 먹으면 잘 넘어가겠지…. 국물을 떠먹어 본다…. 이~건? 하수도 냄새? 그 순간 돈까스…. 식판을 들고 뒤 나가는 문으로 나가 짬통에 다 버리고 옆쪽으로 가서 다 토한다. 다 토하고 한참을 앉아 운다. 흑흑 오마니~! 엉엉.

"식판 반납하고, 대열로 돌아가~!"

어느새 왔는지 김복동 소대장이 옆에 와 조용히 말한다.

"넵 알겠습니다."

돈까스가 눈물을 훔치고 식판을 놓고 가려는데 김복동 소대장이 말한다.

"너 고향이 서울이지?"
"네, 서울입니다."
"먹어라~! 적응해라. 그래야 산다. 알았나~!"
"네…. 흑흑 알겠습니다. 고맙습니다."

돈까스 갑자기 눈물이 왈칵 쏟아진다. 서러움인가? 연방 눈물을 훔치며, 대열로 뛰어가는 돈까스를 김복동 소대장이 걱정스레 쳐다본다. 대열로 돌아와 눈물을 닦는 돈까스를 몇몇 동기들이 어깨를 두드리며 위로한다. 고마웠다. 근데 돈까스가 갑자기 웃는다? 미치나?^^ 두~둥~! 오~ 저기를 보라~! 노랑머리가 이빨을 쑤시며 걸어오고 있다.^^ 진짜…. 쟤 뭐냐? 어디 식당에서 돼지갈비 먹었냐? 돈까스가 이때부터 저 노랑머리를 비범한? 인간으로 본다. (흠…. 저놈하고 친해져야겠다. 우히히히.)

"들어가서 잠시 쉬다. 00시부터는 저쪽 신체검사장으로 이동하여 최종 신체검사를 본다. 알았나?"

모두들 내무반으로 들어와 각자의 짐 정리를 한다. 돈까스…. 멍하니 앉아 있는 노랑머리 옆에 가서 앉아 노랑머리와 첨으로 통성명을 한다.

"난 서울 신설동에서 온 주완순이야~! 반갑다."

"웅 난 군자동에서 온 김순복이야…. 반가워."
"네가 대방동에서 노랑 염색 긴 머리였지?"
"웅~! 우리 마누라가 미용실 해."
"오~! 그렇구나~! 그럼 애두 있겠네?^^"
"웅. 애가 둘이야~! 많이 걱정돼~! 내가 갑자기 오게 돼서…."

나중에 알게 되지만 순복이가 갑자기? 입대해야 해서 집에 두고 온 마누라와 애 둘을 6주 내내 걱정을 했다.

"웅 순복아~! 나두 집 떠나온 게 첨이라 아직도 힘들어."
"우리 서로 도와가며 6주 동안 건강하게 잘 버티자."
"그래 완순아~! 서로 도와가며 잘 버티자~!"

돈까스와 순복이는 손을 잡고 한참을 있었다.^^

"병사 떠나 15분 전~!"

돈까스와 순복이 그리고, 또 한 명 멀대같이 키가 크고, 말할 때 혀 짧은 소리를 하는 박명진. 이렇게 셋이 한참 얘기를 나눴다.

"병사 떠나 5분 전~!"
"총~! 병사 떠나~!"

신체검사장 앞으로 가서 앞에 대기하며, 지시 사항을 듣는다.

들어가기 전에 훈련소 주임 상사님이 훈시를 한다. 신체검사를 받고 통과하면 비로소 입대 확정이고 탈락하면 집으로 귀가조치. 지금이 마지막이라며 말한다.

"자~! 지금이 마지막이다. 집으로 갈 사람은 지금 일어서라~!"

헉~! 진짜? 지금 가도 되는 거야? 돈까스 눈이 흔들린다. 하나, 둘, 셋, 넷…. 다섯 명이 일어났다. 그리고…? 돈까스가 엉거주춤 삼분의 일쯤 일어날까? 말까? 앞에 서 있던 소대장들 넷이 일제히 돈까스를 본다. 그 순간 주임 상사님이 뜬금없는 소리를 하신다.

"자 이제 다 일어난 거지? 마지막이야~! 야~! 소대장 헌병 불러~! 저 새끼들 여기 염탐하러 온 간첩 새끼들이야~! 당장 영창 처넣어~!"

주임 상사님이 돈까스를 가리키며 말한다.

"야~! 뚱뚱이 너도 일어난 거 아냐?"

헉~! 돈까스 등 뒤로 싸한 식은땀이 쫙 흐른다.

"아닙니다. 다리가 저려 일어났다 앉은 겁니다."

풉~! 히히히… 큭큭큭… 소대장들이 일제히 웃는다.

"어떡할래~! 영창 갈래~! 그냥 입대할래~!"

일어섰던 인원들이 앉으며 말한다. (이제 빼박이라니까~!)

"그냥 입대하겠습니다~!"

돈까스가 속으로 중얼거린다. 어? 그거 어제 써먹었는데?
　최종 신체검사에서는 외형적으로 훈련을 받을 수 있는가에 대해 마지막으로 보는 거다. (엑스레이는 한다.) 군의관이 돈까스를 불러낸다. 뭐지? 왜? 그러고는 옆의 군의관과 얘기를 한다.

"얘 이거 여성성 유방 아냐?"
"아냐~! 뚱뚱해서 그런 건데 괜찮어~!"

전 인원 신체검사를 다 하고, 다시 건물 옆쪽에 정렬했다. 여기서 최종적으로 탈락하면, 집으로 귀가 조치다. 돈까스는 아까 군의관들이 한 얘기가 걱정이 된다.
　주임 상사님이 최종 탈락자 명단을 가지고 오신다.

"전 인원이 다 했으면 좋겠지만 귀가 조치자가 2명이다."

돈까스 이때는 정말 끼고 싶지 않았다. 정말….

"최종 귀가 조치자는 호명하면 앞으로 나온다. 박중선~! … 김영호~! 이상 2명이다."

2명이 앞으로 나갔다. 박중선은 심한 척추 측만증… 김영호는 결핵이다. 어? 김영호? 쟤는 내려올 때 아버지가 똘망하게 생겼다고 나하고 친하게 지내라고 하신… 그 애다. 불광동이 집이라고 얘기하며 오던 애… 오호통재라~! 이래서 삶은 변수가 있다. 돈까스는 이때 느꼈다.

"자… 소대장들과 2명은 사무실로 가서 귀가 조치 서류 작성하고, 나머지는 병사로 인솔한다."

돈까스가 나중에 2박 3일 위로 휴가 가서 아버지께 이 얘기를 했더니… 하~! 탄식을 하시면서 돈까스에게 인생은 변수가 있으니 항상 대비하라 말씀하셨다.

"주~목~! 이제 식당으로 이동하여 식사를 하고, 병사로 이동하여 내무반에서 대기한다. 알았나~!"
"네~! 알겠습니다~!"
"목소리 봐~라~! 전부 꼬라박어~!"

우왕좌왕~! 꼬라박고 엎어지고… 어? 왜? 아~띠바~! 뭔~일이랴~! 갑자기 분위기가 왜 이런디야? 흑흑. 돈까스는 귀가 조치 당할까 봐 불안했었는데, 남게 되어서 왠지 모를 희열을 느꼈는데 갑자기 분위기가 험악해지니 적잖이 당황해서 꼬라박는데 머리를 너무 세게 박았나 보다. 쿵~! 오~! 대뇌가 다 흔들린다. 앉아서 대가리를 문지르는데 헉~! 앞에서부터 호랑이 눈깔이 꼬라박은 애들을 발로 깐다.

　돈까스 얼른 초고속으로 박는다. 와~! 빠르다.

　아~! 뭔 일이랴~! 왜? 왜 이런디야?

　아~! 띠~바~! 밥 먹으러 간다매? 흑흑 도대체 왜 이러는 거야~!

"아~! 머야~! 저 변태 시키들은 왜 자꾸 이래? 개시키들."

　어? 옆에 보니 순복이가 박은 상태로 한마디 날린다.^^ 오~! 순복이가 화났다. 갑자기 순복이가 믿음직스럽게 보였다. 여기까지였다. 돈까스나 순복이나 더 이상 어쩔 거여~! 히히히~!

"오리~ 꽥~꽥~! 오리~꽥~!"
"목소리 봐라~! 개시키들~! 해보자는 거야~?"
"아닙니다~! 잘하겠습니다~! 오리~꽥~꽥~!"

　식당까지 이 지랄을 하며 갔다. 순복이는 오늘도 죽상이다. 돈까스는 이 상황이 정말 적응이 안 돼서 아주 죽을 맛이다. 오늘도 식판을 마주 보고 앉았다. 여전히 식당 안에서도 앞에 밥에서도 군내, 고린내가 솔솔 났다. 돈까스는 역시 이번에도 구역질이 나서 거의 못 먹고 식판을 털고 옆으로 가서 다 토해냈다.

　근데 이상한 건… 돈까스 집에 있을 때 같으면 한 끼만 못 먹어도 배가 고파서 아주 난리 났을 텐데 지금은 오늘로 5~6끼인데 배가 안고프다. 참~! 이상하지…?

　물론 똥도 안 나온다. 먹은 게 있어야 나오지.

왕자 식당에서 바라보는 저쪽 하늘 누리끼리 석양이 비릿한 바닷바람과 함께 돈까스의 맴을 한없이 후벼 파며 붉은 빛을 띠며 넘어간다. 1사단 돈까스… 나지막이 아버지~! 오마니~!를 속삭이며 흔들리는 마음을 다시 한 번 잡아 본다.

"주완순…. 이제 30개월 동안은 빼박이여~! 하~!"

"삐~빅~! 기~상~! 15분 전~!"

여지없이 치약 냄새와 비누 냄새가 코를 찌르며 밑에서 올라오는 스팀 열기에 부스스 잠을 깨 본다. 오늘이 삼 일째다. 아침잠이 많은 돈까스… 워쩌냐? 워쩌긴 뭘 워쪄? 이젠 죽으나 사나 해야지.^^ 돈까스는 밑을 내려다본다. 순복이 아직 안 일어난다.
  순복이는 정말 강적이다. 히히히~!
  돈까스 기지개를 펴 본다. 몸이 안 쑤시는 데가 없다. 집 같았으면 평소에는 낮잠도 자고, 내 마음대로 했는데 여기는 일단 내 개인의 자유가 없고, 나 자신의 생각이 없어야 되는 곳이다. 인간 개조? 갑자기 이 말이 대뇌를 강타하고 지나간다. 어느 땐가 책에서 본 말이다.

"총~기~상~!"
"침구 각 잡아 개어 놓고 개인위생 활동하고, 병사 떠날 준비를 한다. 작업 인원 소대장실 앞으로~! 실~시~!"
"병사 떠나~! 15분 전~!"

돈까스가 아래로 내려와 지나가며 순복이를 부른다.

"순복아~! 빨리 일어나야 돼~!"
"웅~! 알았어. 조금만…."

크크크~! 나보다 아침 잠 많은 놈이 있었다니….^^ 돈까스는 미소를 지으며, 세면장으로 간다. 역시 세면장은 만원이다. 돈까스는 애들을 둘러본다. 모두 빠릿빠릿하게 생겼다.

폭풍 칫솔질을 하며 금방 나온 변기로 들어가 앉아 아랫배에 힘을 줘 본다. 국물이라도 싸야 한다. 흑흑.

'뽕~! ㅇㅇㅇㅇ… 뽕~! 에~잇 ㅇㅇㅇㅇ 뽀~옹~!'

돈까스가 포기하며 일어나 나간다. 치카~ 치카~!
두~둥~! 오늘도 어김없이 순복이가 빤쓰 속을 괴롭히며 죽상을 하고 세면장으로 들어온다.^^ 내 기억엔 순복이가 아침에 저 빤쓰 속을 괴롭히며 세면장 들어오는 모습은 6주 내내 거의 그랬던 거 같다. (흠~ 비범한 노랑머리 순복이… 히히히.)

"병사~ 떠나~! 5분 전~!"

돈까스가 내무실로 가며, 걱정이 돼서 돌아보니 순복이가 여유 있게 똥 누러 들어간다. (지금 똥 누러~?)

"총~ 병사~ 떠나 ~!"

돈까스가 후다닥 뛰어 나가는데… 어? 순복이도 뒤에 바로 뛴다.
어? 순복이가? 아까 똥 누러 들어갔는데…. 언제? 사열대 앞에 정렬해서 순복이를 보니…. 헉~! 얼굴이? 아~놔~! 순복이 안 씻었다. 히히히~! 순복이 눈곱이 그대로고 얼굴에는 베개 자국도 그대로다.

"순복아~! 씻는 거야 그렇다 치고, 똥은?"
"아~ 똥이 안 나와~! 계속 방구만 나와~!"

그렇구나~! 순복이도 똥을 못 눴구나…. 동병상련이구나!

"주~목~! 오늘은 군복 수령과 생필품을 지급받는다. 오늘 지급받는 군복과 생필품은 여러분이 군 생활 동안 함께 지급받은 꼰뽕에 담아 계속 갖고 다닐 것이다. 휴지나 비누, 치약 같은 소모품은 주 단위로 지급되며 군복이나 군화 같은 것은 몇 개월 단위로 지급된다. 저쪽 강당에 차례차례 들어가면서 지급 받는다. 자 1중대부터 들어가서 받아서 뒤로 나와 여기 사열대로 다시 정렬한다. 알았나?"
"넵~ 알겠습니다~!"

밥? 물론 먹었지…. 난 오늘도 못 먹고 토해 내고…. 흑흑~! 오늘도 똑같아서 생략하고, 사열대 모인 거부터 썼지요.^^
근데 오늘은 이상한 걸 봤다. 내가 잘못 본 건가?
돈까스가 역시 못 먹고 식판 짬통에 털어 넣고 옆쪽으로 가서 토하고 있는데, 헉~!? 키가 조금 큰 애가 짬통 윗부분을 퍼먹고 있는 거다. 왜? 아니 그걸 왜? 퍼 먹어?

 짬통은 뒷문 쪽에 있는 먹다 남은 밥, 국, 반찬을 한꺼번에 다 털어 넣는…. 그 새우젓 가게 가면 새우젓이 많이 담겨 있는 그 드럼통 똑같은 것이 짬통이다. 가득 차면 돼지나 동물들 먹이로 수거해 가는 음식 쓰레기통이다.
 돈까스는 냄새가 나서 3일 동안 밥을 못 먹고 조금 먹은 것마저 토해 내는데 누구는 그걸 다 먹고 배가 고파서 짬통을 털어 먹는다? 뭐지? 뭔가 안 맞는다. 우쨋든 돈까스 오늘 본 것은 돈까스의 멘탈을 흔들기에 충분했고 살면서 이것이 적잖은 충격이었다.
 돈까스가 차례대로 줄 서서 강당에 들어가니 기간병들이 군복, 군화, 생필품 등 각 파트에서 꼰뽕에 담을 수 있게 나눠 주고 있었다. 돈까스가 군복 받을 차례가 되었다.

 "저 군복과 내복, 빤쓰, 팔각모 다 젤 큰 거로 주세요."

 기간병이 씨익 웃으며…

 "오키바리~! 무조건 대대짜로~!"

 지금이야 뚠뚠이들도 건강하면 많이들 들어가지만 1982년도만 해도 뚠뚠이들은 거의 다 방위로 빠졌다.^^ 물품을 다 수령하고 모이니, 1, 2중대는 병사 건물 옥상으로 이동했다. 옥상에 모여 지금 받은 군복으로 환복해야 하는데 어우 야~! 이게 젤 큰 거냐?

와~! 띠~바~! 돈까스가 1kg만 더 쪘어도 안 맞을 뻔했다.
빤쓰부터 내복, 양말 등 모두 다 군용품으로 갈아입었다.
모자를 써 보니 역시 모자는 작았다. 돈까스가 머리도 대짜다.

"몸을 군복에 맞춰라~! 한 치수 크게 입는 게 좋다. 군복이 작으면 훈련받다 보면 살이 빠져 맞춰진다."
"저~! 여기 군복이 많이 작은데 바꿔주면 안 되나요?"
"저두 작습니다~!"
"저는 많이 큽니다~!"

한 넘이 말하니 여기저기서 말이 나온다.

"갑득이~! 튀어 나온다. 실~시~!"
"넵~! 두 치수 큰 거로 주세여~!"

갑득이가 군복을 들고 잽싸게 튀어 나간다. 그 순간 전광석화 같은 뭔가가 갑득이 안면을 사정없이 퍽~!하며 내리꽂힌다.
순간 갑득이의 얼굴 코에서 쌍코피가 주르륵 내려온다.
헉~! 띠~벌~! 흑흑 뭔 일이랴~!

"큰 놈은 작은 놈하고 작은 놈은 큰 놈하고 너네끼리 바꿔, X시키들아~! 여기가 백화점이야~! 알았나~!"

모두들 고개를 끄덕이며, 서로 바꾼다. 갑득이도 끄덕끄덕 한다. 오~! 그

Chapter 1. 진해 훈련소

런 단순 명쾌한 방법이 있었네~!

갑득이는 대구? 경주인가 시골에서 농사짓다 왔는데 첫날 질문 시간에 "청룡빵은 언제부터 줍니꽈~?" 하고 질문했다가 터지고 호랑이 눈깔이 별명으로 갑득이라고 지어 줬다. 그래서 갑득이가 된 거다.

"자~! 주~목. 다들 정리가 됐으면 다들 자기 개인 관물대에 집어넣고 점심을 먹으로 식당으로 이동하겠다."

중대 배치는 어제했다. 순복이와 나는 그대로 1층 1중대라 내무실 변동이 없었다. 침상은 난 2층, 순복이는 1층이다. 우리는 관물대에 물품 정리를 하고 각자 위생 생활을 하며 대기 타고 있었다. 내무실에서 물품을 집어넣고 있는데 순복이가 부른다.

"완순아~! 난 군복이 너무 큰데 너는~?"
"웅, 난 다 대대짜로 달래서 젤 큰 건데 너 많이 커?"

순복이가 물품 탈 때 나 바로 뒤에 오니 기간병이 순복이두 뚠뚠이 종족이니 전부 다 대대짜로 줬나 보다. 히히히~!

"아까 바꿀 때 애들이랑 바꾸지…. 왜 없었어?"
"어~! 아~! 시키들이 안 바꿔 줘~! 쫌 바꿔 주지~!"
"웅 순복아 근데 몇 번 빨면 줄어들어. 우리 아버지가 양복점 하셨잖아…. 천은 빨면 줄어들어. 더 두고 보자."
"어? 그래? 빨면 줄어들까? 알았어~!"

순복이 표정이 그제야 조금 펴진다. 순복이 걱정 많이 했나? 돈까스는 이제 자기 거 걱정이다. 아~! 제발 천이 확 줄어드는 재질이 아니어야 되는데…. 히히히.

"총~ 병사~ 떠나~! 5분 전~!"

"총~ 병사~ 떠나~!"

오늘도 못 먹을 게 뻔하니 돈까스 기대를 안 한다. 다른 애들은 배고프다고 난리다. 근디 나는 왜? 계속 배가 안 고플까? 대열이 왕자 식당 앞에 대기하고, 차례로 들어간다. 돈까스 들어가려는데…? 어~? 오늘은 냄새가…? 다르다? 군내가 안 나고 밥 냄새가 조금…. 뭐랄까? 아주 쪼금 구수한 냄새가 난다. 밥도 똑같고 국도 여전히 똥국인데? 무말랭이, 장아찌, 단무지… 반찬이 똑같다. 오~! 밥이 넘어간다. 구역질도 안 난다. 이래서 삼 일째부터 안 토하고 밥을 먹은 거다. 참 신기하다.^^ 이 이후에는 밥때가 되면 배가 고프고, 밥때를 기다린다. 똥? 똥은 아직 안 나온다. 방구만 나온다. 돈까스는 오늘은 밥을 반 이상을 먹었다. 아직은 밥 먹는 중간중간 그 냄새가 나서 다는 못 먹었다. 차차 좋아지겠지~!

오늘도 짬통에 털고, 식판을 씻어 식판 놓고 나오는데…?
어~? 오늘도 짬통을 퍼 먹는다. 근데 엊그제 그 애가 아니다. 오늘은 딴 애다. 또 봐도 돈까스는 전혀 이해가 안 간다.
저토록 배가 고픈가? 그리고 짬통이 오래돼서 윗부분이나 옆 부분에 녹이 잔뜩 슬었던데 위생상으로도 안 좋을 텐데 어찌 저걸 먹을까? 그때…. 주계

담당 복동이 소대장이 뒷문으로 나오다 딱 봤다. 아~! 저걸 워쩌냐?

"이리 와~! 시키야~! 먹지 말라고 했지~?"

퍽~! 복동 소대장의 주먹이 아구창을 강타했다. 말을 들어 보니 저번에도 걸렸었나 보다. 근데 또?

"이건 개나 돼지가 먹을 거다. 사람 게 아니다~! 저번에 위생상 안 좋다고 먹지 말라 했잖아~! 꼬라~박아~!"

돈까스는 그걸 보며 갑자기 슬픈 생각이 들어 울컥했다. 재도 오죽하면 얼마나 배가 고프면 그걸 먹었겠나~! 항상 식사를 하고, 내무반에 들어가기 전에는 사열대 앞에 정렬하여 다음 과업에 대한 얘기를 듣고 내무실로 들어 갔다. 사열대 앞에 정렬하여 소대장을 기다리는데 갑득이가 돈까스 귀에 대고 소곤소곤 말한다.

"청룡빵은 언제 주지? 물어볼까?"

헉~! 돈까스도 사회에서는 엄청 먹었는데 지금은 식당에서 밥을 먹고 온지 십 분도 안 된 거 같은데…? 갑득이 이 시키? 벌써 먹는 거 얘기를 한다. 옆에 있던 순복이가 거든다.^^

"웅, 갑득아~! 물어봐라~! 아 시키들 왜 안 줘?"
"지네들이 떼먹었나~! 개시키들~!"

청룡빵은 입대할 때 우리가 돈(현금)을 영치한다. 그러면 돈을 영치한 사람들은 저녁 때 청룡빵을 먹을 수가 있다. 물론 돈을 안 갖고 와 영치 안 한 사람들은 못 먹는다. 영치금에서 차감하여 수료할 때 잔액을 돌려주는 것이다. 곰보빵, 단팥빵, 크림빵 등인데 정말 맛있다.

돈까스가 어지간하면 말 안 하는데 답답해서 한마디 한다.

"아~! 띠바~! 오늘이나 내일부터 준다고 했잖오~!"

갑득이가 들어오기 전에 선배나 누구한테 안에 생활에 대해서나 청룡빵에 대해 말을 해 줬나 보다. 첫날부터 그래서 터진 거다.

"지금 내무실 들어가면 청소와 개인위생을 하고 들어올 때 입고 온 옷을 집으로 보낼 수 있도록 포장할 것이다. 그리고 앞으로 군 생활할 때 쓸 암기사항이나 군가를 배워야 된다. 그리고 오늘부터는 탄약고나 초소를 시간대로 돌아가면서 너희가 서야 된다. 알았나?"

"넵~! 알겠습니다.~!"

탄약고 근무? 아~! 짜증난다. 무슨 근무를 벌써 우리한테 시키나? 갑득이나 순복이는 얼굴이 일그러진다. 사실 탄약고 가 보면 안 서도 된다. 그런데 이때부터도 긴장감을 주려고 했는지 교육의 일환이었던 거 같다.

돈까스가 집에 있을 때는 안 보던 석양을 여기 와서는 매일 본다. 아버지, 오마니, 누나, 남동생은 지금 뭐 하고 있을까? 동서남북이 어디인지는 몰라서 그냥 석양이 지는 쪽을 집 쪽이겠지 하고 보는 것이다. 근데 진해는 남쪽이라는데, 어떻게 서울보다 더 춥냐? 바람이 차다. 휘~잉~! 위~잉~!

(5) 지옥의 개돼지들

해병대는 전쟁 시 상륙 작전을 주 임무로 하는 부대다. 일단 유사시 적 해안에 상륙하여 작전을 수행하는데 어떻게 보면 소모품이다. 추풍낙엽이다. 영화 〈라이언 일병 구하기〉를 보면 쉽게 납득이 갈 거다. 우리 군 생활할 때 들은 얘기로는 100명을 투입 상륙해서 20~30명만 살아남아도 성공적인 작전이라고 들었다. 그러니 소모품이 아니면 뭐란 말인가? 그래서 정신 교육이 다채롭고, 훈련 강도가 높은 것이다. 개개인의 의견이나 생각은 없다. 그냥 까라면 까면 된다. 그래서 해병대 지원 입대는 선택은 우리가 한 것이다. 그러려니 한다. 까라면 까야지 별 수 없다.

여담인데 실무에 있을 때 대대 전체 1박 2일 사격 때 사격장을 갔는데, 첫째 날은 잘했는데 둘째 날은 사격 타깃이 자동으로 작동하는데 오후부터 자동 작동이 안 됐다.

그래서 병사들이 사로로 들어가서 한 파트 사격 끝날 때 올라와 타깃에 일일이 분필로 체크를 한 적이 있다. 그때 나는 거기 앉아서 전쟁이 안 일어나길 바랐다. 왜냐구? 각 타깃 뒤 밑에 앉아 있다가 사격이 끝나면 올라와서 체크하고 내려가고 끝나면 또 올라와 체크하고…^^ 근데 다음 사격 때 내려가서 쪼그려 앉아 기다리는데…. 헉~! 위로… 쉐~엑! 쉑~! 쉐~엑! 소리가 지나간다. 처음에는 몰랐다. 첨 들어보는 소리니까~! 두 번째는 놀랐다. 왜? 저게 총알 지나가는 소리다. 저런 총알을 수백~수천 발을 쏴대는데 상륙 돌격을 한다? 정말 무서웠고 전쟁이 안 나길 진심 빌었다.

"총~ 기상~! 병사 떠나 15분 전~!"

돈까스가 일어난다. 몸이 천근만근…. 눈이 안 떠진다. 밤에 자기 전에 남몰래 숨 죽여 눈물을 좀 흘렸더니 눈이 부었나 보다. 군데군데 아직 안 일어나는 애들…. 또 한쪽은 벌써 세면을 다 하고 들어오는 애들도 있다. 세상 참 공평하지 못하다.

부지런한 애들은 더 일찍 일어나 벌써 들어오는데 여기 몇몇은 이제 일어났거나 아직 누워 있다.^^ 돈까스가 침상에서 부지런한 애들 보고, 누워 있는 애들 보다 갑자기 품~! 웃는다. 게으른 애들은 딱 그렇게 생겼다. 물론 돈까스도 포함이다.

돈까스가 얼른 일어나 세면장으로 향하는데… 어~! 어~? 아~놔~! 왜 하필 이때…. 똥 마려운 것이다. 얼른 변기로 앉아서 힘을 준다. 오늘은 꼭~! 싸자~!

"으으으~! 에~잇~뽕~뽕~! 앗 나온다 에~잇~!"

염소똥 대여섯 알이 나왔다. 어질어질하다. 그래도 기분이 좋았다. 똥이 안 나오면 독소가 안에 쌓인다고 본 거 같았다. 돈까스가 변소를 나와 환해진 얼굴로 폭풍 칫솔질을 하는데…? 두~둥~! 오늘도 그분이 오신다. 어디서도 보지 못한 죽상으로 빤쓰 속을 괴롭히는 순복이~! 나중에 알았는데 우리 뚱뚱이족은 살이 쪄서 특히 허벅지 안쪽에 습진이 잘 걸린다. 순복이가 습진이 심했던 거다. 돈까스는 다행히 이때는 습진이 없었다.^^

"순복아~! 걔 좀 그만 괴롭혀~! 죽겠다 히히히."
"당분간 쓰지도 못하는데… 에~잇~! 벅~! 벅~!"

"병~사~ 떠나~ 5분 전~!"

돈까스가 단독 군장을 하고 나가는데 순복이 이제 들어온다.

"총~! 병사~ 떠나~!"

돈까스가 나가면서 뒤를 보니 내무실에 서너 명이 아직 있다.
(오~잉 나 빠른 거야~? 돈까스도 느린데….^^)

"오늘은 총기를 지급한다. 지급 받으면 6주 동안 너희들의 분신처럼 애인 다루듯이 잘 다뤄야 한다. 총기를 잘못 다루면 바로 사고로 이어지니 지시를 잘 따라야 한다. 듣고 있는 거야~? 나~누구한테 얘기하냐? 지금?"
"하하하하하~!" (일동) 아~! 호랑이 눈깔 웃겼어.^^
"웃…어~? 전체 꼬라박는다~ 실~시~!"

어~? 저쪽에서부터 꼬라박는 애들 곤봉으로 팬다. 아~ 놔~! 분위기 좋았는데 갑자기 왜~! 이런디야~? 애들이 안 맞으려고 열심히? 우왕좌왕 꼬라박는다. 간격을 벌리느라 정신없어 돈까스는 밀려서 쓰러진다. 아~! 이거 새 군복인디~?
일어나 툭툭 터는데~? 깡~! 하며 뭐가 돈까스의 하이바를 세게 강타한다. 아~! 정신없어 아프고 흔들린다. 일어나 뭔가 보니…? 헉~! 들창코 소대장도 웬 곤봉을 들고 막 까고 다니다 돈까스가 일어나니 그대로 깐 거다. 퍽~! 퍽~! 워메~! 뭔 일이라~!

"일어서~! 깍지 낀다. 실~시!"

돈까스가 어리둥절하며 깍지 낀다. 뭐~지? 옆에 서 있던 갑득이 얼굴이 쭈그러든다. 왜? 갑득아 아~ 왜?

"깍지 끼고 엎드려뻗쳐~! X시키들아~!"

모두들 깍지 끼고 엎드린다. 안 하면 어쩔껴~? 중간중간 끼어 있던 소대장들이 벌써 패고 돌아다니는디…. 흑흑~! 돈까스가 엉거주춤 깍지 끼고 엎드리는데…. 와~! 이거 너무너무 아프다. 하기야 아플 만하다. 뚠뚠이족들은 손가락도 살쪘다.^^ 아픈 와중에 옆을 보니 순복이는 또 세상 하직할 거 같다. 거기다 흑흑 소리 내며 운다. 겨울인데 땀 벅벅, 눈물범벅이다. 돈까스, 순복이, 갑득이… 세 명한테는 지옥 그 자체다.

"일어서~! 오늘부터 너희들은 사회의 때를 말끔히 벗고 해병으로 거듭날 것이다. 소대장들이 도와주겠다."

으으~으~! 와~! 이거 너무 아프다. 쓰러지면 깐다. 띠~벌~!
돈까스는 소대장 군홧발로 벌써 몇 대 까였다.

"너희들은 선택된 인간들이다~! 자랑스러운 진정한 해병이 되기 위해선 정신과 육체를 단련하지 않으면 안 된다. 알았나~! 하나에 정신~! 둘에 통일~! 이다. 실시~!"
"넵~! 알겠습니다. 흑흑 정신~! 통일~!"

어~? 뭐가? 돈까스의 엉덩이를 짓누른다. 뭐~지? 아~! 띠바~! 들창코가 돈까스 엉덩이를 발로 누른다.

"빨리 실~시 안 하고 뭐 하나, 실시~! 히히."
"실~시~! 으으으~! 켁~!"

으으~! 아~! 힘들잖아~! 이 변태 시키야~! 죽을 맛이다. 그러더니 이번엔 옆에 순복이 엉덩이를 누른다. 실시~! 아~ 띠벌~! 들창코 시키 뚠뚠이족만 괴롭히나…? (너희가 나 뚠뚠해지는 데 보태준 거 있냐~? 씩씩~!) 불쌍한 순복이는 이젠 아예 엎드려 통곡한다. 엉엉~! 들창코는 어느새 옆에 갑득이를 누르고 있다. 오~! 갑득이는 반항한다. 끙~! 으으~! 하더니 들창코가 눌렀는데도 일어난다. 돈까스나 순복이는 도대체 우리 불쌍한 뚱뚱이들한테 왜 그러세요~! 하며 포기하는데…. 갑득이는 시골 출신이라 힘이 세다. 큭큭큭.

"어~라~? 센데? 히히히~! 한번 해보자."
(아~! 갑득아 그냥 우리처럼 쭈그러들어~!)

그 순간 꼬라박은 상태에서 조금 떨어진 옆쪽 대열에서

"아~ 띠발~ X같네~!" (헉~! 누구냐? 넌 죽었다.)

이 소리가 쪼금 컸다. 혼잣말을 했어야 했다. 하필이면 호랑이 눈깔하고 들창코가 그 소릴 들었다.

"누구냐~! 일어서라~!" 조~용~!
"좋은 말할 때 일어서라~!" 조~용~!

옆에서 다 죽어가던 순복이가 조용히 한마디 한다.

"아~ 띠~바~! 빨리 일어나~! 죽겠다구. 흑흑."

한참이 흘렀다. 여기저기서 곡소리가 나며 원망을 한다.

"아~ 누구야 빨리 일어나라구~!"
"워떤 눔이여~!"

그때 저쪽에서 한 넘이 일어난다. 아~! 서울 모처에서 온 바른말 꼴통이었다. 돈까스는 눈을 찔끔 감으며 속삭인다.
(아~ 제발 아무 말 하지 마~! 그냥 잘못을 빌어~ 제발~!)

"튀어 나온다. 실~시! 전원 일어섯~!"

우리의 바른말 선생이 거들먹거리며 튀어 나갔다.

"뭐라구~! 다시 말해 봐~!"
"이제 4~5일 된 저희들에게 너무 가혹…"

그 순간 전광석화 같은 호랑이 눈깔의 뭔가가 바른말 선생의 얼굴을 강타하고 돌아간다. 와~ 빠르다. 엥~! 머가 왔다 간겨?

퍽~! 퍽~! 연타다. 순간 바른말 선생이 옆으로 휘청하며 두어 발 물러난다. 쌍코피?다. 공포의 쌍코피~!

"단독 무장 연병장 10바퀴 돈다. 실~시~!"

단독 무장은 탄띠와 총을 든다. 원래 총을 드는데 지금 총 타러 가야 돼서 총 없이 탄띠만 찬다. 그나마 다행이다. 총 무게도 장난 아니거든…. 바른말 선생 말없이 연병장을 돈다. 돈까스는 생각한다. 거 봐. 내가 말하지 말라 했잖아~! 이 시키들 미친넘들이라고~! 이때는 이렇게 생각했다. 그러나 나중에야 이것도 해병이 되기 위한 교육의 일환인 것을 깨달았다.

"좌우향~ 좌~! 좌측 1중대부터 총기 수령하러 간다~!"

총기는 강당에서 수령한다. 차례대로 들어가서 한 정씩 나눠 주며 총 번호를 부르면 우리가 총 번을 복창하며 받는다. 총을 주면서 총 번호 "1234xxxx~!" 하면 "넵~! 훈병 돈까스 1234xxxx~! 감사합니다~!" 총을 수령해서 사열대 앞으로 다시 정렬…. 돈까스는 진짜 총을 받으니 기분이 묘하다. 물론 실탄이 없는 빈 탄창 총이지만 이것은 돈까스가 집에 있을 때 취미로 모았던 플라스틱 총이 아닌 실총이다. 군인만이 소지할 수 있는 실총…. 돈까스는 다시 한번 맘을 다져 본다.

전체 총 수령을 다 하고 다시 사열대 앞에 모였다. 역시 총을 받고 모여 있으니 없이 있을 때 하고는 모습들도 다르다. 벌써 쪼금~! 아주 쪼금~! 군인 모습이다.

"이제 총은 너희들의 분신이다. 전쟁 때 총 없는 군인을 상상해 보라~! 있을 수도 없고 있어서도 안 된다. 고로 총을 잃어버리거나 고장 내는 놈은 뭐다~? 소중한 세금을 내는 국민에 대한 배신이고 나라의 역적이다. 항상 닦고… 조이고… 기름칠을 해서 일단 유사시를 대비해 최상의 상태를 유지해야 한다. 알았나~!"

"넵~! 알겠습니다~!"

돈까스는 일장 연설을 하는 호랑이 눈깔을 보며 하~! 말 잘하네. 하기야 밥 먹고 몇 년을 저 레퍼토리를 기수마다 하는데….^^

"점심 식사를 하고 오후에는 제식 훈련을 한다.~! 총을 내무반 총 거치대에 놓고 식사 정렬을 한다."

돈까스는 이제 밥을 먹을 수 있다 보니 배가 많이 고팠다.
식사 정렬을 해서 식당 앞에 가니 역시 이제 냄새가 다르다. 밥을 배식을 받고 앉으니 주계 소대장이 외친다.

"식사 시간 1분…. 식사 시작~!"

엥? 1분? 설마? 나 이제야 제대로 밥 먹는데? 풉~! 돈까스나 애들이 믿지 않고 평소처럼 식사를 하는데…?

"식사~ 끝~ 10초 전~!"
"식사~ 끝~!"

"숟가락 내려놓는다~! X시키들아~!"

그러더니 저쪽부터 사정없이… 허벌나게 팬다? 돈까스는 이제 세 숟갈 먹었는디~? 아~! 띠벌~! 뭔 일이랴? 순복이랑 갑득이 초스피드로 퍼먹는다.

"나가~! 안 나가? 이 X시키들~!"

하며 막 패고 있다. 헉~! 애들이 우왕좌왕하다 갑득이가 엎어졌는데…? 오~! 갑득이~! 그 순간에도 퍼먹으면서 나간다. 돈까스는 배고프고 오랜만에 밥 먹는데 나오다 다 엎었다. 흑흑~! 띠~벌~! 도대체 왜 이러는데~? 아~! 저 시키들~! 돈까스가 조금 남은 짬밥 짬통에 털어 넣으려는데…? 갸다? 갸가 또~! 짬통을 퍼먹고 있다. 흑흑 슬프다. 돈까스 계속 토하던 데서 흑흑~! 하고 있는데 옆쪽에서…?

"오늘도 토했냐? 여기는 먹어야 버틴다~!"

주계 기간병이 말하며 옆쪽으로 오란다. 상병이다. 그동안 돈까스가 토할 때 주계 옆문에서 봤나 보다. 주계 옆문 쪽에 칸막이가 쳐져 있는데 그리 들여보내고 담배를 한 대 준다. 진해 6주 동안 훈병은 금연이다.
근데 돈까스가 너무 측은했던지 부른 거다.

"아닙니다. 오늘부터는 안 토하고 먹습니다~!"
"그래? 그래 먹어~! 먹고 집 부모님 생각해서 버텨~!"

돈까스한테 불 붙여 주고 자기도 한 대 핀다. 돈까스 눈물 핑~! 어우~ 야~! 돈까스는 오랜만에 피니 핑~! 돈다.

그때?

"철식아~! 저녁에 소대장들 한잔하는데…. 있지?"
"네~! 준비해 놨습니다. 저녁에 갖다 드리겠습니다."

헉~! 주계 소대장 김복동이 뒷문 쪽에서 기간병한테 얘기를 하는데 뒷문에서 돈까스가 서 있는 칸막이까지는 불과 7~8발자국 떨어져 있는데 돈까스가 있는 데가 합판 칸막이가 쳐져 있으니 안 보이나 보다. 돈까스는 담배 한 모금 빤 연기도 못 뱉고 숨을 죽여 있는다. 걸리면 뒤진다.

"웅~! 수고해라~!"
"네~! 수고하십쇼~! 필~승."

휴~! 십 년~! 아니 백 년~! 감수했네~!

"괜찮어~! 피워~! 그리고 이거 가져가. 조금씩 먹어"
"감사합니다~! 고맙습니다~!"

돈까스는 눈물이 핑~! 돌았다. 누룽지인가 하고 검은 봉지를 받았는데 나중에 보니 건빵 튀긴 거였다. 많이 고마웠다. 가져가서 순복이랑 갑득이랑 조금씩 나눠 먹었다, 와~! 첨 먹어 보는데 진짜 맛있었다. 담날 먹으려고 조금 남겨 관물함에 넣어 놨는데 다음 날 보니 없다. 긴빠이~! 당했다. 띠~벌~! 이때가 긴빠이 당한 거 첫 번째였다. 에이~! 그래 얼마나 배고프면 그랬겠나~! 하고 넘어 갔는데 수료할 때 갑득이가 미안하다며? 얘기하는데 그 건빵 갑득이가 밥 먹었는데도 너무 배고파서 다 먹었단다. 그래 갑득아 이해한다.

(6) 무조건 복종(unconditional obedience)

점심을 먹고 총을 다시 들고 사열대 앞에 정렬한다.

"개인 간의 간격 한 팔 벌려~! 실~시~! 오와 열~! 해병은 죽어도 오와 열~! 각이다. 알았나~!"
"넵~ 알겠습니다.~!"

오늘도 역시 주 교관은 호랑이 눈깔이다. 젤 자세가 나온다.
나머지 교관들은 중간중간에서 자세 교정을 도와준다.

"죽었는데 어케 자세를 맞추냐? 시키야~!"

돈까스하고 순복이 둘 동시에 이 말이 나와 큭큭대며 웃었다.

"나한테 한 말이냐~! 히히히."

헉~! 뒤에서 소리가? 누군가 돌아보니 아 냐~! 띠벌~! 들창코가 히죽거리며 우리를 보고 있다. 아~ 왜? 왜 우리를 이렇게 괴롭히냐? 도대체…. 왜~? 흑흑 들창코가 양손으로 돈까스와 순복이의 볼따구를 세게 잡는다. 아~ 아~! 어우~씨! 졸라 아퍼~! 돈까스는 아픈 중에도 눈을 뜨고 앞을 보니 호랑이 눈깔이 우리 쪽을 보고 씨익 웃고 있다. 돈까스는 감이 안 좋았다. 아~! 호랑이 눈깔한테 또 찍혔네, 띠~벌~! 흑흑 들창코가 순복이와 돈까스를 꼬집힌 채로 가까이 끌어당겨 한마디 한다.

"좋은 말로 할 때 까라면 까라~! 알았나~! 히히히."
"넷~! 알겠습니다."
"앞에~총~! 이렇게 올리고 팔꿈치를 딱 붙인다."

호랑이 눈깔이 사열대에서 시범을 보이는데 역시다. 교관들은 우리가 보는 데서는 털끝만큼도 빈틈이 없다. 개인 생활은 몰라도 과업 시간에는 짜세고 교과서다. 돈까스는 그중에서도 교관들의 군복은 어쩜 저렇게 물이 잘 빠지고 멋있게 칼날로 다려져 있을까? 나도 나중에 저렇게 만들어야지…. 그러나 그것이 얼마나 힘든 일인지 나중에야 알았다.

아~! 그리고 입소식은 엊그제 했다. 간단히 행진 훈련하고 줄 서서 선서를 하고 훈련소 단장님의 순시를 듣고 별 탈 없이 잘했기 때문에 지금 간단히 쓴다.^^ 입소식을 할 때 돈까스는 아~! 이제는 정말 빼박이구나~! 하고 생각하며 맘을 다시 잡았다. 내가 견디지 못하고 탈락하거나 사고가 생기면 부모님이 슬퍼하신다. 잘하자~! 입소식 요약은 단장님의 이 말씀이 요약이다.

"나는 지금 여러분을 한없이 존경한다. 여러분은 지원해서 들어왔기에 선배 해병으로서 여러분이 이제 대한민국의 자랑스러운 귀신 잡는 해병이 되기 위해 열심히 갈고 닦아서 무사히 빨간 명찰을 달고 수료하길 진심 바란다."

연병장에는 우리 윗 선배 기수도 있고 해군도 제식 훈련 중이라 복잡하다.

"좌우향 좌 앞으로 가~! 뒤로 돌아 가~!"
"왼~발~! 왼~발~! 발 바꿔 가~!"

제식 훈련은 중대 단위로 나눠 한다. 돈까스는 호랑이 눈깔이 담당 교관인 1중대다. 돈까스가 제식 훈련은 무난히 잘한다. 왜? 왜는 뭐~! 우리 세대는 고등학교 때 교련 시간에 다들 해 봤으니까. 이 제식 훈련은 며칠을 한다. 또는 틈틈이 계속 한다. 군인한테는 가장 기초적인 거지만 근데…? 이게 말이야 그렇게 해도 안 되는 애들이 몇 있었다.

어느새 누런빛의 석양이 진다. 참 아름답다. 호랑이 눈깔 교관이 돈까스와 2명을 앞으로 나오라고 호명한다.

"너희 세 명은 조금 있다 끝날 때까지 얘네들을 일대일로 가르친다. 그리고 검사 받는다. 알았나~!"
"넵~ 알겠습니다~!"

돈까스가 맡은 애는 부산에서 왔다. 광복동? 오~! 생긴 거는 완전 범생이다. 공부 잘했을 거 같다.

"난 서울 주완순이야~! 잘해 보자."
"웅, 난 부산 박성태~! 고마워~!"
"좌우향 좌~! 왼발 왼발~! 뒤로 돌아~가~!"

돈까스가 같이하며 맞춰 본다. 어? 잘하는데…? 다시 하고 또 하고~! 한 7번인가를 계속 반복 연습했다. 잘한다.

"뚱띵이~! 다 됐지? 이제 와 해 보라고 해~!"
"넵~! 다 됐습니다."

셋이 대답한다. 첫 번째 애가 잘하고 합격~! 두 번째 애도 잘해서 합격~! 이제 돈까스가 맡은 성태 차례다. 돈까스 걱정 안 한다. 아까 그렇게 잘했는데 잘하겠지~! 자신 있는 미소를 띤다.

"좌우향 좌~! 우향 우~! 왼발 왼발~!?"

어~? 왼발인디? 쟤 왜 오른? 발하고 손이 같이 노냐?

"뚱띵이~! 소대장 앞으로 튀어온다 실~시~!"
"넵~ 실~시~!" 후다닥~! 쌩~! (헉~빠르다~!)
"이거 왜 이래? 이게 결과야~?"
"아닙니다. 아까는 완벽하게 잘했습니다~!"

순간 퍽~!? 아~! 쌍코피 주르륵~!

"결과 앞에 변명은 필요 없다. 알았나~!"
"넵~! 시정하겠습니다~!"
"총원~! 총기 잘 거치하고 식사 대열로 모인다."
"넵~! 알겠습니다. 수고하셨습니다~!"

내무반으로 가는데 박성태가 정말 미안하다고 한다. 막상 소대장 앞에 가니 캄캄했다고 미안하다 한다.

 "성태야 괜찮어. 네가 긴장해서 그래…. 나두 그래 ~! 아무렇지도 않어 정말이야…. 계속 연습하면 돼."
 "고맙다 동기야~!"

 돈까스가 성태를 먼저 보내고서 석양을 보며 웃으며 외친다.

 "내일은 내일의 태양이 뜬다~!"

 언젠가 본 영화 '바람과 함께 사라지다'의 명대사다.
 총원 사열대 앞에 정렬했다. 돈까스는 이제 밥 먹으러 가는 시간이 젤 좋다. 물론 저녁에 참으로 먹는 청룡빵이 제일로 맛있지만 1주일이 지나가니 이제 구린내 같은 건 안 난다.^^

 "저녁 식사를 하고 바로 내무실로 들어가 목욕 준비를 해서 사열대 앞에 다시 모인다. 알았나~?"
 "넵~! 알겠습니다~!"

 아~! 오늘 드디어 2번째 목욕날이다. 첫 번째는 정신없이 다그쳐서 대충했고, 오늘은 꼭~! 구석구석 깨끗이 하리라 맘을 먹고 왕자 식당 앞으로 출~바~알~! 신났다. 모두들 밥을 먹고 내무실에서 목욕 준비를 하고 기다린다. 순복이도 오늘은 깨끗이 씻어 맨날 아침에 빤쓰 속의 갸를 괴롭히는 일이 없어야겠다고 돈까스는 생각하며 피식 웃는다. (갸는 왜 순

Chapter 1. 진해 훈련소

복이한테 달려가지고 고생하냐?) 어~? 근데 갑득이가 안 보이네? 안 보이니 걱정된다.

돈까스는 복도며 이리저리 보다 화장실에 가서 갑득아~! 갑득이 여기 있냐~? 없다. 어디 간 거지? 돈까스가 밖을 한 번 더 보고 내무반으로 들어가려는데 2층에서 갑득이가 볼을 어루만지며 죽상을 하고 내려온다. 볼이 부었고 코피 자국도 있었다. 소대장실이 2층인데…?

"어~! 갑득아 왜 거기서 내려오냐? 헉~! 볼따구 부었다."

갑득이가 괜찮다는 듯 손짓하며 말한다.

"웅~! 소각장 작업 나갔다가 담배꽁초 주워 피다 걸렸어. 존나 터졌다. 하필 쌍코피한테 걸려서 엄청 맞았다."
"이~궁~! 쌍코피 맞는 건 내가 전문이라 안다. 가자."

둘이 마주보며 웃으며 내무반으로 향한다. "우히히히~!"

"총원 목욕~ 병사 떠~나~!"

모두 사열대로 모였다 목욕탕으로 간다.

"보~람~찬~! 하루 일을~ 끝마치고서~! 악~! 악~!"

목욕탕 앞에 도착 도열해 있다. 이제 소대장이 호각을 불면 들어간다. 오늘은 꼭 온 구석 빡빡 씻어야지 다짐하며 기다린다. 띠~로~리~! 긴장감이 흐른다.^^ 삐비빅~! 김복동 소대장이 호각을 분다. 후다닥~! 쉐~엑~! 쌩~! (이건 입으로 내는 소리가 아니여~!^^) 정말 빠르다. 이 시키들 뭐~여~? 문은 좁은 문 하나다. 그러다 보니 병목 현상이 일어난다. 돈까스 어찌어찌 밀려들어 가서 보니… 헉~! 늦~었~다~! 아~오~! 띠~바~! 벌써 한 샤워기당 네다섯 넘이 붙었다. 돈까스는 잠시 생각한다.

흠~! 오늘도 머뭇거리면 좀 있다가 또 샤워 끝 10초 전을 불 건데 흠~! 워쩐디야? 잠시 생각하던 돈까스 뭔가를 결심한 듯 비장한 얼굴로 네다섯 넘이 샤워하던 밑에 앉았다. 왜~? 뭐 땀시~? 오~ 쿼바디스~!(신이여 절 버리고 워디로 가시나이까?) 돈까스는 세 넘이 씻은 물이 내려오는 그 물?로 씻고 있었다. 흑흑~! 슬퍼~! 이 방법밖에 없다. 띠~바~! 그렇습니다. 아버지가 40세에 낳으셔 귀하게 자란 1사단 돈까스~! 빠릿빠릿한 팔도 넘들 속에서 이 방법이 최선이었던 것이다. 돈까스는 그래도 오랜만에 몸을 물로 씻으니 좋긴 하다.^^

엥~? 근데? 쟈는 바닥에 물이 흘러 내려가는 고랑? 그 물로? 씻는다. 캬~! 졌다. 니가 갑이다. 흑흑흑~!

무사히? 우히히히~! 목욕을 마치고 내무실로 복귀한 돈까스는 한편으론 시원한데~! 어째 좀 찝찝하다.

얼른 세면장으로 가서 얼굴을 비누를 발라 씻었다. 세면을 하고 내무반을 들어오니 순복이가 그 자세를 취하고 있었다. 그 왜~! 텔레비전 보면 산부인과에 임산부가 다리를 쫙~ 벌리고 검진받는 자세^^(히히~! 지금 생각해도 우습다.) 벌리고 있는 순복이의 사타구니에 갑득이가 하얀 가루를 인정

Chapter 1. 진해 훈련소

사정없이 허벌나게 뿌리고 있었다.^^

"순복아~! 오늘 목욕했는데 왜 똥 구린내가 솔솔 나냐?"
"목욕하구 똥 눴는데? 쓸데없는 소리 말구 빨리 발라 봐."
"아~! 드런 시키~! 잘 안 닦았냐? 히히히."

돈까스가 옆에 앉아서 씨익 웃으며 생각한다. 아~! 동기간의 아름다운 모습이다. 짜식들.

"삐이익~! 저녁 내무반 과업 5분 전~!"

내무반 과업에는 '해병의 긍지' '직속상관' '군인의 길' 등등 기본적인 사항을 암기하여 각 소대장들한테 검사를 받아서 합격해야 잘 수 있다. 이건 엊그제부터 집중적으로 했는데 잘 안 외워진다. 돈까스, 순복이, 갑득이는 이 암기 사항이 제일 싫다. 소대장 앞에 나아가서 합격할 때까지 순검 전까지 2~3시간을 계속해야 한다. 그 대신 빨리 외워 합격 받으면 빨리 쉴 수가 있다. 훈련소 내무반 양 옆으로 목재 이층 침대가 있고 가운데 바닥에 앉아서 차례대로 소대장 앞으로 가서 암기 사항을 하는데 돈까스, 순복이, 갑득이는 항상 맨 뒤쪽에 앉아서 있는다. 아무렴 뒤에는 덜 보이니까 짱 박히기 좋으니까 뒤를 선호한다.

돈까스, 순복이, 갑득이는 이 암기 사항 시간에 한 번에 통과한 적이 없다. 저녁 과업 시간에는 여지없이 셋이 뒤쪽에 앉아 암기를 하는데 순복이 표정이 안 좋다.

"순복아~! 왜 그래 잘 안 외워지냐~? 한두 번이야~! 계속 열심히 해 봐. 워쩌것냐~! 돌대가리들이 히히히."

"아냐~! 집에서 편지 온 것 때문에 그런 거야~! 내가 갑자기 오게 되니까 집사람이 많이 힘든가 봐~!"

순복이는 이때 벌써 애가 둘이 있었다. 군자동에서 마눌님이 미용실을 하며 애 둘을 키우고 있었다.

"그리고 너무 힘들어서 나 못할 거 같어~! 흑흑~!"

"순복아~! 이제 빼박이야. 여기서 못하면 죽는 수밖에 없다, 진짜. 흑흑~! 나 봐. 아주 지금이라도 죽을 거 같아 흑흑~! 가족을 생각해서라도 버텨야 해~! 갑득이 봐 저 뼈다귀도 견디잖어~! 우리 셋이 잘했잖어 흑흑~!"

순복이가 우니까 돈까스, 갑득이 다 눈물을 찔끔거린다. 갑득이는 처음 들어올 때는 더듬거리지 않아서 몰랐는데 지금은 더듬거린다. 신경성이란다. 평소에는 잘 말하다가 흥분하거나 소대장한테 터졌을 때는 여지없이 말을 더듬는다. 갑득이가 순복이한테 한마디 한다.

"나… 나… 날 봐~! 수수 순복이 너… 너가 그러면 나나난 지금 죽었어야 해~!"

히히히~! 갑득이가 흥분하니 여지없이 또 말 더듬는다. 돈까스와 갑득이는 여러 번 못하겠다는 순복이를 이렇게 달래 왔지만 집에서 편지 올 때는 유독 더 힘들어 했다. 그때?

Chapter 1. 진해 훈련소

"그러면 애를 하나 더 낳지 그랬냐~?"

엥? 옆에 있던 애늙은이 정석주가 자기 딴에는 위로를 한다고 한마디 한다. 석주는 경주에서 대학 다니다가 입대했는데 좀 밉상이다.

"아~! 띠바~! 비비빙신아~! 어어어쩔 수 어없어서 왔다다다잖아~! 시키야~! 머머뭐 드들은 거야~!"

갑득이가 답답해서 더 심하게 더듬는다. 흥분했다. 우리 때는 애가 셋이면 군대가 면제됐다. 그런데 순복이는 이때 어쩔 수 없이 군대를 안 오면 안 되는(?^^) 상황이었다고 말한 적이 있었다. 그 후에도 갑득이와 석주는 자주 티격태격했다.^^ 석주가 청룡빵 긴빠이 당했다고 주위 애들 의심하다 갑득이한테 질문을 더 많이 해서 갑득이가 날 의심하냐고 기분 나쁘다고 말다툼하고 어느 날은 각자 맡은 청소 구역 서로 안 했다구 티격태격했다. 이날도 순복이 달래다 결국엔 세 넘 다 맨 꼴찌로 잤다. (어~ 흠냐…. 커~흑 뽀뽕…. 음냐 zzz?)

"삐비빅~! 총원 빤스 바람~ 병사 떠나~!"

불이 다 켜지고 호랑이 눈깔이 침상을 돌아다니며

"일어나 X시키야~! 안 일어나~!"

하며 몽둥이로 패고 다닌다. 어우야~! 뭔 일이래~! 정신없이 빤쓰 바람에 연병장으로 튀는 돈까스…. 헉~! 나오면서 보니 순복이 아구창 맞는다. 아~! 띠~바~! 잠은 재워 주더니 왜 이러는데? 아~냐~! 연병장에 나와 그 뭐시냐? 닭장에 병아리들 모였듯이 서로 얼싸안고 체온을 녹이느라 꼭 껴안고들 있다. 순복이 완전 정신 나간 넘처럼 한 대 터지고 내려와 본능적으로 돈까스 옆으로 붙는다. 그 옆이 갑득이….^^ 와~! 춥다 바닷가 바람이 더 춥다. 뭐랄까? 뭔가 살을 긁으며 지나가는 거 같다. 소금기가 있어서 그런가?

다 같이 붙어서 덜덜 떠는데 호랑이 눈깔이 바케쓰에 물을 가득 담아 나온다. 그리고는 바가지로 휘~익 휘~익~! 조금씩 뿌린다. (저 시키 뭐냐? 아~! 띠~바~!)

"휘익~! 우히히히~! 시원하지~! 휘~익~! 큭큭큭~!"

돈까스가 자기도 모르게 중얼댄다. 저 시키~! 분명 변태 시키일 거야? 저 봐~! 저 봐~! 우리한테 물 뿌리며 쾌감을 느끼잖아~! 아~오~! 정말 춥다. 순복이를 보니 내 겨드랑이에 파고들어 울고 있다. 나중에 물어보니 순복이 추위를 많이 탄단다. 한참을 뿌려대며 히히덕거리던 호랑이 눈깔 교관…. 헉~! 띠바~! 그 와중에 돈까스와 눈이 딱 마주쳤다. 돈까스, 순복이, 갑득이 셋이 붙어 있는 쪽을 보더니…? 씨~익 썩소를 날리며 반 이상 남은 바케쓰를 든다. 돈까스는 순간 불안이 엄습한다. 아~! 아닐 거야~! 제~발~! 그 순간 호랑이 눈깔 "에~잇 띠~벌~! 히히히~!" 하며 바케쓰를 우리 셋 쪽으로 뿌~악 부어 버린다. 흑흑흑.

"어~푸 어~푸~! 워메 뭔 일이랴~! 흑흑 죽겄다."

돈까스가 켁켁거리며 순복이를 보니 순복이는 이제 아예 바닥에 누워 통곡한다. 어우 존나 불쌍하다.^^ 갑득이? 크크크~! 갑득이는 부처님 자세로 다 받아들인다. 돈까스가 놀란 돼지처럼 눈만 동그랗게 뜨고 눈물 찔끔~! 거리다 순복이 보고 우히히히~! 웃다가 울먹거린다. 아~! 미쳐 가나 보다.^^ 옆에서 갑득이가 한마디 한다.

"나무아미타불~ 관세음보살~!"

돈까스도 통곡하던 순복이도 갑득이도 웃는다. 우히히히~! 빤쓰 바람 물뿌리기는 두 바케쓰를 하고야 끝이 났다. 호랑이 눈깔(쌍코피 DI)은 아주 만족스런 얼굴로 들어가며 이제는 체온 조절하라고 연병장을 돌란다. 아~ 놔~ 한참을 돌았을까? 돈까스가 갑자기 소리를 지르며 쓰러진다. 애들이 놀라 몰려든다. 갑자기 갑득이가 달려오더니…?

"뚱띵아~! 안 돼~! 가지 마~ 흑흑~!"

옆에서 보던 순복이가 한마디 거든다.

"뚱띵아~! 흑흑 우리 같이 버티기로 했잖어. 가지 마~!"

돈까스는 다리를 부여잡고 쓰러져 있는데 두 넘이 가관이다.

"아~ 띠~바~! 오버하지 말고 주물러 봐, 시키들아~!"

돈까스는 다리에 쥐가 나서 아프고 서럽고 갑자기 열 받고….
아~! 주무르니 더 아프다. 갑자기 돈까스가 울부짖는다.

"야 이~! 개시키들아 차라리 죽여라~!"

열심히 동기들이 주무르고 있는데 누군가 다가온다…?

"일어나~ 시키야~! 방금 누구한테… 나한테 그런 거냐~?"

헉~! 띠~벌~! 들창코 소대장이 씩씩거리며 서 있다. 아~! 죽었다. 그 순간 돈까스는 머리가 펜티엄급으로 돌아간다.

"아닙니다. 동기들이 너무 아프게 주물러서 그런 겁니다."

아~! 돈까스 비겁한 변명이다.(아~! 띠~바~! 그럼 워쩌냐? 나두 살아야지~! 살려면 비굴해져야 할 때가 있다 뭐~!)

"그래~? 알았어~ 다시 돌아~!"
"넵~ 감사합니다. 다시 돌겠습니다~!"

양 옆에서 순복이와 갑득이가 부축하며 다시 도는데 갑득이와 순복이가 어깨를 두드리며 한마디씩 한다.

"잘했어 뚠띤이~! 잘못하면 디질 뻔했다~ 너~!"

Chapter 1. 진해 훈련소

"그래 들창코한테 그랬으면 넌 오늘 죽었다~ 휴~!"
"그려~! 고맙다 시키들아~! 근데 갑득이 웬~ 오버냐~?"
"웅~! 갑자기 '해병은 돌아오지 않는다' 영화가 생각나서 한번 해 봤어. 히히히."

셋이 웃는다. 우히히히히~!

"아~! 저 시키는 어떨 땐 또라이 같어~! 크크크."

돈까스, 순복이, 갑득이는 오늘도 그렇게 웃는다.

그렇게 몇 바퀴 더 돌았다. 아~! 아직도 생생하다. 진해 바닷가의 비릿한 짠내가 불어오는 40년 전 그날 밤…. 그날 밤 빤쓰 바람 2번 했다. 이후로도 빤쓰 바람은 수시로 시도 때도 없이 허벌나게 행해졌다. 심할 때는 하루 저녁 4번 한 적도 있다. 나중에 알았다. 이것도 교육의 일환이란 걸.^^ 들창코 소대장이 말한 게 있잖아…. "까라면 까라~!"

다음 날 아침…. 밤새 설쳐댔으니 몸이 성할 리 없다. 누가 팼냐?
다행히 오늘은 군가 배우러 강당 과업이다. 밖에는 비가 보슬보슬 내린다. 음~! 짠내랑 비 냄새랑 섞이니 좋구나~! 열심히 설명을 듣고 따라 배우던 돈까스…. 어? 왜 이러지? 눈꺼풀이 천근만근이다.

"우리는~! 해군이다~! 바다가 고향~! 죽어도 또 죽어?"

근데 우리는 해병인데…? 왜 해군가를 배우지? 이때는 배우라니까 그냥 갸우뚱하며 배웠는데 이해가 안 갔다. 그냥 배우는 거다. 하라니까.^^ 그리고 얼마 전에 받은 군번줄에도 해군이라 박혀 있다.

"157번 튀어 나온다. 실~시~!"
"넵~! 훈병 157번 정수창~ 실~시~!"

충청도에서 농사짓다 온 깜치가 불려 나갔다. 나가자마자 퍽~! 하더니 깜치 코에서 쌍코피가 주르륵 흐른다. 이즈음부터는 번호가 부여되어 번호도 복창하게 되었다.

"정신 차리고 들어가라~!"
"넵~! 훈병 157번 감사합니다."

근데 참~! 저 쌍코피 기술은 워디서 배운 걸까? 자기가 다년간의 경험상 배운 건가? 누구한테 배운 건가? 돈까스는 갑자기 그게 궁금해져 잠시 생각하다가…? 아~띠~바~! 정말 1초. 잠시 눈 감았다가 뜬 게….

"뚱띵이 나~와~! 빨리 안 튀~어~?"

헉~쓰~! 왜? 왜지? 나 안 잤는데? 돈까스 뛰어나가며 생각해 봐도 모르겠다. 앞에 나가니 쌍코피가 씨익 웃는다.

"뚱띵이~! 겁대가리 상실했냐? 코를 골아~?"

퍽~퍽~! "정신 안 차려~!" 아~! 연타다. 졸라 빠르다. 주르륵~! 쌍코피 작 렬~! 돈까스는 쌍코피고 뭐고 어리둥절 이 상황이 억울하다. 뭐시라~! 내가 졸았다고? 잠깐 눈 감았다가 떴는데…? 쌍코피 닦으며 들어와 앉았는데, 옆 동기가 그런다.

"내가 졸지 말라고 옆구리 쳤는데 금방 코 고냐?"

내가 코를 골았어? 아니 1초 눈 감았다 떴는데? 앞에 동기가 그런다. 자기 뒤통수에 대고 코 골았다고….^^ 돈까스는 잠시 멍하다가 아~! 그렇구나~! 나는 눈 감은 게 1초라 생각했는데 잤었나 보다. 이래서 졸음운전 사고가 나는 거구나 흠~! 알았어 오~키!

밥을 먹고 오늘은 비가 내리니 계속 실내 과업이었다. 오늘 과업을 끝내고 돌아오는 길에 바닷가 쪽으로 이어진 개천뻘이 하나 있는데 쌍코피가 그 뻘에 해군이라 새겨진 군번줄을 버리란다. 엥~? 해군가를 가르쳐 줄 땐 언제고? 참나 아무리 까라면 까지만 모르겠다. 나중에야 이유를 알았다. 그래서 돈까스는 진해 6주 끝나고 위로휴가 때 복귀하면서 터미널 앞에서 해병이라고 다시 새겼다.

그 개천뻘…. 강당에서 과업받고 올 때면 소대장들이 거기다 오줌 마려운 사람들은 오줌 싸~! 라고 해서 다들 자주 눴는데…. 이때까지 진해 훈련소를 거쳐 간 훈병들이 거기다 다 쉬를 했을 거다. 어쩐지 거기를 지나 올 때면 암모니아 냄새가 진동했었는데 나중에 언젠가 그 개천뻘을 포복하며 쑤시고 다니며 기합받은 사람이 있다. 누굴까요?

저녁 먹고 내무반 과업 전에 저녁 구보를 한다. 거의 매일 하는데 사열대 앞에서 출발해 저쪽 해군 병사 쪽을 돌아서 오는 코스인데 얼마 안 된다. 이거리도 돈까스는 처음에는 엄청 힘들었다.

　나중에는 경험이 쌓여 무난히 하게 되었다. 순복이와 돈까스는 맨날 꼴찌로 들어왔다. 돈까스와 순복이는 진짜 여기 어떻게 왔냐? 빽 썼냐? 크크크~! 오늘도 여지없이 저녁 구보 시간이다. 오~! 보라, 오늘은 돈까스와 순복이가 돈까스는 기타 치는 시늉을 하며 순복이는 스텝을 밟으며 여유 있게 구보를 한다.

　장하다. 돈까스와 순복이….^^ 갑득이? 오늘은 갑득이 배탈 나서 안 나왔다. 맨 뒤에서 중간쯤 뛰던 때…? 갑자기 순복이, 돈까스, 그리고 전북에서 온 사투리가 심한 윤상기…? 셋이서 두리번거리더니 왼쪽 어둠 속으로 잽싸게 사라진다. 오~! 멋있고 재빠르다. 마치 네이비 씰이 적진 침투하듯 신속, 정확하다. 히히히~! (해군 병사와 해병 병사 사이에는 약 5~6보 정도의 간격이 있다. 그런데 여기 샛길이 어두컴컴해서 벽에 딱 붙으면 정말 안 보인다.) 이제 셋이 벽에 딱 붙어 있다가 돌아오는 구보 대열이 지나가면 그 뒤쪽에 잽싸게 붙어서 자연스럽게 띵가띵가~! 합류하면 완벽하다. 사실 이 짓은 이번이 두 번째다.

　돈까스는 생각 못했을 거고 아마 사회 경험이 많은 순복이 생각이었을 거다. 어느 정도 벽에 붙어서 세 넘이 히히덕거리고 있으니 구보 대열 오는 소리가 가깝게 들린다. 세 넘이 어둠속에서 만면의 미소를 띠며 준비를 하고 있다. 근데…? 그런데 말이다. 아~오~! 지금 이 순간 또 생각나며 온몸의 신경관이 찌릿찌릿하며 소오름이 끼쳐진다.

"이 X시키들~! 지금 여기서 뭐하고 있나~! 안 튀어나와?"

뒤에서 쇠창살을 야스리로 박박 긁는 소리가 천지를 진동한다.

세 넘은 얼어버린 몸을 천천히 돌린다. 헉~! 워매 뭔 일이랴~! 띠~벌~! (쿠오바디스~!) 이층 5중대 소대장 살모사 DI가 죽일 듯이 서 있다. 돈까스와 둘은 멍~!하니 체념하며 생각한다. 하필 살모사냐? 아~! 죽었다…. 아니 차라리 죽자 띠~벌! 저녁 구보할 때 어떤 때는 소대장이 앞에서 뛰고 뒤쪽에서도 소대장이 따라 오는데 오늘은 안 보여서 오늘은 안 붙나 보다 했는데 아니었다.

"따라와~! 매 기수마다 너희처럼 잔머리꾼들이 있었어. 오늘 대가를 치르게 해 주겠어~! 히히히."

아~! 심한 경상도 사투리의 살모사 DI…. 포항 사람이다. 생긴 게? 저 얼굴에 검은 도포와 갓만 씌워 놓으면 여지없이 저승사자다. 오죽하면 살모사였겠냐~! 띠~벌! 우리는 사열대 앞으로 끌려가고 구보 대열이 뒤에 도착한다. 쌍코피 소대장과 애들이 쟤네는 뭐야~? 하는 식으로 쳐다본다. 살모사가 쌍코피한테 다가가 자초지종을 설명한다. 돈까스가 순복이한테 조용히 말한다.

"순복아~! 죽었다 띠~벌~! 어카냐?"

순복이가 의외로 담담하게 말한다.

"어카긴~! 그냥 오늘 맞아 디지는 거지~! 히히히."

그때 윤상기가 한마디 보탠다.

"탈영해서 진해만에 빠져 죽어 버리자~! 히히."

순복이가 상기를 쳐다보며 말한다.

"아~! 거기까지 가기 귀찮아~! 여기서 죽자~!"

돈까스가 비장한 얼굴로 말한다.

"그래~ 띠~벌~! 오늘 죽기밖에 더하겠냐~! 근데 살모사는 쫌 겁난다 야~! 저번에 재식이 터지는 거 봤지? 재식이 그때 가는 줄 알았잖아~! 휴~!"

그때 갑자기 작은 돌풍이 셋의 몸을 감싸며 지나간다. 휘~이잉~! 가만히 있던 상기가 한마디 날린다.

"워~메~! 띠불~! 터지기 딱 좋은 날이구마 잉~!"

쌍코피 소대장과 애들은 다 내무반으로 들어가고 저쪽 어둠에서 살모사가 걸어오는데… 아~! 이 장면 옛날에 어디 영화에서 본 장면이다. 아~! 맞다. 서부 영화다.
장고가 마지막에 복수를 하러 흙먼지 바람 부는 마을로 들어오는 그 장면이다. 참~! 돈까스는 속도 좋다. 이때 그런 생각을 하니 말이다. 세 넘 앞에 선 살모사의 손에는 낯익은 빠따 몽둥이가 쥐어져 있다. 어~? 저건 어디 있었을까? 사열대 근방 어딘가에 숨겨져 있었나 보다. 저거 진짜 박달나무라던데…. 뜨~헉~!

"엎드려~뻗쳐~! 오늘 너희들의 잔머리를 없애 주겠다. 오늘 너희들이 한 행동은 소대장들에 대한 기만이고 동기들에게는 배신행위다~! 알았나~!"

카랑카랑한 살모사의 찢어지는 목소리가 한층 더 공포심을 느끼게 한다. 살모사한테 자비를 바라지 마라. 퍽~퍽~! 퍽퍽~! 오~! 빠따도 짧게 끊어 친다. 더 아프다.

"너희들은 퍽~퍽~! 열심히 하는 동기들을 배신했어~! 동기들에 대한 배신 퍽~! 소대장들에 대한 배신 퍽~! 나아가 너희들을 믿고 쉬는 국민들에 대한 배신 퍽퍽~!"

돈까스는 생각한다. 아~! 잘못은 맞는데 국민? 너무 나갔다.^^

"일어나~! 연병장 열 바퀴 돈다. 실~시~!"
"넵~ 연병장 열 바퀴 실~시~!"

그날은 연병장을 돌다가… 훈시를 듣다가… 또 돌다가 입에서 단내가 나고 한계가 올 때쯤 순복이가 한마디 한다.

"아~! 띠벌~! 정말 못하겠다. 탈영이라도 해야 하나~!"

돈까스가 헥헥~! 거리며 순복이를 달랜다.

"순복아~! 시키야 집에 가족들 생각해. 흑흑 탈영하면 평생 인생 조진대…. 버텨야 해~!"

그날 저녁 돈까스와 순복이는 헛구역질을 얼마나 오지게 했는지 모른다. 하여간 거의 초죽음이 되어서야 내무반으로 들어와서 쌍코피한테 훈시 들으며 시원하게 쌍코피 한 번 더 터지고, 상기는 위층 살모사 소대원이라 올라가서 살모사한테 몇 대 더 터졌다고 담날 들었다. 상기 얼굴이 부었다. 흑흑흑~! 이날 뼈저리게 느낀 거는 살모사한테 자비를 바라지 마라.^^

그날 저녁 암기 사항 또 잘 못 외워서 돈까스와 순복이는 맨 꼴찌로 잤다. 갑득이는 배탈로 열외라 일찍 잔다. 돈까스와 순복이는 밤새 끙끙거리는 소리를 내며 잠을 못 자다 새벽이 다 되어서야 잤다. 어떻게 새벽인지 아냐고? 우리 내무반에 철인이 하나 있다.

매번 4시쯤에 일어나서 벌써 돌아다니는 넘…. 넌 누구냐?

Chapter 1. 진해 훈련소

(7) 인간은 적응의 동물

진해 훈련소 (DI) 교관

돈까스 잠결에 치약 냄새. 비누 냄새가 솔솔 난다. 그럼 아침이다. 밖은 아직 어둠이 채 가시지 않았는데 부지런한 족속들이 벌써 움직이는 것이다. 아~! 짜증 난다. 우리 뚠뚠이족 들은 절대로 상상도 못할 일이다. 한편으로는 저 부지런함이 부럽다. 그러나 어쩌랴 천성이 만만디인데…^^ 돈까스는 여지없이 화장실부터 들어간다. 오늘은 꼭~! 싸자~! 홧~팅~!

'에~잇~! 뿅~! 으으으~! 뿅~!' 흑흑 오늘도 실패다.

변비가 너무 심하다. 아직까지 똥이 잘 안 나온다. 며칠에 한 번 염소똥만 나오고 시원하게 한 번 못 눴다. 아~! 이러면 똥 가스가 차서 안 좋을 텐데?

걱정된다.

돈까스나 순복이, 갑득이를 비롯해 모두들 이제는 공동체 의식의 흐름 속에 자동으로 움직인다.

아직도 문뜩문뜩 낯설지만 하루의 시간이 꽉 차여 돌아가니 쓸데없는 생각할 여유가 없는 것이다. 이제 슬슬 여기서의 생활에 인이 박이나 보다. 돈까스는 어떨 때는 자기도 놀랄 때가 있다. 어? 내가 이제까지 버티며 생활하네?

인간은 동물이다. 인간은 적응의 동물이다. 이 말을 책이나 영화, 드라마에서 수없이 들어왔다. 찰스 다윈은 가장 강한 사람이 생존하는 것이 아니라 가장 적응을 잘하는 사람이 생존한다고 말하지 않았던가. 인류는 수십 세기 동안 냉혹한 생존 경쟁을 거치며 그중 자연에 잘 적응하는 사람만 살아남았다. 그리고 조상들의 적응하는 능력은 자연스럽게 지금 우리의 유전자 일부분으로 전해져 내려오고 있다. 머리로는 그 말을 이해하고 있어도 직접 체험하면 나 자신이 적응하는 속도에 적잖게 놀라게 된다.

돈까스는 자기만의 공간이 꼭 필요하고 자기만의 시간이 꼭 필요하다. 근데 여기는 자기만의 자유가 없는 곳이다. 공동체가 우선시되는 곳…. 내게 군대는 육체와 정신이 완전 개조되는…. 아니 꼭 개조돼야지 살아남는 곳이다. 훈련병 초기에는 동기들이 곤히 자고 있을 때도 나만 잠을 이루지 못하고 뜬눈으로 밤을 새우다시피 하기도 했다. 신기하게도 2주일이 지나가니 다는 아니지만 내무반이 내 방처럼 여겨지게 되었다. 집이 아니고는 밖에서 큰일을 보기 싫어했던 내가 편하게 화장실을 가서 변비와의 싸움도 하게 되었다. 군대 오기 전에는 화장실가서 오래 있어도 되나? 하는 게 가장 큰 걱정이었는데…. 돈까스가 오늘 뜬금없이 인간의 적응 능력에 감탄하며 주섬주섬 훈련복을 입으며 다시 한번 마음을 가다듬는다.

"살자~! 살아남자~ 돈까스~!"

아침을 먹고 사열대 앞에 모였다.

"오늘은 사격장으로 이동하여 사격을 할 것이다. 실총에 탄약을 다룰 것이니 소대장들의 지시 사항을 꼭 따라야 한다. 알았나~!"
"넵~ 알겠습니다~!"

오늘은 두 번째 사격 날이다. 첫 번째는 실탄 사격을 안 하고 빈총으로 50, 100, 150m 타깃에 겨눠 영점 잡는 연습만 했다. 훈련소에서 사격장까지는 약 4~5Km 정도 된다. 구보로 간다. 돈까스는 영내 구보는 거리가 얼마 안 돼 이제 어느 정도 무난히 하는데 사격장까지는 힘들다. 첫 번째 갈 때도 뒤처져서 갈굼 오지게 당하며 갔는데…. 오늘도 고생 좀 하겠구나 생각하며 벌써부터 얼굴이 찌그러드는 거 같다.

순복이? 갑득이? 이 둘은 이제 사회생활하던 짬밥이 있는지 이젠 적응을 잘하여 구보는 어느 정도 한다. 장하다 순복이, 갑득이…. 내무반으로 들어가 준비를 하고 다시 사열대로 모여 출~발~! 정문을 나가 경화동 도로를 건너 이제 시골길 같은 곳을 접어들고 한 3분의 1 정도를 갔을까? 오호통재라~! 여지없이 돈까스가 헥헥거리며 느려진다. 아~! 여기 사격장 가는 길은 일반 도로보다 길도 울퉁불퉁한 시골길이라 돈까스가 저번에 갈 때 발목이 삐끗해서 엄청 고생하며 갔던 길이다. 오늘은 숨고르기를 잘하며 잘 가볼라고 했는디…. 히히히~! 여지없이 뒤처진다.

돈까스한테 뭘 바라냐~! 아~! 이놈의 저주받은 몸…. 한참을 뒤처지며 헥

헥~! 거리니 들창코 DI가 귀에다 대고 별의별 쌍욕…. 협박을 쏟아낸다.
(띠~벌! 누군 안 가고 싶어 안 가냐? 이 들창코 시끼야~!)

그렇게 한참을 개털리며 가는디? 오~잉~!? 뒤에 따라오던 훈련소 중대장님이 내가 데려갈 테니 먼저 가라고 들창코 DI한테 얘기를 한다. 들창코가 맘에 안 드는 듯 죽상으로 대열로 먼저 간다. 그렇게 중대장님과 한참을 달리는데 중대장님이 나지막이 한마디 하신다. "주완순~! 천천히 가." 하신다. 걷다가 살짝 경보 정도로 갔다가…. 거의 걸어간다.

(우히히~! 웬 호강이냐~?)

"너 서울 어디냐? 난 돈암동인데…."

오~인자한 미소다. 돈까스 이런 모습 오랜만이다.

"넵 전 신설동입니다. 국민학교는 동신 나왔습니다~!"
"오~! 동신~! 난 돈암 초등학교…. 반갑다. 편하게 말해."

부처님 미소다. 생긴 게 벌써 DI들하고는 다르다.

"헉~! 돈암동이요? 반갑습니다. 중대장님~!"

이때부터 돈까스의 군기가 확~! 흘렀다.

"전 동보극장 뒤쪽 제일시장 쪽이 고향입니다."
"아~! 동보극장…. 그럼 시외전화국 건너네?"

"헉~! 시외전화국을 아시네요~! 네~! 그 동네입니다."

신설동, 보문동, 돈암동은 얼마 안 떨어진 거의 같은 동네다.
돈까스가 중대장님을 지그시 쳐다본다. (형~! 혀~엉~!)
돈까스에게는 중대장이 벌써 동네 형이다. 이때부터다. 돈까스가 김칫국을 바케쓰로 처먹던 시점이…. 아~웅~!

(오메~! 웬일이냐? 나에게도 광명이 비추나? 순복아~! 갑득아~! 기둘려라~! 이제 우리도 중대장실에서 치킨 먹고 담배 피우고 탱자~! 할 거야~! 너희들도 같이 끼워 줄께~!)

한참을 이 얘기… 저 얘기하며 걷던 중대장과 돈까스…. 분위기 좋았다. 돈까스가 그 말하기 전까지는…. 휴~! 돈까스가 잠시 생각하더니… 작심한 듯 한마디 꺼낸다.
(하지 마~! 돈까스… 하지 마~! 흑흑흑~!)
돈까스가 중대장님 눈치를 한번 보더니 한마디 한다.

"저 중대장님, 우리 6주 끝나고 포항 가기 전 위로 휴가 1박 2일인가요…? 2박 3일인가요?"

엥~? 조용하다…. 왜? 돈까스가 천천히 중대장님 쪽을 본다.
(조용~! 엥? 뭔… 일… 이… 냐…?)
중대장님 얼굴이 무섭게 정말 무섭게 변해서 돈까스를 쳐다보며 한마디 하신다.

"이 시키~! 아무리 그래도 공과 사는 구분해야지. 동향이라 반가운 건 반가운 거고 빠져 갖고 따라와."

"넵~! 죄송합니다. 시정하겠습니다~!"

(돈까스~! 이 바보 시키 이궁~! 싸다.)

돈까스가 이런 질문을 한 건 이때쯤부터 이번 기수부터 위로휴가가 2박 3일에서 1박 2일로 줄어든다는 확인 안 된 풍문이 돌았다. 돈까스는 그게 궁금했던 거다.^^ 사격장 거의 다 왔다. 사격장 입구 들어가기 전 입구 옆에 작은 실개천이 있었고 그 개천 건너편에 아주 허름한 시골집이 몇 개 있었다.

"물로 들어가~! 포복~! 좌로 굴러~! 우로 굴러~! 지금 너는 정신 상태 불량이다. 정신 상태 강화~!"

돈까스~! 이제야 현실을 깨닫고 물에서 좌로 굴러… 우로 굴러… 아~놔~! 내가 왜 그랬을까? 히히히~!

앗~! 개천물에 콩나물, 우거지, 닭뼈다귀, 밥알들이 둥둥 떠 있고 뭔가? 가라 앉아 있고? 머냐? 위를 보니 개천 위쪽에서 주민들이 설거지와 야채 등등을 씻고 있다. 한참을 X뺑이 치니 중대장이 그만 대열로 돌아가란다.

"넵~ 감사합니다. 시정하겠습니다~!"

중대장님에게 백배사죄하니 담부터 공과 사는 지키란다.

뒤늦게 대열로 가는데 소대장들이 모여 대화하는 곳에서 고참DI가 돈까스를 보고 성질내며 한마디 한다.

Chapter 1. 진해 훈련소

"너 왜 젖었어? 누가 이랬어?"

"제가 중대장님이랑 같이 오다가 기합 빠진 소리 해서 얼차려 받았습니다."

"뭐? 그래도 그렇지~! C%&$~! 추운데 이게 뭐야~!"

(중대장님과 DI들과는 무언의 알력 싸움이 있었다.)

"아닙니다~! 소대장님 제가 크게 실언을 해서 그러신 겁니다. 전적으로 제 잘못입니다~!"

고참 소대장이 돈까스를 한참 쳐다보더니? 돈까스가 불쌍했나? 보다. 한결 부드러워진 목소리로 말한다.

"추워서 그냥은 안 되니 옷이랑 몸 마르게 요기 잠깐 돌다가 마르면 대열로 들어가."

"넵~! 감사합니다~!"

그럼 그렇지~! 돈까스는 그날 김칫국만 한 바케쓰 마셨당~!
그리고 자신의 경솔함을 자책한다. 아~ 놔~!

(8) 맹종과 군인의 길

이경식 해병님과 돈까스

"복종 그 자체는 맹종일 수밖에 없다. 맹목적인 복종은 폭력적 상황을 빚을 수 있다. 군 복무 관계의 특수성에서 군인의 복종 의무가 각별한 의미를 지닌다는 점에서 그곳에서는 복종 의무의 존재가 나름 정당화될 수 있는데, 군인 복무 기본법 제도 개선이 필요하다. 군대 복종 의무의 존재는 우리 군인 복무 기본법 수준의 낙후성을 증명한다."

으~ 아~! 아~! 여지없이 돈까스는 몸이 천근만근이다. 밖은 아직 어둠이 깔려 있다. 건너편 아래에 순복이를 내려다봤다. 앉아서 자는 순복이 여지없이 찌그러져 있다.^^

(너나 나나 불쌍 그 자체다. 아~! 슬프다 크크크.)

어제는 해군 병사에서 하나가 탈영했단다. 돈까스 걱정된다.

이 추운데 어딜 가겠다고. 빨리 잡혀 들어와라….

지금 우리들 입장에서는 그게 최상책이다.

오늘은 오전, 오후 일과가 맨날 제식 훈련, 정신 교육 등 하루 일과가 거기서 거기다. 오후에 돈까스는 오늘도 영락없이 저녁노을을 보며 집 생각을 잠깐 하고 내무반으로 들어간다. 진해의 푸른 밤…? NO~! 내가 민간인이고 여기 병사가 펜션이었다면 그랬겠지…. 겨울 바다(돈까스는 바다를 진해가서 첨 봤다)를 즐기고 회 먹고…. 히히 그러나?

'레드~썬~! 뾰~로~롱~!'

현실은? 춥고… 배고프고… 불쌍하고 옆에 순복이는 더 불쌍하고 갑득이는 불쌍의 경지를 넘었다. 아~놔 흑흑…. 띠~벌~!

내무반 과업하기 전 구보를 착실히? 하고 씻고서 내무반 과업을 준비하려고 들어갔더니 순복이가 붉으락푸르락 죽상을 하고 눈물을 찔끔하고 있었다…. 히히히~! 엥~! 또 집 생각나나…?

이젠 그러려니 한다.

"순복아 이제 그만 울자…. 방법이 읎따…. 죽으나 사나 적응해야지 워쩌냐? 흑흑 난 더 죽갔어."

"아냐~! 그게 아니고 누가 감춰 둔 청룡빵 긴빠이 해 갔어~! 띠~벌~!"

아~! 시키들~! 불쌍한 순복이 거를 긴빠이 해 가냐~!

"순복아 내 거 주께. 어제 속이 좀 안 좋아서 짱 박아 둔 거."

돈까스 침상은 2층이다.^^ 올라가서 뒤적뒤적? 읎~따?

윙~ 멍~! 소지품을 다 꺼내고 봐도 읎지~! 뭐 흑흑~!

순복이를 쳐다봤다…. 잠시 쪼곰 풀렸던 순복이 얼굴이 다시 죽상.^^ (아~! 시키들 불쌍한 돈까스와 순복이 거를…. 흑흑)

이때쯤부터 긴빠이가 난무하는 긴빠이 사회가 펼쳐진다.

양말, 빤쓰, 칫솔, 휴지, 작업모 등등…. 별거 다 없어진다. 돈까스 거 새 빤쓰랑 헌 빤쓰 바꾼 거는 너무했다. 누구냐…. 너? 다 좋은디 군복을 작은 거 놓고 바꿔 가면 돈까스는 어케 입냐? 띠~벌~! 그거 다행히 포항 가서 바꿨다. 그런데 시일이 지나면 지날수록 순복이가 저녁에 짬이 날 때 병사 옆 으슥한 곳으로 돈까스를 불러 청룡빵을…. 또는 배식 당번 나갔다 오면 누룽지나 주먹밥(?)을 나눠 주고 먹었다.

흡사 어미새가 새끼 먹이 갖다 주듯 히히히…. 돈까스는 순복이 아녔으면 죽었겠다.^^ 근디 순복이는 청룡빵을 어디서 나서?

맨날 다 먹었는디…? 근데 이 먹는 거에 대한 긴빠이는 돈까스는 그때도 어느 정도 이해가 갔었다. 한창 나이 장정들이 한정된 배식만 먹으니 얼마나 배가 고팠겠냐….(다 불쌍하다 흑흑) 적자생존? 약육강식? 간빠이는 이게 아니다.^^ 오늘은 내 것이 없어지고 내일은 너 것이 없어지고…. 뭐지? 절대 강자도 없고, 절대 약자도 없는 긴빠이 문화…. 지금은 많이 달라졌을 거라고 생각한다.

'서면 짜세, 앉으면 이빨, 누우면 빠구리, 돌아서면 긴빠이.'

근데 이 군대 음식에 대해 좀 얘기하자면 처음 입대한 날부터 밥을 못 먹

었던 돈까스…. (3일째부터 살려고 먹었당)

보리쌀이 반 이상이 섞이고, 꾸릿꾸릿한 냄새가 나고…. 흑흑

이런 밥 첨 봤다. 초등학교 때 쪼금 못사는 애들이 싸 오던 보리밥하고는 차원이 다르다. 심지어 어릴 때 키우던 우리 집 메리도 그날 내가 먹던 쌀밥과 반찬을 나눠서 주었는디…. 띠~벌~! 텔레비전이나 사진을 보면 타군은 겨울엔 김장을 하고 그러던데…. 돈까스는 솔직히 말해서 군대에서 김치다운 김치를 먹어본 게 열 손가락 안이다.

물론 타군은 부대 단위가 소규모 단위로 각 지역에 주둔하니 김장도 하고 그러겠지만 포항 1사단은 아시아에서 가장 크다. 그래도 그렇지 대대 식당에서 본 아침에 포상으로 나온 돼지 한 마리가 저녁 식단에 고깃국물에 비계만 둥둥 떠다닌다. 돼지가 비계 다이어트만 하고 튀었나~? 군대 고추장 본 일 있는가? 색깔은 거의 검은색 가깝고 음~! 오래된 쌈장 쓴 맛이 난다. 고춧가루로 담근 거라고는 전혀 상상도 못한다. 김치 대신 제일 많이 먹은 것이 무채를 저 검은 고추장(?)으로 무친 것을 가장 많이 먹었다. 그래서 연대 훈련이나, 대대 훈련을 나가면 민가에서 김치를 좀 주면 그게 그렇게 맛있었다.

내가 군대 30개월 동안 가장 많이 자주 배급되어 먹었던 부식은 마늘종 장아찌와 단무지였다. 심지어 실무 때 팀 스피리트 훈련 때도 우리들 부식은 마늘종 장아찌와 단무지였으니…. 알겠지?

으으으으~! 아~! 이제 훈련소 생활 4주차가 지나간다. 근데 이 아침 기상은 좀체 적응이 안 된다. 저 봐~! 저 봐~! 순복이도 아직 누워 자잖아~! 히히히~! 뚠뚠이 족속은 천성이 좀 게으르고 느리다. 이건 과학적 통계까지 갈 필요가 읎~따~! 돈까스나 순복이가 리얼로 증명하는데 뭘 과학적 통계냐.^^

점심을 먹고 오후 과업은 연병장에서 사격 연습이다. 조그만 종이 타깃지를 엎드려 쏴 자세로 빈총 연습이다. 한참을 계속하다 10분간 쉬고, 다시 사격 연습이다. 두 번째 쉬는 시간 돈까스가 쌍코피 소대장 앞으로 나간다.

"소대장님 뭘 잘못 먹었는지 급설사똥인 거 같습니다~!"
"쫌 쌌냐~? 히히~! 빨리 갔다 와~!"
"넵~ 감사합니다~!"

돈까스는 총을 얼른 한쪽으로 거치해 놓고 쏜살같이 달려간다. 바르게 화장실로 가자마자 펜티엄급으로 빤쓰를 내리고….

"뿌지짝~! 뿌~악~뽕 푸드드덕~! 빵~!"

아~! 띠~벌! 조금만 늦었어도 대참사가 일어날 뻔했다. 옷이고 몸이야 목욕한다 쳐도 똥비린내는 워쩔껴? 휴~! 이 순간 세상 무엇보다 편안하다. 돈까스가 편안한 얼굴로 화장실을 나와 문 쪽으로 나가다가 멈칫? 하더니 갑자기 뒷문으로 나간다? 아~! 이때 그러지 말았어야 했다. 뒷문으로 나가면 병사 뒤쪽으로 내무반 창문이 나 있다. 돈까스 갑자기 창문을 하나둘 열어 본다. 앗~! 창문이 하나 안 잠겼다. 얼른 뛰어올라 들어간다. 돈까스는 이층 관물함을 열어 어제 온 수청이 편지를 갖고 내려와 순복이 침상에 누워 펼쳐 읽는다.

다 읽고서 편지를 다시 관물함에 넣고 내려와 다시 창문 쪽으로 다가가려는데…?

"너 여기 어케 들어갔는데~?"

헉~! 내무실문 유리 부분으로 막내 소대장하고 눈이 딱~! 마주쳤다. "아~ 디졌다." 막내 소대장은 복도 쪽…. 돈까스는 내무반 안쪽에 문을 사이에 두고 마주쳤다. 히~발! 평소 과업 나갈 때는 내무반 문을 밖에서 자물쇠를 채운다.

"넵~! 설사 똥을 빤쓰에 지려서 빤쓰 갈아입고 나가려고 뒤쪽 창문으로 들어왔습니다~! 죄송합니다~!"
"너희 소대장님한테는 허락받은 거야~?"
"넵~! 허락받고 왔습니다~!"
"알았어~ 말 안 할 테니 얼른 가 봐~!"
"넵~! 감사합니다 소대장님~!"

오~! 다행이다 그날 막내 소대장이 쌍코피한테 돈까스 얘기를 안 했나 보다. 말없이 무사히 지나간 거 보면…. 휴~! 돈까스는 임기응변이 뛰어나다. 어떻게 그렇게 빠르게 변명거리를 생각하냐? 이제 이 생활도 적응하는 건가? 돈까스가 이제껏 생활하던 때를 보면 이럴 수가 없다. 이렇게 빠르게 변명을 할 수가 없단 말이다. 왜? 왜? 그건 돈까스가 군대 오기 전에 생활을 보면 알 수 있다.

그걸 알아보기 위해 돈까스가 군대 오기 한참 전의 세월로 돌아가 보기로 하자. 레드~썬~! 뽕~!

벽암지 유격장. 신참 정 하사님과 돈까스

(9) 물딱이 큰 돼지

주계 겨울 저장 무 파기 작업 중…

돈까스는 1962년 12월 25일 새벽 4시쯤…. 교회 분들이 새벽에 '기쁘다 구주 오셨네~!' 이 노래를 부르며 돌아다닐 때 태어났다. 지금 서류가 없어 확인은 못하지만 아마 동대문 옆에 있던 이화대학병원인 거 같다. 오마니가 내가 태어났을 때 밖에서 이 노래가 들렸다니 거의 확실하다. 아버지, 오마니 두 분 다 실향민 인데, 오마니는 이북에서 복막염으로 병원에 입원하신 중 병원이 미군들과 같이 철수를 하니 얼떨결에 병원선과 같이 홀로 내려오시고, 아버지는 뒤늦게 빨갱이들이 징집하니 친구 분들 몇 명이서 산 타고 도망치듯 홀로 내려오시고, 해서 남한 피난 와서 다시 재혼하신 것이다. 남북한이 이렇게 오래 막힐 줄은 모르셨단다. 강화도나 속초 아바이 마을에도 그렇고 모든 이북 실향민들이 이렇게 오랫동안 막힐 줄 몰랐단다. 금방 상황이 정리돼서 금방 갈 줄 알았단다.

우다다다닥~! 어린 돈까스가 학교 정문을 나서 쏜살같이 뛰어 내려온다. 돈까스의 어릴 때 별명은 큰 돼지… 태어날 때부터 우량아라 큰 돼지… 동생은 안 뚱뚱한데 작은 돼지라고 불렸다.

서울 보문동의 동신국민학교는 정문을 나서면 바로 경사면을 내려와야 도로가 있어서 겨울에 눈 올 때는 경사진 면에서 많이 미끄러진다. 그래서 수위 아저씨가 눈 올 때는 연탄재를 잔뜩 뿌려 놓는다.

"에구 에구~! 이놈아 천천히 가, 넘어진다."

정신없이 뛰는데 수위 아저씨가 걱정스레 말을 하신다.
큰 돼지 내려가서 대뜸 학교 앞 문방구 앞으로 간다.

"국화빵 십 원어치 주세요~!"
"웅 단골 오늘도 일착이네. 근데 끝난 거야?"
"네~! 와구~와구 쩝쩝 맛있다."

어? 근데 애들이 왜 안 나오지? 문방구 아저씨는 조금 이상하다. 생각하며 고개를 갸우뚱한다. 큰 돼지가 한참 국화빵을 정신없이 먹고 있다. 그때~? 나이가 지긋한 중년 아저씨가 큰 돼지 뒤에서 한참을 보더니 "애야~! 너 학교 끝났니~?" 하고 물어본다. 큰 돼지가 뒤를 돌아보더니 "네~ 끝났쪄요~!" 입에는 국화빵을 한 움큼 물고 대답하며 경계의 눈초리로 그 아저씨를 한 번 쳐다보고 다시 국화빵 먹는 데 열중한다. 평소에 아버지, 오마니가 항상 모르는 아저씨나 아줌마가 말 걸면 조심하라고 항상 말씀하신 게 있어서 지금 큰

Chapter 1. 진해 훈련소

돼지는 이 처음 보는 아저씨가 수상한 거다.

"아저씨~ 국화빵 십 원어치 더 주세요~!"

큰 돼지 벌써 국화빵을 다 먹고 십원 어치 더 시킨다. 국화빵 십 원어치는 8~10개 정도 됐었다. 어느새 십 원어치를 게 눈 감추듯 다 먹고 십 원어치를 또 사서 하나 먹으려는데…? 어? 뒤에서 가만히 지켜보던 아저씨가 큰 돼지 팔을 잡으며 말한다.

"애야~! 학교에 같이 가 보자!"
어? 이거 봐~! 오마니가 말한 거랑 똑같이 나쁜 아저씨잖아~!
큰 돼지 입에는 국화빵을 한 움큼 씹으며 울부짖는다.

"어~? 아쩨찌~! 왜 이러세요~! 엉엉 놔~요~! 아저찌~! 좀 도와주세여~! 나쁜 사람이에요~!"

어? 근데 문방구 아저씨는 씨~익 하며 가만 있는다? 아니 저 아저씨가…? 지금 내가 납치당하는데 웃는다?

"아~! 이제 국화빵 다시는 안 사먹는다. 흑흑"

큰 돼지는 그렇게 팔이 잡혀 끌려서 학교로 다시 들어갔다. 어? 근데 우리 교실 쪽으로 간다. 그러고 보니 운동장에도 애들이 하나도 없다. 교실에 가니 애들이… 어? 다 있네? 이 아저씨가 교실 문을 여니 애들이랑 앞에 선생님이랑 일제히 큰 돼지 쪽을 본다.

"김 선생~! 이 아이 김 선생 반 아이죠~!"
"아~네~! 교감 선생님 맞습니다. 죄송합니다."

헉~! 교감 선생님이셨어? 큰 돼지…. 교감 선생님을 봤어야 알지~! 히히히~!^^ 큰 돼지가 자리 앉으며 짝에게 물어본다.

"아직 안 끝났어?"
"주용균~ 너 어디 갔었어? 한 시간 남았잖아~!"
"어~? 그~래?"

큰 돼지는 그 순간에도 입에 남은 국화빵을 오물오물거린다. 물론 남은 국화빵은 가방에 잘 넣었다. 초등학교 3학년 때의 일이다.
큰 돼지는 거의 6년 내내 지각을 하였다. 아침잠이 많다. 동생 작은 돼지? 작은 돼지는 형하고는 천성이 다르다. 벌써 갔다.
그런데 큰 돼지는 세월아 네월아~! 하며 세상 급한 게 없다. 하루는 학교 끝나고 집에 오니 주용범…. 작은 돼지가 못마땅한 표정으로 오마니에게 하소연한다.(개명 전 이름은 주용균, 주용범이었다.)

"아~ 형 때문에 학교 못 다니겠어~!"
"왜?"
"나는 일찍 가는데 주변 형들이 지각 대장 동생 온다~!"

Chapter 1. 진해 훈련소

히히히~! 부지런한 성격의 동생이 피해를 본다. 하루는 큰 돼지가 어슬렁거리며 학교를 간다. 길에는 학교 가는 애들이 한 명도 없다. 벌써 다 갔지 뭐~!^^ 학교 가는 길에 파출소가 있다. 지금 생각해 보면 중년의 지긋한 아저씨니까 파출소장님이신 거 같다. 파출소 앞을 쓸면서…. "어이쿠~! 오늘도 이 시간? 히히~! 빨리 가 이눔아~!" 조금 가니 이번엔 슈퍼 아저씨가 걱정스레 한마디 하신다. "늦었어~! 빨리 가~!"

큰 돼지 시큰둥하며 "네~ 알았어여~!" 한다. 어~? 조금 가니 찍어먹기(뽑기) 노점이 있네~? 흠~! 흠~! 큰 돼지가 두리번거리더니 냅다 뽑기 천막으로 들어간다. 평소 이 뽑기 장사가 동네 오면 아버지, 오마니는 쫓아냈다. 조금 말 안 듣는 장사는 뽑기 판(사과 상자)을 다 부숴 버리고 얼마 물어 주고 기어코 쫓아낸다. 이유는 단 하나…. 뽑기는 설탕을 녹이고 거기다 소다를 뿌리면 부풀어 오른다. 이 소다가 불량 식품이라 먹으면 안 된다는 그 이유다. 그래서 큰 돼지, 작은 돼지는 몰래 먹다가 아버지한테 걸려서 몇 번 회초리를 맞은 적이 있다. 그래서 평소 때는 못 먹다가 오늘 학교 가는 길에 딱 보인 거다. 큰 돼지와 작은 돼지는 오마니가 올 때 배고프면 빵 사 먹으라고 돈을 주셔서 항상 돈이 있었다.

큰 돼지 들어가자마자 뽑기 하나를 달래서 열심히 별 모양을 자른다. 큰 돼지 끈기가 없지만 좋아하는 거 뭐 하나에 빠지면 끝장을 본다. 이날도 그동안 못 해 본 거 다 해 보겠다는 식이다. 하나가 망쳐서 또 하나를 달래서 하고 열심히 한다. 뽑기 아저씨가 고개를 갸우뚱한다. 왜지? 아~! 큰 돼지 학교 가는 길이었다. 우~씨 이걸 뭐쩌냐~? 한참을 얼마나 했을까? 옆으로 한 여자아이가 들어오며 "아저씨~! 별 모양 하나 해 주세요~!" 한다.

큰 돼지가 "아~ 또 망쳤네~!" 하며 투덜거리며 아저씨 하나 더 해 주세여~! 하며 옆 아이를 본다.

둘이 한참을 멍~!하니 보다가 큰 돼지가 웃으면서 반긴다.

"어? 너두 지금 가니~! 빨리 뽑고 같이 가자~!"

그 여자애(홍미진)가 어이없다는 듯 한마디 날린다.

"주용균~ 너 오늘 학교 왜 안 왔어?"

큰 돼지 그 애를 보며 생각한다. (아~! 뭔 소리야~?)

"오늘 토요일이라 빨리 끝났는데 너 왜 안 왔어?"

머~엉~! 큰 돼지가 미진이를 한참을 보다가 돈을 다 내고 갑자기? 집 쪽으로 쏜살같이 튄다…? 오늘이 토요일이야? 아~! 만화 영화 할 시간인데~! 단숨에 집에 도착한 큰 돼지…. 얼른 방으로 들어가 텔레비전을 켠다. 오~! 안 늦었다. 지금 막 하려 한다. 우히히히~! 오~! 시작한다. '요괴 인간', '사파이어 왕자' 등등 큰 돼지가 좋아하는 만화 영화다. 이거 보고 나면 조기 윗동네에 만화 가게에 '진돗개 경장 3편'과 '홍당무' 4편이 나왔으면 그걸 보고 오면 저녁 먹고 숙제를 할 거다.

그런데~? 큰 돼지가 과자를 먹으며 만화 영화를 한참을 보는데…?

"용균아~! 용균아~! 가방 가져 가~!"

어? 쟤는 아까~! 미진인데? 왜 왔지?

"안 놀아~!"
"응~! 너는 누구니?"

이층에서 내려오시던 아버지가 물어보신다.
큰 돼지는 아직 방에서 만화 영화를 보고 있다.

"네~! 안녕하세요~! 용균이 친군데 아까 뽑기 가게에서 가방 놓고 가서 가져왔어요~! 그리고 주용균 오늘 뽑기 하느라고 학교 안 왔어요~!"
"웅 그래 고마워~! 근데 뽑기? 찍어먹기 했다구?"
"네~! 안녕히 계세요~!"
"웅~! 그래 잘 가라~!"

?

"이~! 쌰~! 종간나 시키~!"

큰 돼지가 만화에 정신이 팔려서 아버지가 방에 들어오시는 것도 몰랐다. 아버지가 방에 들어오셔서 가방을 던지는 소리에 깜짝 놀라 뒤돌아보니 아버지가 쳐다보고 한마디 하신다. 헉~! 아버지 손에는 어느새 파리채가 들려 있었다.

"간나 시키~ 찍어먹기를 했어~?"

퍽~퍽~퍽 퍽퍽~! 이때는 귀한 자식 이딴 거 없다. 아버지는 많이 정말 많이 화나시면 이북 사투리가 튀어나오신다.

"종간나 시키~! 찍어먹기 불량식품 먹지 말라 했지~?"
"네~ 잘못했어여~! 다신 안 먹을게여~!"
"종간나야~! 학교는 왜 안 갔나?"
"네~?"

아~오~! 미진이 얄미운 기집애 다 말했네.

"그건 몰라여~! 뽑기 하느라 안 갔나 봐여~! 엉엉~!"
"종간나 시키야~ 그게 무시기 소리야~!"

퍽~퍼벅~ 퍽퍽퍽~! 큰 돼지는 그날 하여간 무지 맞았다.

큰 돼지 중학교는 망우리 중화중학교를 배정받아 신설동에서 버스를 타고 2~30분을 가야 한다. 이때는 학군이 넓었나 보다. 그리고 학교가 시내 쪽에는 별로 없었나 보다. 그러니 망우리 쪽으로 배정을 많이 받았다. 보문동 동신초등학교 가는 것도 맨날 지각했는데 망우리…. 버스 타고 30분을 가야 하니 오죽했겠냐? 지각 대장 타이틀은 중학교 가서도 그대로 유지됐지 뭐~! 그래도 다행인 것은 버스 종점이라 타고 내리기는 편했다.

그 근처에 중화중학교, 영란여중고, 송곡여중고, 혜화여중고 등 학교가 몰려 있고, 그때는 망우리가 막 발전할 때라 길도 흙길이었다. 지금이야 몰라보게 좋아졌지만 그때는 그냥 변두리 시골길 그 자체였다. 중학교 생활은 그냥 평범한 생활인데 한 가지 일이 쫌~! 그날도 수업이 끝나고 나오는데…? 어~? 배가 심상치 않더니 바로 폭풍 속으로 부글댄다. 점심에 밥을 안 먹고 빵하고 우유를 사 먹었는데, 큰 돼지는 원래 우유가 잘 안 맞는다. 그게 잘못됐나 보다. 큰 돼지가 전에 보지 못한 속도로 화장실로 달려간다. 화장실 문을 여는 순간?

"푸드덕~ 푹~ 뿌~앙~ 푹 푸르륵~ 빵~!"

아~! 띠~바~! 설사인데… 흑흑흑~! 큰 돼지는 어이가 없었다. 화장실 문 앞에서 방심해서 괄약근을 너무 빨리 풀었다. 흑흑~! 뭔 일이랴~! 그래도 다행인 것은 하교 시간이고 운동장 옆 화장실이라 애들이 없었다는 것이다. 큰 돼지는 얼른 다 벗고 바가지 물로 하체를 씻고, 빤쓰는 버리고 교복 바지는 얼른 물로 빤다. 비누가 없다? 그냥 물로만 빨고 얼른 입고서 화장실을 나간다. 왜? 뭘 왜야~! 빨리 버스 타고 집에는 가야지~! 흑흑흑.
　운동장을 지나 교문으로 가야 한다. 죽상을 하며 운동장을 지나는데 운동장에서 태권도 부원들이 연습을 하고 있다. 큰 돼지 멀찍이 빠르게 가는데 태권도부원이었던 수청이가 연습하다 큰 돼지를 보고 부른다. 수청이는 큰 돼지하고 국민학교 3학년 때부터 같이 다니던 같은 동네 불알친구다. 지금도 친구다.
　수청이와 큰 돼지는 거의 맨날 끝나면 같이 온다.

"용균아~! 나 금방 끝나면 같이 가자~!"
"안 돼~! 나 오늘 일이 있어 먼저 갈게~!"

"에~이~! 치사하게… 알았다~뭐~!"

큰 돼지 수청이한테 미안하지만 말은 못하고 얼른 교문을 빠져 나오는데…? 어~? 바지가 조금씩 마르면서 똥 구린내가 솔솔 큰 돼지의 코를 찌른다. 아 참? 냄새는 워쩔껴? 큰 돼지는 거의 죽상을 하며 빠른 걸음으로 버스 종점으로 간다. 49번 안성여객(망우리~홍은동)이다. 3년 동안 고마운 버스….^^ 종점으로 가니 오~! 하교 시간이 많이 지나 사람들이나 여학생들이 많이 없다. 종점 입구에서 나오는 버스를 기다리는데도 사람들과 떨어져 기다린다. 드디어 버스가 나오고 얼른 뒷문으로 올라타서 뒤쪽 줄에 앉는다. 다행히 사람들이 앞쪽에 앉는다.

빨리 출발해라~! 빨리 가자~! 큰 돼지는 맘속으로 재촉한다. 버스가 드디어 떠난다. 이대로만 가면 별일 없다. 중랑교를 지나는 동안 다행히 사람들이 뒤쪽으로 안 온다. 이제 청량리 시조사를 지나 저 앞에 청량리역이다. 근데 헉~! 청량리 공고 앞 정류장에 아줌마들이 떼거리로 기다린다. 뭐냐? 오늘 이 동네 뭐 계 모임이라도 열렸나? 우르르~! 아줌마들이 떼거리로 승차한다.

아~! 큰 돼지가 갑자기 식은땀이 허벌나게 흐른다. 버스가 아줌마들로 꽉 찼다. 큰 돼지 옆에도 다 앉았다. 흠~! 큰 돼지 일생일대 최대의 위기에 봉착했다. 버스가 청량리 쪽으로 출발하는디? 하는디~?

"아니 어느 눔~! 시키가 버스에 똥을 처바른거~?"
"아휴~! 구린내~ 뭘 처먹어 똥 구린내가 이리 심해~!"

그 순간 아줌마들의 시선이 모두 큰 돼지한테 쏠렸다. 큰 돼지는 눈을 감고 생각한다. 아~몰라~! 어쩌라구~! 이젠 앞쪽 사람들도 큰 돼지를 보며 큭큭대고 수군거린다. 큰 돼지는 이럴 때 좋은 게…. 한번 창피를 당하면 그 다음엔 '아~! 어쩌라구~! 맘대로 해….' 배 째라는 식이 된다.^^ 큰 돼지 눈을 감고 있다 중간중간 실눈을 뜨며 어느 정도 왔나 확인한다. 오~ 이제 제기동을 지나 신설동 로터리 지나서 육교 밑에 내리면 된다. 신설동 로터리 지날 때 큰 돼지가 일어나 내릴 준비하는데…. 아~놔~! 아까 그 할머니가 기어코 한마디 더 날린다.

"이~구~! 옷 터지겠다. 그만 처먹어라~!"

여기저기서 큭큭대고 히히히 웃는다. 차장 누나가 큰 돼지를 보며 씨~익 썩소를 날린다.
이제 신설동 육교 앞… 내리면서 큰 돼지가 한마디 날린다.

"할머니가 뭐 보태준 거 있어여~! 할머니 나뻐~!"

큰 돼지 얼른 내리는데 뒤통수 쪽에서 할머니 말이 들린다.

"똥구멍 썩었것다. 빨리 가서 씻어라~!"

큰 돼지 씩씩~! 거리며 집 쪽으로 걸어간다. 흑흑~! 씨씨~! 흑흑 엄마한테 이를 거야~! 돈까스는 이때 기억이 생생한 게 똥 구린내가 엄청 심했다.

전역 며칠 전 후임과 돈까스

Chapter 1. 진해 훈련소

(10) 잊지 못할 행암 구보

*** 해병은 해병대에 충성하고 해병대는 끝까지 해병을 품는다 ***

돈까스가 입대한 지도 이제 벌써 5주차로 접어든다.
인간은 얼마큼 적응력이 있을까? 인간의 적응력은 무한대다.
어려운 상황이 닥치면 거기에 맞게 적응하는 거다. 그 답은 돈까스를 보면 명확하다. 목표나 목적이 있으면 그 적응력은 더욱더 빛을 발한다. 느리지만 점점 적응한다. 자기도 모르게 의식의 흐름 속에서 움직이는 것이다.
이것에 태클을 걸지 마라! 돈까스는 직접 체험하고 말하는 거다.
뭘 보구? 풉~! 돈까스와 순복이를 봐라~! 순복이 처음에는 못하겠다고 맨날 울었다. 그리고 돈까스가 아직 여기서 이러고 있는 걸 보면 이 둘은 이제 적응돼 가고 있는 게 확실하다.
매일 빤쓰 바람 해도 이젠 그러려니 하지~! 쌍코피 터지자마자 휴지로 바로 지혈하지~! 밥 잘 먹지~! 똥 잘 싸지~! 단 한 가지는? 아~! 아침잠 많은 거 이건 천성이라 안 되나 보다.

오늘 과업은 진해만 초입 행암동 찍고 오는 12Km 구보다. 오전에는 사격 연습을 하고 오후에 행암동 12Km 구보라 다들 점심을 빨리 먹고 내무반에서 단독 군장을 챙기고 있다. 모두 바쁘게 군장을 챙기는데…? 엥~? 뭔 소리~?

"빤쓰는 왜 가져가는데~? 아~! 드런 시키들~!"

순복이가 잔뜩 화난 붉으락푸르락 얼굴로 소리를 지른다.

"아~! 시키들 이제 빤쓰 두 개밖에 없는디~! 띠벌~!"

누가 순복이 새 빤쓰를 긴빠이 해 갔다.

"아~! 오늘 갔다 와서 갈아입어야 되는데 어쩌라구~!"

그때 옆에 있던 갑득이가 지 딴에는 위로한다고 한마디 한다.

"저저~전우여~! 너무 스스슬퍼 마말게~! 나는 다 기긴빠이 해 가서 빤쓰 하하나로 지금 일주일째 입고 이있네~!"

풉~! 크크크 우히히히히~! 근처 애들이 다 쓰러졌다.
순복이도 같이 웃는데 웃픈 표정이다. 돈까스가 여유분이 있으면 도와주고 싶지만 돈까스는 벌써 다 긴빠이 당해서 2개로 빨면서 버티는 중이다.

"긴빠이 당해서 이럴 바엔 이제부턴 다 긴빠이 해 주마~!"

순복이는 이 한마디 남기고 담날부터 변했다. 크크크~!
한바탕 긴빠이 소동이 있고 나서 모두 준비하여 연병장 사열대 앞에 모여 단단히 준비 중이다. 돈까스는 이제 부대 안 구보는 어느 정도 하는데 이번은 12Km고 밖으로 나가서 가는 구보라 좀 다르다. 그렇지만 좀 다행인 게 저번에 돈까스가 구보를 너무 못하니 쌍코피 소대장이 호흡을 이케 이케~!

하라고 가르쳐 줘서 몇 번 그렇게 하니 잘 돼서 그나마 걱정이 좀 덜 된다.

드디어 출~발~! 이번에는 뒤쪽에 있으면 더 처진다구 앞에서 출발했다. 서문을 나서고 오른쪽으로 돌면 대로변이다.

'흡~휴~! 흐브~휴~! 흡~휴~! 흐브~휴~!'

오~ 좋아~! 쌍코피가 가르쳐 준 호흡법을 하니 안정적이다.

장하다 돈까스… 이제 구보를 잘하게 되었구나…는 개뿔~!

3분의2 지점 막 지나는데… 아~! 점점 다리가 마비가 되는 듯한데 돈까스는 다시 한번 힘을 내 본다. 맨 앞줄에서 출발했는데 점점 밀려 중간쯤 되었다. 돈까스는 호흡을 다시 한번 다듬고 뛰는데…? 엉? 오른쪽 인도에 아가씨? 아줌마? 하여간 예뻤다. 무릎 위까지 올라오는 원피스를 입었는데 정말 예뻤다. 모두들 힘든 상황인데도 고개는 모두 오른쪽이다. 심지어 교관들까지도 고개는 다 오른쪽이다. 크크크~! 어? 안 돼~! 돈까스가 갑자기 아래쪽에 뭔가 불쑥한다.

아~! 쿠오바디스~! (신이시여 절 버리고 어디로 가시나이까.)

'켁~켁~크~헙~! 푸프~! 품~컥~웩~!?'

아~! 돈까스가 호흡 놓쳤다. '흑흑 우짜냐~!'

워~메~! 돈까스가 순간 딴 생각?하다 잘하던 호흡 놓쳤다.

한번 호흡 놓치니까 아~! 이거 점점 숨이 조여 온다. 동기들이 돈까스가 뒤로 처지니 '동기야~ 힘내라~!', '동기야~ 힘내라~!' 하는데 한번 놓친 호흡 안 돌아온다. 하~! 동기들이 격려해 주니 어떻게든 다시 호흡 잡으려 했지만 안 된다. 동기들아 미안하다. 우째~! 이런 일이… 돈까스가 조금씩 처지다 계속 처지니 대열은 어느새 고개를 올라 저 멀리 간다. 흑흑~! 돈까스는 자신이 미운 상황에서도 아까 그 원피스 여자가 떠오른다. 이런 미췬 돈까스… 울고 싶다. 진짜루~! 참말로~! 워~메~! 오마니~! 흑흑흑….

한참을 뒤쳐지니 대열은 어느새 안 보인다. 옆에는 고참 소대장이 돈까스를 닦달한다. 귀에다 대고 소리를 지르고 하이바를 치고 쌍욕을 하고…. 햐~! 참말로~! 왜 이런디야~! 나중에 제대해서 '풀 메탈 재킷'이라는 월남전 영화를 보니 똑같은 장면이 나와 놀란 적이 있었다.^^ 한번 놓친 호흡은 몇 배가 더 괴롭다. 가다 쓰러지고 또 가다 멈추고 웨~웩~! 구역질하고 난리가 아니다. 소대장이 총을 달래서 메고 다시 닦달한다. 간간이 지나가는 진해 시민들이 측은하게 쯧쯧대고….

진해 대로변에서 쌩쇼를 한다. 문득 소대장을 보니 헉~! 눈깔이 너무 빨개 무서웠다. 아직도 그렇게 빨간 눈은 못 봤다. 한참을 가다가 돈까스는 도저히 못 가겠다.

"아~! 도저히 못 가겠습니다~! 차라리 죽이세요~!"

돈까스가 경화동 대로변에 주저앉아 못 간다고 버틴다.

"그래~? 그럼 죽어 봐라~!"

헉~! 그러더니 군화발로 사정없이 깐다. 와~! 띠~벌~! 아프다. 엄청 아프다. 다시 일어나 또 뛰다… 또 쓰러지고 이걸 몇 번 반복하니 더 죽겠다. '흑흑 오마니~! 돈까스는 여기서 죽나 봐여~!' 뛰다 쓰러지면 여지없이 군화발로 까고…. 아~! 띠~바~! 잘못 쓰러져 소대장 팔꿈치에 맞아 코피도 났다. 흑흑~! 한참을 대로변에서 그 지랄을 했다. 순간 뭐가 돈까스의 하이바를 사정없이 강타한다. 헉~! 개머리판으로 깐다. 아~씨~! 내가 공산당이냐? 개머리판으로 까게? 돈까스는 자기도 모르게 입에서 쌍욕이 튀어 나왔다.

"아~! 띠바넘들아~! 차라리 죽~여~!"

헉~! 고참 소대장 화났다. (아~! 욕하지 말걸…. 흑흑.)

"퍽~퍽~! 퍽퍽퍽~! 깡(하이바 까는 소리)~!"

발로 까고~! 개머리판으로 이쪽저쪽 사정없이 깐다. 돈까스가 누워서 웅크리고 다 맞고 있는데…?

"에구~ 에구~! 군인 양반 때리지 말어여~! 다 귀한 집 아들인데~! 이궁 쯧쯧~!"

돈까스가 빼꼼히 고개 들어보니 지나가던 50대 중년 부부가 한마디 하신다. 순간 돈까스는 아픈 것도 잊은 채 부모님 생각에 눈물이 왈칵 쏟아진다. 흑흑흑~! 오마니~! 이쪽~! 저쪽 길에 진해 시민 대여섯 명씩 구경한다. 고참 소대장도 그제야 이리저리 둘러보더니 돈까스 총을 돌려주면서 뒤에 오는 구급차를 타란다. 돈까스는 그제야 뒤를 보니 구급차가 따라오고 있었다. 얼른 총 받아들고 구급차를 타니…. 엥~? 벌써 한 넘이 타고 있었다. 어? 얘는 어디서 탔지? 환자였나? 열외? 하여간 타자마자 못했다는 자괴감도 들고 또 아프다. 눈물이 왈칵 쏟아져 우는데 해군 병장 구급차 운전병이 한마디 날린다.

"그래 울어 맘껏 울어~! 근데 실무가면 더할 텐데. 쯧쯧."

돈까스는 이 말이 무슨 뜻인지 이때는 몰랐는데 실무 가서 이때 이 말을 떠올렸다.^^ 그렇게 구급차 타고 제1부두? 도착하니 동기들이 쉬고 있었다. 동기들과 순복이, 갑득이가 많이 맞았냐며 걱정해 주는데 돈까스가 괜찮어~! 하며 동기들과 둘을 안심시킨 뒤 바닷물을 보니 물속에 불가사리들이 많았다. (돈까스는 이때 불가사리 첨 봤다.)

돈까스는 오늘도 석양을 바라본다. 오~! 바닷가에서 보는 석양은 더욱더 아름다웠다. 속으로 아버지, 오마니~! 생각하고 있는데 다시 돌아간단다. 다시 앞에 섰다. 이번에도 3분의 일 지나니 여지없이 처진다. 고참 소대장이 뒤로 빠지란다. 또 가다 쉬다. 가다 쉬다. 어~? 근데 이번엔 안 팬다. 구급차 타라는 거 안 탔다. 그냥 그렇게 왔다. 연병장 들어가니 '동기야 힘내라' 하며 기다리고 있다.(다시 한번 동기들에게 감사드린다.) 도착해서 순시를 듣고 다 내무반으로 들어가는데…? 뒤쪽에서 고참 소대장이 따라오란다. 이층 소대장실로 들어가니 파스 몇 장하고 맨소래담을 주시고 바르고 자란다. 돈까스가 감사합니다~! 하고 나오며, 아~! 본성은 좋은 사람이구나. 생각하며 내무실 들어가 다 벗고 세면장 가서 대충 샤워하는데 옆에서 보던 동기들이 놀랜다. 왜? 하며 거울로 상체를 보니 울긋불긋 피멍이 들었다.

Chapter 1. 진해 훈련소

돈까스가 원래 피부가 약하다. 내무실가서 순복이한테 온몸에 맨소래담 떡칠을 하고 파스를 붙여 달라는데 순복이가 운다.

"순복아~! 나 괜찮어, 울지 마~! 내가 엎어지고 넘어지고 그래서 멍든 거야~! 맞지 않았어~!"

돈까스가 파스를 다 바르고 이층에 누워 생각한다.

'아~! 살았다. 오늘 진짜 뒤지는 줄 알았네~!'

(11) never give in(절대 포기 하지 마라)

'You should never be bowed.
Never, never, never! Great or trivial,
I never give in, big or stupid
You must not.'

'결코 굴하지 말아야 한다.
결코, 결코, 결코! 위대한 것이든 사소한 것이든,
커다란 것이든 시시한 것이든 결코 굴복하지
말아야 한다.'

영국의 수상이었던 윈스턴 처칠의 유명한 말이다. 세계 제2차 대전 때 나치의 영국 본토 침략 시 한 말이다.

돈까스는 반문해 본다. 해병대 훈련소 와 볼래? 절대 복종하는지? 안 하는지? 누구든 1982년도 돈까스가 있는 이 자리로 와서 저 처칠이 했던 말 생각하며…. 개겨 봐~! 디져~!

생각도 마~! 저 말은 저때 저기서 통했지 여기선 안 돼~! 갑득이가 첨에 아주 쪼금 개겼다가…. 흑흑 게거품 물었어.^^ 돈까스, 순복, 갑득이는 굴복한 거 확실해. 아직 살아 있잖아!

돈까스는 여지없이 치약 냄새와 비누 냄새에 눈을 뜬다. 어우야~! 몸이… 몸이… 별로 안 아프네? 오호 어제 그렇게 오부지게 터지고 했으면 지금쯤 몸이 엄청 쑤시고 각목으로 얻어맞은 듯 아파야 되는데? 그냥 조금 쑤시는 정도인데? 흠~! 이제 몸도 여기에 적응이 되가나보다. 나~! 인간병기 되는 거야? 크크크~! 오바하고 자빠졌다 돈까스….

오전에 식사를 후딱 해치우고 사격 연습을 하고, 뛰고 제식 훈련을 하고 오후에는 강당에서 과업한다. 어우야~! 강당에 앉으면 눈이 자동으로 감기냐? 오늘은 죽기 살기로 졸지 않으려고 버틴다. 돈까스는 볼까지 꼬집으며 버틴다. 왜냐구? 쌍코피가 졸음 상습범이라고 맨 앞에 바로 자기 코앞에 앉혀 놨다. 띠~바~! 아~! 못 참겠다. 눈이… 눈이…?

"OOO번 튀어나와~! 퍽~!"

앗~! 돈까스는 익숙한 소리에 눈을 번쩍 떴다. 서울의 낙팔이 코에서 쌍코피가 주~륵~! 나 아니구나 휴~! 쌍코피가 왔다 갔다 교육하다가 저쪽 갔을 때 낙팔이가 걸렸다. 하~! 미치겠다. 이번 주 들어서는 빤쓰 바람이 하룻

저녁 3~4번이 기본이다. 매일 그러니 다 잠이 모자르다. 이때 우리의 쓰리고는 뭐하냐구? 안 빠지지.^^ 순복이는 벌써 걸려서 쪼기 앞에 원산폭격 중이고, 갑득이? 벌써 2번 걸려서 쌍코피 2연타 맞고 지금 휴지로 코 닦고 있다. 저녁을 먹고 내무반 청소를 하는데 순복이가 나와 갑득이를 불러 병사 뒤쪽으로 데려간다.

순복이가 품에서 누룽지를 한 봉지 꺼낸다. 흡사 어미새가 먹이를 물어 새끼에게 먹이를 먹이는 거 같다.

"얼른 먹어~!"

갑득이와 돈까스가 허겁지겁 먹는다. 돈까스도 요새는 냄새고 나발이고 옛날 식성이 돌아 왔는지 정신없이 먹는다. 순복이는 요새 주계 작업원으로 나갔다 오면 꼭 누룽지를 갖고 온다.

"순복아~ 네가 있어 많이 도움이 된다. 고마워~!"
"수수순복아~ 거거거마워~!"
"아~! 시키들 뭐가 고마워~! 내가 더 도움이 됐는데."

순복이와는 6주 수료하고 순복이가 운전병이라 서로 헤어진다.
돈까스와 갑득이는 보병이라 후반기 4주를 포항에서 같이 받는다. 순복이와는 돈까스가 실무에 가서 얻어 터져서 고막 쪽이 잘못돼서 사단 내 포항병원 갔을 때 돈까스가 진료받고 인솔 선임한테 허락받고 잠시 병원 뒤쪽에 내려와 담배를 피는데…? 저쪽 병원 수송대 쪽에 차를 정비하고 있는 익숙한 대가리가 있길래 혹시나 하고 가 봤더니 역쉬나 그 대가리가 맞다.

Chapter 1. 진해 훈련소

마침 아무도 없길래 '순복아~!' 불러 보니 순복이가 깜짝 놀라며 돌아본다. 헉~! 순복이도 놀래고 돈까스도 놀라고…. 순복이가 이리저리 눈치를 보며 돈까스 쪽으로 다가온다.

'완순아~!', '순복아~!' 서로 껴안고 한참을 울었다.

그때… "강순복~! 이시키 어디 있어~?" 저쪽에서 부른다.

"순복아~ 내가 치료 받으러 또 오니 그때 또 보자~!"

그 후 순복이는 돈까스가 포항병원 입원했을 때 자주 보다가 돈까스가 퇴원해서는 제대할 때 보고, 한동안 연락이 끊겼다가 훗날 정릉 시장 쪽에서 우연히 보고 한동안 순복이 성남 집 쪽에서 보다 연락이 끊겼다. 지금도 많이 보고 싶은데 연락이 안 된다. 순복아~! 계속 찾을 테니 건강하게 잘 있다가 또 보세.

그 후로도 순복이는 돈까스와 갑득이에게 자주 주먹밥이며 누룽지 등등 자주 갖다 줬다. 순복이, 돈까스, 갑득이는 맛있게 누룽지를 먹고 다시 병사로 돌아와 순검 준비를 한다.(순검 얘기는 뒤에 한다.) 아침에는 여지없이 치약 냄새와 비누 냄새…. 그리고 스팀이 깨운다. 어제도 빵빠레(빤쓰 바람)는 3번이었다. 잠을 제대로 잘 리 없다. 부스스 일어나 한참을 앉아 있다. 봐봐~! 순복이 갑득이는 아직도 모포 속이지.^^ 돈까스가 정신 차리고 이층에서 조심조심 내려온다. 어제는 안타까운 일이 있었다. 우리보다 윗 기수에서 이층 침상에서 아침에 정신 덜 차리고 내려오다 침대 난간에 걸려서 많이 다쳤단다. 흑흑 또 슬펐다.

그래서 이층 침상인 돈까스가 아침에 일어나면 좀 앉아 있다가 내려오는 거다. 오늘은 더욱 더 조심해서 내려온 거다.

오늘은 유격, 화생방 훈련이다. 진해에서의 유격 훈련은 정상적인 암벽 레펠이나 외줄 도하 등을 제대로 하기보다는 기본 코스를 체험하고 기본기를 다지는 데 중점이 있다. 제대로는 포항 후반기 교육 때 했던 거 같다. 유격장은 사격장 옆쪽에 덕산 유격장이라는 곳에서 했다. 지금 진해 시내에서 시루봉 쪽으로 있는 산 아래쪽이다. 지금은 아파트촌이 들어서지 않았을까 생각해 본다.

돈까스는 사격장이나 유격장을 가는 게 좋았다. 훈련소 정문으로 나가서 행군을 해서 가기 때문에 밖에 민간인들 보는 게 좋았다. 그때는 사람들이 많이는 안 다녔는데 가끔은 우리 또래 여자들이나 학생들 보는 게 좋았다.^^ 교관들은 또 눈 돌아간다고 난리를 치고 오리걸음을 시키지만 자동으로 눈알이 돌아가는데 워쩌라구?

유격 훈련 자체가 그렇게 힘든 것은 아니다. 훈련 코스가 여러 가지 있지만, 그 자체가 힘들기보다는 각 코스마다 훈련 전에 실시하는 몸풀기(?)가 사람을 잡는다. 어떤 꼬투리를 잡아서라도 코스 전에는 진이 빠질 정도로 PT체조와 선착순을 시킨다. 이 선착순은 돈까스, 순복이, 갑득이가 본능적으로 싫어하는 거다. 유격의 각 코스들은 기본자세와 원칙대로 배워서 하는 게 제일 중요하다. 그래서 정신부터 긴장하게 만드는 것이 PT체조…. 그래서인지 이 PT체조라는 것이 희한하게 사람을 고통스럽게 만든다. 14~15가지 정도로 되어 있는 각 종목들이 어느 한 가지 고통스럽지 않은 것이 없다.

각 종목별로 고통스러운 부위가 다르지만 제대로 하려면 진짜 상상을 초월하는 고통이 따라온다. 때문에 교관의 눈을 피해 적당히 요령을 피우면서 하게 된다. 교관들은 또 그것을 잡으려고 눈에 불을 켜고 있고…. PT체조를 허벌나게 하고 10분간 쉴 때 순복이가 돈까스와 갑득이를 부른다…?

"흠~! 우리는 선착순 죽었다 깨어나도 순위에 못 들어. 그러니까 선착순은 무조건 중간에서 설렁설렁 하자~!"
"우리는 좆 빠지게 해 봐야 뒤쪽이니 계속 뛰어 힘만 빠져."
"그그래~ 수수순복이~ 마말이 마져~!"
"그래 순복아, 나도 그게 맞는 거 같아~! 오케이~!"

PT체조 8번 온몸 비틀기 차례다. 이게 젤 지랄이다. 누워서 다리를 하늘 향해 뻗고 다리를 좌우로 비튼다. 여기저기서 곡소리 나는데 돈까스가 순복이를 보니 우냐? 아니다 땀이다. 헉~! 돈까스보다 땀 많이 흘리는 넘은 첨 본다. 아니나 다를까…. 다들 요령을 피는 게 보이니 또 선착순이다.

"일어나~! 이시키들 요령 피지? 저쪽 나무 선착순 5명~!"

아~! 고문관 3인방은 아까 말한 대로 중간 뒤쪽에서 설렁설렁 뛴다. 꼴찌로 들어오고 다시 뛴다. 이번에도 뒤쪽에서 3명이 설렁설렁…. 히히히~! 다시 꼴찌로 들어오고 다시 뛰려는데…? 쌍코피가?

"쓰리고~! 튀어나와~! 햐~! 요시키들 너네 짰지?"

헉~ 띠~바~! 돈까스가 '어떻게 아셨어요~!' 할 뻔했다.
그때 옆에서 갑득이가 갑자기 딸꾹질을 계속한다.

"딸꾹~ 딸꾹~ 켁~딸꾹~!"

순복이를 보니 날 잡아잡슈~! 하듯 체념한 얼굴이다.^^ 결국 퍽~! 퍼벅~ 퍽~! 아구창 한 대씩 터지고 원산폭격~! 쌍코피가 사격장이나 유격장 등 외지 훈련을 나오면 주로 아구창으로 끝낸다. 쌍코피 안 낸다. 동기들이 선착순 두어 번 더 하고 쓰리고?는 다시 대열로 들어가 다시 8번 온몸 비틀기다. 아~오~! 쓰리고가 뭐냐구? 첨 들어올 때부터 단골로 헛소리하고 쌍코피도 단골로 걸리고 세 넘이 얼굴이 많이 알려지고 세 넘 한꺼번에 걸릴 때 훈번다 부르기 귀찮다고 쌍코피가 저번부터 쓰리고~! 라고 부른다.

고문관 세 명~! 쓰리고~! 우히히~! 가지가지 한다.
점심은 트럭에 실고 온다. 식당에 보면 곰탕 끓이는 큰 들통에다 거기에 똥국을 담아 오고 밥은 대빵 큰 알루미늄? 대야에 담아 오고 오늘도 역시 단무지에다 검은 짠지 썰은 거다. 근데 그게 맛있다. 이것도 외식이라고 안에서 먹을 때보다 더 맛있는 거 같다. 밥을 다 먹고 잠시 쉬는 시간…. 쓰리고는 한쪽에 앉았다.

"아~냐~! 쌍코피가 우리 작전을 어케 알았지~?"
"그러게~ 우리 중에 스스스파이가 이있나~! 히히"
"뭘~ 어케 알아~! 아까 우리 쉴 때 지나가며 우리 보고 씨익~! 쪼개더만 넘겨짚은 거지~!"
"아~! 담배가 심히 땡긴다~!"
"저저쪽 담이 싸싸리무문이다. 모몰래 갔다오오까?"
"엉~! 나두 봤어~! 밭에 아저씨 말이지?"
"웅~! 아저씨 다담배 있겠지?"

돈까스가 손을 절레절레 흔들며 말린다.

"아~! 띠뱅이들아~! 걸리면 또 뒤진다. 난 아직도 아구창 얼얼하구만…. 이번에 걸리면 쌍코피 지대로 터진다. 참자 히히히."
"휴~! 그래 참자."

순복이가 옆에 풀가지를 꺾어 담배 피우는 시늉을 한다. 갑득이는 금방 포기한다. 어떻게 보면 사회 경험 많은 순복이가 쓰리고의 대빵이다. 우히히히~!

"자~! 다들 정~렬~!"

다시 정렬하여 PT체조 1번부터 또 시작이다. 진해 유격은 제대로 기본기를 가르친다. 그래서 더 힘들었던 거다. 부대로 복귀한다. 오후의 산에 걸리는 석양도 보고 공기도 다르고 이래서 바깥 훈련이 좋은 거다. 다시 구보로 복귀…. 이쯤 되니 돈까스는 사격장이나 유격장 정도의 구보는 아직 힘이 들지만 무난히 해낸다. 자랑스러운 돈까스다.

(12) 순검(巡檢)

* 순검의 목적 *

순검은 그날의 최종 과업으로써 인원 이상 유무, 취침 상태, 청결 정돈 및 명일의 전투 준비에 만전을 기함에 있다. 그러나 훈련소에서의 순검은 그날의 최종 점검으로써 암기 사항 암기 상태, 옷장 정리 상태. 기타 등등으로 교관들이 교육생들을 대상으로 괴롭힐 건수를 찾아내는 데 있다…라고 보면 된다. 꼭 필요하다.

오후 과업을 마치고 다들 순검을 대비하여 자기 구역을 준비하느라 바쁘다. 해병대 순검은 산천초목이 다 떨고, 떨어지는 추풍낙엽도 동작 그만…. (왜? 그런지는 직접 가서 경험하고 얘기해) 육군이나 공군에 하는 점호를 해병대(해군 포함)에서는 순검이라고 한다.

돈까스 생각에는 항상 긴장 상태를 유지해야 하는 해병대 에서는 꼭 필요한 사항이라고 생각한다.

순검 준비는 순검 30분 전에 그날 당직 소대장(DI)이 중앙 복도에 각 중대장 훈병을 불러 지시를 하고 중대장 훈병이 내무반에 와서 그날의 중점 점검 사항을 알려주면 순검 준비를 시작한다. 개인의 옷장 정리로부터 시작해서 각자 맡은 구역 청소까지 할 게 무진장 많지만 시간은 정해져 있다. 예전에 옷을 개어서 옷장에 포개 놓았다. 이게 만만찮다. 해병대는 죽어도 오와 열, 각이라고 하지 않는가~!

일단 두꺼운 종이를 폭 3cm 길이 30cm 정도로 반듯하게 자른 다음 개어진 옷에 넣어서 옷장 문 쪽으로 방향이 가게 해서 옷을 정리한다. 즉 옷장을 열어서 보면 세로 3cm 가로 30cm쯤 되는 각이 딱 진 옷감만 보여야 한다. 모든 옷장이 순서와 개수도 같아야 하고 전체가 똑같아야 한다. 먼지 한 톨 없어야 하는 것은 당연한 것이고…. 항상 흰 면장갑을 끼고 생활하는 DI들이 옷장 위나 구석에 쓱 문대서 먼지가 묻으면 여지없이 원산폭격이나 쌍코피다.

바닥에는 대걸레에 물을 묻혀서 닦아야 하는데, 절대 바닥에 물이 묻어 있어서는 안 된다. 청소를 끝낸 대걸레에도 물기가 남아 있어서는 안 된다. 화장실 청소를 하는 사람은 변기에 손으로 문질러도 될 만큼 깨끗하게 씻어야 한다. 실제로 화장실 청소를 맡은 훈병에게 청소 불량으로 화장실 변기를 혓바닥으로 핥게 한 적도 있다. 우리 기수만 그렇다면 거짓말일 수도 있는데 나중에 말 들어보면 다른 기수들도 그런 적 있단다. 훈련생은 그냥 까라면 까면 된다. 말 많으면 공산당이다.

"순검~! 15분 전~!"

이제 15분 전이다. 막바지 점검하느라 모두 바쁘다. 담당 구역 맡은 인원은 마지막 점검하느라 바쁘게 뛰고, 각 개인은 개인별로 암기 사항도 점검하고, 또 자신의 옷장도 한 번 더 점검해야 한다. 총기 수입은 거의 매일 저녁에 하니 걱정 없다.

느닷없이 직속상관 성명이나 해병의 긍지 등을 물어보는데 이건 쓰리고는 매일 걸린다. 이젠 그냥 기합 한 번 받고 넘어가는 게 더 편하다.

"순검~! 5분 전~!"

순검에서 5분 전이라는 상태는 준비 완료 상태를 의미한다. 순검 5분 전에는 모든 준비를 완료하고, 침상 끝에 줄을 맞춰서 대기하고 있어야 한다. 후반기 교육 포항 때는 가끔 취침 순검이라고 해서 침상에 누워서 순검을 받는데 돈까스와 갑득이는 몇 번 걸려 터진 적이 있다. 왜? 왜는 왜야~! 저쪽 건너편 내무반 순검 돌고 우리 내무반 차례를 기다리다 옆 동기가 깨우는 데도 코 골아서 걸렸지 뭐~!

그래서 돈까스와 갑득이는 취침 순검을 싫어했다.

"악~! 순~검~!"

저 악~! 순~검~! 소리는 해병대만 안다. 저 소리가 들릴 때의 그 긴장감, 짜릿함, 해병 아니면 말을 말자.

소대장이 순검이라고 외치면, 훈병들이 여기저기서 순검~! 순검~! 순검~! 을 외치고 쥐 죽은 듯이 긴장을 하고 차려총 자세로 대기를 해야 한다. 그러면 저쪽 내무반부터 순검을 받는다. 우리는 차렷 자세로 계속 대기 타고 있다. 저쪽 내무반 돌 때 뭐가 걸리는지…. 무슨 암기 사항을 물어보는지 귀를 쫑긋하고 긴장을 하고 있다. 매일 이 시간만 되면 심장이 두근두근댄다. 저쪽 내무반 끝나고, 교관이 저승사자처럼 다가온다.

중대장 훈병이 인원 보고를 한다.

(순검할 때의 기다리는 초조함, 긴장감 등은 지금도 느껴진다.)

"순검 인원 보고! 총원 00명, 사고 0명, 열외 0명, 현재원 00명~! 번호~!"

"하나. 둘. 셋. 넷~! 이상~! 번호 끝~!"
"사고 내용 동초 0명 열외는 보고자 0명 이상~!"

이제 교관들은 개개인을 지나가며 앞에총을 잽싸게 낚아채 총구멍 약실을 검사하는데 이게 참 멋있다. 또는 그날그날의 기분에 따라서 옷장을 뒤지기도 하고, 암기 사항을 시키기도 하고, 청소 상태 확인을 한다.

한번은 순복이 차례에 소대장이 해병의 긍지를 묻는데 순복이는 군인의 길을 대답했다. 바로 총개머리판에 원산폭격…. 이거 대가리 무지 아프다. 더 웃긴 거는 옆에…. 옆에가 갑득이다. 다시 소대장이 해병의 긍지를 물었다. 근데 갑득이 입에서 자신 있게

"우리는 국가와 국민에 충성~!…"

"꼬라박아~!"

풉~! 큭큭큭~! 아~! 못 참겠다. 여기저기서 웃는다.
금방 순복이가 해병의 긍지가 아니고 군인의 길 대답해서 기합 받는데 갑득이가 똑같이 한 거다. 긴장해서 헷갈렸다.

"웃~어~? X시키들 전체 꼬라~박아~!"

돈까스는 순복이, 갑득이 건너에 서 있는데 꼬라박으면서 머릿속으로 얼른 해병의 긍지를 되새겨 본다. 분명 쌍코피 소대장님 돈까스한테도 똑같이 물어볼 걸 알기 때문이다.

"일어서~! 똑바로 안 하나~!"
"넵~! 시정하겠습니다~!"

돌고 지나 드디어 돈까스 차례다. 잽싸게 돈까스 총을 낚아채 이리저리 약실 검사를 하고 총을 돌려준다. 어~? 근데 쌍코피가 씨익~! 썩소를 날린다. 뭐지? 뭐야?

"군인의 길~! 히히히~!"

뭐야~! 해병의 긍지가 아니고? 아~놔~! 이 여우같은 쌍코피.

"우리는 국가와 국민에 충성하는 대한민국 군인이다~!"

멍~! 윙~! 돈까스는 갑자기 백지가 됐다. 잘 알던 군인의 길이 갑자기 모르겠다. 죽여라~! 차라리 흑흑~! 돈까스 분해서 울기 직전이다.

"똑바로 암기한다. 알았나~!"
"넵~ 알겠습니다~!"

엥? 그냥 넘어간다. 아~! 띠~바~! 그냥 즐기는구만 휴~!

순검이 조금 수월한 날도 있다. 주간 훈련이 힘든 날은 순검이 조금 수월하게 받는다. 유격날이나 각개 전투 등 육체적으로 많이 구른 날은 조금 봐준다. 훈련소 생활에서 가장 긴장하는 시간이 순검이 아닐까 한다.

돈까스 개인적인 생각에는 군대에서는 절대적으로 필요한 것이 순검인 거 같다. 훈련소에서는 더욱더 필요하고, 실무 가서도 30개월 매일 순검을 하는데 절대적으로 필요하다. 요새는 순검이라는 말이 일제의 잔재라 점호로 바뀌었는데 아닌 거 같아~! 군대에는 특히 해병대에는 몇몇 생활 방식이나 용어가 일제 시대 군대에서 온 방식이 많이 남아 있는 거 같다. 순검이라는 명칭은 그냥 놔뒀으면 했는데…. 까라면 까야지~! 뭐~!

졸병 때 얼핏 들었던 글인데… 추억록에도 있던 글이다.

입영 영장 받고 나서 송별식을 하고 나니
간다 간다 나는 간다 육정문이 어디인고
친구들아 잘 있거라 고향산천 뒤로하고
더벅머리 빡빡 깎고 육정문에 들어서니
선착순이 웬 말이냐 꼬라박아 웬 말이냐

밥이라고 주는 것이 개밥만도 못하구나
그거라도 다 먹으면 원도 한도 없으련만
두어 숟갈 먹을 찰나 식사 끝 동작 그만
조석별로 주는 기압 최강 해병 육성이냐
귀신 잡는 해병이냐 사람 잡는 해병이냐

소대장님 중대장님 고향으로 보내주오
울고불고 발광해도 때는 이미 늦었구나
산천초목 벌벌 떠는 해병 순검 시간이면

머리털이 삐쭉삐쭉 어금니가 덜덜덜덜
이십여 년 키운 몸이 여기 와서 죽는구나

취침 시간 소등하면 잠자는 놈 하나 없네
빤쓰 바람 빵빠레에 비상 훈련 선착순에
야단법석 하고 나니 이제 겨우 자나 보다
애인 꿈을 꾸려 하니 총 기상 십오 분 전

훈련소에 교관들은 피눈물도 없나 보다
자세 잡고 낮은 포복 걸핏하면 쌍코피네
꽁초 하나 피우다 걸려 쌍코피에 원산폭격
토요일과 일요일이 그 어디에 있었더냐
워카 닦고 빤쓰 빨고 하루 종일 빨래 신세

완전무장 선착순에 천자봉을 다녀오니
악귀 같은 소대장이 수고했다 말해 주네
개목걸이 받아 보니 피눈물이 앞을 막네
이제 모두 끝났구나 군대 생활 다했구나

수료식 날 천자봉을 다시 보니 앞이 깜깜
간다간다 집에 간다 이박 삼일 휴가 간다
그리웁던 집에 가니 어머님이 나를 보고
내 아들이 틀림없냐 우시기를 끝이 없네

해병 순검 십오 분 전 이내 몸은 벌벌 떨고
암기 사항 가르친다 공식 집합 당했더니
짬밥 먹고 돌았는지 빠따 맞고 미쳤는지
잠 안 자도 안 졸리고 빠따에도 감각 없네

이럭저럭 살다 보니 일병 달고 힘주지만
이놈도 걷어차고 저놈도 걷어차고
웬 날씨는 이리 춥노 짬밥수도 제법인데
아무 데서 막 패는데 아이고오 나 죽는다
김 해병님 살려 주소 박 해병님 살려 주소

순검 끝 총원 그대로 취침 또 하루가 가는구나
눈치 보며 눈을 감고 고향 생각하려는데
공내무실 총원 집합 쇠파이프 춤을 추네
해병의 내무생활 그 악명은 들었어도
이럴 줄은 몰랐네 꿈에도 몰랐었네
지옥이 따로 있나 생지옥이 여기 있네

웬 날씨는 이리 춥나 왜 이리 배고프더냐
오늘도 기수 빠따 내 엉덩이 피멍드네
탈영할까 자살할까 굴뚝같은 마음뿐
펼쳐진 내 인생이 내 청춘이 아까웁고
오마니의 선한 모습 눈물이 앞을 막네

쫄따구의 하루는 백 시간쯤 되나 보다
선임 해병 치닥거리 라면 조달 술 마련에
라면 국물 구걸하다 아구창 지대로 터지네
선임 해병 불쌍하다구 국물 조금 남겨 주네
이 국물도 맛있네 너털웃음 절로 나네

해가 뜨고 달이 뜨고 세월은 흘러 흘러
해병 병장 만년 병장 고향 생각하려는데
해병 병장 편해지나 했더니만 그놈의 기수
기수 복도 지지리도 없는 만년 소총수

희망 있다 집에 간다 제대 날짜 보이누나
선임자들 재대하니 내가 바로 대장이다
이제 조금 알 만하니 제대 명령 날아왔네
졸병들아 나는 간다 수고해라 잘 살아라

해병 본부 인명부에 내 이름이 남아 있고
예비군이 되었으니 대한민국 국민이고
이것이 나라에 충성이며 영광스런 국민이네.

(13) 각개 전투와 화생방 교육
(상륙병과 430기, 해병 464기)

오늘의 교육은 오전엔 화생방 교육이다. 화생방은 화학전, 생물학전, 방사능전에 대비한 훈련이다. 실제로 이라크 전쟁 때 뉴스 보면 이런 걸 썼다는데 그냥 들어도 겁이 난다. 이 세 가지가 다 사람을 최대한 고통스럽게 죽이는 전쟁 방법이어서 차라리 죽는 게 낫다는 표현도 있다. 군대에서의 화생방 교육은 이걸 그냥 한번 경험하라는 의미도 있고 그냥 교육의 일환이니 하라면 해야지 뭐…. 별수 있나~!

1조, 2조, 3조…. 어우야~! 앞문으로 들어간 애들이 저쪽 뒷문으로 나올 때는 전부 니주가리 씨빠빠가 돼서 나온다. 드디어 돈까스 조 차례다. 실습장에 들어가서 일단 정렬을 하니 퀴퀴한 연기가 자욱하다. 긴장을 해서 교관이 뭐라고 하는지 하나도 안 들린다. 돈까스는 일단 숨을 참는다.

들어오기 전 누가 선배들한테 들었다고 숨을 천천히 쉬란다.

교관들이 방독면을 벗으란다. 최루액을 넣자마자 연기가 자욱한데 이건 사람이 맡을 수 있는 냄새가 아니다.

그 상태에서 숨을 참으면 될 줄 알고 숨을 참는 사람이 대부분이다. 앉았다 일어섰다를 반복시키고, 군가를 시키고 결국은 숨을 참을 수 없을 정도의 시간을 굴린다. 이때 돈까스가 생각한 게 그전에 쌍코피가 가르쳐 준 그 호흡법에 천천히 쉬는 방법이다. '흡~휴~흡~휴~켁~웩~으으' 이건 아닌데?

그러다 어느 순간 갑자기 최루 가스가 '훅~!' 하고 들어온다. 눈물, 콧물, 입에 게거품…. 와~ 띠~바 이게 뭐냐? 완전 똥오줌 못 가리게 생겼다. 눈을 못 뜨겠다. 숨이 막힌다. 문…. 문이…. 웨엑~! 켁켁~ 웩~! 문 막고 있다. 띠~

벌~! 부산에서 온 박성호가 교관을 잡고 살려 달라고 애원하고 대구에서 온 김상철은 문 있는 곳에 가서 문을 열려고 하는데 조교가 열어 줄 리 없~다~! 쟤는 그냥 땅바닥에 떼굴떼굴 구른다. 이리저리…. 딴 기수에서는 급하니까 교관 멱살 잡는 놈도 있었다더라.

 잠시 후 정해진 시간이 되었는지 조교가 밖으로 나가는 문을 열어 주는데 구멍이란 구멍에서는 뭐가 다 나온다. 뜨~악~! 허수아비 자세로 해서 바람 부는 쪽으로 팔 벌려 하고 얼굴에 수통물을 다 부으니 점점 고통이 서서히 사라진다. 앗~! 그 짬통 퍼먹던 삼식이는 피가 나온다. 그럴 수 있단다. 나중에야 알았지만 화생방 실습실에서의 요령은 숨을 참지 않는 것이다. 서서히 조금씩 숨을 쉬면 좀 더 참기가 쉬워진다. 이걸 알아도 화생방은 쉽지 않다.
 화생방 훈련은 고통스럽긴 해도 시간이 그렇게 길지 않기 때문에 괜찮다. 또 중요한 것이 화생방은 먼저 받는 놈이 장땡이라는 사실…. 훈련이 끝난 사람은 보통 뒤에 조가 끝날 때까지 편하게 대기를 하기 때문이다.
 먼저 하고 나와서 대기하고 있다가 뒤에 하고 나오는 사람들이 실습장에서 나오는 모습을 보면 진짜 웃긴다.
 구멍이라고 생긴 곳에서는 입이고 눈이고 코고, 다 물이 줄줄 흐르면서 나오는데 이것을 보고 안 웃고는 못 배긴다. 조금 전엔 내가 그랬는데…. 히히~!
 이제 순복이랑 갑득이가 나올 차례다. 원래 쓰리고 셋이 같은 조였는데 어~? 몇 명씩 줄 맞추다 보니 앞쪽에서 줄이 안 맞아 돈까스가 앞쪽 줄로 가서 헤어지게 된 거다.^^ 문이 열리고 젤 먼저 갑득이가 뛰쳐나오더니 팔을 쭉 뻗고 앞으로 자빠지더니 오부지게 오전에 먹은 거를 다시 땅바닥에다 반납한다. '웩~! 켁~ 웨~엑~!' 돈까스는 웃기기도 하지만 '아~! 불쌍하다 저 얼굴~!' 생각한다. 뒤쪽에서 순복이가 나오는데…. 헉~! 저 못생긴 얼굴 대방동 때 보던 그 외계인 얼굴? 히히히~! 콧물, 눈물이 장난 아니다. 웩웩~! 거리더니 대짜로 누워 뜬금없이 한마디 날린다.

"경찰~ 불러~! 띠벌~! 경찰 불러~! 웩~!"
"픕~! 우히히히~! 크크크~!"

순복이 한마디에 전체가 오랜만에 웃는다. 옆에서 나오는 애들 얼굴에 물 부어주던 쌍코피가 크크크~! 웃는다.

"정신 안 차려~! 경찰 부르라는 넘 니가 두 번째다~!"

아~! 경찰 부르라는 넘 전에도 하나 있었나 보다. 크크크~! 옆에 서 있던 웬만해선 잘 안 웃는 살모사 교관도 어이없는지 씨익~! 웃는다.

돈까스는 이때 처음 화생방 최루액을 맡아 봐서 당황했지만 나중에 전역하고 좀 지나 신촌 로터리에서 장사할 때만 해도 툭하면 연세, 이대, 서강대 대학생들 데모하는 데 이 최루탄 가스를 많이 쏴대서 많이 맡아 본다. 화생방 교육이 끝나고 점심 식사를 하고 조금 떨어진 각개전투 교장으로 이동한다.

각개 전투(各個戰鬪)란 6주간의 훈련 중 하나인데, 단어의 뜻은 정확히 말하자면 각 개인이 각자 전투를 한다는 것이다.

각개 전투의 목적은 병사 개개인이 차례대로 혹은 분대, 혹은 소대 단위로 약진과 포복을 병행해 적진까지 접근해 적(적군 그림이나 타이어 등)을 가격 혹은 찌르거나 목표(고지)를 점령하는 것으로, 이를 달성하기 위한 모

Chapter 1. 진해 훈련소

든 요소들을 포함한 것을 칭한다. 여기서 가장 중요한 건 생존이고 2번째로 중요한 것이 목표 점령이다. 그동안 훈련소에서 배워오고, 숙련해 왔던 전투 기술들을 다시 재정리해서 활용하는 훈련이다.

훈련 첫째 날은 각종 포복 방법과 주간, 야간 전술 보행을 배우게 되며(각개 전투), 둘째 날은 언덕을 타고 올라가야 하는 가파른 장애물 코스를 뺑뺑이로 돌게 된다. 종합 각개 전투…. 훈련소에 따라서 종합 각개 전투가 끝나는 날에 야간 행군까지 해서, 좋게 보면 힘든 거 2개를 한 큐에 해결할 수 있지만 그만큼 체력적으로 힘들기도 하다. 돈까스 조가 각개 전투 출발선에 섰다. 아~! 저기까지 언제… 출발선에서 중간까지는 은폐, 엄폐를 하며, 포복 철조망까지 낮은 포복을 하다가 돌격도 하다가 뺑이 치며 철조망 앞에 섰다. 엥? 근데 들창코 교관이 여기 있다. 각자 한 코너씩 맡았나 보다. 뒤로 포복으로 가는 철조망이 5개가 있다. 좌측에 있던 들창코 교관이 옆 방화수에서 물을 한 바가지 떠오더니 돈까스 앞에 섰다. 아~! 또 왜 그러세요!

들창코가 야비한 썩소를 날린다. '씨~익 히히히~!' 그러고는 헉~! 띠~벌~! 돈까스가 기어갈 철조망 밑에다가 물을 뿌린다. 아~! 마른땅이었는데 거기다 물 뿌리면 어카냐구~!

"해병은 전천후가 돼야 한다. 어떤 길도 다 뚫고 지나가야 한다. 알았나~! 히히히."
"넵~! 알겠습니다~!"(아~! 들창코도 변탠가벼~!)

아~냐~! 저 변태 시키~! 흑흑흑 왜 이러니 나한테~! 그 순간 옆쪽에 있던 구미에서 온 강희찬이 내 쪽으로 온다. 돈까스가 옆쪽을 보니…? 아~싸~! 크큭큭~! 첫 번째에서 잘못 서서 한 칸씩 밀리게 되니 들창코가 물 뿌린 자리에 강희찬이 서게 된 것이다. 미안하지만 돈까스는 옆 칸에 뽀송뽀쏭한 흙이 있는 칸이 되었다. 헉~! 들창코 진심 깜짝 놀라며 돈까스를 쳐다본다.

"후후~! 운 좋은 시키네~!"

강희찬이 얼굴이 죽상이 되어 뭐라고 중얼중얼댄다. 돈까스는 조금 미안하지만 어쩔 수 없~다~! 나두 살아야지. 철조망을 뒤 포복으로 통과하니 강희찬 옷이 진흙투성이다. 돈까스가 돌격하며 한마디 날린다.

"희찬아~! 미안하다~!" 희찬이 웃으며 "괜찮어~!" 한다.

낮은 포복, 돌격 앞으로, 은폐, 엄폐, 철조망을 통과하여 이제 마지막 구간 소대장 훈병이 '돌격 앞으로~!' 하여 타이어 공산당을 찌르고 끝났다. 온몸이 흙먼지투성이고 입에는 흙이 들어가 씁쓸하다. 다른 조도 다 끝나면 잠시 쉬다가 반 구보로 부대로 복귀한다. 돈까스는 온몸이 다 욱씬욱씬 한다. 각개 전투교장을 조금 나서니 일반 도로다.

"지금부터 군가를 시작한다. 군가는 '해병 곤조가'. 2연타~! 군가 시작 하나 둘 셋 넷!"

"흘러가는 물결 그늘 아래 편지를 띄우고
흘러가는 물결 그늘 아래 춤을 춥니다.
처녀 열아홉 살 아름다운 꿈속에 아이러브유

Chapter 1. 진해 훈련소

라이라이라이라이 차차차~!"

~(생~략~!)

　돈까스는 영외 훈련할 때는 구보로 힘들지만 사제 도로를 달리며 구경하는 게 좋았다. 민간인들의 가게, 사람들이 저마다의 일을 하며 왁자지껄 돌아가는 모습이 꼭 동네에서 보던 기억들이라 그런가? 입대한 지 얼마 안 됐지만 조금은 낯선 풍경이 돼가는 거 같아 씁쓸하다. 한동안은 낯설어지겠지…. 후~!

　앗~! 여학생이다. 양갈래 머리에 재잘재잘대는 모습이 귀엽기 그지없다. 앗~! 저쪽은 우리 또래 여자다. 입대 전까지 진해에서 살다 온 김근호가 요 근방에 공장이 몇 개 있다더니 직원 여자들인가 보다 히히~! 그냥 봐도 좋다. 앗~! 우리 보고 웃는다. 훈련소에서 있는 것 중에 또 하나가 과실 점수라는 제도다. 어떤 규정들을 정해 놓고 그 규정을 어길 시 과실 점수를 부과해서 보통 휴일에 그 점수에 상응하는 군기 교육을 받으면 과실 점수가 없어지는 것이다.

　진해 훈련소 6주 동안은 금연이다. 그래서 흡연을 하다가 걸리면 과실 점수가 제일 컸다. 쓰리고…. 돈까스, 순복이, 갑득이는 흡연 과실 다 걸렸다. 순복이가 주계 작업원 나갔다가 기간병한테 한 대 얻어 와 저녁 순검 준비 전에 병사 뒤 으슥한 곳에서 셋이 피다가 걸렸는데 운 좋게 이때는 쌍코피가 과실 점수 받을래 그냥 쌈박하게 쌍코피 한 대씩에 끝낼래? 해서 "쌈박한 걸로 해 주십시오~!" 하고 쌍코피 한 대로 눈감아 주었다. 자비란 눈곱만큼도 없던 쌍코피가 이때 왜 이걸로 끝내 주었는지는 아직도 의문이다. 순복이는 두 번 걸렸다. 소각장 작업원 나갔다가 기간병들한테 얻었는지…? 소각장에서 꽁초 주웠는지 몰라도 두 번째라 과실 점수에 포함이 됐다.

그 다음이 순검 시 암기 사항 못 외워서 지적받거나, 훈련 중 과정을 제대로 이수 못했을 때… 사격 점수 낮을 때 훈련병은 3보 이상 구보인데 걷다가 걸린 사람, 담당 청소 구역 청소 상태가 불량했을 때 등등이다. 암기 사항 등으로 지적받는 사람이 많으면 단체 기합으로 해결을 할 때가 많았다. 좀 봐주는 것이다. 과실 점수 중 제일 무서운 것이 A급 과실로 이는 바로 유급이 된다. 많이 다쳐서 오래 입원해야 하거나 서로 간의 구타가 심했을 때 등등 동기들 기수와 훈련을 지속하지 못할 때 다음 기수와 같이 훈련하고 수료를 하여야 한다는 것이다. 우리 464기 기수에는 유급자는 없었다.

일주일 동안 과실 점수를 받게 되면 일요일에 주로 계산을 한다. 술집에 외상값 받듯이 일요일만 되면 과실 점수 상계한다고 여기저기서 곡소리가 난다. 일요일 아침을 먹고 나면 일반 훈련병들이 쉬거나 개인 시간을 가질 때 당직 소대장이 중앙 현관에 나와 지시한다.

"각~ 소대 들어~! 금일 10시부터 과실자 훈련이 있을 예정이니 금주 과실 보고자 전원은 연병장에 집합~!"

대부분의 과실자 훈련은 단독 군장에 실시하지만 가끔은 소대장 재량에 따라서 팬티 바람으로 실시한다. 팬티에 단독 군장…. 의외로 패션 궁합이 잘 맞는다. 이게 좀 덜 추울 때는 연병장에서 돌고 기합 받으니 오히려 땀도 식혀 주고 괜찮다. 근데 추운 날은 한겨울 바닷가 칼바람이 장난이 아니다. (돈까스는 나중에 실무 가서 해안 방어 나가면 저녁에 바닷가 근무지로 나가는데 소금기 머금은 바닷가 추위는 살을 찢으며 지나가는 거 같다.)

연병장에 모인 인원들이 거의 다 빤스가 누렇다. 진흙 먼지 묻은 군용 빤쓰가 때가 잘 안 벗겨진다. (광목인가? 왜 이리 거치냐?) 빨래하기 귀찮아서도 있고 대부분 찢어지고 긴빠이 당하고 그래서 전부 다 상그지 빤쓰다. 이건 돈까스가 나중에 봤으니까 진짠데 수료하기 며칠 전에 통영? 여수? 무안?… 하여튼 남쪽에서 농사짓다 온 넘인데 돈까스가 다 긴빠이 당하고 빤쓰 한 개로 버틸 때 불쌍하다고 자기 거 하나 주는데 내 눈으로 본 빤쓰만 8장이었다. 빤쮸 부자다. 히히히~! 나중에 양말 하나랑 난닝구 하나 더 주더라. 흑흑 고맙다. 이때 돈까스는 전방위적으로 다 긴빠이 당해 거의 모든 위생품이 하나만 남아서 근근이 버티던 중이었다. 말하지 말라고 해서 돈까스는 공범 개념으로 지금까지도 누군지 말 안 한다.

서글픈 이야기이긴 하지만 설사가 많기 때문이기도 하다. 날씨가 추워서인지, 밥이 바뀌어서인지는 모르지만 훈련생들 중엔 설사 환자가 꽤 있었다. 그런데 설사 환자라고 맘대로 화장실을 갈 수가 없었다. 훈련 중에 소대장의 허락 없이 대열을 이탈할 수가 없기 때문이다. 훈련 중 화장실이 급하면 손을 번쩍 들어서 소대장에게 보고를 하고 가야 한다.

순복이가 한번 호되게 일 치른 적이 있다.

"훈병 263번 김순복~!" 하고 갑자기 손을 든다.
"263번 뭔가~?"
"배가 아프고 설사가 나올 거 같습니다~!"
"금방 끝나니 조금만 참아라~ 알았나~!"

이때는 우리도 그렇게 많이 급한지 몰랐다. 순복이가 가끔 엄살을 부리고 빠지다 걸린 적이 있었다. 제식 훈련 겸 수료식 사열 연습이었는데 막 중요

부분 맞추고 있었기 때문이다. 돈까스가 옆을 보니 헉~! 순복이 얼굴이 다시 못생겨지며 찌그러진다. 이제 마지막 부분 맞추는데…?(소리가 크게 났었다.)

'뿌지직~ 빠~앙~! 뿌직~뿌직~!'

그렇다. 돈까스 순간 순복이 뒤를 봤는데 서서히 젖어 온다. 처음에는 풉~! 큭큭큭 웃었던 동기들도 이 광경을 보고는 전부 경악을 하는 것이다. 쌍코피도 이번엔 놀래면서도 측은하게 보며 순복이한테 한마디 날린다.

"아~그 정도였어~! 빨리 씻고 옷 갈아입고 나와라~!"
"넵 죄송합니다~! 갔다 오겠습니다~!"

돈까스가 순복이를 측은하게 보며 "잘 씻고 와~!" 한다. 갑득이도 뒤에서 측은하게 쳐다본다. 흑흑~! 쓰리고는 뭘 해도 슬프다~! 이렇듯 훈병들이 설사를 많이 한다. 물이 바뀌어서 그런다고도 하고 밥이 안 좋아서 그런다고도 하고, 돈까스도 한번 그런 적이 있어서 맘이 안 좋았다. 나중에 알았는데 그 동안 순복이는 설사를 많이 했나 보다.
 사회생활 할 때 술 먹을 기회가 많아 위장약을 달고 살았나 보다.(이때 순복이가 많이 측은했었다.)
 과실자 훈련은 보통 연병장을 돌고 PT체조로 시작을 한다. 그러다가 좌로 취침 우로 취침 등 땅바닥에서 할 수 있는 비인간적인 얼차려는 모두 경험한다. 일렬로 쭉 박게 해 놓고, 끝에서 소대장이 발로 한 사람을 밀면 도미노 게임을 하듯이 좌르륵 넘어진다.

돈까스가 경험한 중에 젤 고통스러운 거는 철모에 꼬라박어와 깍지 끼고 원산폭격이다. 과실에 대한 벌이니 불만은 없다. 돈까스가 과실자 훈련할 때는 우리가 강당에서 교육받고 올 때 간간히 단체로 오줌을 갈기던 영내 옆 갯벌이 있다. 진해 바닷가가 이어진 곳이다. 콘크리트 블록으로 되었었는지 그냥 흙으로 되어 있었는지는 기억이 안 나는데 바닥에는 검은 진흙이 쌓여 있었다. 마지막 코스는 이곳에서 포복을 하는 것이다. 우리가 오줌 갈기던 곳이고 이곳을 거쳐 간 전 기수도 이곳에다 단체로 오줌을 갈겼을 건데 여길 들어가라고? 저쪽에 구멍이 하나 있는 걸로 봐선 그 구멍은 아마 왕자 식당 오물 하수구인거 같은데 여기서 낮은 포복, 높은 포복, 응용 포복 별 지랄을 다했다. 이때쯤 되면 아무 생각도 없다. 우리 입에서 C발~! C발~! 소리밖에 안 나온다. 그것도 속으로만~! 입 밖으로 냈다간 정말 죽는다.

"지금부터 따라서 복창한다~! 나는 왜 이럴까~?"
"나는 왜 이럴까~!"
"목소리 봐라~! 사회에선 안 그랬는데~!"
"사회에선 안 그랬는데~!"
"짬밥을 먹었더니 또라이가 됐나 봐~!"
"짬밥을 먹었더니 또라이가 됐나 봐~!"

아~! 띠~바~! 이 짓 하고 있는 내가 또라이다, 이 시키들아~! 어우야~! 이거 뭔? 건더기냐~! 웩~! 우~웩~!

"잘할 수 있나~!"
"악~! 잘할 수 있습니다~!"

"진짜 잘할 수 있나~?"
"악~! 진짜루 잘할 수 있섭니다~!"

큭큭큭~! 힘드니까 여기저기서 사투리가 나온다.

"좋다 믿어 보겠어~! 지금 즉시 연병장에 헤쳐 모여~!"
"헤쳐 모여~! 웩~웩~!"

연병장에 모이니 쌍코피가 훈시를 한다.

"너희들은 부모님들이 소중하게 주신 몸을 오늘 너희들의 잘못으로 함부로 굴렸다. 죄를 지었다~! 부모님께 속죄하는 마음으로 군가를 실시한다~! 군가는 어머님 은혜~! 군가 시작~!"
"나아실제 괴에로움 다~잊으시고오~! 기르실제~! 밤낮으로 애쓰는 마음~! 엉엉… 흑흑…."

노래를 다 마치고 흙범벅 눈물, 콧물 범벅이 돼서 사열대 앞에 집합하니 쌍코피가 수고했다고 깨끗이 씻고 돈 있으면 청룡빵 사 먹으란다. 자기도 하나 사 주고…. 아~냐~!

돈까스는 안다. 훈련소의 모든 과정이나 이 과실자 교육도 충분히 다른 교육생들에게 보여 주어서 학습의 효과를 높이자는 의도가 있다는 것을 안다.

시간이 지나서 생각해 보면 DI들이 악독해서가 아니라 어느 시기에 어느 정도 인원을 어떻게 훈련시킬 것인지도 짜여진 계획대로 행해지는 것 아닌가 생각도 해 본다.

꼭 필요한 일이라고 개인적으로도 끄덕여 본다.

왜? 왜긴~! 우리의 쓰리고가 점점 군인의 모습을 갖추어 나가고 있지 않은가~!

(14) 글래디에이터(gladiator)

치이익~! 치이익~! 아침만 되면 침대 옆으로 스팀 열기가 올라온다. 돈까스는 이제는 일어나는 시간이 몸에 배어서 자동으로 일어난다. 밖은 아직 어둠이 가시지 않았고 어김없는 치약 냄새…. 흠~! 이젠 이 냄새가 좋다. 돈까스가 침대에서 내려와 세면장으로 향한다. 오~잉~! 순복이? 갑득이?가 벌써 세면하고 있네~? 6주로 접어드니 원래 사회생활 하던 애들은 자기 페이스를 찾는다. 근데 돈까스는 왜? 돈까스는 천성이 일찍 일어나는 애가 아니다. 오죽하면 초등학교 때 별명이 지각 대장이었을까?

나중에 실무 가서도…. 군 생활 30개월 동안에도 어쩔 수 없으니 일찍 행동하게 된 것이지 전역해서는 천성이 다시 돌아온다.

오늘의 과업은 마지막 실탄 사격이다. 아침을 후다닥 해치우고 군장을 챙겨 사격장으로 이동한다.

오늘은 2정문 쪽으로 나간다.

"행군 간에 군가를 한다~! 군가는 청룡은 간다~!"
"악~악~악~!"
"삼천만의 자랑인 대한 해병대~!
얼룩무늬 번쩍이며 정글을 간다
월남의 하늘 아래 메아리치는
귀신 잡던 그 기백 총칼에 담고
붉은 무리 무찔러 자유 지키며
삼군의 앞장서서 청룡은 간다~!"

"악~악~악~!"

사격장에 도착하고 정렬하여 매번 안전에 대한 순시를 먼저 듣는다. 사격도 마찬가지로 사격 자체는 힘들지 않은데 부수적으로 따라오는 훈련생 군기 잡기가 힘들다. 특히 사격장은 실탄을 사용하기 때문에 잘못하면 인명사고의 위험이 있어서 훈련소 기간 중 제일 군기가 센 시간이다. 먼저 총알 없이 땅바닥에서 죽어라고 자세 연습만 한다. 잔디 구장도 아닌 맨땅바닥에 하루 종일 허벌나게 엎드려쏴! 앉아쏴! 서서쏴! 자세만 반복해서 연습한다.

그 다음에 영점을 잡는 사격 연습을 한다. 자신의 총을 자신의 몸에 맞추는 작업인데 어느 정도 거리에 타깃을 놓고 세 발씩 사격을 하면서 자기 총의 가늠자를 조정하는 것인데 세 발이 항상 한곳에 집중되어야 하는데 이게 잘 안 된다.

이제 각 조별로 나누어 사로로 올라간다. 나머지 조는 아래에서 계속 영점 잡는 연습을 하다가 차례가 되면 올라간다.

그리고 나면 실거리 사격을 한다. 기억이 잘 안 나지만 100m, 150m, 200m?였던 걸로 기억한다. 명중을 시키면 타깃이 뒤로 넘어가는데 처음 이때 기분은 진짜 쥑인다.

여기서도 80점을 못 맞으면 또 열심히 굴러야 한다. 사격장은 총 쏘는 시간은 5%도 안 되고 나머지는 모두 연습과 얼차려의 시간이다. 마지막 기록 사격은 자신의 군 생활 점수로 연결되기 때문에 상당히 신경이 쓰인다. 여기서 잘 쏘면 저격병으로 갈 수도 있다. 마지막에는 10발을 쏜다. 탄을 10발씩 수령하여 사로로 가면 뒤에 교관들이 챙기면서 탄창에 탄을 넣고 장전하면 옆에 있는 관제탑에서 "사수~사로 봣~! 사격~!" 하면 일제히 타깃을 향해 사격한다. 이제 돈까스 조 차례다. 돈까스는 사격은 잘했다.

그때 돈까스 왼쪽 옆 사로에서 '따다따다땅~!' 한다. 돈까스는 순간 '아~! 넌 뒤졌다~! 누구냐~!' 생각한다. 소총에는 안전장치가 있는데 실탄이 의도하지 않게 발사되는 것을 막기 위한 장치로 이 레버를 안전 쪽으로 가져다 놓으면 방아쇠를 당겨도 실탄이 발사되지 않는다. 해서 항상 이 레버의 위치는 안전에 가 있어야 한다. 레버를 안전에서 돌리면, 점사--)자동의 순서로 된다.

사격장에 들어가면 항상 안전으로 되어 있는 상태에서 사격 시작이라는 구령을 기다려야 한다. 그러면 통제관이 '안전 풀어!' 라는 지시를 하면 레버를 안전에서 점사로 옮기고 '사격 시작~!'이라는 명령에 따라 사격을 한 발씩 하게 된다. 그런데 어디 기수에서든 고문관은 한두 명씩 있는 법이다. 어떤 인간은 안전 풀어! 라는 지시가 떨어지기 전에 자기 혼자서 먼저 안전을 푼다. 그래 놓고는 안전 풀어! 하면 레버를 한 번 더 돌려서 자동의 위치에 맞춘다. 사격 시작! 하고 옆에서 사격을 시작하고 자신도 방아쇠를 당기면 그냥 자동으로 '드르륵~!' 하고 3점사나 자동 사격이 되어 버린다. 자기도 놀라서 어~! 하다 보면 총구가 하늘로 들려 올라가게 된다.

그 뒤는 생각하기도 싫지만 죽었다고 복창하는 거다.

에헤라 디여~! 쌍코피 잔치 한마디로 피 튀기는 날이다. 총을 잡으면 엄지손가락 부분쯤에 안전, 점사, 자동, 조절할 수 있는 스위치? 가 있다. 근데 이걸 잘못하면 단발이 아니라 점사나 자동으로 넘어간다. 잘 봐야 되는데 긴장 상태에서 어느 기수나 꼭 있다. 매 기수마다 생기는 웃기는 현상이다.

어느 훈련소든지 사격을 하고 나면 탄피를 수거한다. 그런데 이 탄피 숫자가 항상 모자란다. 왜 그럴까? 그러면 그 잃어버린 탄피를 찾을 때까지 아무것도 못한다. 탄피를 수거하는 이유는 실탄을 누가 가져갈 경우 아주~!

큰 사고가 날 수 있기 때문이다. 탄피를 찾을 때까지 사격장 맨바닥을 손으로 더듬으면서 일일이 확인을 해야 한다. 물론 탄피를 잃어버린 훈련생도는 얼차려와 함께 따라오는 동기들의 온갖 구박과 원망을 다 들어야 하고 못 찾으면 못 잔다. 그러다 보면 어느 순간 희한하게 그 탄피가 나타난다. 그렇게 전 인원이 다 바닥을 찾아도 잘 못 찾는다. 그러다 어느 순간 나온다. 참 희한하지~! 나중에 알았지만 어떤 교관 중에 한 사람이 탄피를 감췄다가 실컷 고생시키고 나서 슬며시 던져 놓았던 것 같다. 그런 적도 있었다.

한번은 사격장에 도착하니 우리 전 기수 462? 463? 기수 사격이 거의 끝나가고 있었다. 우리가 기다리느라 밑에 대기 타고 있었는데 어~? 저쪽 옆에서 사진사 아저씨가 선배 기수들 몇 명을 사진을 찍어주고 있었다. 1982년 이때는 카메라가 흔하지 않은 때라 전속 사진사 아저씨가 어떤 때는 우리들 훈련할 때 따라 나와 사진을 찍어 주고 나중에 현상해서 전해주면 사진 찍은 사람은 우리가 처음에 갖고 들어갔던 영치금에서 사진값을 까고 내준다.

조금 지나니 그 기수들 다 찍고 아저씨가 우리 쪽을 보는데 순복이가 돈까스와 갑득이를 몰래 부른다.

사진을 찍자고 부른 것이다. 돈까스가 이리저리 둘러보니 저 앞에 소대장 둘이 사로 쪽을 보며 얘기하고 있고 나머지 소대장들은 사로 쪽으로 올라갔는지 안 보인다. 돈까스, 순복이, 갑득이… 일명 쓰리고는 대열 뒤로 몰래 빠져서 갈려고 하는 사진사 아저씨를 나무 옆으로 부른다. 히히히~! 소대장들은 안 보인다. 대열 있는 데서 문쪽은 약간 경사가 졌다. 시간 없다. 얼른 아저씨한테 말하고 옆에 나무하고 풀이 조금 있는데서 쓰리고는 월남전 돌격 포즈를 취한다. 헉~! 어느새 갑득이는 얼굴에 진흙으로 위장까지 했다.

아저씨가 하나~둘~셋~! 쓰리고는 똥폼을 잡고 인상을 찌푸리고 찰~칵~! 소리까지 났다. 그 순간~?

"히히히~! 아주 지랄들을 하세요~!"
"아저씨~! 가시는 중이세요~? 안녕히 가세요!"

하니까 아저씨가 '네~히히!' 하고는 잽싸게 가신다. 쓰리고는 돌아보지도 않는다. 이젠 목소리만 들어도 안다. 기냥 고양이 앞에 생쥐처럼 오돌오돌 떨고 있다. 들창코 소대장이다. 돈까스 머릿속으로 '아~ 저 소대장은 우리하고 전생에 웬수졌나? 왜? 매번 그런디야~!' 쓰리고는 안다. 이제 디졌다는 걸. 흑흑~! 각오하고 있는데….

"뭐해~! 시키들아~! 대열로 빨리 안 튀어~?"
"헉~? 넵~! 감사합니다~!"

쓰리고는 X빠지게 튄다. 휴~! 살았다. 뒤에서 큭큭큭~! 들창코 소대장이 웃는다. 돈까스 생각에는 아마 사격을 앞두고 있어서 얼차려를 한 번 봐준 거 아닌가 생각한다. 감사합니다.

(15) 전사의 후예들(탄생)

진해 천자봉(뒷줄 오른쪽 끝이 돈까스)

'Holding the line 물러서지 않는다'
'Never give in 절대로 포기하지 마라'

항상 아침에 일어나면 이 상황이 아직도 낯설었다. 이제 마지막 주 6주차가 지나가는 시점인데도 그렇다. 그러나 세면장 쪽에서 치약 냄새, 비누 냄새가 솔솔 나면 다시 현 상황으로 몸이 자동으로 움직인다. 얼른 씻고, 밥 먹고 과업 준비를 하고…. 물론 아직도 안 되는 구보도 있지만 어느 정도 초짜 군인의 정신이 갖춰지는 거 같다. 왜냐면 여기 오기 전의 돈까스의 생활을 생각해 보면 정말 180도 달라진 거를 돈까스 자신이 느끼니까. (돈까스가 탈영 안 한 거 보면 안다.)

진해 해병 훈련소 입대 후 6주는 이 프로젝트로 움직인다.

1. 입대 1주: 복종주(임시 입소주)
2. 단결주
3. 인내주
4. 도전주
5. 극기주
6. 명예주(천자봉 등정)

오늘은 마지막 주 천자봉 행군이다. (돈까스한테는 히말라야 급이다 히히) 이 코스를 무사히 마쳐야 빨간 명찰을 받을 수 있다. 그리고 이때쯤 돈까스에게는 한 가지 목표가 생겼다. 해병대는 팔각모가 상징이지만 돈까스는 더 끌리는 것이 해병대 정모다. 정모를 쓰고 위로 휴가를 가는 게 최종 목표가 됐다. '해병혼'이 세 봉우리에 걸쳐 새겨 있는 천자봉~! 천자봉은 진해 장천동 위에 있는 봉우리다. 하지만 밋밋한 흙봉우리…! 그 왼쪽이 수리봉… 해병혼의 '병'이 있는 곳은 시루봉… 해병대가 신성시하는 산봉우리의 정식 명칭은 천자봉이 아닌 시루봉이다.

글자 하나당 가로, 세로 각 50m로 바윗돌을 모아서 수성페인트로 희게 도색한 글자 '해병혼.' 해병혼 아래 첫 동네는 현재는 해군 아파트지만 82년도 우리 때는 군 사격장. 전편에 나왔던 그 사격장이다. 근데 절대 그냥 편안하게 올라가게 안 한다는 것이다. 지금은 동네분들도 뒷산 오르듯이 오르지만 우리 때는 산등성이를 다 타고 넘어가는 것 같다. 그러니 한 고개를 넘으면 앞에 정상이 또 나오고 하나 넘으면 또 나오고 아~오 죽갔다. 깔딱고

개와 눈물고개를 몇 개를 넘어가야 했다. 지금은 등산로가 잘되어 있어서 오르기 편하다. 본연의 임무에 충실한 우리의 교관님들은 절대 훈련생들이 편한 꼴을 못 본다. 산길을 그냥 올라가면 체력이 저하될까 봐 그런가? 쓰리고는 이제 기합 이력이 쌓여 괜찮다.

다리가 풀릴 만하면 오리걸음을 시킨다.

이 오리걸음이라는 것이 맨땅 평지에서도 힘든데 산길 오르막에서 하면 거의 죽음이다. 거기다 뚱뚱이족들은 진짜 죽음이다. 드디어 3정문을 통과하여 시내 구간을 지나 산 입구를 지난다. 돈까스는 밖으로 나오는 건 좋지만 오늘은 많이 긴장돼서 그런지 여학생들이 지나가도 무덤덤하다. 오로지 저번에 쌍코피가 가르쳐 준 그 호흡법만 상기한다. 행암 구보 때의 실수를 두 번 안 하기 위해서다. 그땐 진짜로 뒤지는 줄 알았다. 각오는 했지만 벌써 산 입구부터 긴장이 된다. 지난번 행암구보는 못하면 앰뷸런스가 뒤에 있었지만 이건 산악 행군이다. 그런 건 없~다~! 죽으나 사나 올라가야 한다. 힘들다. 계속 올라간다. 한 고비 올라서니 저 위에 정상?이 또 있다? 아니 왜 편한 길 놔두고 이리 가냐고요? 나~참! 와~! 띠~바! 숨이…! 숨이 턱밑에까지 막힌다.

심장이 터질 거 같다. 헉~헉~켁~! 어우야~! 어지러워~! 저 위에 나뭇가지 사이로 하늘이 보인다. 정상~? 땡~! 이다. 띠바~! 올라서면 저 위에 또 있다.

어느 순간 올라서니 휴식이다. 와~! 저 밑으로 진해만 바다가 펼쳐진다. 정말 장관이다. 돈까스 군대 와서 바다를 첨 보니 오죽 장관이었겠냐~! 진해만과 시내가 다 보인다. 여기를 관광차 왔으면 아주 좋았겠다. 여기까지는 죽상을 하고 힘들어도 여차저차 잘 왔다. 진짜 돈까스가 산을 이렇게 올라 본 건 첨이다. 끽해야~! 정릉 계곡 놀러 가 본 게 다인데…. 흑흑~! 이건 차원이 다르다. 이건 호흡법이 안 먹힌다. 아~오~! 띠~바~! 중간에 잠시 쉬면서 건빵을 먹는데…? 어~? 순복이가 별사탕을 빼서 버리고 건빵만 먹는다.

갑득이가 "야~ 버버릴 거면 나나나 줘~!" 씩씩거린다. 순복이가 갑득이를 보며 불쌍한 넘 보듯 말한다.

"무식한 넘~! 여기에 정력 감퇴제 들었어~버려~!"
"어~! 저저정말이야~? 나난 모모모~ 못 들었는데~?"
"앗~! 순복아~정말이야~? 으으으 나쁜 시키들."

그 다음부턴 쓰리고는 앞에다 별사탕을 다 버린다. 지나가던 쌍코피가 바닥에 별사탕을 보고 말한다.

"히히히 쓰리고~! 그 소문 땜에 안 먹는 거야~?"
"넵~! 소대장님~! 그렇습니다."

쌍코피가 음흉한 썩소를 날리며 말한다.

"어따 쓸 건데~? 정력 남겨서 워디 쓸 낀데~? 히히히."

아~! 쓰리고 셋이 그 말을 듣더니 한참을 멍~!한다.

셋이 쳐다보고 웃는다. 엥~? 어따 쓰지?^^ 근디 이거 거짓말이다. 돈까스

Chapter 1. 진해 훈련소   161

가 건빵을 좋아해서 군 생활 동안 엄청 먹었는데 거의 매일 아침에 빳빳해서 혼났다.

잠깐 쉬고…. 정말 쥐꼬리만큼 쉬고 건빵 몇 쪼가리 먹고 다시 출발한다. 딱 중간쯤 지나가니까 히히히~! 다리에서 슬슬 신호가 온다. 띠~바~! 어~? 다리가…? 왜 이카냐? 헉~! 풍인가? 아~! 나 죽는 거야~? (돈까스 들은 얘기는 있어서…. 풍? 풉~ 큭큭큭) 아~! 띠바~! 쥐 났구나~! 어? 통증이 오고 안 움직인다.

결국 쓰러져 통증을 호소하니 소대장이 애들한테 빨리 주무르라고 한다. 아~! 더 아프다. 살살~! 살살 해라…! 흑흑~!

한참을 주무르니 조금 풀렸다. 휴~! 다시 출~바알~! 또 한참을 올라가니…. 엥~? 정상이 또 나온다. 머~냐~? (돈까스 이때는 산을 첨 타 보니 몰랐다. 산의 지형을…) 올라갔다… 내려갔다… 또 올라갔다… 내려갔다… 뭐야~! 또 올라… 젠장 끝이 없~다~! 흑흑~! 동기들이 주무르고… 또 가고 흑흑~! 또 주무르고 7~8번을 하고 이때부턴 총도 무겁다. 동기들이 총을 번갈아 가며, 대신 들어주고…. 고마운 동기들 (다시 생각해도 동기들 고맙다…. 돈까스는 동기들이 도와주지 않았다면 무사히 수료하지 못했을 거다. 다시 한번 동기들에게 감사드립니다. 꾸~벅~!)

한참을 오르니… 흑흑 쩌~기~! 바위가 보인다. 와~! 흑흑~! 뭔 놈의 산이 정상이 읎~냐? 그때는 잡목도 많아 흡사 영화에서 본 월남전 때 정글을 뚫고 가는 거 같다. 거기다가 중간중간에 교관들이 교육의 일환?으로 닦달을… "해병은 3보 이상 구보다~!" 하며 뛰어 올라간다. 천…자…봉(시루봉) 일반인에게는 별로 높지 않은 산봉우리지만 해병대에게는 상징적인 해병의 눈물과 격정의 땀이 어린… (적어도 돈까스에게는^^) 그 이름 천~자~봉~!

돈까스는 언제? 날 잡아 진해 천자봉 등정을 다시 할 거다. (40년 전을 다시 느껴 봐야지~!) 뒤늦게 올라오니 소대장님들과 동기들이 반겨준다. 소대장님들도 팰 때는 개 패듯이 팼지만… 낙오하지 않고 올라오니 쪼~금 대견한가 보다. 크크크~! (대견은 이 산에서 못 오면 워디 갈 거야?)

돈까스가 젤로 걱정했던 게 해병이면 누구나 갔다 와야 하는 천자봉을 못 갔다 올까 봐 내심 걱정했었는데 이렇게 갔다 오니 이것은 기적이 아니라 돈까스 경우는 분골쇄신(粉骨碎身), 사석위호(射石爲虎)다.

정상에서 사진을 찍고 잠시 있다가 다시 내려온다.

내려오는 길은 가볍고 빠르다. 사격장으로 내려와 인원 점검을 하고 다시 구보로 들어간다. 훈련소 정문에는 군악대가 연주를 하면서 기다리고 있고 높으신 분들과 기간병들이 같이 줄을 서서 천자봉 등정을 환영 및 축하를 해 준다. 군악대 앞을 지나칠 때는 머리끝이 쭈뼛해지면서 살짝 눈시울이 뜨거워지기도 한다. 변함없이 훈련소 대대장님의 격려사가 이어지고 수고했다고 오늘은 저녁 과업 없고 잠시 개인위생 시간을 가지며 순검 준비를 한다. 뿌듯한 하루였다.

저게 30개월 명찰인데 색이 많이 바랬다

담날부턴 이제 실무에 가서의 생활이나 기본 소양 과업이고 수료식이 가까워지는 날 며칠 전부터는 본격적으로 수료식 사열 준비하고, 수료 준비로 바쁘다. 빨간 명찰을 받고, 각자 병과, 근무지에 따라 흩어진다.

오늘은 빨간 명찰 수여식이 있는 날이다.

돈까스나 쓰리고에게는 감개무량한 날이다. 숱한 어려운 난관?을 헤치고 드디어 빨간 명찰의 해병이 되는 것이다. 흑흑~! 괜스레 눈물이 난다. 한쪽에서 군악대의 빵빠레가 울리고 연단에는 빨간 명찰을 달아 줄 간부님들이 대기하고 있다.

'빵빠라빰~빵바라~! 빵빵바방~!'

군악대의 '해병대가' 연주가 울리고 간부님들이 각 줄의 훈병들에게 빨간 명찰을 달아준다. 이 빨간 명찰을 받기 위해 쓰리고는 그렇게 울었나 보다. 히히히~!

드디어 돈까스 차례…. 쌍코피 소대장이 빨간 명찰을 달아 주며

"뚱띵이 수고했어~! 후반기 가서도 몸 건강히 잘해~!"

하며 볼을 어루만져 준다. 앗~! 쌍코피 눈에 물이? 어른거린다. 돈까스가 눈물을 주르륵 흘리며 진심으로 고마움을 표시한다.

"필~승 훈병~! 주. 완. 순. 감사합니다~!"

돈까스는 뭔지 모를 눈물이 자꾸 난다. 그리곤 작게 한마디 한다.

'소대장님들 군인으로 만들어 주셔서 감사합니다~!'

이렇게 수료식을 앞두고 빨간 명찰이 우리들에게 지급됐다.

뿔명찰과 헝겊 명찰 두 가지였다. 뿔명찰은 그린사지복에 부착하고 헝겊 명찰은 작업복(일반 군복)에 다는 것이다. 빨간 명찰을 받고 그날 저녁부턴 옷에 빨간 명찰로 바꾸는 게 저녁 일이었다. 담날부턴 수료식 사열 연습으로 바빴다. 이제 우리는 정말로 해병이 된 것이다.

1사단 돈까스의 진해 해병 훈련소 시절, 정말 춥고 배고프고 힘든 시절이었다. 누가 빨간 명찰을 그저 주겠냐? 누가 빨간 명찰을 그저 달았겠느냐~? 빛나는 이등병, 해병 이등병 주완순은 그렇게 탄생하는 것이었다.

드디어 아 기다리고 기다리던 수료식 날이다.^^ 오전에 모두 새 군복을 갖춰 입고 연병장에 도열해 있다. 군악대의 연주가 시작되고 전체 사열을 한다. 잘한다. 모두가 그동안 쪼끔 군인의 모습을 갖췄기 때문에 사열하는 데 잘하고 있다. 소대장들도 짜세 군복을 입고 옆에는 긴 군도를 차고 사열할 때는 앞에서 인솔한다.

"훈련대장님을 향해~ 우로~ 봣~!"
"필~승!"

오~! 잘한다. 돈까스도 스스로 대견하고 감개무량하다. 수료식 사열이 끝나고 모두 동정복으로 갈아입는다. 여기저기 훈병들이 동정복에 정모를 이리, 저리, 요리 써 보고 아주 신들 났다. 돈까스 일차 목표로 삼았던 그 정모를 써 본다.

울컥~! 뭔가 뭐를 혼자만의 성취감에 기분 최고다. 근데…? 아~놔~! 마지막 날이 적기라고 누가 그랬냐? 긴빠이가 장난 아니다. 여기저기서 곡소리가 난리다.

Chapter 1. 진해 훈련소

"아~!누가 바꿔 갔어~!"
"아~! 띠벌~ 워떤 시키야~!"

아~! 기분 좋은 수료식 날 뭔 일이랴~? 아~! 이런디야~! 갑자기 돈까스의 얼굴이 일그러진다. 저쪽에서 떠드니 잠깐 보느라 정말 1분도 안 됐다. 정말 1분 안 되고 바로 정모를 드는데…? 어~? 모자 안의 수료식 기념사진이 읎~따? 이전에 빨간 명찰을 달고 철모를 쓰고 식당 한편에서 각 중대별로 찍은 기념사진이 순식간에… 고개 잠깐 돌린 사이에 읎~따~! 흑흑흑~! 아~! 옆을 둘러보니 몇 명이 이리저리 바쁘게 움직이는데…. 흠~! 저 넘들 중에 한 넘인데 누구냐? 정말 1분도 안 됐다. 고개 돌린 게…. 흑흑 워매~! 무섭다. 돈까스는 그래서 지금도 그 사진이 없~다~!

순간~! 죽상으로 앞을 보던 돈까스가 큭큭큭~! 웃는다?? 강원도에서 온 돈까스하고 비슷하게 생긴 김병철이가 엄청 큰 실잠바를 걸치고 있었는데 그 모양이 꼭 국민학생 아이가 어른들 큰 옷을 입은 거 같았는데 그 모습이 웃겼다.

"어~? 병철아~ 너 옷이 왜~?"
"아~ 띠~벌~! 똥 누고 왔더니 누가 바꿔 갔어~!"
"명찰이 있는데 바꿔 갔다고…?"
"이거…?"

병철이 손에 뜯어진 명찰이 있다. 헉~! 명찰을 뜯어 놓고 바꿔 간 거다. 병철이는 돈까스처럼 짜리몽땅한데 그리 뚱뚱하진 않다. 그런데 대대짜 옷을 입으니 어떻겠는가? 히히히~! 이때는 꼰뼝을 챙겼으니 주로 정모, 실잠바

바꾸기, 모자에 넣어 둔 훈련소 기념사진이 정말 많이 없어졌다.

(훈련소 기념사진은 영치금 없는 애들은 못 사기 때문이다.)

이제 모두 연병장에 모일 시간이다. 돈까스는 이미 없어진 사진 어쩌랴~! 잊어버리고 연병장에 나가니 저쪽에 벌써 수십 대의 트럭이 쫙 서 있다. 각 병과별로 흩어지는 것이다. 한쪽으로 돈까스, 순복이, 갑득이 쓰리고가 모여 있다. 서로 부둥켜안고 서로의 안부를 챙긴다.

"순복아! 후반기 교육가서 몸 건강하고 다시 만나자~!"
"웅~! 그래 완순아~ 갑득아~! 몸 건강하게 있다 또 보자."

연병장에 도열해 있는데 한 무리의 녹색 베레모를 쓴 인원이 지나가며 우리들을 본다. 나중에 알고 봤더니 수색대를 뽑아 가는 거다. 우리 기수 중에 한 명? 두 명 갔나? 수색대도 자기네 기준이 있겠지… 설마 쓰리고 중 한 명을 데려가겠어? 크크크.

어~? 순복이랑 몇 명이 먼저 트럭을 탄다. 순간 돈까스 눈물이 왈칵 쏟아지며 순복아~ 잘 가~! 하며 손을 흔든다. 순복이도 눈물을 훔치며 완순아~! 갑득아~! 외치며 트럭이 떠나간다.

전우야 잘 가라~! 정든 동기들~! 잘 가~! 그 다음이 2사단 김포 쪽… 그 다음이 백령도 쪽(서해 5도) 아~! 왜? 눈물이 쏟아지냐? 뭔지 모를 감정이 복받친다. 동기들아~ 잘 가~! 몸 건강히 다시 보자~! 어찌~ 어찌~! 그리 울어대던지~! 인간이라면~! 해병이라면~! 해병이라면~! 아니 울 수 없었겠지!

이렇게 각 병과별로 근무지별로 다 떠나고 이제 남은 트럭은 포항 해병1사단 훈련단으로 떠나는 병사들을 진해역? 경화역?으로 갈 보병들뿐이다.

마지막으로 소대장님들과 이별의 손을 흔들고 트럭에 타는 돈까스와 갑득이… 쓰리고에서 투고만 남았다. 트럭에 타서 쌍코피를 보니 돈까스를 보고 처음볼 때 날리던 그 썩소를 씨익~! 날리며 잘 가~! 한다.

트럭은 달리고 달려 금방 진해역에 한 무리의 해병들을 쏟아낸다. 진해역에서 수송 장교와 수송 담당병들의 지시를 받으며 열차에 탑승한다. 어느새 돈까스는 처음 아버지와 진해역에 새벽에 도착했을 때의 그 낯섦을 다시 느끼며 열차에 타서 아버지, 오마니를 떠올려 본다.

포항 훈련소에서 하루 자고 내일 2박 3일 위로 휴가를 가는데 아버지, 오마니가 어떤 모습으로 반겨 주실까? 한껏 부푼 가슴에 기차에 타서도 신이 난 동기들을 보며 돈까스는 지그시 웃어 본다. 고마운 동기들…. 여기저기서 떠드는데도 수송관들은 가만 놔둔다. 수고했으니 봐주나 보다.

덜~컹 덜~컹~! 오~! 드디어 기차가 움직인다.

가자~! 포항으로~!

훈련병에게 군사 지식을 가르치는 임무 외에도 민간인이었던 훈련병을 군 조직에 동화시키고 정신적·육체적으로 성장시키는 임무를 수행합니다. 해병화 과정을 거쳐 이병 계급장을 얻기까지 훈련병들 뒤에는 주저앉고 싶은 순간마다 앞에서 끌어주고 뒤에서 밀어주는 훈련 교관 DI…. 내면의 강인함, 막중한 책임감, 특유의 자부심 등 남다른 외적 자세로 해병대의 미래를 책임지는 막중한 임무를 맡은 훈련 교관…. 해병대의 진정한 글래디에이터 DI.

해병 464기 해병 병장 주완순…. 소대장님들 아니었으면 군 생활 30개월 무사히 못 마쳤을 것입니다.

이 자리를 빌려 진해의 신병 훈련소 6명의 소대장님들에게 진심으로 감사를 드립니다. 필~승!

Chapter 2. 포항 훈련소

(1) INAUGURATE(새로운 훈련소)

'The best time for new beginning is now. 새로운 시작 최고의 시간은 지금입니다.'

'Some people feel the rain. Others just get wet. 쉬운 걸 바라지 마라. 네가 더 나아지길 바라라.'

아~! 또 밤 기차다. 포항 가는 군용 열차 안은 적막이 흐른다. 들뜬 마음에 그렇게 떠들고 놀더니 하나둘 다들 현실로 돌아온 거다.^^ 거의 다 그동안 못 잔 잠 긴장이 어느 정도 풀리니 이제 쏟아지는지 코도 곤다. 돈까스도 어느 정도 잤을까? 갑득이가 옆에서 깨운다.

"와완순아~! 다다다 와 간다. 이일어나~!"

돈까스 부스스 눈을 뜨니 와~! 저기는 뭔데 저녁에도 불들이 저렇게 켜 있냐? 그게 뉴스에서만 간간이 보던 포항 제철이란다. 돈까스와 갑득이는 서로를 쳐다본다.

'포항아~! 기다려라~! 투고가 왔다~!^^'

포항역 광장 앞에 수송 트럭들이 서 있다. 우리는 트럭에 타며 왠지 모를 불안감에 휩싸인다. 그도 그럴 것이 밤에 이동하니 어디로 팔려가는 노예 기분이 드는 건 돈까스만의 감정일까? 또다시 트럭들은 우리를 싣고서 깜깜한 포항 시내를 달린다. 돈까스가 잠깐 내다보니 여느 도시의 저녁 길거리다.

나는 누구? 여긴 어디? 또다시 마주하게 되는 화두다. 아~! 기분이 또 착잡하다. 수료식 때의 그 기분은 사라지고 알 듯 말 듯한 공포감에 또 사로잡힌다. 같은 트럭에 탄 동기들 모두 얼굴이 상기되어 있다. 한참을 달려 필~승~! 하는 소리가 들려오는 거 보니 서문? 북문? 다 왔나 보다. 부대는 냄새가 다르다.^^ 1983년도 아시아에서 단일 부대 단위로는 젤 크다는 해병대의 본산(本山) 포항 해병 1사단에 도착한 거다.

훈련단에 도착하니 병사는 얼마 안 된 건물이라 그런지 깨끗하다. 진해하고 비슷하게 생기고 침상은 역시 2층 침상… 그리고 연병장 저쪽으로 똑같은 건물이 하나 더 있는데 예비군들 병사란다. 평상시에는 비어 있고 동원 예비군들 들어올 때만 쓰는 병사 건물이다. 저녁이라 일단 병사에 꾼봉을 놓고 연병장에 다시 모여 늦은 저녁을 먹으러 간다. 식당은 진해 왕자 식당보다 쪼금 깨끗하다는 것 그것뿐이고 거기서 거기다.

돈까스가 들어가자마자 아~! 그 똥국 냄새가 또 난다. 다시 적응이 되어야겠지.^^ 저녁을 먹고 내무실로 들어와 각자 세면을 하고 취침 준비를 한다. 내일 여기서 일단 2박 3일 휴가를 갔다 와서 복귀하고 다시 새로운 시작을 해야겠지…. 자자~! 뿅~! 흠냐~! 흠냐~!… 흠냐~! 크~엉~! 컥~! ZZzzz

아침인가 보다. 치약 냄새, 비누 냄새가 솔솔 코를 후벼 판다.
어~? 돈까스가 앉아서 잠시 멍~한다. 냄새가 다르다.
나는 누구인가? 여기는 어디인가? 진해인가? 땡~! 정신 차리자~! 다시 새로운 곳에서의 낯섦을 떨쳐버리고 뒤질 때 뒤지더라도 뭐~다~? 일~단~! 휴가 가자~! 우히히히~!
돈까스가 침상을 내려오는데 뒤에서 완순아~! 부른다.

Chapter 2. 포항 훈련소

어~? 이 목소리는…? 그럴 리 없는데? 바로 갑득이 목소리다.

"와완순아~! 빠빨리~! 씨씻어~!"

진해 6주 동안 늦게 일어나기로 순복이와 쌍벽을 이루던 쓰리고의 좌청룡 갑득이가 달라졌어요~!^^ 갑득이가 벌써 수건으로 얼굴, 머리를 닦으면서 여유 있게 들어오며 돈까스를 재촉한다.

"어~! 그래 갑득아~! 휴가 가야줘~!"

자식들, 좋긴 좋은가 보다. 애들이 거의 다 세면을 끝냈다. 돈까스도 얼른 씻고 동정복에 정모를 갖춰 입고 준비를 끝낸다.
(하~! 토닥토닥 자랑스러워~! 돈까스~!)

하~! 돈까스~! 아주 안타까운 거는 요새 애들 보니까… 동정복 입고 사진관에서 사진 찍어 놨던데 그걸 못한 것이 아주아주 한이 된다. 어쩔 수 없다.

"비벡~! 총원~! 휴가 병사 떠나~!"
"총~ 병사 떠나~!"

동정복을 갖춰 입고 연병장에 모이니 쪼금 군인들 같다.

돈까스는 일단 해병대 군복이 좋다. 동정복, 하정복, 일반 훈련복, 그리고 위장복… 이렇게 군복이 종류가 4벌이니 좋다. 육군은 종류가 한두 벌이고 멋이 없~다.

고문관이고 뭐고 일단 훈련을 무사히 마치고, 선택된 자~!들만 입는다. 돈까스는 일차 목표 정모에 정복을 입었다. 이제 위로 휴가 2박 3일을 갔다 오면 이차 목표를 이뤄야지 2차 목표가 뭐냐고? 정말 몰라~? 포항 훈련소 4주를 무사히 마치는 거지 뭐….

연병장에서 포항 훈련소 DI들의 주의 사항을 들은 뒤 우리는 버스에 올라 탄다. 사단에서 우리를 위해 온 군용 버스 4대 포항역이나 터미널에 우리를 일단 내려놓으면 각자 행선지를 위해 흩어지는 것이다. 돈까스는 서울 올라오는 동기 중 윤상기하고 같이 고속버스를 타기 위해 고속 터미널에 내렸다.

일단 고속버스 터미널 빵집에 가서 곰보빵, 슈크림빵을 잔뜩 사서 먹고 있는데, 대구에 사는 김근호가 우리를 보고 들어온다.

"어~! 근호야~! 빨리 와 먹어~!히히"
"웅~! 너희는 서울로 바로 갈 거야~?"
"그라제~! 엄니 보고 싶어 죽겠당께!"

전라도 출신 윤상기가 허겁지겁 먹으며 대답한다. 윤상기는 가족이 다 경기도로 올라와서 산다. 근디 아직도 전라도 사투리가 심하다. 순복이가 빠진 투고…. 포항의 쓰리고 물망에 오른 동기다.

"야~! 그러지 말고 우리 집 가서 짜장면 먹고 가~!"

엥~? 짜장면? 근호 아버지가 대구에서 중국집을 하신다.

"아~따~! 썩을 넘~! 그 야그를 지금 허냐~!"
"완순아~! 얼른 싸게 먹고 대구로 가드라고 잉~!"
"그러자~! 히히 짜장면을 두고 그냥 갈 수 없지~!"

허겁지겁 게 눈 감추듯 빵을 순식간에 다 먹고 셋은 TMO에 들러 군 할인 도장을 찍고 대구행 버스표를 끊는다.
셋이 맨 뒤에 앉아서 기다리는데 고속버스 안내 누나가 뒤쪽으로 온다. 뒤쪽에 창문이 열렸다고 허리를 숙여 뒤 창문을 닫는다.

아~! 마음 좋은 누나다. 얼굴도 예뻤는데…. 버스가 출발하고 얼마를 안 갔는데 벌써 대구다. 지금 기억이 가물가물한데 대구 터미널 근처였던 거 같다. 근호네 들어서니 근호 엄마가 엉엉 한없이 운다. 근호 아버지는 우리를 보고 얼른 방으로 들어가 있으라고 하고 짜장면 곱빼기와 탕수육을 엄청 많이 해 주셨다. 상기하고 돈까스가 너무 정신없이 먹으니까 근호 아버지가 체할까 봐 걱정하신다.

"이구~! 이넘들아 오늘 얼마든지 해 줄 테니 천천히 먹어~!"
"아~따~! 아버지 징허게 맛있어요~잉~! 감사혀요~!"
"아버님 이때까지 먹은 중 젤 맛있습니다. 고맙습니다~!"

히히 군만두도 주셨는데 이건 뭐…! 천상의 만두다. 돈까스와 상기는 그릇을 핥아먹은 것처럼 싹 다 비웠다. 다 먹고 좀 놀다 가려는데 근호 아버지가 우리 둘에게 삼천 원씩 주셨다. 헉~! 일병 기준 한 달 월급이다.

"근호하고 서로 도와가며 훈련 잘 받아라~!"

하시는데 우리 아버지가 하신 말씀이다. 아버지들 맘은 다 똑같으신가 보다. 우리는 인사를 드리고 터미널로 향했다. 돈까스와 상기는 설레는 마음을 안고 서울행 고속버스를 탄다.

터미널을 나와 고속도로를 타기 전에 길가에 늘어선 플라타너스 나무가 그렇게 싱그러울 수가 없다. 돈까스는 오랜만에 나무 향기를 맡으며, 서울에 도착해서 오마니를 볼 생각을 하니 마음이 벅차다.

지금이야 고속도로 옆에 많은 건물들이나 집이 들어섰지만 1983년도만 해도 경부 고속도로 옆에는 그저 허허벌판이었다. 돈까스와 상기가 잠깐 눈 붙이고 일어나니 어느새 저 앞에 서울 톨게이트가 눈에 들어온다. 터미널 밖에 나오니 어느새 서울의 석양이 둘을 반긴다.

"상기야 울 가게 가 오마니 뵙고 닭 한 마리 먹고 가~!"
"아 그라제~! 서울 도착허니 좋구마잉~!"

돈까스는 군 입대하기 전에 오마니하고 호프집을 했었다.

그때 호프집이 얼마 없던 때라 엄청 잘됐었는데 갑자기 돈까스가 입대 영장이 나와 오마니와 아버지가 하고 있었다. 엄청 부자였던 돈까스네는 아버지가 돈까스 고1 때 폐암 수술을 하고 양복점 일도 사양길을 걷고 있을 때라 가세가 많이 기울었을 때였다. 버스 단체복도 아버지 나이가 있으시니 가다가 옛날 가다라 젊은 양복쟁이들한테 하나둘 뺏기게 되니 자연스레 가세가 기울게 된 것이다. 이때 아버지의 맘이 많이 아팠을 거 같다. 슬프다. 그래서 할 수 없이 양복점을 접고 그때 한창 생기던 호프집을 하게 된 거다.

신설동에 도착해서 가게 쪽으로 걸어가는 돈까스와 윤상기….

거리가 그대로인데 돈까스는 무척 낯설다. 가게에 도착해서 들어가니 손님이 두 테이블이 있다. 돈까스와 상기가 들어가니 손님들이 수군?거리더니 계산을 치르고 다 간다.

왜? 모르지…. 뭐!

오마니가 첨에는 못 알아본다. 돈까스가 오마니를 쳐다보고 찔끔… 멍~! 한다. 오마니도 돈까스를 보고 멍~! 그러다 "엉~! 큰 돼지구나~!" 알아보고 껴안고 한참을 우신다. 돈까스도 한참을 눈물을 주르륵 흘린다. 상기는 자리에 앉아서 기다려 준다.

"왜~이렇게 얼굴이 꺼매졌냐~! 못 알아봤잖아~!"
"웅~괜찮어. 오마니~! 훈련받으니 꺼매지지~!"
"그래 웅. 잠깐만 배고프지 닭 튀겨 줄게~!"
"네 오마니~! 얘는 내 동기야. 윤상기~!"
"웅. 너는 빠릿하게 생겼네~! 우리 용균이하고 잘 지내라."
"네 어머님 잘 지내요~! 걱정 마세요~!"

엥~! 상기가 서울오니 서울말 쓰네…. 오마니가 닭을 튀겨 주시고 짜장면을 또 시켜 주셔서 둘이는 그걸 다 먹었다. 한참을 얘기하다 상기가 자기도 오마니 보러 간다고 가고 돈까스와 오마니는 불과 6주밖에 안 지났는데도 몇 달 지나 만난 것처럼 울다가 얘기하다가 한다. 돈까스는 오마니가 걱정하실까 봐 고생 안 한다고… 안 맞는다고 말씀 드리지만 오마니가 안 봐도 비디오다 하는 식으로…. 다 아시나 보다. 가게 문을 빨리 잠그고 오마니와 돈까스는 집으로 간다. 가게에서 집은 불과 10분 정도밖에 안 떨어져 있다.

집에 가니 아버지와 누나, 남동생이 깜짝 놀라며 돈까스를 딱 보니 얼굴이 까맣고 하니 이궁~! 피가 놀래서 얼굴이 까맣다고 하신다. 돈까스가 이제는 적응이 돼서 괜찮다고 가족들을 안심시킨다. 누나가 큰 돼지 왔으니 호빵을 사 오겠다고 나간다. 오랜만의 집 냄새를 맡으니 좋기는 하지만 돈까스는 뭔가 부자연스럽다. 이날 가족들이 돈까스의 훈련소 생활을 듣는다고 늦게까지 이야기꽃을 피웠다.

돈까스는 가족들을 보니 한없이 좋기도 하지만 왠지 모를 설움?이 복받쳐 울컥하는데 억지로 참았다. 오랜만에 가족들과의 포근한 잠자리에 든다. 지금도 생각해보면 돈까스는 이때가 아주 좋았던 시절의 하나다. 우리 다섯 가족이 풍족하지는 않았지만 다 있던 시절, 그립고 또 그리운 때다.

아침에 일어난다. 잠시 낯설지만 금방 집이라는 걸 안다. 훈련소의 냄새가 나질 않으니 말이다. 치약 냄새, 비누 냄새가 안 난다. 어~? 이상하네. 그 냄새가 나질 않으니 뭔가 허전하다. 돈까스 혼자 피식 웃는다. 6주 동안의 훈련소가 적응이 된 건가? 이젠 집이 뭔가 모르게 불편하다. 오마니가 오랜만의 가족 모두의 식사 시간이라 그런지 벌써 새벽같이 음식을 다 준비하셨다. 그중에 돈까스가 제일로 좋아하는 이북식 만둣국을 해 주셨다. 그래 이 맛이야~!

아버지가 돈까스를 물끄러미 보다가 물으신다.

"이제 휴가 끝나면 부대로 가서 훈련 받니~?"
"아닙니다. 여기서 4주 훈련 또 받고 그 다음에 부대 배치됩니다. 저는 포항 부대로 배치될 겁니다."
"웅 애들 하는 거 잘 보고 잘 따라 해. 선불리 나서지 말고."

"네~! 그럴게요. 아버지~!"
"큰 돼지 너는 물딱이라 힘들 거야~! 잘 참고 몸조심해~!"
"히히 지금까지 잘했어요. 너무 걱정 마세요, 아버지~!"

아버지나 오마니가 돈까스가 힘들지만 내색을 안 한다고 생각하시나 보다. 아버지, 오마니가 왜 모르겠나 돈까스를 가장 잘 아는 분들이겠지. 돈까스는 오랜만에 가족들과 아침을 먹고 오후에 친구들과 저녁 약속이 있다.
수창, 선홍이와 만나서 한잔하기로 했다. 누나와 동생은 직장에 나가고 돈까스는 집에 오니 편안해서 그런지 잠을 좀 더 자기로 했다. 돈까스는 이날요 잠깐의 꿈에 진해 훈련소 꿈을 꿨다. 역시 군인은 꿈이 훈련소 꿈이다.
14시 정도에 군복을 갖춰 입고 친구들과의 약속 장소로 나간다. 종로2가에서는 못 먹고 을지로 쪽에 선홍이가 아는 술집으로 가기로 해서 선홍, 수창, 돈까스 그리고 또 한 친군데 지금 생각이 안 난다. 이렇게 넷이 을지로 골목을 걸어가는데…. 친구 셋이 앞쪽에서 걸어가고 돈까스는 이것저것 구경하며 조금 뒤에서 갔다. 그런데…?

"야~! 해병대다~! 어휴 무셔라~! 히히."

돈까스 뒤를 돌아보니 어? 베레모다. 특전사인가? 정확히 4명이다. 돈까스가 무시하고 그냥 가는데….

"야~! 해병대 건들지 마라~! 히히."

돈까스는 언젠가 진해 훈련소에서 쌍코피 소대장이 한 말을 되새겨 본다.

"그런 일이야 되도록 생기면 안 되겠지만 만약의 경우에 휴가 나가서 싸움이 생기면 지지 말고 어떻게든 조져라. 그리고 부대로 복귀만 해라. 그 다음은 우리 해병대가 우리 소대장들이 너희들 뒤에 있다. 복귀만 해라."

돈까스가 갑자기 뒤로 돌아선다. 그리고는 10미터쯤 떨어져 있는 그들에게 다가가며 한마디 한다.

"뭐~! 띠~벌 10새끼들아~ 어쩌라고 띠~벌~! 그래서 붙을겨? 한판 떠 씨~벌~! 죽어도 너희 중 한 명은 같이 죽어~! 한 넘은 같이 죽을겨, 씨~벌~! 붙어~!"

돈까스가 이러면서 다가가서 갖은 욕은 다하니 멀뚱히 쳐다보던 놈들이 가만히 있는다.

"뭐해 씨벌 넘들아~! 어떤 새끼가 나랑 같이 저승 갈래~!"
"어이 해병 그만하자~! 휴가 나와서 망치지 말고 가자."
"씨벌눔아 그래서 네 명이서 찌질하게 나 하나 그것도 뒤에서 뭐라 씨불였냐~? X시키야~! 그냥 죽자 씨벌~!"

돈까스가 정말 열받았다. 돈까스 손에는 벌써 옆에 있던 각목이 손에 쥐여 있었다. 쪽수가 밀리면 뭐라도 들려야 덜 처맞는다. 오늘 죽더라도 굽히지 않을 기세다. 많이 달라졌구나, 돈까스~! 곤조가 생겼네…. 가까이 가서 자세히 보니 아~! 베레모가 색깔이 갈색? 황토색? 육군 탱크병들이었다. 계급은 하사 셋, 중사 하나였다.

"그래 그건 우리 실수다. 그만하자 주 해병~!"

그제야 앞에 가던 친구들이 "왜 그래? 뭔 일이야~!" 하며 돈까스에게 달려온다. 돈까스가 그제야 각목을 버리는데 어~? 소리가 다르다? 바닥의 각목을 보니 못이 두 개 삐죽이 박혀 있다.

순간 돈까스는 그 탱크병 중사를 보고…. 그 중사도 놀랜 토끼 눈으로 돈까스를 본다. 돈까스는 속으로 '어우~못이 박혀 있었네? 큰일 날 뻔했다.' 하고 안도의 한숨을 속으로 쉰다.

"아냐~! 가자, 선홍아~ 멀었냐~?"

하며 돈까스가 말없이 돌아서 친구들과 가는데 뒤에서

"주 해병~! 미안하다. 휴가 즐겁게 지내라~!"

그 중사가 한마디 날린다. 내 명찰을 봤나 보다. 돈까스가 뒤를 보며 씨익~! 썩소를 날린다.

사실 친구들과 종로2가에서 만나 어느 술집을 갔는데 그 집에서 죄송하다고 군인 아저씨를 안 받는단다. 돈까스는 바로 수긍하고 나온 거다. 선배들의 얘기를 어느 정도 들은 게 있어서다. 그래서 을지로 쪽 선홍이가 아는 데로 가는 길이었다.^^ 그 술집에 도착하니 일반 호프집이 아니라 지금으로 말하면 노래 바? 룸이 몇 개 있는데 우리를 그리 안내한다. 선홍이 친구가 지배인이었다. 돈까스는 그날 선홍이, 수창, 강수한테 정말 대접을 잘 받고 초저녁 일찍이 집으로 간다.

돈까스가 일찍 집에 와서 가족들과 저녁을 먹으며 얘기를 한다.

군대에 대한 얘기를 또 이것저것 물어보신다. 돈까스는 쓰리고에 대한 얘기는 빼고 순복이랑 갑득이 얘기를 하며 친구들이 서로 잘 맞춰서 잘 지낸다고 얘기를 한다. 이때 아버지께 그 말씀을 드린 거다. 기차타고 내려갈 때 아버지가 잘 지내라고 한 애가 빠꾸당해서 갔다고 하니 인생은 항상 변수가 있다고 변수를 생각하라고 하신 거다.

오늘 종로 가기 전 돈까스는 군대 입대하기 전에 다니던 교회를 잠깐 들렀다. 내가 나온 동신국민학교 옆쪽에 있던 동문교회다. 돈까스는 독실한 기독교 신자는 아니고 친구들이 거의 다가 그 교회를 다니니 돈까스도 다니게 된 거다. 내성적이던 돈까스 이때 많은 친구들을 알게 된다. 뽕, 강수, 수창, 재왕이는 초등학교 동창이고 선홍, 목사님 아들 장수, 이빨 등등은 거기서 알게 된 친구들이다. 그리고 우리 또래 여자애들을 알게 되는데…. 경자, 말자, 윤자, 선자… 엥~! 어떻게 전부 자 자 돌림이냐? 히히히.

군 입대하기 전에는 거의 시간을 여기 교회 친구들하고 놀았다. 돈까스가 개인적으로는 가장 재미있었을 때인 거 같다.

내일 들어간다고 생각하니 내내 맘이 편치 않았다.

돈까스는 누나와 남동생 짱구와 호빵을 먹으며 그동안의 얘기를 하며 즐거운 시간을 보낸다.

이런저런 얘기를 하다가 남동생 주경순(짱구)이 물어본다.

"나두 얼마 안 있다가 신검 나올 텐데~!"
"웅 그럴 거야~! 근데 너까지 군대 가면 좀 그럴 텐데? 너는 방위 나오면 방위 가. 그래야 집이 덜 썰렁하지."

"웅~! 형 그럴게~!"

근데 짱구도 내가 입대하고 일 년쯤 지나 현역으로 수기사 맹호 부대로 가게 된다. 나중에 알아보니 짱구는 안 가도 되는데…. 아버지, 오마니가 나이가 많으시니 짱구는 가정 사정상 방위로 가도 됐었는데 그걸 몰라 그냥 현역으로 가게 된 거다. 그러니 가정 형편이 이때 많이 기울었었다. 돈까스가 해병대 지원 입대한 걸 정말 진심으로 후회한 건 이때다. 내가 집에 있으면서 가정을 돌봤어야 했는데… 하고 첨이자 마지막으로 후회했다. 돈까스 집 걱정을 하며 잠에 든다.

아침에 오마니의 분주한 소리에 눈을 뜬다. 앗~! 기분 드럽다. 아~! 돈까스의 정신은 벌써 훈련소로 가는 걱정이 지배하고 있었나 보다. 하~! 아침에 누나와 짱구는 출근을 하니 돈까스와 작별 인사를 벌써 나눈다.

"큰 돼지야~! 몸조심하고 훈련 잘 받고 휴가 때 보자~!"
"웅 누나야 다음에 보자~!"
"혀~엉~! 훈련 잘 받아. 너무 뒤처지지 말고 또 봐~!"
"웅 짱구야~! 아버지, 오마니, 누나 잘 보살펴 또 보자~!"

짱구가 씨익 웃으며 나간다. 걱정스런 모습을 조금 보이며 왜? 왜긴 지각대장 형이 은근 걱정되는 거지~! 아버지가 오늘 장사할 재료를 사러 나가시며 돈까스에게 한마디 하신다.

"용균아~! 힘들어도 가족 생각하며 참고 잘 지내야 돼."
"네~! 아버지 잘하고 건강하게 있을게. 걱정 마세요~!"

아버지가 나가시고 오마니가 돈까스 식사를 차려 준다. 돈까스는 밥을 먹는 둥 마는 둥 한다. 오늘 복귀하면 또 지옥 같은 훈련이 4주다. 진해 수료할 때 소대장들이 한 말이 생각난다.

"히히히~! 새끼들 군대 생활 끝난 거 같지~!"

아~! 정말 들어가기 싫다. 그렇다고 어쩔겨? 어쩌긴 뭐~! 죽으나 사나 들어가야지 띠~벌 죽기밖에 더하겠어…. 흑흑 오마니가 닭 튀겨 줄 테니 들어갈 때 갖고 가 먹어, 하신다. 돈까스가 됐다고 하는데도 굳이 해 주신단다. 오마니가 옆에서 하도 돈까스가 한숨을 쉬고 걱정하니 화나신 듯 한마디 하신다.

"종간나 새끼야~! 그러게 왜 거길지 발로 가고 난리야~!"

돈까스는 오마니의 성격을 알기에 움찔하며 가만 있는다. 오마니와 돈까스가 가게로 나와 오마니가 닭을 튀겨 주시고 시장 갔다가 재료를 사 가지고 아버지도 오셨다. 어느새 닭이 다 튀겨져 돈까스는 아버지, 오마니와 작별한다.

"용균아~! 몸 건강히 훈련 잘 받아~!"
"네 아버지, 오마니 걱정 마세요~! 오마니~! 내가 괜히 그런 거니 너무 걱정 마~!"

"웅 그래 건강하게 잘하다 와~!"

돈까스는 더 있으면 눈물 날까 봐 얼른 돌아서 바삐 걷는다. 아버지, 오마니가 돈까스가 가는 모습을 한참 보고 있다.

강남 터미널에 도착하니 동네 후배 혁우, 송욱이 나와 있다.

"안 나와도 되는데 고맙다."
"아이~! 형 복귀하는데 배웅은 해야지~!"
"형~! 얼굴 좀 펴~! 완전 죽상이야~!"
"아~놔! 들어가면 또 4주는 죽었소 하고 좆빵이 쳐야 해."
"형~! 훈련 몸 건강하게 잘 받고 다음 휴가 때 보자~!"
"그래 그러자~! 자 이거 닭튀김인데 너네 먹어~!"
"어~! 이거 형 먹으라고 어머님이 싸 주신 거잖아~!"
"웅 그런데 훈련소라서 이거 못 갖고 들어가. 고마웠어. 잘들 가 봐~! 담에 또 보자~!"

돈까스가 버스 시간이 다 되서 버스에 올라탄다. 자리에 앉아 후배들과 손 인사를 하니 버스가 바로 출발한다. 고마운 동네 후배들이다. 이때는 서울에서 포항까지 고속버스로 거의 5시간 이다. 짧은 시간이 아니다. 중간에 휴게소에 한 번 쉰다. 돈까스는 휴게소에서 잠깐 쉴 때 다른 일반인들의 모습을 보고 많이 부러웠던 거 같다. 저 사람들은 지금 행복한 길을 가고 있겠지? 다들 즐거운 표정이다. 화장실에 가니 어~? 저기 죽상 군인이 하나 또 있다. 인천? 수원?에서 살다 온 동기 박종수가 한없이 불쌍한 표정으로 지퍼를 올리며 나온다.

"어쿠~! 종수야 얼굴 좀 풀어라~! 도살장 끌려가냐~?"
"어~! 완순아~! 너두 도살장 끌려가는 얼굴인데~! 히히."
"아~ 띠~바~! 도살장 맞지 뭐~! 크크크"
"어쩔 수 없다 종수야~! 들어가서 또 해 보자~!"
"그래~! 완순아~! 역에서 보자~!"

종수와 헤어져서 각자 버스를 타고 포항역으로 간다. 훈련병들 귀대 집합 장소가 포항역이다.
다시 고속버스에 홀로 타니 지옥행 고속버스를 탄 것처럼 다시 기분이 확 다운된다. 처음 진해 훈련소 들어갈 때 기분의 열 배는 더 다운되는 것 같다. 왜? why~? 이젠 훈련소 맛을 봤으니까~! 포항역에 00시까지 모여서 트럭을 타고 귀대를 한다. 역 앞에 도착하니 거의 다 모였다. 삼삼오오 모여 휴가 기간의 얘기꽃을 피우면 담배만 쭉쭉 빨아 댕긴다. 훈련병들 모여 있는 광장 근방에는 연기가 꽉 찼다. 전부 얼굴이 니주가리 씨빠빠다.

"자~ 훈련병 여러분들 전부 여기로 집합~!"

우리를 모시러? 나온 기간병들이 바삐 움직인다.

"00시 00분 모두 트럭에 탑승~! 늦게 온 넘들에게는 그에 맞는 충분한 보상이 있을 거다~! 히히히."

포항역 광장에서 흡사 가축 상차 작업 광경이 벌어진다.

(2) we band of brothers 전우(戰友)

"There are only two kinds of people that understand Marines: Marines and enemy. Everyone else has a second-hand opinion."
- General William Thomson

"해병대를 이해하고 있는 인간은 두 종류밖에 없다. 해병대, 그리고 그 적이다. 그들 이외의 평가는 들을 가치도 없다."
- 윌리엄 손슨 장군

어제는 첫날이니 복귀해서 순검 후 바로 잤다. 포항도 스팀 김 빼는 소리는 이제 아침을 알리는 소리다.

돈까스가 일어나 잠시 멍~한다. 어김없이 치약, 비누 냄새는 다르지 않지만 뭔가~? 진해와는 냄새가 다르다. 바다가 좀 떨어져 있어 그런가? 돈까스는 다시 한번 마음을 다짐한다. 다시 시작이다. 초심으로 돌아가자. 낙오하면 끝장이다.

"삐빅~! 총~병사 떠나~ 15분 전~!"

돈까스는 얼른 내려와 세면장으로 향하며 무심코 앞의 침상을 바라본다. 다른 동기가 아직 누워 있다. 돈까스가 순복이를 보던 버릇이 남았나? 걱정 아닌 걱정에 누워 있는 동기를 흔든다.

"웅 조금만 더~!"

헉~! 상기다. 흠~! 쓰리고 삘이 많이 강한 넘이다. 순복이가 빠져 투고인데 상기를 영입할까? 상기는 빠릿빠릿한데 아침잠이 좀 많다. 조건은 갖췄다. 포항 훈련소 밥은 진해에 있을 때 보다는 쪼끔 괜찮다. 얼른 먹고 준비를 해서 연병장에 집합해 교관들과의 첫 대면을 한다. 엥? 어우야~! 훈련소 교관은 드럽게 생긴 사람들만 특채를 하나? 진해 소대장들보다 더 독하게 생겼다. 진짜 독사 생김새 딱이다. 돈까스와 갑득이가 서로를 쳐다본다. 그리곤 풉~! 하고 웃는다. 앞으로 죽었다는 걸 서로 느낀 거다. 훈련단장님이 한마디 하신다.

"나와 여기 서 있는 중대장, 소대장들은 앞으로 너희를 진짜 해병으로 완성시킬 것이다. 너희들은 신속, 정확하게 배워 언제, 어디서든 최고의 실력을 발휘할 수 있는 전천후 해병이 될 것이다. 앞으로 소대장들의 지시를 확실하게 잘 따라주길 바란다."
"넵~! 알겠습니다. 필~승~!"

이렇게 돈까스의 포항 훈련소 시절이 서막을 올린다.

포항 첫날은 소대, 내무반 자리 정하고 총기 수령, 개인 단독 군장 수령하고 준비 과정에 하루가 다 지나간다. 돈까스는 여지없이 석양을 바라본다. 아름답구나. 오늘 오후도 앞으로 포항 훈련소의 일정에 대한 배움의 자세와 마음가짐에 대한 오후 과업을 끝내고 세면 후 순검을 받는다. 일상은 거의 똑같은데 가장 밀접하게 대하는 소대장들의 얼굴이 달라지니 뭔가 낯설다. 얼굴이 다르고 목소리가 다르고 스타일이 다르다. 한 가지 공통점 소대장님들의 자세가 역시 정확한 칼자세다. 순검 후 내일을 대비해 모두 일찍이 잠자리에 든다.

"삐비빅~! 훈병 1중대 빤쓰 바람~! 연병장 사열대 앞 선착순 집합~ 총~병사 떠나~!"
"머고~? 또 와 이러는디~ 머고?"
"어? 머여? 빤쓰 바람? 벌써~! 또 뭐여?"
"아따~! 금방 잤는디~! 머시여~! 시방~!"

잠에서 깨어 어리둥절? 각 지역 사투리가 여기저기서 나온다.

불이 환하게 켜진 내무반에서는 웅성웅성하는 소리가 들린다.
이 와중에 건너편 아래 갑득이…. 코를 곤다. 역시 쓰리고의 넘버원이다. 상기도 그대로다. 정확히 5명이 배 째라~! 다.

"오메~! 빤쓰 바람 선착순이라네~! 후딱 싸게 싸게 나가야겠네~!"

돈까스는 전라도 사투리가 제일 정겹고 재밌다. 돈까스가 총알같이 내려와 상기와 갑득이를 툭툭 치고 연병장을 향해 뛰어 나간다. 이제야 사태를 파악한 상기와 갑득이도 뒤늦게 연병장 사열대를 향하여 뛰어나간다. 둘이가 빠른 넘들인데 많이 피곤한가 보다.
사열대 앞에 훈병들은 온 순서대로 두 줄로 늘어서서 발을 동동 구르며 서 있다. 돈까스, 갑득이, 상기는 맨 뒤쪽이다. 선착순 포기한 지 오래다.
1983년 1월 포항 오천읍에 위치한 해병대 신병 훈병 훈련소 휘~잉 획~!

여기도 역시 남쪽인데 엄청 춥다. 1982년 11월에 진해 해병 훈련소에 해병 464기 약 400여 명이 진해6정문을 통과 입소하였다. 진해에서 전반기 교육 6주를 마친 동기 중 보병으로 명령받은 100~150여 명이 이곳 포항 오천 해병대 훈련소에 후반기 교육을 받는 중이다.

포항의 1월 새벽 4~5시는 동해에서 불어오는 바람으로 실제 온도보다 매우 춥게 느껴진다. 실제 온도가 영하 3도이면 체감 온도는 영하 5~6도다. 바닷가는 소금기 때문에 더 춥게 느껴진다. 사열대 뒤로 도착 순서대로 2열 종대로 긴 줄을 이루고 훈병들은 덜덜 떨면서 서로 껴안기도 한다. 사열대 위로 올라온 교관은 체격은 작은데 날렵하게 생겼다. 하이바를 눌러쓴 밑에서 뿜어 나오는 눈빛이 날카롭다 못해 뱀눈이다. 돈까스는 생각해 본다. 진해의 쌍코피가 눈이 호랑이 눈인데 저 소대장은 뱀눈이다. 생긴 게 옛날에 봤던 서부 영화의 '리반 클리프'처럼 생겼다. 저 얼굴이 사람이야? 뱁새지아~! 투고의 앞날이 시커멓다.

"앞에서부터 번호~!"

생긴 모습이나 말투가 진해의 살모사 같다. 카랑카랑한 목소리며 사투리가 똑같다.

"1, 2, 3, 4, 5~ 번호 끝."
"40번 이후부터는 여기 사열대를 중심으로 저 끝에 나무를 돌아서 사열대까지 선착순 실시한다. 선착순 30명~! 실시!"

교관의 목소리가 쩌렁쩌렁 어둠에 퍼진다.

훈병들은 나무를 향하여 뛰기 시작한다. 돈까스는 스타트는 빠른데 중간부터 뒤로 처진다. 지금 이 순간 이 선착순이 문제가 아니라 그저 오로지 살아야겠다는 절박한 생각만이 있을 뿐이다. 첫 번째 돌아서 꼴찌…. 두 번째 돌아도 꼴찌…. 아~! 그래도 물을 안 뿌리니 차라리 이게 낫다.

"대기하는 훈병들은 제자리 뛰어! 제자리 뛰면서 군가를 시작한다. 군가는 '나가자 해병대'가 실시~!"

훈병들의 발 동상을 막기 위하여 제자리 뛰기를 시킨다.

'우리들은 대한의 바다의 용사
충무공 순국 정신 가슴에 안고
태극기 휘날리며 국토 통일에
힘차게 진군하는 단군의 자손
나가자 서북으로 푸른 바다로
조국 건설 위하여 대한 해병대
악악악~!'

훈병들은 온몸에 닥쳐오는 찬 기운을 이겨내려 있는 힘을 다하여 악을 쓰며 발을 힘차게 구르며 군가를 부른다. 어차피 집합 선착순 30등에 들지 못한 돈까스는 맨 뒤에서 천천히 달린다.

많아야 3~4회에 끝나는 선착순을 다른 훈병들보다 빨라 1~2번째의 선착순 30등에 들지 못할 바에 천천히 3~4바퀴 도는 것이 현명하다는 것을 전반기 교육에서 터득하였기에 돈까스는 여유롭게 맨 뒤에서 천천히 뛰고 있다. 선착순이 다 끝난 후 교관은 사열대 위에서 맨 왼쪽에 있는 훈련병 하나를 지명한다.

"150번 기준~!"
"기준~!"
"4열 횡대 헤쳐 모여~!"

교관의 지시에 의하여 훈련병들은 기준을 중심으로 뒤에 일사분란하게 4열 횡대가 이루어진다.

"체조 대형으로 벌려~!"

훈련병들은 양팔을 벌려 체조하기에 충분한 공간을 확보한다.

"그대로 취침!"

훈련병들은 등과 뒤통수를 땅에 대는 취침 자세를 취한다. 연병장의 차가운 기운이 등과 허벅지 다리를 통하여 느껴지니 훈련병들은 비명을 지른다.

"너희들은 해병대인지 물병대인지 구분이 안 되는 놈들이다. 해병대의 깡이 전혀 없는 한심한 놈들이란 말이다. 이 훈련소는 너희들의 안이하고 빠진 정신 상태를 개조시켜 진정한 해병으로 만드는 장소이다. 앞으로 4주의 교육을 마치면 너희들은 진정한 해병이 될 것이다. 알겠나?"
"넵~! 알겠습니다~!"

"목소리 봐라~! X시키들~! 알겠나?"

교관의 폐를 찌르는 듯한 앙칼진 소리에 훈병들은 있는 힘을 다하여 "넵~! 알겠습니다~악~!" 대답한다.

"자~ 지금부터 너희들의 정신을 확~! 개조하겠어~! 우로 이동~! 좌로 이동~!"
"우로 이동~! 좌로 이동~! 아아악~!"

훈련병들은 복창하면서 몸을 굴리며 10바퀴 정도를 돈다.

"멈춰~! 똑바로 안 하나? 밤새 해 볼까?"
"아닙니다~! 똑바로 하겠습니다~!"
"좌로~ 이동~! 우로~ 이동~!"

어우야~! 삼 일 쉬었는데 벌써 몸이 풀렸나? 죽갔다~! 왜 이리 힘드냐? 돈까스는 온몸이 땀과 흙범벅이다. 좌로~! 우로~! 30~40바퀴 정도를 도니 땅의 차가운 기운이 온몸에 스며든다. 그러는 사이 훈련병들은 완전 녹초가 된다.

"멈춰~! 바닥이 차갑지~? 개 포복 준비~!"

개 포복은 포복인데 배를 땅에 안 대고 팔꿈치와 무릎을 약간 굽히는 자세다. 듣도 보도 못한 거다. 교관마다 자신의 기합 주는 방식이 있나 보다.

옛날 어느 전쟁 영화에서 본 자세다.

뱁새독사 교관의 날카로운 목소리가 훈련병들의 가슴을 허벌나게 찌르듯 명령한다.

"아~놔~! 와~! 이러는데~? 지기미 미칫나?"

부산에서 온 함성호의 입에서는 절규가 나온다. 이거 개 포복말고 나중에 선배들에게 들은 '올챙이 포복'도 있다. 일명 '해병대 포복'이라 하는데 일반 포복 자센데 양팔을 등 뒤로 잡은 자세에서 포복하는 것이다. (올챙이 포복 양 어깨 무지 아프다.) 팔을 사용하지 못하고 양어깨와 다리를 이용하여 포복하는 것으로 많은 해병대 기합 중에서 가장 고통스러운 기압 중의 하나였단다. 이튿날부터 긴장 풀어지지 않게 더 몰아붙이는 거 같다.

"저쪽 나무까지 개 포복 선착순~! 실시한다. 실시~!"

갑득이가 열심히 개 포복을 하며 한마디 날린다.

"주주죽여~! 디띠~벌~! 개개~엣~취~!"

주변을 돌아보니 아직 컴컴하고 사열대 뒤의 가로등만 켜져 있다. 아~! 차라리 물을 뿌려라. 흑흑~! 컴컴한 곳에서 교관이 우리들 전부를 감시할 수 없다. 돈까스와 갑득이는 교관이 안 보는 사이는 손바닥 집고 바르고 신속하게 전진하고 교관이 다가오면 제대로 하고를 반복한다. 어둠을 최대한 이용한다. 다른 훈련병들도 교관이 다른 쪽을 감시하는 틈을 보아 요령껏 포복한다. 뱁새 교관은 요령을 피우는 훈련병에게 다가가 지휘봉으로 어깨, 엉덩이, 등에 사정없이 휘두른다.

퍽~! 퍼퍽~! 한참 땀 뻘뻘 뺑이 치는데 뒤에서…? "똑바로 안 해~! 어쭈 요령 피우지?" 어? 목소리가 달라서 돈까스 뒤를 보니 아~ 띠~벌~! 파충류 V교관이 어느새 뒤쪽으로 붙어 까고 있다. 뱁새 교관하고 비슷하게 생겼는데 덩치가 크고 오묘하다. 파충류 V교관은 갑득이가 언젠가 본 티브이 영화 'V'에서 본 파충류 닮았다고 별명을 지었다. 뱁새는 돈까스가 지었다. 이러는 사이 저기서 "엉엉~ 흑흑" 우는 훈련병이 생긴다. 강원도에서 온 김병철이다. 나도 울고 싶을 정도로 괴롭다. 젊은 장정들이 이러한 기합을 받는 것은 아주 많이 웃기는 모습이겠지만 직접 고통을 당하는 우리는 그러한 것에 대한 부끄러움을 느낄 수 있는 여유조차도 없다.

어떻게 하면 이러한 고통을 끝낼 수 있을까 하는 생각과 교관들의 자비로운 처분만 바랄 뿐이다.

어느새 사열대 위에 올라선 뱁새 교관은 큰소리로 외친다.

"모두 동작 그만~!"

헉~! 이제 끝나나 보다. 훈련병들은 완전히 녹초가 되었다.

"일어서~! 133번~! 기준! 4열 횡대~좁은 간격 헤쳐 모여~!"
"헤쳐 모여~!" 앗~싸~! 그냥 좋다. 왜? 끝났으니까.

훈련병들은 신속, 정확하게 오와 열을 좁게 맞춰서 집합한다.

"오늘은 처음이라 가벼운 정신 개조 작업을 하였다. 긴장을 늦추지 않는 훈련은 계속 이어질 것이다."
"뭐시라~! 이기 가벼운 거라고? 와 이라노 증말~!"

히히히 부산 싸나이 성호가 정말 열 받아서 나지막이 한마디 한다. 돈까스와 갑득이가 풉~! 하고 웃는데 뒷줄에서…?

"그러게~! 저 시키들 콱~마 죽이 삐까~?"

돈까스, 갑득이, 성호 같은 줄 동기들이 큭큭큭 대며 돌아본다. ? 아~! 왜 이러냐~! 흑흑 돈까스, 갑득이, 성호 셋 다 얼어붙었다. 돈까스는 등 뒤로 식은땀이 쫘악 흐른다. 파충류 교관이 이빨을 드러내며 씨~익 웃고 있다. 하~! 띠~벌~! 갑자기 진해의 살모사가 생각나는 건 뭐냐? 죽자~! 띠~벌~! 아니나 다를까…. 흑흑.

"너~너~너~! 셋이 뒤로 빠진다. 실~시~! 깍지 끼고 엎드려뻗쳐~! 실~시."
"넵~! 실~시~!" 아~! 울고 싶다 오마니~!
"어떻게 해~? 콱~마 죽이 삐까~? 빨리 말해 추워~!"
"아닙니다~! 시정하겠습니다~!"

아~! 뭐냐~? 왜 맨날 돈까스는 이렇게 극적으로 걸리냐? 오마니한테 굿 좀 하라고 해야지~ 원~! 흑흑 순복아~!
"원위치~!" 돈까스는 일어서 V교관을 가까이서 보니 와~! 정말 똑같이 생겼다. 속으로 생각하다 하마터면 풉~! 하고 웃을 뻔했다. 걸리면 뒤진다.

"한 번 봐주겠다. 알았나~! 대열로 돌아가~!"

"넵 감사합니다~!"

"연병장을 2바퀴 구보한 후 맨 앞줄부터 내무반으로 입실한다. 입실 후 옆 전우와 한 조가 되어 서로의 몸을 마사지하여 준다. 서로 충분히 비벼 준 후 옷을 입도록 한다. 알겠나?"

"넵~! 알겠습니다~!"

"목소리 봐라~! 알겠나?"

"넵~ 알겠습니다~악~!"

우리들은 드디어 고통의 순간이 끝났다는 안도감과 교관의 비위를 건드리면 또다시 고통의 시간이 시작될 수도 있다는 두려움이 앞서 큰 소리로 외친다.

"좌로부터~! 뛰어~ 갓~!"

훈련병들은 연병장을 2바퀴 구보를 끝내고 너도나도 우르르 허벌나게 내무반으로 튀어 들어간다. 넘 춥다. 서로 옆 동기들의 몸을 문질러 주는데 거의 다 옷을 그냥 입기 바쁘다. 아~! 무슨 빤쓰 바람을 1시간을 하냐? 밖에서는 휘~잉~! 쉑~! 칼바람 소리가 들린다. 잠 다 잤다. 우리의 포항 훈련소 첫 번째 빤쓰 바람은 약 1시간 하였다. 빤쓰 바람은 보통 길어야 20분인데 아마 새로운 시작에 긴장감을 주기 위한 시범성이 아니었나 생각한다. 몇몇 동기의 찰과상을 빼면 크게 다친 곳이 없다. 교관들 기술도 좋다. 그렇게 뺑뺑이를 쳤는데 다친 사람이 없다.

상기가 벌겋게 상기된 얼굴로….

"아따~! 지기미 x펄~ 꼬추 작살날 뻔했어야~! 오메 징허다."
"나나난~! 아아까 자잘못해서 꼬추 쓰쓰쓸린 거 같은데~?"

'삐~비빅~! 병사 떠나~! 15분 전~!'

어~? 금방 눈 감았다 떴는데 아침이네~? 뭐~지~? 소대장 훈병이 '자자, 빨리하고 집합하자~!' 한다. 모두들 일사분란하게 움직이다. 돈까스가 동기들을 보며 씨익~! 웃는다.

'너네가 있기에 돈까스가 버틴다~! 고맙다.'

(3) Semper Fidelis(언제나 충성)

'피할 수 없는 고통이라면 차라리 그 고통을 즐겨라.'
'해병은 전쟁터에서 외롭지 않다. 절대로 전우를 버리고 오지 않기 때문이다.'

오늘은 일요일 밀린 빨래도 하고 옥상에 담요도 말려야 한다. 진해에서 올 때 분명 빤쓰가 두 장이었는데 엊그제 관물대 정리하며 보니 없다. 빤쮸가 없다. 아~ 오~! 돈까스가 휴가 갔다 들어올 때 사제 빤쓰 하나를 입고 와야 되는데 군인은 군용이라는 고리타분한 생각이 박혀 주야장창 군용 빤스만 입고 돌아다녔다.

흑흑~! 내 빤쮸~! 집에 가자마자 군용 빤쓰 벗어놓으니 오마니가 빨아 놓고 사제 팬티 갈아입고 휴가 내내 입고 다니다 귀대 날 또다시 군용 빤쓰로 갈아입고 들어온 것이다.

아~! 띠~바~! 빤쓰 하나로 4주를 버티게 생겼다. 크크크.

웃음밖에 안 나온다.(군용 빤쮸 정말 튼튼하다. 히히히) 아침 식사를 끝내고 와서 군복 빨고 워카 털고, 2인 1조로 담요 털어 말리고 잠시 앉아 쉬는데 갑득이가 헐레벌떡 들어온다.

"와완순아~! 다 해했어~? 빠빠빨~리 주주준비해~!"
"뭘~! 준비해~? 어디 가냐~?"
"오오늘 바바뻐~! 잘하면 초코파~파이 3개 먹을 수 이있어~!"
"엥~? 정말 어딘데~? 아~! 종교 활동 거기 가면 그거도 줘~?"

"웅~! 우우리리 형이 그그러는데 빠빨리 돌면 3개 먹을 수 있는데~!"

갑득이는 동네 형들 중에 해병대 나온 사람이 몇 있어서 그 형들이 갑득이 들어올 때 이런저런 얘기를 해 줬나 보다. 그래서 진해 첫날에 '청룡빵 언제부터 줍니꽈?' 하다가 처맞은 거다. 포항 훈련소에서 종교가 있으면 일요일에 갈 수 있다고 해서 설문지할 때 갑득이가 체크하라고 해서 한 거다.

"삐빅~! 각 종교 활동자 사열대 앞 집합~!"

우리 셋은 허벌나게 빠르게 사열대 앞으로 튄다. 쌩~! 선착순 집합 때도 이렇게는 빠르지 않았다.^^ 근데 셋? 하나가 누구냐고? 누구긴 상기지 우히히히~!
순복이가 빠진 쓰리고를 채울 강력한 후보 윤상기~!

"종교 활동 가서 실수하는 넘은 지옥의 대가를 치를 것이다~! 영혼 좀 빨아서 깨끗이 와라. 알았나~?"
"넵~! 알겠습니다~!"

돈까스는 종교가 없다. 오마니와 아버지는 절에 다니시고 제사를 지내니 어려서부터 불교 쪽 감성인데, 갑득이가 기독교를 체크하라고 해서 그렇게 했다. 1사단 내 기독교 교회당에 도착하니 어우야~! 꽉 찼다. 고참 소대장이 인솔해 와서 다행이라고 갑득이가 그런다. 돈까스는 이런 작전을 할 때는 진해에서는 순복이를 따랐고 포항에서는 갑득이를 따랐다. 아무렴 갑득이가 사회생활이 돈까스보다야 많으니까. 오늘은 상기도 갑득이를 따랐다. 갑득이가 오면서 큰 그림은 대충 얘기를 해 줬다. 목사님 설교 중 조금 지나니 갑득이가 이리저리 둘러본다. 아무래도 소대장 위치를 파악하는 거 같다.

"갑득아~! 은제~ 행동허냐~?"
"웅~! 아아직 기기둘려~!"

 돈까스는 갑득이만 믿고 눈을 감고 오늘 초코파이 3개 타면 하나는 먹고 두 개는 깊숙이 짱박아 두었다가 동초 근무 때 먹어야지… 하며 계획을 짜며 입맛을 다시고 있다. 갑득이가 돈까스를 툭 치며 '준비해' 한다. 셋은 교회에 들어올 때 이걸 생각하고 맨 뒤에 앉았다. 돈까스가 주위를 둘러보니 소대장이 읎~따~! 소변보러 갔나? 우히히히~! 초코파이 3개 생각만 해도 좋다.

"어~? 갑득아~! 근데 지금 나가면 안 주는 거 아냐?"
"어메~? 그런디~? 나갈 때 주는가 본디~!"

 갑득이가 돈까스와 상기를 번갈아 보며 한마디 날린다.

"이이이런~ 비빙신들~! 내내가 누누누구야~?"
"순간 천재~! 갑득이~!"
"쓰리고의 넘버원."
"우리는 나나가서 자작업원 가야 된다구 타타는 거야~! 그리고 저저쪽 처천주교 가서는 자작업하다 왔다구 해."

Chapter 2. 포항 훈련소   203

헉~! 돈까스와 상기는 갑득이를 존경의 눈으로 쳐다본다.

"아~따~! 이 시키~천재여~!"
"갑득아~! 넌 천재야~ 몰라봐서 미안하다~!"

우리 셋은 허리를 숙이고 문을 나서서 문 앞에 빵이 있는 책상으로 달려가 들어올 때 본 예쁜 누나에게 빵을 달라고 한다. 말은 빠른 상기가 한다. 헉~! 우유도 몇 개 있다. 히히히~!

"히히 누이 우리가 작업원 가야 된께 우리 몫 주셔요~!"
"네~! 누나! 가기 싫은데 작업원 먼저 가야 돼서요~!"
"왜~? 바뻐~! 집에 가게~? 택시 잡어 줘~?"

아~! 세 넘이 빵에 정신 팔려 오른쪽 계단 쪽을 못 봤다. 세 넘이 돌아보곤 정말 똑같이 빵을 놓쳤다. 고참 소대장과 뱁새가 노려보며 씨익~! 섬뜩한 미소를 날린다. 돈까스가 우유를 자꾸 쳐다보니 원래 안 주는 건데 귀엽다고 우유도 줬는데 그것도 놓쳤다. 다른 날은 초코파이만인데…. 이날은 교회가 빵집에서 후원을 받아와 빵이었는데…. 아~ 오~! 증말 영화도 이렇게 극적이진 않을 거다.

뱁새가 까랑까랑하게 "셋이 따라온다~!" 한다. 아~! 다행인 것은 사제 교회 사람들이 보고 있어서인지 빵은 들고 오란다. 돈까스가 빵하고 우유를 집으니 뱁새가 우유는 놔두란다.
아~! 내 우유~! 뱁새를 따라 가는데 뒤에서 아줌마들이 고참 소대장한테 한 번 봐주라 한다. 그런데 우리 셋은 안다. 죽었다는걸~! 뱁새를 따라 교회에서 좀 떨어진 나무들 옆으로 간다.

"빵~! 바닥에 놓는다. 실~시~!"

빵을 바닥에 놓고 셋이 차렷 자세를 하자마자 퍽~! 퍽~! 퍽~! 오우야! 졸라 빠르다. 아구창 삼연타~! 돈까스가 휘~청~! 갑득이도 휘~청~! 한다. 상기는 워~매~! 하며 쓰러진다. 응? 웬~! 오바~! 히히히~! 돈까스, 갑득이가 진해에서 공통적으로 배운 게 하나있다. 소대장이 아구창 날릴 때는 휘~청~! 해야지 뻣뻣이 서 있으면 더 처맞는다는 걸…. 진해에서 순복이가 서 있다가 쌍코피 자존심을 건드려 더 처맞은 걸 봤기 때문이다. 근데 상기는 좀 오바다.
 (저 시키~! 수 쓰네~! 히히)

"그래서~! 다음은 어디로 갈려구 했었는데~?"
"넵~! 천주교 갈려고 했었습니다.~!"

뱁새 소대장은 다 알고 있었다. 우리 같은 뺀질이들이 이전에도 오죽 많았겠나~! 우히히히.

"그래~? 그럼 천주교까지 구보로 간다. 군가는 멋진 사나이 실~시~!"
"넵~! 실~시~!"
'멋있는 사나이 많고 많지만~! 악~! 악~!'

셋은 뱁새의 심기를 덜 거스르려고 신속, 정확하게, 우렁차게 군가를 부르며 구보를 한다.

　잘 생각이 안 나지만 기독교, 천주교, 불교 모두 서문 쪽에 있었던 거 같다. 천주교당 앞에 도착하자 뱁새 소대장이 '정지' 한다.

"너희 동기들 종교 활동 끝날 때까지 꼬라박았다가 동기들 끝나면 대열과 같이 복귀한다. 알았나~!"
"넵~! 알겠습니다. 실~시~!"

　세 넘이 꼬라박아 하고 있는데 오우야~! 웬 아줌마들이 그렇게 많이 다니냐? 풉~! 큭큭큭~! 하며 지나간다. 종교 활동 봉사하러 온 사모님들이다. 갑득이가 꿍꿍대며 한마디 한다.

"아~! 거거의~ 으으~ 서서성공~해했었는데 아아깝다~!"

　돈까스가 육수를 흠뻑 흘리며 힘겹게 말한다.

"으으~! 너무~! 슬퍼마라~! 우리 주머니엔 빵이 있다~!"
"아~따~! 이넘 보소~! 속 좋은 넘이네잉~! 히히히."

　나중에 알았는데 처음에는 고참 소대장과 중대장 훈병이다. 인솔하고 뱁새 소대장과 V소대장은 나중에 오다가 뱁새가 잠깐 우리 쪽 들렀다가 천주교 쪽 갈려고 했었나 보다. 그때 우리가 나온 거다. 참~! 극적이다 증말~!
　돈까스, 갑득이, 상기가 한참을 끙끙대며 얼차려를 받고 있으니 천주교당에서 애들이 쏟아져 나온다. 애들이 천주교당 옆쪽에 모여서 담배를 한 모금씩 피우느라 정신없는데 한 동기가 우리 옆으로 온다.

"니들은 또 무신 잘못을 저질렀노~?"

아~! 경주에서 온 애늙은이 김병주다. 히죽히죽 웃으며 다가와 우리 쪽으로 연기를 뿜는다.

"워메~! 썩을 놈의 시키 저쪽으로 안 뿜냐~? 확마 차 뿐다~!"

상기가 성질을 내니 병주가 움찔하며 저쪽으로 간다. 뱁새 소대장이 다가온다.

"원 위치~! 대열로 돌아가 한 대 피우고 같이 돌아갈 수 있도록 한다."
"넵~! 알겠습니다.~! 감사합니다."

셋은 얼른 저쪽 구석으로 가 담배를 한 대씩 피운다. 진해에서는 금연이었지만 포항 훈련소에서는 담배를 피웠다.
한산도, 은하수였다. 보급으로 2주일에 한 보루? 였나? 안 피우는 동료들은 동기들에게 주거나 물물 교환을 하였다. 구보로 훈련단으로 돌아가는 길에 아까 기독교당에서 우유를 줬던 그 누나가 서문 쪽으로 걸어가며 우리 쪽을 보고 천상의 미소를 날린다.
아~! 예쁜 누나다. 내무반으로 돌아와 다시 물품 정리를 하며 돈까스는 다시 빤스 생각에 얼굴을 쭈그리고 있는데 갑득이가 왜 그러냐고 해서 빤쓰가 없다고 하니 얼른 자기 물품함에 가서 빤쮸 하나를 가져온다. 아~! 고마운 갑득이…. 2번밖에 안 입은 거다.^^ 너는 어떡하냐고 했더니 자기는 휴가 복귀할 때 사제 팬티를 3개를 껴입고 들어왔단다. 아~! 이래서 사회 경험이 던 뭐든 짬밥수가 중요한 거다. 갑득이는 그 동네 형이 가르쳐 주더란다. 돈까스는 얼른 세면장에 가서 빨아서 침상 옆에 걸어 놓는다. 2번 입었다니까 조금 찝찝한 거는 찝찝한 거다.

 갑득아~! 고맙다. 저때 준 빤쓰가 많은 도움이 됐다.

(4) 강하고 빡세게 4주

포항 1사단 일월지에서…

'Mean as hell (지옥같이 사납고)

Always faithful (언제나 충성스럽고)

Rough and tough (강하고 빡세며)

Initiative (진취적이며)

Never quit (절대로 굽힐 줄 모르며)

Everyday (매일같이)

Semper Fi! (충성을 다한다!)'

오늘은 모두 바쁘게 움직이는데 돈까스가 아래 침상에 앉아서 고개를 푹 숙이고 있다. 갑득이가 다가와 왜 그러냐고 한다. 돈까스는 얼굴을 들어 힘없이 말한다.

"웅, 중이염이 또 도졌나 봐~!"
"어~? 이이쪽 어어얼굴이 많이 부붓고 뻘건디~?"
"웅 아무래도 환자 열외해야 되겠어~!"

돈까스는 어려서부터 중이염을 자주 앓았다. 오마니가 중이염을 자주 앓았는데 그 영향을 받았나 보다. 조금 있으니 과업 시작하기 전에 환자 열외 인원 파악할 때 돈까스는 의무실 신청을 하고 기다린다. 중이염이 오면 귀에서부터 얼굴 반쪽이 뻘겋게 붓고 열이 난다. 귀 안쪽에 염증이 생겨 곪아 가고 있으니 왜 안 아프겠는가?

이번 주부터는 원래 사격장 가서 사격을 해야 하는데 아침부터 비가 부슬부슬 와서 내무실에서 조그만 사격 타깃지를 놓고 빈총으로 영점 잡는 연습을 해야 한다. 밖에는 하루 종일 부슬비가 내리고 내무반 찬 바닥에 엎드려 빈총 사격 연습만 하고 또 일어났다 엎드렸다 할 때마다 안에 고름?이 쏠려 더 아팠다. 훈단 의무실을 갔다 왔는데 내복약 몇 알 주는데 이게 별로 효과가 없다. 재대하고 사회에서 병원 갔을 때야 알고 봤더니 째고서 고름을 빼내야 안 아프단다. 돈까스가 일어서서 앞쪽 문과 뒤쪽 문을 번갈아 쳐다보다가 슬며시 뒷문으로 나간다.

아~! 밖에 나오니 시원해서 얼굴 열기가 좀 가라앉는 거 같다. 돈까스는 떡 본 김에 제사 지낸다고 나온 김에 담배나 하나 피우고 들어가야겠다고 담배 한 개비를 꺼내 불붙이고 한 모금 깊게 빤다. 연기 한 번 후~! 하고 내뿜으니 좋구만~! 비는 부슬부슬 내리지 오마니가 해 주던 김치 부침개 생각나지…. 오늘따라 집 생각이 간절해지는구나… 하다가 헉~! 현실로 돌아와 얼른 피고 내무실 앞문으로 몰래 들어갈려다…? 헉~! 파충류 교관과 문 앞에서 딱 마주쳤다. 아~! 증말…. 흑흑.

"너~! 어디 갔다 오는 거야~? 킁킁 담배 피웠어~?"
"넵~! 열도 나고 답답해서 나갔다가 담배도 하나~!"

말이 끝나기도 전에 볼따구를 잡고 아구창 싸다구를 퍽~!퍽~!퍽~! 삼 연타… 역쉬 빠르다.
그래도 다행인 것은 중이염이 온 쪽은 오른쪽인데 왼쪽을 때리니 다행이다.^^(맞아도 싸다~! 돈까스)

"개인행동은 용납 못해~! 들어가~! 연습해, 시키야~!"
"넵~! 알겠습니다~! 감사합니다~!"

돈까스는 파충류 소대장이 싸다구 3대로 끝낸 걸 감사히 여긴다. 중이염이 와서 아픈 걸 소대장도 아니까 이걸로 끝냈지~! 그렇지 않았으면 오부지게 터졌다. 근데 포항의 소대장들은 쌍코피는 안 낸다. 주로 싸다구다. 각자 DI마다 자기만의 필살기가 있나 보다.
이 이후로 돈까스 중이염이 너무 심해져서 훈단 의무실에 삼일을 입원한다. 돈까스가 의무실 가니 동기 故한운명이 먼저 입원해 있었다. 이때 한운명이랑 얘기도 많이 나눴는데 운명이는 나중에 실무 7연대에서 불의의 사고로 유명을 달리했다. 참 안타까웠다. 운명이가 죽었을 때 돈까스도 실무에 갔다가 구타로 인하여 고막에 손상을 입어서 1사단 내 포항 병원에 입원해 있을 때다. 포항 병원에 입원해서 며칠이 지난 어느 날 같은 병동의 선임이 들어오더니 자기 침상에 누우며 말한다.

"야~! 주완순~! 너 464기지~?"
"넵~! 그렇습니다~!"
"내려가 봐라~! 너 동기 들어왔더라~!"
"네~? 몇 병동입니까~?"
"뒤에~! 굴뚝~!"
"? 예~! 알겠습니다~!"

돈까스는 표정이 어두워지며 내려가 본다. 눈물이 날라 칸다. 포항 병원 내 뒤쪽 조금 떨어져 굴뚝이 높게 뻗은 2층 건물이 있었다. 여기로 들어왔다면 유명을 달리한 거다. 돈까스가 쫄따구라 저기를 가 볼 수는 없다. 좀 떨어진 곳에서 보고 있는데 마침 저쪽 건물에서 아는 의무병이 이쪽으로 다가온다.

"김 수병님~! 저기 지금 온 거 우리 동기라는데요~!"
"아~! 주 해병 네가 464기지? 한윤명인가 그러던데~!"
"네~! 감사합니다. 김 수병님~!"

돈까스 훈단 의무실에서의 윤명이의 그 선한 눈웃음을 떠올리며 '윤명아~! 잘 가~! 거기서는 편히 쉬어~!' 하며 그쪽을 향하여 경례를 한다. 돈까스가 포항 병원 3개월 있을 동안 저기로 가족들이 온 거 본 거만 해도 ? 건이다. 이때만 해도 1사단 내 각 부대가 많이 살벌했었다. 물론 훈련 중사고도 있었지만…. 포항 병원 이때에 대해서는 나중에 실무 얘기 때 다시 하겠습니다.(훗날 한윤명이 얘기를 들었을 때는 화가 났다.)

　훈단 의무실에 이틀 있다가 조금 나아져서 치료받으러 온 동기와 같이 훈단으로 복귀하는데, 사단 내 도로로 이동 중 저 앞에서 별 하나 명패를 단 육군 지프차가 다가온다. 우리 둘은 필~승~! 하며 경례를 올린다. 지프차가 서고 육군 원스타가 내려 경례를 받으며 사단 본부가 이쪽이냐고 해서 그렇다고 하고 또 필~승~! 하고 훈단으로 복귀했는데 나중에 훈단으로 돈까스와 동기 한 명이 경례를 잘한다고 칭찬이 사단에서 내려왔다. 육군 원스타가 내렸을 때 이름들을 보고 사단에서 일 볼 때 우리 얘기를 했었나 보다. 소대장님들이 입이 찢어졌다. 근데 우리한테는 그걸로 끝이다. 실무 같았으면 포상 휴가 2박 3일인데 아쉽다.

　오늘은 양포 종합 훈련 가는 날이다. 가는 길에 도구에 들러 수륙양용 장갑차 KAAV탑승 훈련이 있다.
　KAAV수륙양용 장갑차… 돈까스 티브이에서 한 번 봤다. 와~! 저거 한 번 타 보고 싶다 하던 바로 그 장갑차다. 포항으로 와서 도구를 첨 가 본다. 바다를 군대 와서야 처음 본 돈까스는 거기다가 저 장갑차를 타 본다니 꿈만 같았다. KAAV 탑승 훈련을 많이 기다렸다. 모두 완전 무장에 병기를 들고 연병장에 모여 지시 사항을 들은 뒤 훈단을 벗어나 북문을 나간다. 시골길이라 차가 별로 안 다닌다. 사람들도 많이 안 다니는데 가끔 길옆 수산물 가공 공장에 아줌마? 아가씨? 들이 밖에서 작업하다 우리 대열을 구경한다. 우리는 그 사람들을 구경하고 그러다 서로 웃는다. 뭐~지~! 그런데 돈까스는 일단 밖에 나오니 좋다. 한참을 더 가서 거의 다 왔나 보다. 우리는 바다 쪽으로 줄을 서서 이동한다. 저 멀리 보이는 도구 해안… 바다가 햇빛을 머금고 은색빛을 쏟아 내는데 넘 눈부셨고 가슴이 후련해지는 것을 느낄 수 있었다. 해변에서 담배도 한 대씩 피우고… 휴식을 취하고 있는데 멀리서 굉음을 내며 다가오는 KAAV 장갑차… "와~! 엄청 멋지다!"

모두들 탄성을 지른다. 돈까스는 처음 보는 장갑차를 타 볼 생각에 가슴이 쿵쾅쿵쾅 댄다.

"저저게~! 무물에~! 뜬단 말이지~!"

갑득이도 아주 신이 났다. 돈까스하고 서로 보며 신이 났다. 그러나 돈까스도 갑득이도 조금 있다가 일어날 일에 대해서는 꿈에도 몰랐을 거다. 장갑차에서 중사가 내려와 우리에게 제원 등을 설명하고 탑승 시 자세 등등…. 교육을 받고 1조가 탑승 대기한다. 돈까스, 갑득이, 상기가 1조에 있다? 어~? 쓰리고는 무슨 교육이든 이때까지 맨 뒤에 있었는데 언제 1조로 섞여 있냐? 드디어 1조가 장갑차 뒷문으로 탑승~!
해치가 닫히는데 와~! 존내 멋있다. 뒷문 해치가 닫히니 눈앞이 깜깜하다.

"오와~! 머멋있다~!"
"나나 처처음 타 보는데 졸라 편해~!"

여기저기서 탄성을 지르는데…. 근데 아까 보병 8명이 탑승 적정 인원이랬는데 10명이 타니 좀 좁다. 솔직히 장갑차 안은 냄새도 꾸리꾸리하고 깜깜하고 좀 갑갑하다. 장갑차를 지휘하는 선탑장?과 조종수 선임이 한마디 날린다.

"야~ 띠발 시끼들 오바이트하는 시끼들은 다 뒈질 줄 알아라~! 아~! 시키들~! 그리고 닥치고 조용해라!"

'쿠르르르르~!' 오~! 출발한다. 와~! 엔진 소리 크다.

"히히히~! 촌놈들 이런 거 첨 타 보니 신기하지~?"
"넵~! 신기합니다~!"

그러다 출렁~! 덩실~덩실~ 올라갔다 내려갔다.

"우~왕~! 야~! 물에 떴다 떴어~!"

애들 눈이 휘둥그레져서 여기저기 웅성웅성… 한편으론 재밌고 한편으론 겁나고 히히히~! 돈까스는 마냥 신난다. 앞 선탑장 쪽으로 윤상기, 돈까스, 이렇게 앉고 건너 좌석으로 갑득이가 앉았다. 와~! 띠~벌~! 물에 떠서 가나 본데 위 뚜껑으로 물이 다 들어온다. 엔진 냄새도 심하고 뭐~! 이러냐~?

"흐~미~! 웩~! 우짠디야~! 이 일을 으짜쓰까잉~?"

순간 퍽~ 퍽~! 부조종사?로 보이는 선임이 워커 발로 그 좁은 장갑차 안에서도 옆차기 등 각종 기술을 선보인다.

Chapter 2. 포항 훈련소

"씨발라마들아~! 조용하랬지~!"

상기가 그 옆차기에 아구창을 맞고 조용해졌다. 그렇게 한 10여 분간을 어둑어둑한 장갑차 안에서 쥐죽은 듯 조용히 있는데 앞에 있는 갑득이가… 돈까스 옆옆에 있는 병주가 입을 틀어막고 괴로운 표정을 짓고 있었다.

"오바이트하는 시키는 아주 절단 낼 겨~!"

돈까스도 뭔가 속에서 울렁울렁 한다. 아~! 이거 못 타겠네~!
생각하는 그 순간 앞에 있던 갑득이가 욱~! 하더니…?

"우~웩~! 웨~엑~! 켁~! 웩~!"

아까 먹은 거를 철저히 확인해야 했는지 다 쏟아낸다. 그러자 내 옆쪽에 있던 병주도 웩~! 하더니 궁물, 건더기 다 쏟아낸다. 오우야~! 많이도 쏟아낸다.

"이 X시끼들 뭘 처먹은 거야~! 똥 처먹었냐~! 아~! 냄새~!"

장갑차 안은 엔진 연소 냄새와 오바이트 냄새로 시궁창이 됐다.

"이 씨발라마 새끼들아~! 내가 오바이트 하지 말랬지~! 디진다고~! 퍽~ 퍽~! 아~ 띠~발~!"
"죄송합니다~! 시정하겠습니다~!"

돈까스는 벌써 입에 아까 먹은 거 한 움큼 입에 물고 있다. 터질까 봐 속에서 올라온 걸 입에 물고 참고 있다. 그 언젠가 동물의 왕국에서 본 다람쥐가 겨울 채비할 때 도토리를 입에 빵빵하게 물었던 그 모습이다. 그렇게 공포 아닌 공포의 10여 분이 흐르고 다시 육지로 돈까스는 얼른 내리고 싶었다.

해치가 열리고 다시금 맑은 공기의 소중함을 느끼고 장갑차 탑승의 부푼 꿈은 사그라들었다. 돈까스가 얼른 튀어나오는데 돈까스를 보고 뱁새 소대장이 웃으며 물어본다.

"너 오바이트 했냐~? 입이 왜 이래~? 히히."

돈까스는 고개만 가로졌고 얼른 옆쪽으로 가서 다 쏟아낸다.
'우~웩~! 켁~켁~! 웩~!' '웩~! 켁~!'

갑득이도 병주도 상기도 옆에 와서 다 쏟아낸다. 어느새 파충류 교관이 옆에 와서 한마디 한다.

"잘했다~! 시키들아~! 좀 빡세지? 다 쏟아내~!"

2조 들어갔다 나오면 다 쏟아내고… 3조, 4조~! 전부다 쏟아낸다. 저쪽 쏟아낸 곳엔 건더기가 쌓여 어느새 갈매기들이 잔치를 벌이고 있다. 어우~! 돈까스는 한참만에야 속이 가라앉았다. 근데…? 유사시 상륙하면 저걸 타고 들어가 상륙 돌격을 한다고…? 상륙하면 토하기 바쁜데? 다 총 맞아 죽겠다.

이제 다시 양포로 간다. 양포 가기 전전날에 A텐트 치는 방법을 소대장님들이 알려주셨다. 우~왕~! 근데 이거 텐트 맞아? 망치, 못 다 휘어지고 끈은 있는 거? 없는 거…? 이게 상그지 덮개지 텐트여~? 무장 어깨 무리가 안 가도록 청테이프에 솜 붙이고 반창고 붙여서 최대한 어깨를 풍신풍신하게~!… 는 개뿔 저때는 뭐가 있어야 보강을 하지~! 그냥 있는 그대로 까라면 깐다~! 양포 행군… 힘들었다. 울퉁불퉁 도로 할 말이 없다. 힘들어 죽겠다. 끝이 안 보이는 길… 어느덧 길가의 풍경도 너무 단조로워진다. 가도 가도 끝이 없는 양포 가는 길… 비포장에 어쩌다 차가 지나가면 흙먼지 날리고… 켁~! 어~? 저기 해병대 노란 티 입은 아저씨 씨익 하며 지나간다.

갑득이가 예~! 하고 웃으며 손을 흔든다. 돈까스와 상기도 손을 흔들어 준다. 근데 다른 애들은 그냥 고개를 푹 숙이고 걷기만 한다. 쓰리고만 웃으며 손을 흔든다. 속도 좋다. 사실 상기는 엄밀히 말하면 쓰리고가 아니다. 어떤 때는 빠릿빠릿하게 잘하고 어떤 때는 골 때리고… 순복이가 있어야 완전체 쓰리고인데 상기는 뭐랄까? 쓰리고에 들어왔다가 나갔다가 하는 프리랜서다. 풉~!

소대장들이 눈치는 빠르고 역시 짬밥수가 다르다. 간혹 전방에 수류탄… 적기 출현 배치부터 오리걸음에 낮은 포복…. 엄폐, 은폐…. 가지가지 한다. 한참 걸었다~! 무조건 걸었다~!

멀쩡한 길 내버려두고 산을 타네…. 아~ 나.

"훈련은 실제 상황처럼 해야 유사시 신속하게 움직인다~!"
"넵~! 알겠습니다~!"

길고긴 행군은 어느덧 종착지 양포에 도착한다. 와~! 돈까스는 다리가 너무 아프다. 그래도 힘들게 행군을 하고 낙오하지 않으니까 너무 뿌듯했다.

돈까스는 자신이 점점 완벽 적응하는 것을 느꼈다. 양포 사격장에 도착해서 1박 2일을 위해 텐트를 치는데 어쩌다 보니 돈까스와 갑득이와 병주가 한 팀이 됐다. 상기가 저쪽 애들하고 텐트를 치고 있었다. 갑득이가 병주를 보고 한마디 한다.

"벼병주야~! 너너 저저쪽 팀에 붙어~!"
"와~? 그라노~귀찮다~!"
"그그럼~! 너~! 쓰스쓰리고 할 거야~?"
"내를 왜~ 거따가 붙이는데~? 싫다마~!"

결국 병주가 저쪽으로 가고 상기가 우리 쪽으로 와서 포항 쓰리고가 같이 자게 되었다.

배고파서 얼른 밥을 지어 먹었다. 비록 단무지에 짠지지만 너무나 맛있었다. 저녁을 먹고 소대장님들도 우리를 조금 풀어주셔서 오랜만에 자유로운 시간을 보낼 수 있었던 것 같다. 정말 힘들었다. 그지 덮개 같은 조그만 텐트 안에 3명이서 잤다. 텐트 안에서 갑득이가 3방, 상기가 2방, 돈까스가 2방… 방귀를 뀌어대니 텐트 안은 완전 지옥의 똥간이었다.

그런데 너무 피곤해서인지 셋 다 코를 골며 잘 잤다.

돈까스가 얼마나 잤을까? 상기가 일어나라고 툭 쳐서 일어난다. 아~오~! 온몸을 누가 팼나 보다. 안 쑤시는 데가 없다. 오늘도 역시 부지런한 족속들은 벌써 세면을 끝내고 밥 지을 준비를 한다. 돈까스가 일어나서 보니 와~! 청계천 밑인가? 순간 착각했을 정도로 그지들이 돌아다닌다. 어쩌 하룻밤인데 애들이 다 그지가 됐냐? 어둑어둑하니 05시 좀 넘었다. 우리는 바쁘게 각자 일을 나눠 얼른 아침 준비를 한다. 이때 밥하는 불은 잔가지를 주워 와 불을 때운다. 불을 못 피울 때는 고체 연료다. 고체 연료 덩어리를 몇 개씩 준다. 알코올 고체 연료인데 이게 화력이 약해 나뭇가지를 피울 때 착화제로 주로 쓴다. 나뭇가지로 불을 피우니 연기 때문에 애들이 자연스레 상그지가 되는 것이다.

아침을 먹고 집합해서 유격장으로 이동한다. 역시 양포, 하면 유격이다. 드디어 유격장~! 우리는 먼저 총을 거치해 놓고 한참을 PT 체조를 한다. 조금 있다가 실무병 조교들이 절벽을 깎은 듯한 곳에서 줄 하나 잡고 하강을 하는데 완전 에프엠이다.

드디어 유격 시작~! 각조별로 산을 올라 레펠 훈련을 하는데 돈까스와 갑득이는 제자리 뛰기 하며 계속 뒤로 밀린다. 3조였는데 둘이 뒤로 밀리며 뒤에 애들 앞으로 보내고 4조 되고 또 뒤로 밀리며 5조 되고 한참을 계속 그 짓을 하는데…?

"왜 자꾸 뒤로 가는데~? 바뻐~? 안 할 거야~? 두 넘 튀어나온다. 실~시~!"

앗~! 걸렸다. 대열 앞에서 차례대로 올려 보내던 고참 소대장이 애들에 가려져서 못 본 줄 알았는데 다 봤나 보다. 큭큭큭~!
깡~! 깡~! 소대장 정신봉이 철모를 강타한다.

"또~! 너희 쓰리고야~? 아주 잘도 빠지더만~!"

헉~? 고참 소대장이 어케 쓰리고를 알지?

"진해 ○○○ 소대장이 내 동기야~! 쓰리고 잘 부탁한대~! 좋아~! 특별히 기회를 주지~! 이번 조에 올라간다~!"

"넵~! 감사합니다~!"

"유~격~! 유~격~!"

결국 돈까스, 갑득이 이번 조에 속해 올라간다. 상기는 거기 안 끼었냐고? 상기는 잘한다. 프리랜서다. 드디어 돈까스 차례…. 안전 줄을 매고 절벽 통나무 앞에 선다.

돈까스 줄을 잡고 니은 모양으로 매달린다.

"조금 더~! 조금 더~! 풀어~! 밑에 보지 마~!"

헉~! 조교는 계속 줄을 잡고 니은 자세를 잡으라는데 돈까스는 벌써 손과 발이 후덜덜 떨린다.

"실~시~!" 조교가 줄을 놓고 돈까스가 내려가자마자 절벽에 부딪히고 덜덜 떨면서 간신히 내려온다. 갑득이도 후달리는 자세로 간신히 내려온다. 돈까스와 갑득이 대열로 돌아가는데 고참 소대장이 부른다.

"아냐~! 둘이는 다음 차례까지 앞에서 뛰면서 대기한다~!"

"진해 내 동기가 특별히 부탁했는데 특별 대우다~! 히히."

"넵 알겠습니다~! 감사합니다~!"

옆에서 있던 뱁새 소대장과 파충류 소대장이 '풉~!' 하고 웃는다. 아~! 이제 돈까스와 갑득이는 큰일 났다. 그 후로도 돈까스와 갑득이는 특별히 3번

Chapter 2. 포항 훈련소

을 더 올라갔다. 돈까스는 니은 자 레펠은 잘하는데 밑을 보는 직각 레펠은 혼났다. 조금 익숙해지니 한편으론 재미있고 한편으론 힘들다. 헬기 레펠이 젤로 힘들다. 진짜 헬기 타는 건 아니다. 오늘 하루 PT가 많이 힘들었지만 절벽도 타고 레펠도 하고 외줄도 타고 그래도 재미있는 하루였다.

점심을 먹고 오후에는 사격장으로 이동한다. 유탄 발사기 사격 조금 연습하고 대기하고 있다. 이것도 역시 시범으로 먼저 쏘는데 사격장 기간병이 올라 유탄 발사기를 쐈다. 퐁~! 하며 날아가서 펑~! 터지는데 쏴 볼만 하다. 돈까스는 어릴 적에 정릉 유원지에 놀러 가는데 산 쪽에서 군인들이 내려오는데 한 아저씨가 요상한 총을 갖고 있었다. 나중에 영화에서 보니 그게 유탄 발사기다.

우리 때는 M16총과 합체가 된 M203 유탄 발사기다. M203을 처음 보는데 딱 봐도 이건 조준하는 게 다르다. 각 소대장님 앞에 서서 차례를 기다리고 있었다. 뱁새 소대장님 앞에 섰다. 긴장을 하며 차례를 기다린다. 드디어 돈까스 차례다. 돈까스는 맘을 다져 본다. 정신 집중~! 잘해야 해~!

"사수~ 쏴~!"
'퐁~!'

헛~! 눈 밑이 찝찝했다. 표적에 맞췄다. 돈까스가 끝내고 내려오는데… 갑득이가 "야~! 너너 누눈 밑에 피가 난다~!"

헉~! 어쩐지 뭔가 둔탁하더니… 얼얼했다. 그렇다. 유탄 발사기 쏠 때 뒤로 밀리는데 밀릴 때 눈을 너무 가까이에 대고 쏴서 조준하고 쏠 때 눈 밑에 맞은 거다. 살이 부딪혀서 피가 약간 났다.

뱁새 소대장이 오라고 해서 밴드 하나를 붙여 줬다. 애들이 한 번씩 쏴 보고 훈단 복귀를 준비를 한다. 오후 되니까 너무 춥다~! 으아~! 미치겠다.

텐트 걷고 군장을 챙기고 바쁘게 움직인다. 그래도 부대로 들어간다니 좋다. 집 나가면 고생이다. 이제 가는 길이 고생 아닌 고생이다. 그래도 가는 길이라 한결 가벼운 마음으로 갑니다. 길등제를 넘어서 기나긴 도로를 한없이 또 걸어간다. 집으로 가는 길은 한결 마음이 편하다. 이제 훈단이 내 집 같다. 돈까스는 고요하고 차가운 바람 속에서 그동안의 일들을 생각을 하면서 걸었다. 추웠는데 걸으니까 그래도 힘이 난다.

얼마나 걸었을까? 저기 저 멀리 북문이 보인다.
앞에 가는 동기들 보면 저절로 걷는 힘이 났다.
이번 양포 훈련에 동기들과 좋은 추억 많이 쌓고 결속력을 더욱더 다질 수 있었다는 게 가장 큰 소득이다.
가면 갈수록 동기들이 가족 같다는 생각을 하며 북문을 지나 병사 앞 사열대에 집합하여 훈단 대장님의 짧은 연설을 들은 뒤 내무반으로 들어가 각자의 위생 생활을 한다.

하~! 내무반에 앉으니 숨이 저절로 쉬어진다.
무사히 집으로 돌아왔다는 안도의 숨이겠지….
돈까스는 바삐 움직이는 동기들을 보며 생각한다.
너희들이 같이 있기에 내가 오늘도 무사히 돌아왔구나.
돈까스는 다시 한번 동기들의 고마움을 느끼며 세면장으로 간다.

(5) 미래의 발판

'아름다운 이 강산을 지키는 우리~! 사나이 기백으로 오늘을 산다. ~ 멸공의 횃불 아래 목숨을 건다.'

오늘은 아침부터 연병장을 돌고 있다. 포항 4주가 막바지에 다다르니 점점 빠진단다. 이유는 기합이 빠졌다. 정신 통일에는 군가 부르며 구보~! 이게 뱁새 소대장의 각성하는 스타일이다. 그래서 그랬던가? 뱁새 소대장은 다른 소대장보다 유난히 연병장 구보를 많이 시켰다.
    점심을 먹고 잠시 쉬는 시간이 있다. 돈까스 연병장 건너 예비군 병사 쪽으로 걸어간다. 동원 예비군이 들어올 때만 쓰는 병사 건물이라 평소에는 비어 있다.
    돈까스가 저번에 쉬는 시간에 한번 가 보니 병사 건물 1층 계단 밑에 청소 도구 넣는 공간이 있다. 문이 있어 열어 보니 작은 공간 안에 저쪽 구석에 청소 도구들이 있었다. 오늘 잠시 쉬는 시간이라 돈까스는 거기 들어가 잠시 발을 뻗는다. 항상 잠이 모자란 돈까스…. 잠시만 쉬자는 생각으로 눈을 잠시 감는다? 아~으~! 돈까스가 깜빡 잤나 보다. 어우야~! 몸이 쫌 개운한 거 같다. 역시 피로는 잠을 잠깐 자도 잠으로 풀어야 한다. 돈까스가 어슬렁~! 어슬렁~! 예비군 병사를 나선다. 어~? 저쪽에서 애들이 이리저리 바쁘게 돌아다닌다. 이쪽 가까이서 돌아다니던 흰찬이가 얼른 돈까스에게로 다가온다. 엥~? 왜 저리 바쁘지~! 뭔 일?

"주완순~! 너 어디 갔었어? 지금 난리 났어~!"
"왜~? 뭔 일인데~? 왜 뭐 찾냐~?"

대구에서 온 근호가 헐레벌떡 놀랜 얼굴로 뛰어온다.

"야~! 주완순~! 너 얼른 소대장실 가봐~! 너 탈영했다고 지금 다 찾고 난리 났어~! 빨리 가봐~!"

엥~? 이건 무슨 귀신 씨나락 까먹는 소리냐~? 내가 탈영을~? 잠깐 있다 나왔는데 머선 일이고?

"뭐~? 탈영? 나 저기서 잠깐 쉬다 나왔는데?"
"뭐가 잠깐이야~! 한 시간째 찾고 있구만~!"
"헉~! 한 시간이라구~? 아~! 일 났네~!"

Chapter 2. 포항 훈련소

돈까스가 잠깐 눈 붙였는데 일이 커졌다. 돈까스가 얼른 튀어 소대장실 문을 두드렸다. '들어와' 해서 문을 열자마자 기합 바짝 들어 최대한 큰소리로 보고한다.

"훈병~! 000번 주완순~! 소대장님 호출~!?"

말이 끝나기도 전에 문 옆에 있던 파충류 V소대장이 돈까스 볼따구를 잡고 퍽~! 퍽~! 퍽~! 삼연타를 날린다.

"야이~! X시키야~! 어디 갔다 왔어~!"

뱁새 소대장이 찢어진 눈을 더 찢으며 한마디 날린다.

"신속, 정확하게 보고해라~! 안 그럼 지옥을 볼 것이다~!"
"넵~! 훈병 주완순! 예비군 병사에서 잠깐 졸았습니다~!"
"너~! 조금만 지났어도 헌병대 연락했어~! 이 시키야~!"

뱁새 소대장과 파충류 소대장은 붉으락푸르락하며 분을 삭이는 모습이 보인다. 돈까스는 이젠 죽었다 하고 체념한다.

"훈병 주완순~! 죄송합니다. 시정하겠습니다~!"

고참 소대장이 돈까스를 쳐다보며 어이없는지 허허~! 웃으며

"됐어. 탈영 안 한 게 어디야~! 한편으론 고맙다 이눔아~! 너~! 탈영했으면 여럿 죽었어. 이눔아~! 하~!"

그제야 다른 소대장님들도 허허~! 웃는다. 많이 놀랐나 보다.
뱁새 소대장이 저쪽 책상으로 가서 백지를 몇 장 갖고 와 돈까스에게 준다.

"너는 오늘 순검 전까지 반성문 10장을 써서 소대장실로 가져온다. 알았나~! 실~시~!"
"넵~! 훈병 주완순 알겠습니다. 정말 죄송합니다. 훈병 주완순~! 용무 마치고 돌아가겠습니다. 필~승!"

돈까스가 문을 닫고 나오는데 문 뒤에서 소대장님들의 웃음소리가 들린다. 돈까스는 한편으론 이걸로 끝낸 게 다행이지만 소대장님들이 많이 놀라신 거 같아 정말 많이 죄송했다. 내무실로 돌아오니 갑득이와 상기가 얼른 다가온다.

"아아~! 시키야~! 너 튀뛰었는 주줄 아알았잖아~!"
"아따~! 썩을 넘~! 어찌 쓰까 큰일이다 잉~! 했잔여~!"

다른 동기들도 많이 놀랐단다. 돈까스는 동기들에게 걱정 끼쳐 미안하다구 다 사과했다. 이것이 돈까스가 포항 훈련소 수료하기 5일 전에 일이다. 이후 수료식 준비 사열 훈련을 몇 번 하고 수료를 한다. 돈까스는 포항 훈련소에서는 소대 총무를 맡았다. 훈련병들이 영치한 돈을 훈련소 생활 동안 지출한 거를 제하고 수료할 때 남은 잔액을 줘야 하기에 그 계산을 하는 것이 총무다. 진해에서는 소대장들이 했는지 기간병들이 했는지 우리가 안 했는데 포항에서는 훈병들이 총무를 했다. 6개 소대 총무 여섯 명… 한 명은 463기 누락자가 우리랑 같이 훈련받고 수료했다. 이 463기가 기수가 한 기수 높다고 총무 대빵이다.

최종 계산에서 잔돈이 좀 남아 소대장들 한잔하시라고 줬다. 근데 마지막 검산 때 돈까스 소대와 영철이 소대 2개 소대 계산이 틀려 소대장들한테 줬던 돈을 다시 반납하게 되었다. 우리 둘이는 463기한테 혼나고 소대장은 괜찮다고 하고 끝났다.

포항 마지막 수료하고 각 실무로 헤어질 때 고참 소대장이 돈까스를 부른다.

"실무가면 더 빡신데 주완순~! 눈치 빠르게 잘해라~!"
"넵~! 알겠습니다! 소대장님들 감사드립니다. 필~승!"

이래서 우리는 훈련소를 떠나 1사단 보충대로 올라간다.

1사단 돈까스 입대 전 한없이 순하게만 살다가 멋모르고 해병대를 지원했다. 운명인지 정말 뜻하지 않게 입대를 하고 진해 훈련소를 들어가 정말 생전 처음인 듣도 보도 못한 상황을 맞이한다. 많이 맞으며 좌충우돌 훈련소 생활을 견디며 악과 깡을 또한 곤조를 갖게 만들어 주신 분들이 교관님들 해병대 DI 분들이다. 돈까스가 지금 이 자리에서 이 글을 쓰게 무사히 해병대 30개월을 무사히? 마치고 살아남게 된 기본자세 악과 깡과 곤조를 갖게 도와주신 진해, 포항 훈련소의 DI분들에게 다시 한번 진심으로 감사를 드린다.

돈까스 개인적인 생각은 해병대 훈련소 교관 DI 이분들이야 말로 해병대의 근간… 뿌리라고 생각한다. 제대하고 몇십 년이 지나 우연히 뒤늦게 소식을 접해 많이 안타까운 상황이 된 故최병덕 소대장님의 명복을 빕니다.

살모사 이상인 소대장님은 464기 포항 20주년 포항 모임 때 뵙고 많이 반가웠습니다.

진해, 포항 훈련소 DI분들에게 다시 한번 감사를 드립니다.

필~승

Chapter 3. 실무 군 생활

1985년 팀 스피리트(뒤에 고개 숙인 차 하사)

(1) 바다로 간 개구리

22대대에서 돈까스, 이광식 해병

　수료식이 끝나고 그동안 고생하신 소대장님들과의 인사가 끝나고 하나 둘 각 근무지로 떠나간다. 그동안 정들었는지 서로 눈물도 보이고 또 만나자 하며 먼저 가는 동기들을 보낸다. 포항1사단에 배치받은 인원은 각 연대에서 호송병이 온다. 명단을 부르고 각 연대로 데려간다. 나머지 병사들이 1사단 보충대로 올라간다. 돈까스와 몇몇 동기들은 1사단 보충대로 따라간다. 1사단 보충대 공내무실에 도착한다. 1사단 본부에 중사님이 한 말씀 하신다.

　"여기까지 오느라고 수고들 했다. 여기서 너희들은 1박 2일 동안 대기하면서 각자 배치받은 부대로 팔려 갈 것이다. 동기들과 따뜻한 情을 나누어라."

중사님이 나가고 돈까스는 몇 안 남은 동기들을 둘러본다.

이 시간이 지나면 제대할 때까지 보지 못할 동기들도 있을 것이다. 생각하니 괜히 눈물이 찔끔한다. 슬프다. 내무반 풍경이 많이 낯설게 느껴진다. 그날 밤은 1사단 본부 공내무실에서 하룻밤을 초조하고 두려운 마음으로 보냈었다. 흡사 정글에 버려진 아기 돼지 같다. 돈까스는 눈을 감고 수료식 때 고참 소대장님이 한 말을 다시 한번 되새겨 본다. 아마 돈까스가 많이 힘들 거라는 걸 걱정하신 것 같다.

'실무에 가면은 훈련소 때처럼 열심히 생활하기 바란다. 해병대로서 악과 깡을 잊지 말고 살아남아라.'

다음 날 아침에 우리 모두는 눈을 뜨고 주위를 두리번~! 두리번거려 보니 훈련소 내무반에 비해 내무실이 많이 다르고 많이 열악하다. 아침 식사 시간이 되어 1사단 기간병 인솔하에 식당에 가서 밥을 먹는데 어~? 여기는 단무지랑 짠지가 아니다. 아침 식사를 끝내고 서로들 담배 한 개비를 권하면서 다시 한번 동기의 모습을 기억하려 애를 쓴다. 벽에 걸린 큰 시계를 보니 09시다. 각 연대 기간병들이 한둘 오더니 호명하여 데려간다. 한 놈 두 놈 동기들이 팔려 가는 것이다. 이름도 모르는 낯선 부대로 말이다. 조금 있으니 1사단 중사님이 다시 내무반으로 들어선다. 그리고는 돈까스를 부르고 귀를 살펴본다. 돈까스는 이때까지 중이염이 아직 안 나았다. 사단중사님은 돈까스를 데리고 1사단 의무실로 데려간다.

1사단 의무관이 돈까스를 진찰하고 잠시 나가 대기하라고 하고 중사님과 얘기를 나누더니 돈까스를 다시 내무반으로 데려간다.

"주완순~! 너는 기다렸다 조금 이따 2연대 본부 기간병이 오면 따라간다. 알았나~!"

"넵~! 알겠습니다~!"

"아~! 주완순~! 잘 가~! 건강하고 또 보자~!"

"웅~! 성내야~! 또 보자, 동기들아~! 먼저 팔려 갈게~!"

큭큭큭~! 모두들 불안하니 표정들이 애처롭다. 점심시간이 되서 돈까스는 오랜만에 츄라이를 싹 비우고 포만감에 담배 한 대를 물어 깊게 빤다. '아~! 여기가 천국일세~!'

점심을 먹고 내무반에 대기하니 조금 있다가 병장 하나가 들어온다. 얼굴은 순하게 생겼다.

"주완순~! 누구야~!"

"넵~! 이병~! 주완순~!"

"이리 와 봐~!"

그 병장은 내 귀를 이리저리 보더니….

"너는 나하고 2연대 본부 의무실로 간다. 꼰뽕 메고 따라와~!"

나는 뒤를 돌아보고 동기들과 손 인사를 하고 얼른 따라 나선다. 돈까스는 많이 불안한 마음으로 그 병장을 따라 나서 도로를 건너 조금 가니 2연대 본부 중대라는 단층 건물이 보인다.

건물 안에 들어가니 바로 앞에 근무자가 서 있다. 돈까스는 들어가자마자 근무자를 향해 "필~승" 하며 그 병장을 따라 복도 끝에 내무실로 들어간다.

"우선 저쪽 관물함에 꼰뽕 풀어 정리해 놔~!"
"넵~! 알겠습니다~!"

돈까스가 관물함에 물품 정리를 다 하니 그 병장이 말한다.

"우선 나는 의무병 강철민이다. 주완순~! 너는 중이염 때문에 여기 연대 본부 의무실에 당분간 있어야 돼~!"

돈까스는 사단 의무관이 의무실에 입원 조치했다가 중이염이 다 나으면 소속 부대로 보내라고 오더를 내렸나 보다. 나중에야 알았는데 의무병은 빨간 명찰을 하지만 해군이다. 해병은 의무병과가 없나 보다. 그 병장 어쩐지 얼굴이 선하다 했다. 돈까스가 본 해군은 얼굴이 다 선하게 생겼다. 근데 해병은 왜 얼굴들이 다 험악할까? 조금 있으니 상병이 들어오는데 역시 의무병이다. 돈까스에게 고향이 어디냐고 물어본다.

"넵~! 서울 신설동입니다."
"어~! 그래? 나는 창신동인데… 창신국민학교~! 반갑다~! 이기중이다. 있는 동안 잘 지내보자~!"
"넵~! 감사합니다~!"

헉~! 창신동 출신 두 번째 본다. 하나는 동기 김태성이고 여기 실무에서 또 보게 된다. 돈까스는 고향 동네 얘기가 나오니 울컥하는데 억지로 참는다.
돈까스 연대 본부 의무실에 거의 20여 일 동안 있었는데 실무 부대 선임들이 다 이런 줄 알았는데 얼마 안 가 큰 오산이라는 걸 알게 된다.

"주완순~! 저녁을 먹으러 갈 건데 저기 식당 있지? 츄라이 갖고 가서 줄 서 있어~! 첫 번째 할 일이다~!"

"넵~! 알겠습니다.~!"

돈까스는 얼른 츄라이를 받아 복도로 나오며 중앙 근무자에게 '필~승' 한다. 훈련소에서 소대장님들이 그랬다. 실무 가면 무조건 경례 큰소리로 잘하라고 그래야 안 맞는다고. 중앙 근무자가 돈까스를 '정지~!' 한다.

"신병이야~? 니 어디서 왔노~? 집이 어디고~?"

"넵~! 서울에서 왔습니다~!"

"오~ 그래? 서울이 다 니 집이고~? X시키 목소리 보래이~! 죽을래요~?"

"아닙니다~! 신설동입니다~!"

돈까스는 대답과 동시에 생각하니 우습다. 저넘 바본가? 척하면 알아야지? 무슨 질문이 저러냐? 저런 말투 처음 들어본다. 순간 자기도 모르게 풉~! 한다.

"어~? 웃어~? 이 시키 간덩이가 부었네? 너~! 나중에 좀 봐야 쓰겠다. 일단 가 봐~!"

"넵~! 감사합니다~! 필~승!"

돈까스는 얼른 튀어 식당에 도착한다. 식당에 도착하니 먼저 온 선임들이 돈까스를 위아래로 훑어본다. 아~! 흡사 새끼 돼지를 가운데 놓고 입맛 다시는 늑대 무리들 같다. 돈까스가 일부러 시선을 아래로 떨구고 밥을 세 개를 타서 식탁에 놓는다.

 돈까스는 의무병 선임들이 오기를 기다리며 식당을 눈으로 둘러본다. 식당이 칸막이로 갈라져 있다. 칸막이 사이로 보니 저쪽에는 이쪽보다 훨씬 많은 병사들이 와자지껄하다. 조금 있으니 의무병 선임들이 온다.

"식사 맛있게 하십쇼~!"
"웅~! 너두 얼른 먹어~!"
"넵~! 근데 박 수병님~! 저쪽은 어디 쪽입니까~?"
"응~! 저쪽은 보병대대야~! 네가 나중에 갈 대대야~!"

아~! 그렇구나~! 돈까스가 얼핏 들어보니 씨끄러운 소리며 대화가 조금 살벌했는데…. 돈까스는 밥을 먹는 둥 마는 둥 하니 이 수병님이 그런다.

"너무 떨지 마~! 거기도 사람 사는 곳이야~! 히히."

두 선임들이 다 먹고 '세척하고 얼른 하고 와' 한다.

"넵~! 알겠습니다~!"

하고 츄라이를 갖고 밖에 수돗가로 간다. 수돗가에 다 떨어진 수세미와 빨랫비누 쪼가리가 몇 개있다. 한 사람이 벌써 츄라이를 닦고 있다. 돈까스가 앉으니 그제야 돈까스를 보는데 일병이다. 근데 돈까스는 츄라이를 들고 얼어붙었다. 그 일병의 눈이 너무 무서웠다. 진해 쌍코피 소대장님 눈 같다. 아니 시뻘건 게 더 무서웠다. 정말 그런 눈 처음 봤다. 돈까스가 한쪽으로 비켜서 등지고 닦는다. 한참을 닦아서 다 닦고 츄라이 세 개를 챙기려고 츄라이를 집으려는데 어~? 두 개? 밖에 없다. 그 일병 쪽에는 한 20개 정도가 쌓여 있었다.

"저기~! 우리 식기 하나가~!"
"뭐~? 뭐~! C8시키야~! 어쩌라구~!"

돈까스의 말이 끝나기도 전에 눈을 더 크게 까뒤집으며 말한다. 돈까스는 덜덜 떨며(진짜 떨었다.) 말한다.

"우리 츄라이 하나 그리 섞였는데요~!"
"요~? 이 C8시키가 디질라구~ 빽쓰나~!"
"그럼 내가 니꺼 긴빠이 했다는 거야~?"
"이거~! 다 우리 거 밖에 없어~! 알았어~? 빨리 안 꺼져~? C8~! 죽을래~!"

돈까스는 더 이상 말했다간 몇 대 터질 것 같다. 연대 본부중대로 죽상을 하며 걸어오며 생각한다.

"아니 눈앞에서 가져가 놓고 저렇게 억지를 부리나? 머~! 저런 시키가 다 있지?"

의무실로 들어오니 강 수병님이 눈을 동그랗게 뜨며 말한다.

"너? 왜 츄라이 두 개밖에 없어?"

돈까스는 여차저차해서 이차저차 했다~! 얘기하니 강수병이 어이없어 하며 난감한 표정을 짓는다. 그러다 이 수병님한테 우리 츄라이 여분 몇 개 있지? 하며 물어본다. 이 수병님이 몇 개 더 있다고 하니(한두 번이 아닌가 벼~!) 강 수병님이 그제야 돈까스를 보며 얘기한다.

"주 해병~! 여긴 실무야~! 정신 바짝 차려야 돼~! 알았나~?"
"넵~! 알겠습니다. 시정하겠습니다~!"

돈까스는 실무 생활의 무서움을 조금 느끼며 앞날이 순탄치 않을 거라는 걸 느낀다. 의무실에서의 생활은 별거 없다. 내무실 청소나 하고 과업 시간에는 그냥 책을 읽거나 티브이를 시청하는 거다. 왜? 환자니까~! 오늘은 일요일이다. 그냥 빨래를 해 놓고 티브이나 보고 쉰다. 아~! 티브이에서 천년 여왕이 한다. 집에서 있을 때도 일요일이면 꼭 보던 만화영화다.

하여튼 연대 본부 의무실에서의 생활은 돈까스에게는 마지막 천국이었던 것 같다. 어느 날부터는 주계에 갔는데 썰렁하다…? 이쪽 연대 본부는 일상이 똑같은데 저쪽 보병 대대 인원들이 거의 없다. 돈까스는 의무실로 돌아와 이 수병님께 물어보니 2연대가 해안 방어 차례라 거의 다 해안 방어 나갔단다. 연대 본부에 있은 지 거의 20여 일이 지난다. 돈까스는 중이염도 거의 다 나았다. 내일은 21대대로 가야 한다.

돈까스는 이날 저녁 거의 잠을 못 잤다. 이리 뒤척~! 저리 뒤척~! 하니 이 수병님이 돈까스를 불러낸다. 병사 앞 의자에 앉아서 달빛을 보며 한마디 하신다.

"주완순~! 내일 대대로 가면 여기하고는 완전 분위기가 다를 거야~! 마음

단단히 먹고 빠르게 움직여~! 그렇다고 너무 겁먹지는 마~! 거기도 사람 사는 텐데 네가 어떻게 행동하느냐에 달린 거야~! 알았지~!"
"네~! 이 수병님 감사합니다~!"

드디어 아침이다. 어제 저녁은 거의 뜬눈으로 밤을 새웠다.

"주완순~! 꼰뽕 싸고 대기하고 있다가 2연대에서 사람 나올 거야~! 따라가면 돼~! 가서 열심히 잘하고 건강해~!"

강 수병님이 업무차 나가면서 한마디 하신다.

"넵~! 강 수병님 감사했습니다~!"

이날 오전부터 기다렸는데 오후가 되어도 안 온다. 돈까스는 불안함이 증폭되면서 뒤에 소각장에 가서 담배를 6개비나 피웠다.
날은 벌써 어둑어둑해졌는데 언제 오냐고요~! 참말로….
'필~승' 복도에서 경례하는 소리가 나는걸 보니 왔나 보다. 병들이 다른 중대 들어갈 때는 꼭 경례를 하고 들어가야 된다는 걸 나중에 알았다.

"주완순~! 누구야~? 너야~? 빨리 나와~!"

철모에 단독 군장을 한 상병이 들어오며 재촉한다. 돈까스는 얼른 꼰뽕을 챙겨 따라 나가며 생각한다.
'아니 이 밤에 어딜 간다고 데리러 올 걸까?'

연대 본부에서 따라 나가 보니 앞에 지프차가 한 대 서 있다. 돈까스를 뒷좌석에 구겨 넣고 지프차는 빠르게 출발한다.

"너~! 어디 짱박혔다 지금 오는 거야~?"

돈까스는 아무 말 못하고 고개만 숙이고 생각한다.

'아~! 띠~바~! X된 거 같다. 말투가 다르다.'

(2) 塗炭之苦(도탄지고) 어려운 상황

'태공이 말하기를~!
자기 몸이 귀하다고 하여 남을 천하게 여기지 말고,
자기 자신이 크다고 해서 남의 작음을 업신여기지 말며,
자신의 용맹을 믿고서 적을 가볍게 여기지 말라.'

돈까스가 탄 지프차는 북문? 서문?을 나가 어둠을 헤치고 시골길을 달린다. 밤이라 더욱더 스산한 바깥 풍경이 돈까스의 마음을 더 비참하게 만든다. (아~! 왜 이렇게 밤에만 이동하는 거야~!) 한 3~40여 분을 달렸나~? 바닷가 쪽에 소나무 숲이 작게 군락을 이루고 있는 곳에 기다란 단층 막사 건물이 보인다. 양남이다. 늦은 시간이라 전입 신고는 내일하고 우선 막사 건물 안으로 들어가는데 약 10여 명 정도가 자고 있다. 들어가니 저쪽에서 상병 한 명이 오란다. 불침번? 가까이 가보니 엥~! 어릴 적 못난이 삼형제 인형이 집에 있었는데 그중 인상 찡그리는 인형하고 똑같이 생겼다.

상병이다. 돈까스를 침상 끄트머리에 앉히고 딸딸이기로 머리를 톡톡 친다. 군대 딸딸이기는 전화기다. 근데 이 전화기가 옆에 손잡이를 손으로 돌리면 전화가 되는 건데 전화 올 때 딸딸딸~! 소리가 나서 이렇게 부른다. 이게 군용이라 재질이 무척 단단하다. 거의 돌 정도다. 이거로 머리를 톡톡 치니 아프지~! 당연히~!

"야이~시키야~! 어디 짱박혔다가 지금 왔냐~? 집이 어디냐~?"
"넵~! 서울 신설동입니다~!"

"신설동이 다 너희 집이냐~! 잡어 봐~!"

딸딸이기에서 선을 두 개를 뺀 걸 잡으란다.
어~? 뭐지 이건~? 돈까스가 두선을 잡는다. 그 순간…? 이 못난이 상병이 딸딸이기를 졸라게 돌린다? 휙휙휙~! 찌릿~!찌릿~! 앗~! 돈까스 순간 전기가 짜릿짜릿해서 손을 놓는다. 아~! 머선 일이고 이게~! 한참을 잠을 안 재우고 그 짓이다. 적응 안 된다, 증말…. 흑흑 거의 잠을 못 잤다. 구석에서 잠깐 쭈그리고 자는데 어제 그 못난이 상병이 깨운다. 일어나라고 발로 찬다. 돈까스가 일어나니 아침을 먹으러 식당에 데려가는데 식당에 벌써 선임들이 가득 찼다. 돈까스가 들어가며 '필~승' 하니 조용히 하란다. 모두 다 한결같이 하는 말이 어디 짱박혔다 왔냐고 숟가락으로 한 대씩 친다. 밥 타는 데 있던 병장 선임은 빨리 안 푸냐며 싸다구를 날린다. 밥도 먹는 둥 마는 둥 하고 중대장님에게 전입 신고를 하고 다시 내무반으로 간다. 내무반에 가니 어제 저녁에 근무 나갔던 선임들이 다 있다.

"너~ 집이 워디여~? 어디 짱박혔다 왔냐~?"
"넵~! 중이염이라 연대 의무실에 있었습니다~!"
"하~! 요 시키~! 연대 의무실에 편안히 짱박혔었구만~!"
"저기 가서 꼬라박어~! 개시키야~!"
"넵~! 실~시~!"
"실시~? 여그가 훈련소여~? 이거 아주 빠졌네~!"

돈까스는 꼬라박은 채 생각한다. '와~! 이런디야~?'
꼬라박고 있는 돈까스를 발로 찬다. 옆으로 쓰러진 돈까스는 얼른 다시 원위치로 꼬라박는다. 정신없다. 큭큭큭~! 그때 하사 한 명이 들어오더니 '원위치해~!' 한다. 돈까스가 원위치하고 일어나니 꼬라박아 시킨 박 병장이 표정이 일그러진다?

"아~! 최 하사님 신경쓰지 마쇼~!"
"야~! 박 병장~! 왜? 신병을 벌써부터 닥달하냐~!"
"아~! 신병 교육시키잖아요~! 아~! 진짜~!"
"말로 하라고~! 꼭 그렇게 폭력적으로 해야 하나~?"

어~? 돈까스 뭔가 잘못 돌아가는 걸 느낀다. 둘이 싸운다? 돈까스는 서서 둘을 보고 있는데 그 병장이 일어나며 돈까스를 싸다구를 날린다.

"넌 누구 말을 듣는 거야~! 개시키야~! 누가 너 군 생활 동안 더 같이 있을 거 같냐?"

퍽~! 하는데 돈까스가 중이염으로 아팠던 쪽을 맞았는데 아~! 안쪽에서 뭐가 흘러나온다.

"아~! 시키~! 신병 피 난다 시키야~!"

돈까스가 뭔가 주르륵 뜨거운 물이 흘러 나와 만져 보니 피였다. 하사가 따라와 하더니 옆에 있는 막사로 데려간다. 알고 봤더니 위생 하사였다. 아~! 그래서 병장하고 분위기가 그랬던 거구나…! 위생 하사가 처치를 하고 오늘은 여기 막사에서 취침하란다. 그날은 거기서 자는데 돈까스는 앞이 캄캄한 걸 느꼈다. 아~! 훈련소 소대장님들이 하신 말씀이 이런 걸 말한 건가? 돈까스가 해안으로 나온 지 삼 일째다. 그동안에 괴롭힘은 크고 작게 거의 매일이었다. 이건 뭐 이유가 없었다. 단지 중이염으로 연대본부에 짱박혀 있다가 동기들보다 조금 늦게 대대로 온 것이 잘못이라면 잘못이다. 돈까스가 아침에 일어나서 식당으로 가서 배식을 받아 밥을 먹는데 어제 그 박 병장과 못난이 상병이 밥 다 먹고 저쪽에 창고로 오란다. 돈까스가 창고로 가니 박 병장과 못난이 상병이 험악하게 노려본다?

"개시키야~! 넌 선임 말을 안 듣고 하사 말을 듣냐~?"
"엎드려뻗쳐라~! 개시키야~!"

박 병장 손에 굵은 나무가 들려져 있는데 굵기가 팔뚝만 하다. 못난이 상병이 자랑하듯 박달나무란다. 돈까스가 엎드려뻗쳐 있는데 정말 그런 공포가 없었다. '퍽~퍽~퍽~!' 와~! 띠~벌 존나 아프다. 돈까스는 이 상황이 정말 혼란스럽다. 왜? 왜 이럴까? 몇 대를 더 맞고 돈까스는 기절한다.
(이때 상황을 자세히는 안 쓴다.)
조금 있다가 깨어나니 여러 사람들이 모여 있는 게 얼핏 보였다. 돈까스는 그대로 1사단 내 포항 병원으로 후송된다. 가는 내내 눈물밖에 안 난다. 도착하니 1사단 포항 병원이다. 중대 소대장님이 옆에 있다. 돈까스는 일어나서 그 다음에는 뭔가 복받쳐서 계속 울었다. 잠시 후 중대 소대장님과 돈까스가 군의관님 방에서 얘기를 나눈다. 군의관님과 한참을 얘기를 나누다가 돈까스가 갑자기 밖으로 나가려고 한다.

"저~! 미친놈 아닙니다~! 중대로 돌아가겠습니다~!"

소대장님이 돈까스를 잡으며 일단 앉으라고 한다.

"누가 그렇게 말하나? 다만 지금 주 해병이 마음이 많이 약해졌고 또 귀는 왜 그런가? 그것도 치료를 해야 하니 당분간 입원을 하라는 거지~!"

군의관님이 자세히 설명을 하신다. 신경쇠약? 이란다. 소대장님도 돈까스를 잡고 몇 번을 얘기한다.

"주 해병~! 충분히 치료하고 나와~! 알았지~!"

돈까스는 그 다음부터 입원을 해서 3일을 울었을 거다.
나 자신에 대한 자괴감이랄까? 그 다음에는 부모님에 대한 생각 등 모든 생각이 겹쳐지며 울고 또 울었다. 3일을 울고 누워 이 생각 저 생각을 하는데 뒤쪽에서 천상의 목소리가 들린다.

"저~! 나~! 박 소위인데 주 해병~! 일어나 봐~!"

돈까스가 눈물을 훔치며 뒤를 돌아보니 오~! 가히 천상의 선녀가 내려왔나 보다. 백의의 천사 간호 장교님이다.
이런저런 얘기를 물어보신다.

'피할 수 없는 고통이라면 차라리 즐겨라.'

이제부터 포항 병원 시절이다. 참 군대 와서 많은 경험을 한다.

3병동… 신경과, 이비인후과, 정형외과가 같이 있다. 신경과는 나처럼 신경쇠약이나 쪼금 상태가 안 좋아진 병사가 이비인후과는 중이염이나 축농증인 병사가 정형외과는 주로 가슴뼈, 디스크 수술이 주 종목이다. 참 짠한 병사들이 입원해 있다. 다들 불쌍하다.^^ 제일 고참이 418기? 전역이 얼마 안 남았는데 다쳐서 온 선임이다. 그 다음이 420자~430자가 고참이다. 3병동 화장실에 가면 창문 저 너머로 포항 제철이 보인다. 24시간 불이 꺼지지 않는 포항 제철의 불빛을 보며 돈까스는 담배 한 대 피우며 참 많이 울었다. 돈까스가 하루는 잠을 자려는데 저쪽 진찰실에 불이 켜져 있다. 슬슬 가 보니 선임 3명이 라면을 끓여서 술을 마신다?

　어~? 술이 어디서 났을까? 이때는 몰랐는데 나중에 상병 선임이 얘기해 주는데 병원에 알코올은 많다. 물론 소독용 알코올이다. 그걸 아주 약하게 희석해서 맛만 냈다.

　그 선임들이 그렇게 회식?을 한 것은 그 후로도 몇 번 있었다.

　(이거 나중에 알고 봤더니 잘못 먹으면 뒤진단다.)

　돈까스는 안 마셨냐구? 노노노~! 돈까스는 술을 별로? 안 좋아한다. 그리고 천하의 개 쫄병이라 거기 낄 레벨이 아니다. 며칠이 지나 돈까스가 처음으로 병원 PX를 내려가 본다. 우~왕~! 여기는 빵이나 주스가 자대 PX보다 종류가 더 많다. 그리고 무엇보다 조그만 식당이 같이 있었는데 민간인이 운영을 해서 음식이 맛있다. 근데 메뉴를 보니 그때 돈까스 월급이 3,600원이었나? 엄두가 안 났다. 돈까스는 그냥 빵하고 주스만 사 먹었다. 그 PX 바로 뒤쪽에 병원 수송대가 있었다. 돈까스는 빵하고 주스를 사서 PX 뒤로 나와 저쪽 수송대 쪽을 보며 먹는데 저 멀리 트럭 사이로 익숙한 대가리가 보인다. 돈까스 생각에 '어우~! 저런 대가리가 또 있네~!' 하며 보는데 점점 그 대가리가 익숙하게 눈에 다가온다. 마치 그전에 본 영화 '빠삐용'에서 빠삐용이 드가를 만날 때의 그 장면이 오버랩되는 거 같다. 거의 똑같았다.

돈까스가 이리저리 차 사이를 헤치며 다가가 본다. 여기서 수송대 선임한테 걸리면 터진다. 최대한 몰래 소리 안 나게 가까이 간다.

"야이~! 꼴통 새끼야~! 이것도 못 쪼여~? 어~휴~! 장비실에 갔다 올 테니 확실히 쪼여 놔~! 알았어~?"
"넵~! 알겠습니다~!"

? 목소리가 영락없는 순복이다.^^

아~! 순복이가 여기로 왔네~! 고생이 많구나~! 흑흑 순복이가 하반기 교육을 광주로 가서 그때 헤어지고 못 봤는데 여기서 보게 되다니 돈까스는 가슴이 벅차오른다.

"순복아~! 순복아~! 여기~!"

순복이가 돌아본다. 순복이가 돈까스를 보더니 눈치 한번 보고 얼른 와 안긴다. 둘이 얼싸안고 소리 내어 엉엉~! 울었다.

"야~! 이시키 여긴 웬일이야~? 환자복은 또 머야~?"
"웅~! 고막이 좀 손상돼서 입원했어~!"
"아~! 개시키들~! 너 맞았지~? 여기도 엄청 때려~!"
그러고 보니 순복이 몰골이 그지랑 비슷하다. 살도 많이 빠지고 고생이 많은가 보다. 잠깐 얘기했을까?

"김순복~! 개시키 이리 안 튀어 와~? 어딨어~?"
"완순아~! 나 가 봐야 돼~! 나중에 또 보자~!"
"웅 알았어~! 순복아~! 빨리 가 봐~! 또 오께~!"

순복이가 냅다 뛰어간다. 돈까스는 순복이가 뛰어가는 걸 보고 울컥한다. 순복이가 저렇게 빠른 걸 이제까지 보지 못했다. 그래도 순복이를 뜻하지 않게 만나니 좋다. 담에는 우유하고 빵을 사 가야지…. 비록 한 개씩 밖에 못 사겠지만…. 히히히.

그 후로도 돈까스는 시간만 나면 PX 뒤쪽에서 수송대 쪽을 바라보며 시간을 보내는 게 대부분이다. 근데 잘 못 만난다. 순복이가 신병이라 구급차 출동하는 날에는 신병 순복이를 자주 데리고 나가기 때문이다.

하루는 빵 하나 우유 하나 사서 PX 뒤쪽에서 순복이가 보이길 바라며 담배 한 대 피우고 있는데 저쪽 차량 뒤에서 큰소리가 나며 퍽~!퍽~! 소리가 난다. 돈까스가 몰래 좌측으로 가서 보니 순복이가 선임에게 아구창을 맞고 있었다.

"아~! 개시키야~! 이걸 몇 번을 가르쳐 줬는데 못해~!"
"죄송합니다~! 시정하겠습니다~!"
"아~! C8시키~! 변소 갔다 올 테니 똑바로 끼워 놔라~!"

돈까스가 그 선임이 가는 걸 보고 순복이를 부른다.
순복이가 돈까스를 보고 오는데…. 아~! 코피가 난다. 돈까스는 눈물이 주르륵 흐른다. 아~! 불쌍하다.

Chapter 3. 실무 군 생활

"순복아~! 괜찮어~? 이거 이따가 먹어~! 흑흑."
"웅 고마워~! 완순아~! 괜찮어~! 히히."

둘이 소리도 없이 눈물만 흘린다.

"순복아~! 우리 어떡하든 살아남자~! 너 집에 애들 생각하고 참어 알았지~?"
"웅~! 완순아~! 살자~! 살자~! 너두 부모님 생각해서 참고 견뎌~! 흑흑흑."

돈까스가 애들 얘기를 하니 순복이 울컥~!하나 보다. 남자 시키 둘이 또 껴안고 울었다. 돈까스가 눈물을 훔치고 병실로 돌아오니 김상병이 부른다.

"주 해병~! 너 464기지? 가 봐라~! 니 동기 들어왔다~!"
돈까스는 반가운 마음에 "앗~! 김 해병님 몇 병동입니까~!"
"뒤에~! 굴뚝~!"

김 해병이 돈까스를 보지 않고 말만 한다.

돈까스는 표정이 어두워진다. 1층으로 내려가서 병동 건물 뒤에 높은 커다란 굴뚝이 있는 곳으로 간다.
돈까스가 갈 수 있는 곳까지만 간다. 더 이상 가면 걸린다. 아무나 못 갈 뿐더러 걸리면 터진다. 저쪽 입구 쪽을 보니 대대 인원들이 몰려 있다. 장교분들 한 무리가 들어간다. 조금 있으니 평소 안면이 있고 잘해 주던 위생병 수병님이 이쪽으로 걸어 나온다. 돈까스가 얼른 가서 물어본다.

"O 수병님~! 필~승~! 저기 지금 들어온 게 우리 동기 같은데 말입니다~! 이름이 뭡니까~?"

"어~! 주 해병~! 너 464기지? 한윤명? 그런 거 같어~!"

"넵~! 감사합니다. 필~승."

'웅~! 에~휴~!' O수병이 돈까스 어깨를 두드리며 지나간다. 돈까스가 금방 닭똥 같은 눈물이 주르륵~! 흐른다. 아~! 돈까스하고 2훈단 의무실에 3일 동안 같이 있으면서 이런저런 얘기하며 지내던 입술 위 큰 점이 있던 동기 한윤명…. 돈까스가 그쪽을 바라보며 경례를 한다.

'잘 가~! 한윤명 거기서는 편안히 지내라~!'

포항 병원에 입원한 지 10여 일이 지났다. 요전에 입원한 지 며칠이 안 됐을 때 헌병대에서 면담 요청을 했었는데 군의관님이 아직 안정이 안 됐으니 조금 더 있다가 하라고 했나 보다. 오늘 오셨다. 계급이 중사다. 돈까스를 이리저리 몸을 검사하더니 이제부터 솔직히 말해야 한다고 하셨다. 나중에라도 거짓이 밝혀지면 돈까스도 영창 간다고 했다. 돈까스가 알았다고 하고 대답한다. 사회에서의 생활 몇 가지와 친구들과의 관계 등등 입대 전의 상황을 물어보고 바로 본론인 거 같다.

"자대에서 괴롭힘을 당했나~! 구타를 어떻게 당했나? 너를 괴롭히고 구타를 한 게 누구야~? 몇 명이지~?"

돈까스가 순간 생각한다. 엥~? 무슨 질문이 이러지? 고개를 숙이고 있던 돈까스… 고개를 들어 말한다.

"검사관님~! 저 구타당한 적 없습니다~! 제가 낯선 곳에 떨어지니 이 생각 저 생각하다 마음이 약해져서 거기에 적응을 못해서 그런 겁니다~!"
"그래~? 근데 왜? 구급차에서 '개시키들아~! 차라리 죽여라~!' 했냐? 운전병이 다 말했어~! 다시 한번 말하지만 나중에 말이 다르면 너도 영창 간다."

고개를 숙이고 있던 돈까스는 검사관님 눈을 보며 단호히 말한다.

"어~? 그런 말을 했답니까? 그건 훈련소에서 소리쳤던 말인데? 왜 그랬지? 저 정말 누구한테 구타당한 적 없습니다. 정말입니다."

검사관은 돈까스의 눈을 한참 쳐다본다. 돈까스도 그 중사 눈을 쳐다본다. 엥~! 뜬금없이 눈싸움? 히히히.

"알겠다~! 주 해병~! 몸조리 잘해라~!"
"넵~! 감사합니다. 검사관님~! 필~승."

돈까스는 검사관이 돌아가니 한숨을 휴~! 하고 내뱉는다.
이때 만약에 돈까스가 구타를 당했다 했으면 어땠을까? 중대며 그 선임들 둘은? 난리 나고 영창이지 뭐~! 그러나 그런 일은 없었다. 돈까스가 비록 고문관일지라도 남자고 해병이다. 원래 입이 무겁다. 의리가 있다. 이건 나중에 병장 때 한달비 해안 방어 나가서 또 증명이 된다. 그 얘기는 나중에 하겠다.

여기 3병동에는 몸 상태가 양호한 환자 한 명이 간호장교의 허드렛일을 도와준다. 일명 따까리다. 상병 이선봉 해병이다. 이 상병님이 하루는 돈까스에게 물어본다. 집에서 면회 올 사람 없냐구~! 돈까스는 집안 형편이나 서울에서 포항까지의 거리를 생각해서 집에 안 알리기로 했는데 이 상병님이 그래도 알리는 게 좋다고 해서 알리기로 했다.

근데 알릴 방법이 이때는 편지밖에 없다. 전화가 있는데 전화로 하기는 좀 그렇고 해서 생각해 보기로 했다.

병원 생활은 천국 그 자체다. 책을 읽거나 밖에 나가 산책을 하거나 한다. 대대와는 별개의 세상이다. 물론 군인 신분이지만 환자라는 특권이 어느 정도 생긴다. 그런데 군대는 군대. 여기 병원에도 집합이 있다. 대대도 그렇지만 여기도 저녁에 군의관님이나 간호장교님들이 퇴근하면 환자들밖에 안 남는다. 물론 당직 사관이 있지만…. 오히려 어떤 면에서는 대대보다 더 취약하다.

이날 저녁에도 430자 선임이 집합을 시켰다. 화장실에 집합한 인원은 6명 기수가 다양하다. 모이고 보니 돈까스가 젤로 막내다. 막내 열외~! 막내 특권은 얼마 못 간다. 계속 환자가 들어오는데 금방 돈까스 밑에 기수가 입원한다.

그럼 더 이상 막내 열외 특권은 사라진다. 이날 집합 원인은 낮에 병동 청소를 하는데 일사분란하게 못하고 우왕좌왕해서 우리 430자 하리마오 선임이 빡쳤었다. 옆에서 퍽~! 퍽~! 퍽~! 하며 가슴팍 치는 소리에 돈까스는 바짝 긴장한다. 열외지만 공포는 공포다.

430자가 다 끝내고 나가면 그다음 기수 선임이 다시 시작~! 또 끝나면 그다음 차 기수 선임이 또 시작~! 기수 바다다. 마지막에 460기와 돈까스 둘이 남았다. 둘이 멀뚱멀뚱 쳐다보다 동시에 품~! 하고 웃는다.

Chapter 3. 실무 군 생활

"주완순~! 이리 와~! 담배나 한 대씩 피우자~! 휴~! 너~! 서울이지~? 난 고대 휴학하고 왔는데~! 넌~?"

"어~? 강 해병님 그럼 아기동산 아시겠네요~?"

"허허~! 이넘 아기동산을 아네~! 우리 집이 그 밑이야~!"

"저~! 동신 나왔습니다. 아기동산에서 많이 놀았죠~!"

"어~? 동신~! 난 삼선 나왔어~! 반갑다~! 주 해병~! 히히."

"넵~! 강 해병님 완전 고향 사람입니다~! 히히히."

"구타로 병원 입원했는데 여기서 또? 그건 잘못된 거야~!"

1962년 돈까스가 태어난 시절 고대가 지금처럼 넓지는 않았다.

지금은 고대 이공대 그 자리가 건물이 꽉 들어섰지만 그때는 자그마한 산이었다. 아기동산이라 불리며 근처 동네 애들이 거기서 거의 다 놀았다. 돈까스는 강 해병님과 얘기하다 보니 그 동네 장면이 그려지며 또 울컥한다. 강 해병이 돈까스의 어깨를 툭 치며 건강하게 잘 지내다 전역하면 연락해서 동네에서 한번 보자고 얘기한다. 돈까스는 강 해병의 두 손을 꼭 잡으며 꼭~! 그러자고 한다.

이 이후로도 병원에서의 집합은 수시로 있었다. 집합하면 선임들이 공통적으로 하는 말이 꼭 있다.

"우리가 병원 환자복을 입었지만 해병이라는 건~! 잊지 말아라."

근데…? 다들 자기 집에서는 귀한 자식인데 왜 때리는데~? 그리고 맞은 돈까스는 왜~? 맞았다고 안 하는데~? 무슨 심리일까? 이건 나중에 내가 하늘나라에 가면 정신학의 대부 '지그문트 프로이드'한테 꼭 물어볼게~!

돈까스가 병원에 입원한 지도 벌써 한 달이 되어 간다. 몇몇 선임이 퇴원할 때 주고 간 책들이 몇 권 있어서 독서가 일상이다. 3병동에는 짠한 해병들이 많다. 458기 정성철 해병은 몸이 헬스로 다져진 몸이다. 헐크같이 생겼다. 이때는 헐크가 없었지만 훗날 헐크를 봤을 때 정 해병이 문득 떠올랐던 적이 있다. 상병이고 병과는 포병이다.

정 해병은 항상 자그마한 칼로 배를 깎고 있었다.

칼을 갖고 있다는 게 불안하기는 했다. 대대에서 구타로 인해 병원에 실려 왔는데 헛소리가 심했다 한다. 매일 복용하는 약이 센지 입가에 침을 흘릴 때가 있다. 그러면 돈까스가 가끔 닦아주고 얘기를 나누고 했었다. 몸도 좋고 잘 생겼는데 저러니 돈까스가 불쌍하다고 여러 번 생각했었다. 돈까스야 너두 불쌍해~! 하루는 돈까스가 정 해병한테 부탁을 한다.

"정 해병님 나 자그맣게 배 하나 깎어 주십시오~!"
"어~! 주 해병~! 그래 너는 내가 하나 깎아 줄게."

그 후로 정 해병은 돈까스 줄 배를 매일 깎고 있다.

(3) 철의 여인 故고양숙

1사단 돈까스 아버지, 오마니

* 부모님 10가지 은혜 *

1. 회탐수호은(懷耽守護恩)

    몸에 실어 보호해 주신 은혜

2. 임산수고은(臨産受苦恩)

    나를 낳으실 때 고통을 마다 않으신 은혜

3. 생자망우은(生子忘憂恩)

    자식 낳은 뒤의 모든 근심 고통을 잊어버리시는 은혜

4. 인고토감은(咽苦吐甘恩)

    좋은 것만 찾아 먹여 주신 은혜

5. 회건취습은(廻乾就濕恩)

    진자리 마른자리 가려 주신 은혜

6. 유포양육은(乳哺養育恩)

    젖 먹이고 길러 주신 은혜

7. 세탁부정은(洗濯不淨恩)

    언제나 깨끗이 씻고 닦아 주신 은혜

8. 원행억념은(遠行憶念恩)

    먼 길 떠나면 돌아오도록 걱정해 주시는 은혜

9. 위조악업은(爲造惡業恩)

    자식을 위해서는 무슨 일이든 마다 않으신 은혜

10. 구경연민은(究竟憐愍恩)

    자식을 위한 연민의 정이 끝이 없으신 은혜

'저 넓은 허공을 자로 잰다면 몇 자가 된다고 생각하느냐?

저 넓은 바다를 컵으로 떠낸다면 몇 컵이냐 된다고 생각하느냐?

저 넓은 지구 덩이를 삽으로 떠낸다면 몇 삽이냐 된다고 생각하느냐?

아버지 어머니 은혜가 그런 것이다.

부모님께 효도하고 조상을 잘 받드는 것이 최고의 복을 받느니라.'

오늘은 아침 일찍 일어나 병원 옆쪽에 자그마한 숲으로 가서 이리저리 요리조리 운동을 한다. 언젠가 대대로 복귀해야 하니 몸이 굳지 않도록 틈틈이 운동을 해야 한다고 돈까스가 처음 입원할 때부터 잘해 주던 430자 선배님이 항상 해 주시던 말을 실천하는 중이다. 포항 병원 건너는 7연대. 빡세기로는 1사단에서 둘째가라면 서운하다 할 정도로 군기가 세다. 이 숲 동산에는 나무 벤치가 몇 개 있다. 아마 면회객들을 생각해서 만들어 놓은 거 같다. 돈까스는 여기에 자주 온다.

여기서 보면 저쪽 72대대? 쪽 PX가 얼핏 보이는데 밤에는 대대 병사들의 소리가 들리는데 돈까스는 그 모습을 보면 한편으로는 낯설지만 한편으로는 그 모습들이 많이 부럽다.

'나는 왜 저들처럼 생활을 제대로 못하고 여기에 있을까~?'

벤치에 앉아서 돈까스가 나름 망중한을 즐기는데 김 수병님이 돈까스 쪽으로 걸어온다. 손에는 빵 하나와 주스 깡통이 하나 들려 있다. 돈까스에게 빵과 주스를 건네며 물어본다.

"주 해병 뭐해~? 혹시 김성기라고 알아~?"
"김성기 알죠~! 동긴데 아~! 저기 7연대일 겁니다~! 왜~요~? 김 수병님이 성기를 어떻게~?"

돈까스 여기까지 물어보다 뭔가 쎄한 느낌을 받는다.

"웅 아까 응급으로 들어온 기관 절개술? 받고 살아난 해병이 464기야~! 이름 보니 김성기이길래."
"아~! 응급실에 있습니까~?"
"웅 며칠 경과를 봐야 하나 봐~!"

돈까스 표정이 안 좋다. 왜 그렇게 된 건지는 알고 있다.

"며칠 지나야 볼 수 있겠네요~?"

"응. 빠르면 일주일 지나면 병실로 갈 거야~!"
"넵~! 감사합니다. 김 수병님~!"

돈까스는 김 수병님이 들어간 뒤에도 한참을 벤치에 앉아 생각한다. 성기가 진해에서 돈까스를 많이 도와주었던 일을 생각하며 7연대 쪽을 한참 본다.
'저기는 군기가 얼마나 세길래? 일이나면 7연대일까?'
돈까스가 있던 2연대는 사단하고 가깝고 사단에서 무슨 지시사항이 하달되면 제일 먼저 시범적으로 시행하는 2연대도 돈까스가 보기에는 빡세다고 생각했는데 7연대는 도대체 무슨 일이 일어나고 있는가?
돈까스가 저녁 식사 당번이라 얼른 자리를 박차고 식당으로 달려간다. 문득 연병장 뒤쪽을 바라보니 진해에서 보던 그 석양이 포항 병원 여기에도 같은 모습으로 걸려 있다. 돈까스가 달려가며 허공을 향해 작게 소리친다.

"야~ 이 시키들아~! 그래도 내일은 내일의 태양이 뜬다~!"

감명 깊게 봤던 영화… 한 여인이 숱한 고난과 역경을 이겨내며 다시 일어서는 '바람과 함께 사라지다'의 명대사다.^^ 돈까스는 식당에 오니 선임 식사 당번 2명은 벌써 와 있다. 츄라이로 식사를 타서 3병동 자리에 차례로 놓는다. 물론 선임 식사를 미리 타 놓는 대대에서의 관행이 여기서도 적용되는 것이다. 그리고 병원이니 몸이 조금 부자연스러운 인원 식사는 당연히 해 줘야 하니까 그런 거다. 식사를 다 타서 놓고 기다리니 환자들이 내려온다.
위생병이 내려와 퇴원한 인원 명단을 미리 줘야 하는데 늦게 줘서 계란죽이 하나 더 나왔다. 당번 선임이 그냥 먹자고 한다. 이게 무지하게 별미다.

이 계란죽을 식사 당번들이 이틀 정도 나눠 먹었다. 그런데 병원 식당 주계병이 환자 퇴원했는데 왜 계속 말없이 타 먹냐고 우리를 타박했다. 우리는 위에서 주계로 명단이 따로 내려오는지 알았다고 일부러 그런 거는 아니다 하고 티격태격하다 자칫 험악한 상황까지 갈 뻔했다가 위생병이 내려와 중재하는 바람에 멈췄다.

병원 주계병들은 해군이다. 우리는 정말 억울했다. 나중에 알고 보니 위 사무실에서 바뀐 환자 명단이 주계로 쫌 늦게 3~4일 만에 내려오니 그동안 서로 오해가 있었던 거다.

며칠이 지나 그날도 식사 당번이라 츄라이 다 닦고 마무리하고 병실로 올라오니 옆 두 건너 침대에 새로운 환자가 들어 왔는데 옆쪽으로 누워 얼굴이 안 보인다. 돈까스가 가까이 가서 환자 명패를 보니 464 김성기라고 쓰여 있다. 돈까스가 '성기야~!' 하니 성기가 돌아본다.

"어~? 주완순~! 네가 여기 왜 있어~!"
"웅~! 성기야 나두 아퍼서 입원했어~! 고생했어~!"

성기 목에는 거즈와 반창고가 두텁게 붙여 있다. 아직 말을 잘 못하고 작게 한다.

돈까스는 순간 울컥해서 성기와 부둥켜 앉고 둘이 소리 안 나게 울었다. 소리 나게 울면 쫄따구가 빠졌다고 집합 당한다. 돈까스는 성기를 데리고 PX로 내려가 빵과 우유를 사 준다. "성기야~! 먹어~! 고생했어 이눔아~!" "웅~! 고마워 완순아~!" 성기 목소리가 갈린다. 흑흑~! 성기도 7연대다. 집합당해서 한 대 맞았는데 컥컥~! 숨이 막혀 쓰러졌단다. 숨을 못 쉬니까 목에 구멍을 내 호스를 박아 살았단다. 조금만 늦었어도 간 거다. 정말 다행이다. 성기 처음 볼 때는 얼굴이 너무 꺼멨다. 원래 좀 꺼멨지만 유난히 꺼멨다. 병원에서 좀 지내니 나중에는 좀 허옜다. 성기랑은 돈까스가 병원 퇴원할 때까지 잘 지냈다. 서로 도와주며 재밌는 생활을 했다. 역시 동기가 좋다. 순복이랑은 두 번 정도 셋이 보고 반가워하고 놀고 후에는 순복이가 워낙 바쁘게 출동하다 보니 자주 못 봤다.

점심을 먹고 오늘도 7연대 쪽 보며 망중한을 즐기는 돈까스…. 조금 있으니 뒤에서 이 선봉 해병님이 부른다.

"완순아~! 나 내일 드디어 2박 3일 나가는데 너네 가게 갔다 올게 전할 말 있으면 짧게 편지로 써서 줘."

돈까스가 잠시 생각한다. 집안 형편도 그렇지만 서울에서 병원 여기 오려면 5~6시간은 족히 걸리는데 오마니가 힘들 거라는 걸 생각 안 할 수가 없다. 돈까스가 머뭇거리니 이 해병님이 그래도 알리는 게 났다고 하셔서 돈까스가 알았다고 하고 들어간다.

다음 날 이선봉 해병님 편에 편지를 전하며 중이염 때문에 입원한 거라고 말씀 잘해 달라고 신신당부한다. 돈까스는 식사 당번 일은 서로 돌아가며 하는데 돈까스는 다른 사람보다 몸이 좀 더 멀쩡하니 계속하겠다고 해서 계속하는 중이다. 할 일이 없으면 더욱더 몸이며 정신이 빠질 테니까…. 또 언젠가 대대로 복귀해야 하니 준비해 둬야 한다.

저녁에 피곤한 몸을 누이고 한참 꿈나라로 빠져 있는데 누군가 돈까스를 흔들어 깨운다.

"주완순~! 일어나 봐~!" 박 수병님이다.

"아~암~흠~! 박 수병님 왜 그러세요~?"

"웅~! 주 해병~! 저기 좀 가 봐야 되겠다~!"

"네~? 지금 몇 십니까~?"

"웅~! 새벽 두 시~! 너만 찾는데 가 봐야 돼~!"

"네~? 누가 날 찾아요~?"

돈까스가 박 수병을 따라 간다. 저쪽에 한 무리가 구석 침대를 보고 있다. 가면서 보니 침대 밑에 누가 있다.

"주 해병~! 정성철 해병이 칼 들고 침대 밑에 들어가서 누구든 들어오면 찌른다고 너만 불러 달란다. 조심해~!"

돈까스가 가서 침대 밑을 보니 정 해병님이 그 조각하던 작은 칼을 들고 떨고 있다. 돈까스가 침대 밑에 정 해병님에게

"정 해병님~! 나여~! 주 해병~! 나 들어가요~! 에잇~! 들어오지 말라면 똥 누러 가고 뭐~!"

"아냐~! 아냐~! 너만 들어 와~! 주 해병~!"

돈까스가 침대 밑으로 서슴없이 들어간다. 돈까스는 정 해병님을 믿는다. 절대 돈까스를 어케 하지 않을 거라는 걸 돈까스는 안다.

"정 해병님 왜~? 또 뭐가 불안해요~?"

하며 돈까스가 정 해병 옆에 앉는다. 정 해병이 씨익 웃으며 돈까스를 반긴다.

"아니~! 누가 또 우리 정 해병님을 화나게 한 거여~? 정 해병님~! 나 줄 거 다 만들었어요~?"
"아니~! 아직 안 만들었어~!"
"아~참 약속했잖아요~! 아~! 갖고 싶은데~!"

돈까스가 옆에 정 해병을 돌아보니 정 해병님 멋쩍은 듯

"웅 너 줄 거 꼭 만들어 줄게~! 미안해~!"
"네~! 내일부터 내가 옆에서 봐 줄게. 같이 만들어요~!"
"웅~! 고마워 주 해병~!"
"넵~! 이제 나갑시다. 다른 사람들도 못 자잖아요~! 우리 담배 하나씩 피고 잡시다. 가요~! 담배 있죠~?"
"웅~! 담배 있어~! 여기~!"

둘이 침대 밑을 기어 나오고 이날 일은 일단락됐다. 돈까스는 정 해병 뒷모습을 보고 다시 한번 짠~!해진다. 나중에 다른 선임들이 정 해병이 순간적 돌변해서 해코지하면 어떡하려고 막 어가냐? 했을 때 말했다. 돈까스는 정 해병님을 믿는다고 했다.
그 일이 있은 후 정성철 해병님은 대구? 대전? 통합 병원으로 후송된다. 돈까스는 맘이 짠했다. 어쩌다 저렇게 허우대 좋고 좋은 사람이 군대의 악습 때문에 저렇게 됐는지 속상했다. 돈까스가 요새 군대랑 비교하면 어느

게 더 필요한 상황인지는 솔직히 모르겠다. 우리 때는 말도 안 되는 악습이 너무 많았고 요새는 이해 안 가는 상황이 너무 많고…. 그냥 격세지감인가?

이선봉 해병님이 휴가 갔다 오고 3일 만에 오마니가 면회를 왔다. 돈까스가 거의 매일 망중한을 보내던 그 벤치에서 오마니를 보고 찔끔 눈물을 흘리고 말았다.

중이염 때문에 좀 입원해 있을 거라고 걱정 안 하셔도 된다고 했다. 통닭과 여러 가지를 바리바리 싸오셨는데 아~! 통닭이 우리 집만의 그 통닭이다.

그날은 한참을 있다가 가실 때는 안 울었는데 오마니가 가시자 PX 뒤편으로…. 그때 순복이랑 울었던 데를 가서 많이 울었다.

오마니가 돈을 조금 주고 가셔서 이선봉 해병님한테 정말로 수고하셨다고 PX 짜장면 하나 사 드렸다. 그리고 성기랑 빵이랑 주스를 맘껏 사먹었다. 맛있었다. 그런데 오마니가 일주일 있다 또 오셨다. 돈까스는 오마니도 보고 조금이나마 돈을 주니 좋기야 하지만 서울서 오고가는 데 많이 힘드실 텐데 걱정이 된다.

그 후로도 오마니는 일주일 단위로 오셨는데 어떤 때는 3일? 4일 만에도 오셨다. 나중에는 많이 오시니 북문 헌병들이 말했단다.

"야~! 종간나 새끼들~! 어머님 오신다. 병원 가는 차 잡어 드려라~! 필~승~! 오마니~!"

하고 친해지셨단다.(북문에서 병원까지는 거리가 꽤 된다.)

오마니는 서울서 올 때 센베이 몇 봉지와 캡틴큐 하나를 가지고 오셔서 북문 헌병 애들 주면 그렇게 좋아했단다. 돈까스가 퇴원할 때까지 정말 면회를 엄청 오셨다. 정말 자주 오셨다. 전역하고 누나한테 들으니 호프집 하면서 조금씩 모아 돈이 어느 정도 되면 큰 돼지 면회 간다고 아침부터 서두르셨단다.

지금 이 글을 쓰면서 운다. 오호통재라~! 부모님 돌아가셔야 그때서야 부모님 은혜를 아니까 이런 불효가 어디 있으랴~!

(4) 칼날의 양면 포항 병원

벽암지 유격장에서 1소대원들과…

* 상륙 작전의 중요성 *

상륙 작전은 전쟁에서 왜 중요한 것일까?

상륙 작전은 주로 적의 후방에 대규모 군대를 투입하여 전황을 완전히 뒤집을 수 있다. 대규모 병력이 상륙을 통해 적의 후방에 전진 기지를 확보하게 되고, 이는 곧 전선의 병력과 상륙으로 투입된 병력의 양동 작전이 수행될 수 있음을 의미한다.

이제 포항 병원 생활도 막바지에 이른다. 다시 대대로 돌아가야 할 시간이 다가온다. 불안할 수밖에 없다. 서서히 마음의 준비도 해야 한다. 신경을 좀 쓰니 중이염이 다시 도졌다.

　이번에는 심하게 도졌다. 하루는 열이 너무 나니 돈까스가 견디기에는 한계가 왔다. 진통제도 듣지 않는다. 침대에서 밤새 너무 아파하니 박 수병이 잠깐 참아 보라고 하고 군의관님실로 간다. 잠깐 얘기를 하고 나오더니 돈까스에게 주사를 하나 놔준다. 진통제는 안 듣는데…? 한 5분 정도나 흘렸을까? 어~? 왜 이러지? 돈까스는 통증이 하나도 없고 너무 편안하다. 갑자기 몸이 붕~! 뜬다. 햐~! 신기하다. 엥~? 나 죽었나? 비몽사몽간에 몸이 붕~! 뜨니 그렇게 생각할 수밖에 없다.

　그 후에 잠을 잘 수 있었다. 너무너무 편안하게 잤다. 아침에 일어나니 통증은 많이 가라앉았고 중이염 치료를 하니 금방 많이 좋아졌다. 돈까스가 생각해 본다. 아~! 담부터 중이염 통증이 오면 어제 그 주사를 놔달라고 해야겠다 생각했다.
　점심을 먹고 복도에서 마침 박 수병님을 만났길래 담부턴 중이염 통증엔 어제 그 주사를 놔달라고 하니 박 수병님이 빙그레 웃으며 말한다.

　"주 해병~! 어제 그거 모르핀이야~! 함부로 안 놔줘~! 어제는 주 해병이 너무 붓고 열나고 통증이 너무 심해 군의관님이 특별히 놔준 거야~! 함부로 못 써~!"
　"아~! 그게 모르핀 입니까~? 아~! 너무 좋던데요~!"

　박 수병이 씨익~! 웃으며 사무실로 간다. 돈까스도 모르핀이라는 말에 더 이상 말을 안 했다. 옛날에 본 전쟁 영화에서 총상을 입은 환자들의 고통을 줄여준다고 모르핀을 놔주는 걸 봤다. 근데 그게 마약 종류라는 것도 알고 있다.

저녁을 먹고 쉬고 있는데 480자 후임이 어제 부모님이 면회 와서 주고 간 돈 3만 원이 없어졌단다. 난리 났지 뭐~!

"3병동 인원 전체 각 침대 앞 정렬~!"

각 병동에는 그 시점에 가장 선임으로 병으로 임명된 병동장이 있다. 이런 일은 각 병동 인원이 해결하라고 일임해 준다. 430기 최수정 해병님이 병동장이다. 병동장, 위생병, 위생 하사가 각 침대를 돌며 검사한다. 병동장 선임이 한마디 한다.

"지금부터 30분 후 각 침대를 돌며 검사한다. 그 전에 혹시 순간의 욕심으로 가져간 사람은 자수해 주길 바란다."

저번에도 이런 일이 한번 있었지만 이게 참 기분 더러운 일이다. 그때는 끝까지 못 찾았었다. 30분이 다 지나고 이제 각 침대를 돌려고 하는데 480자 후임이 내복 속에서 찾았단다. 아까 그렇게 찾았을 때는 없더만 워디를 뒤진 거여~! 대대 같았으면 쟤는 오늘 어지간히 갈굼당했을 거다. 근데 여기는 병원이고 해서 그냥 끝이다. 조금 있다가 480자 후임이 죄송하니 주스를 하나씩 돌린다고 했나 보다. 병동장 선임이 괜찮다고 했다. 이 후임도 며칠 있다가 대구?국군통합병원으로 후송된다. 그 후 상태가 많이 안 좋아졌다. 돈까스는 그럴 때마다 기분이 많이 착잡하다. 이 3병동은 허리 디스크 환자들도 있었는데 디스크 수술만 받으면 바로 의병 제대였다. 돈까스가 있을 때만 해도 디스크 안 좋은 환자들이 수술받는 게 많았다. 왜 그럴까?

저녁때가 되어서 445기 강해상 해병님이 돈까스와 성기를 화장실로 집합시킨다. 화장실로 가 보니 450자 조철수 선임이 먼저 와 있다. 강 해병님은 7연대에 있다가 앞니가 3개나 빠져서 입원했다는 소리만 들었다.

더 이상 말도 안 해 주고 누구도 안 한다. 그냥 그러면 그런 거다. 오늘의 집합 목적은 다른 게 아니라 7연대 PX가서 술을 사 오는 거다.

450자 선임과 성기가 잘 아니까 셋이 가서 술을 사 오고 돈까스는 병원 쪽에서 망을 보는 것이다. 포항 병원에도 순검이 있다. 대대와 같은 순검은 아니고 인원 점검 정도의 수준이다. 저녁을 먹고 약 3~시간 정도의 자유 시간이 있다. 돈까스나 성기는 쫄따구라 그동안 술자리에는 못 끼었는데 오늘은 강 해병님이 한잔 사 준다고 해서 이루어진 거다. 돈까스가 거의 맨날 병원 옆 작은 숲에서 쳐다보던 건너 7연대 PX가 오늘 타깃인데 병원 당직 위생하사가 가끔 순찰을 돈다. 당연히 환자복으로는 갈수가 없지~! 군복으로 환복을 했지. 돈까스가 병원 쪽 의자에 앉아 망을 보는데 아니나 다를까…. 저쪽에서부터 플래시 불빛이 다가온다. 분명 당직 하사.

"거기 누구~? 어~! 주 해병이냐~?"
"네~! 필~승~! 최 하사님 당직이시구나~!"
"웅~! 쌀쌀한데 왜 아직 안 들어가고 여기 있어~?"
"네~! 엊그제 오마니가 면회 오셨는데 오마니 생각이 갑자기 확~! 나서요~! 흑흑"
"웅 그랬구나~! 그래~! 조금만 있다 들어가~!"

최 하사가 돈까스 어깨를 토닥인다. 평소 돈까스를 측은하게 생각하던 최 하사님…. 알고도 모른 척했던 거 같기도 하다. 제대 후 지금까지 돈까스가 가만히 생각해 보면 돈까스는 아주 열악한 군 생활 동안 좋은 분들을 많이 만나 운 좋게 큰 탈 없이 무사히 제대한 거 같다. 이 자리를 빌려 그분들께 감사드린다.

조금 있으니 셋이 이쪽으로 건너온다. 손에는 소주에 과자, 번데기 깡통이 들려 있다.

지금은 냉동식품이 많고 종류가 여러 가지지만 우리 때는 안주거리 파는 게 2~3가지밖에 없었다. 그중에 번데기 깡통 쪼그매도 최고였다.

"자~! 한 잔씩 마시고 건강하게 퇴원해서 생활 잘하자~!"
"넵~! 강 해병님 대대 내려가서 잘 생활하시길 바랍니다~!"

사실 오늘 이 자리는 그동안 병원 생활에서 넷이 제일 잘 놀았는데 강 해병님이 모레 퇴원해서 대대로 돌아가는 걸 축하를 하는 자리다. 7연대 PX에서 두 병만 팔아서 더 사고 싶어도 못 샀나 보다. 그날은 그거로도 아주 좋았다. 며칠이 지나서 들려오는 안타까운 소식이 대대로 내려간 강해상 해병님이 대구로 바로 후송 갔다는 소식이었다. 돈까스는 그 소식을 듣고 한참을 울었다. 왜 갔는지는 대충 안 들어도 이유를 안다.

돈까스가 대대로 복귀할 날이 다가온다. 솔직히 겁나고 걱정된다. 그러나 막다른 골목이다.

더 이상 갈 데가 없다. 살려면 아니 살든 죽든 대대로 내려가서 또다시 부딪혀야 한다. 그 길밖에 없다. 요사이 떠올리는 말이 있다. 대구로 후송 간 정성철 해병…. 그 선임이 논어도 잘 알았다. 근데 거의 매일 한자글 책을 읽다가 중얼중얼 말하다 뜬금없이 돈까스에게 한 말이 있다.

"살고자 하면 죽을 것이요, 죽고자 하면 살 것이다~!"

공수 교육대 앞에서 후임 희돈이와 돈까스

(5) 지옥의 묵시록(대대로의 귀환)

"나를 죽이지 못하는 고통은,
나를 더욱 더 강하게 해줄 뿐이다."

- 프리드리히 니체

'피할 수 없는 고통은 차라리 즐겨라~!'

몇 개월간의 포항 병원 생활을 마치고 돈까스는 대대로 복귀한다. 2R1BN1CO(2연대 1대대 1중대) 돈까스가 불안한 마음으로 중대에 들어서니 여기저기서 대뜸 들리는 소리가 가관이다.

"너~! 어디 짱박혔다 왔나~! 넌 죽었어~!"

돈까스가 1소대 내무실에 들어선다. 선임들 눈초리가 매섭다.

구석 자리에 꼰뼝을 놓고 중대장님한테 전입 신고를 하러 간다.

"필~승! 신고합니다. 일병 주완순은 0월 0일부로 포항 병원에서 21대대 1중대로 전입을 명 받았습니다. 이에 신고합니다. 필~승."

"응~! 잘 왔다. 주 해병~! 어려운 점이 많겠지만 천천히 익히면서 잘 생활해 주길 바란다~! 어려운 점 있으면 바로 말하고~!"

"넵~! 감사합니다. 중대장님~!"

돈까스가 전입 신고를 마치고 소대로 돌아와 아래 침상에 꼰뼝을 정리한다. 다른 병사들은 연병장에서 대대급 훈련이 얼마 안 있으면 있다. 그 훈련 대비 군장 정리를 한다.

"아~! 띠~바~! 힘들고만 계속하고 있네~!"

"야~! 띠발넘들~! 똑바로 안 해~! 아휴~띠벌~!"

연병장 중대원들이 들어온다. 돈까스가 바짝 긴장한 채 구석에서 쫄고 있다. 근데…. 아~! 띠벌~! 하필… 하필~! 젤 먼저 내무반으로 들어온 게 못난이 인형 상병이다.

"어~! 뭐야~! 띠벌넘 잘 짱박혔다가 이제 왔네~!"

"어~? 주완순~! 이 시키 이제 내려온 겨~? 띠~벌."

아~! 어떻게 저넘들을 맨 처음 보냐~? 박 상병과 김 병장…. 돈까스가 병원에 입원하게 된 이유가 저넘들 때문인데….

어떻게 대대 복귀해서 또 제일 처음 마주하게 되는지…. 돈까스는 또다시 불안이 몰려온다. 피해자와 가해자를 분리 조치해야 한다? 이때는 그런 거 읎~따! 돈까스는 스치는 생각이 다른 대대나 중대로 전출 보내 달라고 할까? 그러면 저넘들을 얘기해야 되잖아! 아~! 그건 또 아니다. 그건 또 고자질이 되는 것이다. 그러면 더 찍혀서 더 괴로울 거라는 걸 돈까스는 잘 안다.

저녁에 순검을 끝내고 돈까스는 구석에서 자려는데 누가 깨운다. 돈까스가 불안한 마음으로 돌아보니…. 헉~! 띠~벌~! 못난이 박 상병이다. 돈까스 귀에 대고 속삭인다.

"따라 나와, 짱돌아~!"

돈까스가 따라 간다. 박 상병은 돈까스를 데리고 공내무실로 간다. 중대 건물 끝에 빈 내무실이 있다.

"짱돌아~! 그동안 병원에서 편했지~?"

퍽~! 퍽~! 돈까스는 아프기도 하지만 딴 생각이 먼저 스쳤다.
'아~! 강 해병님도 이래서 후송된 건가~?'
돈까스는 그 생각을 하니 눈물이 난다. 그냥 슬프다.

"어~? 울어~! 뭘 잘했다고 울어 X시키야~!"

퍽~! 오우야~! 아구창 훈련소 이후 오랜만에 맞아 본다.
(아프기도 했지만 아구창을 오랜만에 맞으니 짜릿?함을 느낀다. 나중에 보니 이런 현상을 뭐라고 책에 있던데.)

"넌 앞으로 중대 생활 편할 생각 마라 알았나~!"
"넵~! 알겠습니다~!"

조금 있으니 김 병장이 스으~! 들어온다. 들어오며 말한다.

"조용히 대답해라~! X시키야~!" 퍽~! 퍽~!

돈까스는 가슴과 아구창이 아픈 것도 아픈 거지만 이해가 안 간다. 왜? 왜 이러는지 모르겠다~! 그러다 결론이 났다. 아~! 그냥 내가 싫은 거다. 이유가 없다. 히히히~!

"야~! 김 병장 대충하고 재워라~!"

공내무실 밖에서 소리가 들린다. 똘망이 당직 하사다. 근데 신참 하사다. 신참 하사가 병장이 하는 일을 섣불리 막을 수는 없다. 이때는 그랬다. 그날 공내무실에서 실컷 구른 뒤 거기서 늦게 잤다.
다음 날 5시…? 잠깐 잤나 보다. 중대 인원은 어제 일을 마무리하나 보다. 돈까스는 내무실에서 마무리 관물함 작업을 하고 앉아서 대기하는데 차소 대장님이 부른다.

"주완순~! 어때? 할 만하겠어~?"

"내무 생활 솔직히 못하겠습니다. 소대장님~!"

"흠~ 그래~? 잠시 대기하고 있어~!"

소대장님이 중대장님실로 들어가 한참을 얘기하다 나온다.

저녁을 먹고 후임들과 츄라이를 닦고서 소대를 들어오니 소대 인원들이 순검 준비 청소를 하고 있다. 다시 공내무실로 간 돈까스? 어제와 같은 괴롭힘이 반복이다.

한 따까리 하고 내무실로 들어와 침상에 앉아서 순검 준비를 하는데 눈물이 쏟아진다. 하염없이 눈물이 쏟아진다. 돈까스가 너무 우니까 소대장님이 달려왔다. 조금 있다가 중대장님이 왔다. 돈까스를 2층으로 올라가게 한다. 중대장님이 진정하고 오늘은 2층에서 자란다? 중대장님 퇴근하시고 또 나중에는 어떡하라고 그러시는지…. 돈까스는 하염없이 운다.

또 한 가지 2층으로 올라가니… 헉~! 김 병장이 바로 건너에 앉아있다. 박 상병은 바로 아래 일층이고 박 상병이 그 못생긴 얼굴로 씰룩씰룩하며 무언의 협박을 한다.

김 병장은 쳐다보며 눈깔로 협박한다. 돈까스는 참말로 진퇴양난이다. 워쩌냐~! 다 불어? 말아?

이럭저럭 며칠이 흘러 중대가 대대 TTT 훈련을 나갔다. 돈까스는 잔여 인원과 중대에서 생활하다가 연대 주임 상사님 따까리로 간다. 다시 연대 본부 생활이다. 연대 본부 중대는 괴롭힘이 조금 덜하다. 돈까스가 참을 만한 정도다.

연대 주임 상사님 따까리 생활을 1달 정도 하다가 대대 세탁소로 가란다. 돈까스는 몰랐는데 중대장님이 돈까스가 중대 생활을 잘 못하니 오마니를 포항으로 불러 면담을 하신 모양이다. 오마니와 면담하신 건 나중에 휴가를 나가 오마니에게 들었다. 아버지가 오랜 생활 양복점을 하신 걸 들으시고 주임 상사님이 생각하신 게 서당 개 3년이면 풍월을 읊는다고 돈까스가 세탁소일이 적성에 맞을 거 같아서 보내신 거다. 하루 일과를 세탁소 일을 하고 저녁에 내무반으로 돌아와 순검을 받고 자는 것이다. 훈련은 대부분 나가고 일과만 세탁소 일을 하는 것이다. 대대 세탁소는 중대 건물과 맞붙어 있다.

중대 뒷문으로 나오면 바로 있고 바로 건너가 2중대 건물 뒤 통신 창고다. 대대 주임상사님의 인솔하에 대대 세탁소로 들어가니 안에 2명이 있다. 세탁소장 440기 이성신 해병과 461기 이경식 해병이다. 주임 상사님이 앞으로 세탁병으로 지낼 거라고 얘기하고 돌아가신다. 이성식 해병은 경주에서 온 사람인데 어떤 때는 자상하다가 어떤 때는 날카롭다가 조금 감을 못 잡겠다. 근데 대체적으로 좋은 선임이다.

이경식 해병은 서울 살다 왔는데 나하고 거의 같은 연배라 있는 동안 잘 맞았던 거 같다. 주임 상사님이 가시고 세탁장인 이성신 해병과의 면담이다.

"니는 고향이 어디고~?"
"넵~! 서울 신설동 192번지입니다~!"
"웅~! 여기서는 병사들 군복 빨래하고 말리고 다림질하는 게 일과야~! 그리고 팔각모 각 잡는 기 어려울 거야~! 배워."
"이경식이 니 바로 위 선임이니~! 말 잘 듣고 빨리 배워~! 알았나~?"
"넵~! 잘 배우겠습니다~!"

"이경식~! 처음부터 확실히 갈쳐 줘. 알았지~?"
"네~! 알겠습니다. 이 수병님~!"

엥~? 이 수병님~? 왜 해병님이라 안 그러고 수병님 그러지?
돈까스가 이 와중에 참 궁금했다. 수병은 해군들이 부르는 호칭인데~? 이 넘들 해군인가? 돈까스 생각에 이해가 안 갔지만 물어보면 또 터질지 몰라 참는다. 나중에 알았는데 초기의 호칭이 그대로 남아서 그렇게 부르기도 한다. 그리고 훈련 나가서 빠졌지만 443기가 하나 더 있단다. 이렇게 돈까스의 대파(대대 파견) 시절이 시작된다. 세탁소랑 붙어 있는 목공실 에는 나무가 잔뜩 쌓여 있는데 여기에는 432기 정명칠 해병님이 목공병으로 있다.

다음 날부터 돈까스는 연탄불 피우는 거부터 배웠다. 연탄화로에 연탄을 피워 그 위에 다리미를 올려 달군 다음 군복을 다려야 하니 아침에 세탁소로 가자마자 연탄불을 피운다.

지금이야 전기 스팀 시스템이지만 라떼는 그런 거 없~다~! 연탄불에 다리미 올려놓고 들어서 얼굴 가까이 대고 열 체크하고 열을 식힌 다음 군복을 다린다. 근데 열 체크가 잘못되면 한마디로 X된다. 군복에 다리미를 대자마자 헉~! 달라붙는다.(몇 번 태워서 오브지게 터졌다.)

하루는 이성신 해병이 이경식 해병에게… 돈까스한테 다림질을 시켜 보란다. 돈까스가 연탄불에서 다리미를 꺼내 얼굴 가까이 열을 체크하고 군복에 다리미를 대는 순간 오우야~! 흑흑~! 쫙~! 달라붙었다. 순간 이성신 해병이 소리친다.

"다리미~! 떼~! 시키야~!" 퍽~!

돈까스가 얼떨결에 그냥 대고 있었던 것이었다. 퍽~! 순간 피하다가 눈 쪽에 맞어 눈 밤탱이 됐다. 히히히~!

"그걸 빨리 떼야지 계속 대고 있으면 어카냐~?"
"이경식 똑바로 안 가르쳐~? 다시 가르쳐. 알았어~?"

바로 위에 선임 이경식 해병이 알겠습니다~! 하고 돈까스한테 다시 가르친다. 아~! 근디 이 군복은 돈까스 군복이다. 돈까스는 저 다리미 자국 난 군복을 전역할 때까지 입는다. 오후에도 이것저것 이경식 해병에게 배우는데 문소리가 '쾅~!' 크게 나서 돈까스가 돌아보니 무슨 강원도 산골짜기에 있는 천 년 묵은 두꺼비 같은 게 씩씩대며 들어온다. 계급장을 보니 상병이다. 돈까스는 감 잡은 게 아~! 세탁소 인원이 하나 더 있다더니 이 물건인가 보다 생각하고 필~승~! 하니까? 돈까스를 구석구석 보더니….

"이 먹다 남은 호떡 같은 건 뭐냐~?" 한다.
"네~! 새로 온 주완순 일병입니다~!"

이경식 해병이 돈까스 소개를 하고 돈까스에게 세탁소 투고 신연재 해병님이라고 소개한다. 돈까스가 필~승 경례하니까… "뭔~! 필승~! 새끼야~! 조용해~!" 하며 신고 있던 쓰레빠를 벗는다? 그러더니 쓰레빠 밑에 침을 퉤~! 하더니 그걸로 돈까스 뺨을 때린다. 엥? 뭔 일이랴~! 아~! 더러~! 아~! 이건 또 무슨 동물이냐~?

"앞으로 똑바로 잘해~! 시키야~! 알았어~?"

돈까스가 ' 넵~! 잘하겠습니다~!" 대답하며 생각한다.

'아~놔~! 이건 또 뭔 변태 시키냐~? 괴롭겠다.'

어차피 돈까스는 이제 죽기 아니면 살기니 누가 괴롭히는 거는 이제 별로 신경 안 쓰기로 했다. 아~! 팔각모 각 잡는 거 어렵네~! 연습하고 또 한다.

22대대 앞 신영제, 이경식 해병님들과…

(6) 살기 위한 타협과 적응

실무 가서 한철희 해병님과 한 컷

'고통은 인간을 한층 성숙하게 한다.'

며칠이 있으면 연대급 전술 행군 훈련이 있다. 무박에 00km 행군이다. 사단과 연대에서 준비 사항을 점검 내려오는데 엥~? 장비가 모두 신삥이다. 어우야~! 이런 새것을 놔두고 그동안 병력들이 다 그지 꼴로 지내다니 뭔가 안 맞는다. 물론 보급 내려오는 기간이 있지만 해병대는 보급이 전체적으로 열악하다. 그러니 긴빠이가 없으려야 없을 수가 없다. 이번에는 제대로 갖춘다고 대검까지 줬다. 돈까스는 군 생활 얼마 안 됐지만 대검 처음 봤다. 육군은 보면 대검이 있던데 해병대에도 대검이 있는 줄 돈까스는 이번에 처음 알았다. 모든 장비는 점검받고 다시 고대로 반납이다.

해병대는 이때부터 아나바다 운동을 했나?

돈까스는 이리 터지고 저리 터지고 옷 다림질을 처음부터 다시 잘 배우는 중이다. 저녁 일과 끝나면 중대로 들어가서 취침하고 아침이면 일찌감치 세탁소로 나와 연탄불부터 피운다. 이럭저럭 이 생활에 적응해 나가는 중이다. 이성신 해병님이 저녁 과업 끝나고 주계로 모이란다. 400자 초반 김현욱 해병님이 전역이 얼마 안 남아서 축하 겸 대파 단합식이라는데 돈까스는 처음 가 보는 자리라 긴장된다. 대파는 대대 파견 즉 세탁병, 이발병, 주계병들을 호칭하는 말이다. 중대 내무 생활을 안 하니까 중대에서 선임 대우는 안 해 준다. 분위기가 그렇게 돌아가지만 그것도 하기 나름이다. 또한 돈까스는 쫄병들이 대우해 주고 안 해 주고가 문제가 아니다. 오로지 군 생활 동안 사고 없이 무사히? 제대하는 게 최종 목표다. 그러니 그런 거에 신경을 잘 안 쓴다. 어차피 쫄병이고 후임이고 다 집 떠나 고생하는 나름 귀한 자식들이기에 잘 지내자는 마인드가 우선인 돈까스다. 이것이 선진 병영의 지름길이기도 하고 말이다.

저녁 과업 끝내고 중대로 돌아가 당직병 선임께 오늘 대파 선임 제대 축하 모임이 있다고 말하고 주계로 향하는 돈까스…. 주계에 도착하니 468기 정민철 해병이 반갑게 맞이한다. 정민철은 후임 주계병인데 돈까스하고 금방 친해졌다. 조금 있으니 대파 선후임이 다 모이니 20명가량이다. 주계 작은 내무실에 임시 탁자를 갖다 놨는데 그 위에 돼지고기 수육, 제육볶음, 튀김 등 돈까스가 사회에서는 주로 먹었지만 군대 와서는 처음 본 음식과 소주가 가득했다. 김현욱 해병의 선창으로 '대파 파이팅'을 외치며 선임들이 따라 준 소주를 들이킨다.

21대대 400자 대파 모임

우~왕~! 몇 개월 만에 마시는 소주냐? 천상의 맛이다. 선임들이 이런저런 얘기를 하고 "대파는 대파끼리 선임 잘 모시고 대우해야 너희도 후임들한테 대우받지 중대 후임들이 대우해 주지 않는다. 그러니 대파끼리 잘 뭉쳐야 한다. 알았나~?"

"네~! 알겠습니다~! 감사합니다."

김현욱 해병이 한마디 하는데 목이 메는지 잠깐 울컥한다.
모두들 정이 들었는지 분위기가 엄숙하다. 그 와중에 이성신 해병님이 세탁소에 후임이 들어왔다고 돈까스를 소개한다.

"선임들게 인사드리고 앞으로 잘해라~!"
"넵~! 필~승~! 일병 주완순 대파 선임들게 인사드립니다. 앞으로 잘하겠습니다 필~승~!"

"그래, 앞으로 잘 지내 보자~! 반갑다~!"

선임들이 돈까스를 반겨 주고 다시 이리저리 술잔이 어울린다.

돈까스는 이경식 해병과 정민철 해병하고 구석 쪽에 자리잡아 서로서로 따라 주며 오랜만의 자유?를 만끽한다.

"자, 우리 대파들 잘해 보자고 전체 사진 한 방 찍자~!"

주계 한쪽 벽면에 상륙하는 그림이 크게 있는데 그걸 배경으로 자리를 잡는다. 목공병 정명칠 해병님이 앞에서 일회용 카메라를 잡고 있다. 지금도 그 사진이 있지만 일회용 카메라라 플래시가 열악해 조금 어두컴컴하게 나왔다. 돈까스는 대대에 온 날 중 이날이 가장 편안하게 즐긴 날이다. 그 동안 많은 어려움을 겪었는데 이제야 돈까스에게 맞는 보직이 주어진 것 같다. 같이 있는 선임들도 중대 선임들 보다는 좋은 거 같고 마음도 조금 편해진다. 그러나 그것은 돈까스만의 착각(?)이었다. 군대는 군대다. 돈까스가 열심히 팔각모 각 잡는 데 온힘을 쏟는 가운데 행군의 날이 다가왔다. 아침부터 일찍 일어나 연탄불부터 피워 놓고 잔류 선임들에게 훈련 다녀오겠다고 말하고 얼른 중대로 복귀해 후임들이 싸놓은 완전 군장을 메고 연병장으로 나간다. 아~! 오랜만의 행군이라 다리가 좀 아플 텐데 돈까스는 작은 걱정이 앞선다.

000기로 무박 전술 행군 연대 전 병력이 출발한다. 먼저 21대대 1중대부터~ 3중대 다음에 대대순에 따라 22대대 5중대가 뒤를 따르고…. 23대대

순이다. 당시 2연대의 선봉 중대가 내가 있는 1중대라 1중대가 대대에선 젤 선두에 가게 되었다.

21대대와 22대대…. 23대대는 어느 정도의 간격을 유지하고 가게 됐는데 여기서는 낙오란 없다. 대대간의 일종의 무언의 경쟁도 있고 하니 무조건 걸어야 한다.

가끔 금방 온 신참들이 게거품을 물 때가 있다. 그러면 중간 고참들이 군장을 대신 짊어지고 간다.

오천읍 세계리 소재 남문을 떠나 서서히 행군이 시작된다. 좌측으로 가면 장기 양포 및 장성백이 가는 길이며 우측으론 오천 시내로 향하는 길이다. 헌병들이 나와 교통정리를 한다.

훈단 때 빡빡 기던 남문 사격장 앞을 지나간다. 우측엔 해병대 B.E.Q(하사관 아파트)가 보인다. 약 100미터를 더 가니 1사단 전차 대대가 좌측에 보이며 그 뒤쪽 산에 무적 해병이라고 써 있는 산이 보인다. 조금 걸으니 앗~! 양갈래 머리의 여학생이 지나가며 우리를 보고 킥킥댄다. 돈까스가 전에 진해 생각이 스치며 손을 흔들어 준다. 여학생들도 흔들어 준다. 앗~! 여학생이 돈까스하고 460기 정창복 해병이 있는 데로 뭔가를 서너 개 던진다. 돈까스가 얼른 옆으로 달려가 줍는다. 막대 사탕 4개다. 뒤를 돌아보며 여학생에게 손을 흔들며 고맙다는 표시를 하는 돈까스…. 오랜만에 시내 구경을 하니 그저 좋다.

하창복 해병한테 사탕 하나 주고 옆에 후임에게 하나 주고 돈까스는 2개를 주머니에 넣으려는 순간 뒤에서…?

"주완순~! 똑바로 안 가나~? 정신 안 차리지~!"

돈까스가 움찔 뒤돌아보니 못난이 상병이 도끼눈으로 쳐다보며 소리 지른다. 아~! 돈까스가 잠시 잊었다. 저 못난이가 뒤쪽에 있다는 걸…. 우측엔 큰 하천이 지나가고 있다. 이정표에 오어사 가는 길이 보인다. 지금은 포장이 잘 되어 있으며 가는 길에 모텔이 들어서 있다. 그 이정표를 두고 길이 갈라진다. 좌측 길…. 바로 갈평 저수지 및 기림사로 향하는 비포장도로다. 갈평 수녀원을 지난다. 오른쪽엔 포도밭이 즐비하게 늘어서 있다. 갈평 저수지를 지나는데 10분간 쉬어 시간이다. 잠시 쉬며 멀리 보니 산 쪽으로 가는 비포장 오르막길이다. 중대 선임 하사관인 이경회 중사님과 똘망 신참 하사님이 사진 한 판을 그곳에서 찍는다.

저수지 위에서 산 아래를 쳐다보니 길 양가로 늘어서 쉬고 있는 2연대 해병들의 모습이 보인다. 지금 이 길은 경주 기림사와 연결된 도로다. 포클레인이 길 확장 작업을 하느라 도로 먼지도 많이 나고 엉망이다. 한참을 지나갔다. 기림사를 지나 좌측에 큰 하천을 보고 있으니 우리 뒤에 오던 2~3중대원들 모습이 보이질 않는다. 길 확장 작업 때문에 늦어지는지 우리 중대가 잠시 멈춘다.

길가에 앉아 정창복 해병님과 이빨을 까고 있는데 지나가던 관광버스에 탄 민간인들이 손을 흔들어 주며 돈까스와 정창복 해병한테 과자, 사탕 봉지, 음료수를 차창 밖으로 던져 준다. 아주머니들이 관광 나왔는지 버스에 다 아주머니들이다. 후임들과 길가에 앉아 음료수를 마시는데 못난이 상병이 다가온다. 못마땅하다는 듯이 한마디 한다.

"이 시키들 똑바로 안 해~? 니들 복귀하면 다 죽었어~!"

그러면서 손을 내민다. 남은 과자와 사탕을 봉지째 가져간다. 조금 있으니 타 중대 병력 대열이 오는 게 보인다. 공사 트럭이 막혀 잠시 지체됐었나 보다. 다시 출발을 하고 행군 속도를 높였다가 잠시 늦추고 또다시 높이고 어느새 어둑해진 하늘 우리는 산길을 넘어가고 있었다. 돈까스는 밤눈이 어두운가 보다 자꾸 헛발질을 하고 축축한 곳에 빠지곤 한다.

군화 속은 이미 물컹물컹하다. 그날 저녁 산자락에 위치한 어느 자그마한 동네 논바닥에서 우리 잠시 쉬게 되었다. 타작을 한 뒤라 논은 말라 있었으며, 타작한 볏짚들을 한곳에 모아 놨다. 배낭을 잠시 내려놓고 볏짚단에 기대니 잠이 솔솔 온다. 달을 보니 달빛이 너무 밝다. 저쪽 민가를 보니 굴뚝에서 연기가 솔솔 나고 불이 켜져 있는 거 보니 누가 아직 안 자나 보다. 돈까스는 집 생각을 하며 잠시 눈을 감는다. "주 해병님 일어나십시오~!" 옆에 있던 신참이 깨운다.

어~! 그새 잠들었나? 소대장님이 다시 출발을 한다. 다시 중대 대열이 출발한다. 발걸음은 아까보다 몇 배는 더 무겁다. 산등성이를 오르는데 숨이 턱 막힌다. 심장은 터질 것 같고 눈은 감겼다 뜨고 또다시 감으면서 걷고 돈까스는 그래도 오랜만에 한 행군치고는 견딜 만했다. 다만 이때 알았던 거지만 밤눈이 어두운지 자꾸 돌부리를 못 보거나 축축한 곳에 빠진다. 산등성이를 넘어 바닷가 통로를 한참 걸으니 아까 아침에 지나쳤던 동네를 지난다. 후임 신정민이네 동네가 여기라고 했던 게 기억난다. 이제 얼마 안 남았다.

신참들은 벌써 몇 명이 게거품을 물었다. 둘은 앰뷸런스를 탔다. 돈까스는 또다시 진해에서 행암 구보 때 앰뷸란스 탔던 기억이 잠깐 떠올라 살며시 썩소를 흘린다. 밤새 걸어 익숙한 도로를 걸으니 돈까스는 다시 힘이 난다. 북문이 가까워지고 있다는 거다. 그때 고참 소대장님이 돈까스에게 다가온다.

"주완순~! 걸으면 다리가 더 아프다. 구보로 가자~!"
"아~! 소대장님 그렇습니까~? 같이 가시죠~!"

돈까스하고 고참 소대장님이 구보로 뛰니까 선임이고 후임이고 뒤에서 한마디씩 한다.

"와~! 지금 구보로 간다고? 체질이네 체질이야~!"
"야~! 저 시키 아직 힘이 남았네~! 야~! 저거 다음 구보 때 내보내~!"

돈까스는 아차~! 싶었다.

팀 스피리트 훈련 중 하 해병님과 돈까스

(7) 살아남아라(Surviving Life)

462기 선임과 주계 겨울 무 파기 작업

'Marines don't die. They just go to hell to regroup in order.'
(해병은 죽지 않는다. 그들은 지옥에서도 기수빨로 집합한다.)

돈까스가 제일 싫어하는 게 쥐다. 아주 싫어한다. 하루는 신병들이 새로 와서 중대 선임 하사님이 신병들 군복을 빨아서 다려 달라고 부탁을 해서 돈까스가 이성신 해병님께 말을 하고 저녁 늦게까지 빨아서 말리고 다림질하느라 순검 끝나고 취침 시간이 지나서까지 일하고 늦게 중대로 들어온다.

공내무실에서 자려고 모포를 덮었는데 발 쪽에 뭔가 움직이는 감이 느껴져 고개를 들어 발쪽을 빼꼼 쳐다본다.

헉~! 띠~벌~? 쥐가 한 마리 발쪽에서 돌아다니다 돈까스와 눈이 딱 마주

치고서 다다다~! 얼굴 쪽으로 온다. 돈까스가 보고 있다가 얼굴 쪽으로 다 왔을 때 모포를 확~!들어 옆으로 밀쳐낸다.

옆쪽으로 뭔가 툭 하는 소리가 나더니 다다다~! 도망가는 소리가 나서 얼른 일어나 불을 켜니 어느새 침상 밑으로 도망쳤나보다 안 보인다. 윗침상에서 자던 본태 430자 선임이 '왜 그래~?' 한다. 쥐가 있다고 하니 침상 밑에 쥐구멍이 있단다. 헉~! 띠벌~! 돈까스가 얼른 모포를 챙겨 세탁소로 다시 간다. 세탁소 한쪽에 두 명이 누울 공간에 마루처럼 깔아서 가끔 거기서 자곤 했다. 근데 얼마 전에 타 연대 세탁소에서 불이 나서 세탁소에서 못 자게 하는데 그래도 늦은 시간에 일이 있을 땐 그냥 자곤 한다.

이 세탁소에도 쥐가 있다. 어떤 때는 잘 때 다림질판 밑에 공간에서 부스럭대기도 하고 옆의 의자 위에도 돌아다닌다. 또 옆에 바로 목공실이라 나무들이 쌓여 있으니 벌레도 많고, 그래서 얼마 전에 돈까스하고 이경식 해병이 어느 정도 보수를 해서 좀 나아졌다. 요새처럼 신 건물이면 그렇지 않겠지만 우리 때는 아주~! 오부지게~! 허벌나게~! 열악했다. 그나마 얼마 전에 보수한 게 효과가 있다. 돈까스는 오늘은 편안히 혼자 잘 잔다.

아침에 일어나 바로 연탄불 피우고 돈까스는 열심히 팔각모 각 잡고 있는데 중대 행정병이 들어와서 전해 준다.

"주 해병님~! 서문에 면회 오셨습니다~!"

엥~? 면회? 오마니가 또 오셨나~? 돈까스는 허락을 받고 얼른 서문 면회실로 쫓아간다. 면회실에 가니 오마니가 안쪽에 앉아 계신다.

"이궁~! 오마니~! 힘들게 또 오셨어~?"
"힘들긴 뭐~! 요새는 안 아퍼? 생활할 만해~?"
"오마니~! 걱정 마. 이젠 할 만하고 다들 잘해 주셔~!"
"자~! 이거 먹어 봐~!"

오마니가 가방을 여니 그 안에 통닭하고 미니 족발 그리고 잡채가 있다. 김밥도 좀 싸 오셨다. 근데 우리 오마니표 김밥은 기다란 김밥이다. 안 자른 김밥이다. 국민학교 때 오마니가 아버지 제품 공장 일을 도우시다 보니 무척 바쁘시다. 그래서 몇 번은 소풍가는데 김밥을 안 자르고 그냥 길게 넣어주셨는데 소풍가서 먹는데 애들이 바꿔 먹자고 해서 주니 기다랗게 잘라 먹는 게 더 맛있단다. 그래서 돈까스가 그 말을 오마니께 하니 몇 번 그렇게 싸주셨다. 돈까스는 오랜만에 그 김밥을 아주 맛있게 먹었다. 정말 맛있었다.

"오마니~! 조금 있으면 정기 휴가 15일짜리 나가니까 당분간 안 오셔도 돼요~! 오마니 너무 힘들어~!"
"웅 그래~? 알았어~! 많이 먹어~! 그리고 이거 선임들하고 같이 먹고~!"

오마니가 옆쪽에 있던 작은 박스를 준다. 떡 박스다. 돈까스가 절편을 좋아하는데 그걸 참기름을 듬뿍 묻혀 가져 오셨다. 참말로 대단하신 오마니다. 오마니는 차 시간이 있어서 보내 드리고 돈까스는 터벅터벅 서문길을 걸어 오른다.

오마니가 다시 5~6시간을 걸려 서울로 가실 걱정에 돈까스는 마음이 편치가 않다.

지금 글을 쓰는 이 순간 다시 한번 그때로 돌아갈 수 있다면 얼마나 좋을까 하는 생각을 잠시 해 본다. 세탁소로 돌아오니 일거리가 많이 들어와 있다. 얼른 환복을 하고 열심히 다림질을 한다. 한참 후 잠시 밖으로 나와 담배를 피우는 돈까스는 오마니가 잘 가고 계실까? 생각하며 석양이 지는 하늘을 보며 한 모금의 담배 연기를 내뿜는다.

다음 날은 주말이라 돈까스도 그동안 미뤄뒀던 군복물 빼는 작업을 하려 한다. 해병대 작업복 군복은 전체적으로 회색 정도로 물이 빠지고 다림질 선 따라 흰색 가까이 물이 빠져야 뽀대가 난다. 세탁병은 적어도 군복만큼은 남들보다야 더 뽀대가 나야 한다. 근데 이게 보통 일이 아니다. 대나무 솔로 옷을 빡빡 문지르고 말려서 다리고 바로 또 빨랫비누를 묻혀 대나무솔로 빡빡 문지르고 또 바로 빤다. 이 작업을 수십 번~! 해야 비로소 쪼금 물이 빠진다. 해 보고서야 알았지만 훈련소 때 DI소대장님들 물 빠진 군복이 그렇게 멋있었는데 그렇게 되려면 족히 2년 정도는 걸려야 한다. 20벌 정도 하면 겨우 한두 개 건진다. 그래서 제대하는 선임들 군복 반납할 때 선임 해병님들 물 빠진 군복을 내 군복하고 바꾼다.

저녁을 먹고 와서 팔각모 각 잡는 연습을 하는데 이경식 해병이 밖으로 잠깐 부른다. 세탁장 이성식 해병님이 외출을 나가는데 5천 원만 꿔 주라는 거다. 아~! 마침 돈까스는 어제 오마니가 면회를 와서 뒀다가 먹고 싶은 거 사 먹으라고 2만 원을 주고 가셨다. 돈까스는 다시 들어가 이성신 해병님한테 만 원짜리를 주면서 "그럼 5천 원 쓰시고 5천 원 남겨 오세요~!" 한다. 이때 일병인 돈까스의 월급이 3,680인가? 했을 때다. (아~! '오천 원 남겨 오세요~!' 이 말이 몰고 올 파장을 돈까스도 누구도 미처 몰랐다. 띠~벌~! 히히히)

저녁을 먹고 이경식 해병이랑 세탁소에서 tv를 보면서 쉬고 있는데 19시쯤 이성신 해병님이 거나하게 취해서 들어오셨다. 손에는 배 몇 개가 든 봉지를 들고 와서 우리한테 하나씩 먹으라고 준다. 한참 설교를 하더니 세탁기를 돌릴 때 기계 벨트 쪽을 고정하며 잡아주는 박달나무 오함마를 가져오란다? 길이는 1m10 정도 되고 두께는 7센티 정도 되는 일명 빠따다. 오함마를 갖다 주니 이경식 해병이랑 돈까스를 다림질 다이를 잡고 뻗치란다. 엥? 갑자기? 왜?… 그러더니 돈까스와 이 해병을 빠따로 친다. 5대씩 친다.

'퍽~! 퍽~!' 윽~! 술 먹은 사람은 힘도 세진다. 그러더니 다시 앉아서 배를 먹으란다. 둘이는 또 배를 먹으며 설교를 듣는다. 주어도 없고 내용도 왔다 갔다? 도대체 뭔 말이냐~?

10분 정도를 설교를 하고 다시 뻗치란다. 또 뻗치고 이번엔 10대 퍽~! 퍽~! 그리곤 다시 배를 먹으란다. 그리고 한참을 또 설교를 한다.

세탁소가 1중대 건물이랑 맞붙어 있으니 중대에서 다 들리는 가보다. 중대랑 맞붙은 세탁소 벽 위에 조그만 창문 넘어 중대 쪽에서 화기소대 박 하사님이 한마디 날린다.

"야~! 이성신 해병~! 대충하고 끝내~!"
"알았어요~! 걱정 마요~!"

이성신 해병님이 대답하고 다시 설교를 시작한다. 그리고 다시 뻗쳐~! 퍽~! 퍽~! 이번에는 15대. 졸라 아프다. 다시 배를 먹으라고 하고 설교를 하고 다시 뻗쳐 하고 퍽~! 퍽~!… 궁시렁 궁시렁~! 퍽~! 퍽~! 이날 돈까스와 이경식 해병은 중대 순검을 못 받고 이상한 이 짓?은 한참을 계속된다.

돈까스는 맞으면서도 세 봤다. 정확히 78대. 다음 날 보니 엉덩이살 피가 터졌다. 돈까스는 이후로 거의 한 달을 똑바른 자세로 누워 못 잤다. 이경식 해병은 피는 안 터지고 피멍이 심하게 들었다. 돈까스가 대대 위생병한테 군복을 2달 동안 다림질해 주는 조건으로 항생제와 연고를 2개 얻어 이경식 해병 하나 주고 주야장창 발라서 크게 탈은 안 나고 아물어 갔다. 히히~! 도대체 돈까스는 왜? 맞은 거냐~?

돈까스는 그날은 정말 왜? why? 맞는지 몰랐는데 이경식 해병님이 오후에 말을 해서 알았다. 돈까스는 이경식 해병이 5천 원을 꿔 주라니까 만 원짜리를 주면서 당연히 5천 원을 남겨 오라고 했지~! 근데 그 남겨 오라고 한 게 기합 빠진 거다. 우히히히~!(기합 빠진 놈~!) 어디 감히 쫄따구가 오천 원을 남겨 오라구 하나? 큭큭큭~! 이성신 해병님도 남겨 오라 했는데 술을 먹다 보면 그게 그렇게 되나? 그러니 화가 난 거다. 돈까스야 그렇다 쳐~! 근데 이경식 해병은 왜? 왜는 왜야~! 쫄따구 잘못 가르친 죄지~! (지금 생각해 봐도 돈까스가 잘못했다.)

그 다음 날부터는 아무 일 없었다는 듯 그냥 지나갔다. 이후로도 그날 일은 없었던 거다. 뭐냐 이게~? 큭큭큭~!

그날 오후 중대에서 들어 온 군복 몇 벌을 빨아서 세탁소 앞 공터 줄에 거는데 뒤를 돌아보니 저쪽에서 이주일 같이 생긴 애가 걸어오며 '주완순~!' 하고 부른다. 동기 통신병 이성곤이다. 세탁소 앞 창고를 통신실로 만들어서 성곤이는 거기로 매일 출근한다.

"오~! 통신병~! 오늘은 뭐 할일 읎냐~?"
"웅~! 오늘 뭐 몇 가지 수리하고 없는데~! 왜~?"
"웅 그러면 나 라디오 밧데리 좀 만들어 주라~!"
"응 그래~! 갖고 와~!"

무전기 배터리가 크고 좋다. 그걸 라디오에 납땜 연결하면 오래간다. 새 배터리는 안 되고 쓰다 남은 배터리로 연결해 줬다. 이것도 무지 오래 쓴다. 그 라디오는 선임이 쫄따구가 빠졌다고 뺏어갔다. 이런~! 히히히~! 아~! 진~짜~!

역시 옆에 동기가 있으니 좋다. 이성곤이 하고는 몇 달 잘 지내다 나중에 그 통신실이 대대 상황실로 리모델링하는 바람에 떨어진다. 슬프다. 다음 달이 사단 체육 대회라 각 중대 인원들은 체육 대회 준비에 바쁘다. 각 종목을 한 번씩 해 보고 최종 참여 인원을 뽑아야 한다. 다른 종목은 원래부터 체질들이 있다. 그 인원이 대대 대표로 나가고 몇몇 종목은 신병들이 새로 들어오면 다크호스가 있기 때문에 새로 뽑히기도 한다. 어느 날인가? 차 중위님이 돈까스한테 무장 구보 연습을 하는데 돈까스도 한번 뛰어보라 한다. 돈까스는 그냥 무심코 '넵~! 알겠습니다~!' 한다. 드디어 무장 구보 연습하는 날…. 또 다른 소위님이 대열에 군장을 메고 서 있는 돈까스에게 다가오더니 씨~익 웃으며 한마디 하신다.

"무리하지 말고 가벼운 마음으로 뛰어 봐~!"
"넵~! 알겠습니다. 소대장님~!"

우리 21대대 1중대에는 중대장님, 그리고 차기환 부중대장님(고참 중위), 그리고 예쁘장한 박 소대장님(소위), 그리고 안토니오 이노키 같이 생긴 신참 이 소대장님 이렇게 네 분의 장교님이 계신다. 저기 이 소대장님은 돈까스가 2018년도 해병전우회 중앙회 생활 때 해병대 사령관, 취임식 갔을 때 해병대 사령부에서 다시 조우한다. 그동안 엘리트 케이스로 진급하시다가 원스타 달고 사령부 계시다가 전역하셨다.

무장 구보는 속도와 기록이 중요하다. 12킬로라 하지만 정확한 거리는 12킬로가 조금 안 된다. 우승하려면 기록이 36분대에 들어와야 됐으며 전원이 들어와야만 했다. 혼자만 잘 뛰어도 안 되며 전원이 호흡을 맞춰 들어와야만 됐다. 연습이지만 실전처럼 해야 한다. 드디어 출발… '제 둘 번호 붙여 가~!'

'악…, 악… 악… 악악악… 악악… 악 악….'

돈까스는 여지없이 진해에서의 쌍코피가 가르쳐 준 호흡법을 기억하려 한다. 사단 내 구보니까 미니스커트 입은 여자도 없을 거고 한눈팔다 호흡 놓칠 염려는 없을 거다. 무장 구보 당일 코스가 도솔관 4거리에서 23대대 21대대… 22대대 공병 해지단을 지나 2훈단을 거쳐 사단 본부와 사단 주계 그리고 상륙지원단 해군 유류고를 지나 7연대 멧돼지 동산을 지나가는 코스다.

(돈까스는 훈련소 구보랑 실무 구보가 완전 다른지 이때 알았다. 훈련소 구보가 10이라면 실무 구보는 100이다.)

한참을 호흡을 놓치지 않고 뛰는 돈까스… 어~? 가슴이 벌써 답답해 오는 게 아~! 그놈의 담배를 피워서 그런가 보다. 고참 선임들은 야지를 넣으며 '목소리 썩었다 썩었어~!'

"낙오하는 X시키들은 중대 들어가면 죽을 줄 알아라~!"

돈까스는 아무 소리도 안 들린다. 다리가 점점 뻣뻣해지는 느낌이 온다. 앞에서 이끌던 못난이 박 해병이 돈까스를 보며 쌍욕을 날린다.

"야~이~! X씹숑아~! 뒤질래~! 똑바로 안 해~!"

이때까지만 해도 별 탈 없이 뛰는 듯했다.

그러나 반환점을 돌기도 전 포병연대를 지날 때쯤 갓 온 신병 하나가 눈이 뒤집어지면서 거품을 내며 자신이 메고 있는 무장을 집어 던지고 입고 있던 작업복 상의를 다 벗어 버린다. 그러면서 대열 밖으로 나가 낙오하려는 게 아닌가? 근데 이 신병은 저번 행군 때도 게거품을 물었었다. 저쪽 앞에 BOQ 관사가 보인다. 선임 해병님들이 난리 났다.

"이 X시키야~! 이 X같은 C-8넘아~! 정신 안 차려."

하면서 소총 가지고 그 녀석 머리를 내려치려 했다. 그 순간 고참 소대장님이 소리친다.

"야~! 하지 마~! 버려~버려~!"

한다. 북문을 유턴해 다시 달리는데 유턴하자마자 이젠 4-5명이 떼거리로 빌빌~! 거리는 게 아닌가? 고참 소대장님이 돈까스한테 같이 빠지라고 한다.

"주완순~! 빠져서 낙오 인원 데리고 먼저 중대로 복귀해~!"
"넵~! 알겠습니다. 소대장님~!"

아~! 마침 돈까스도 한계가 왔는데 못난이 해병님 때문에 이러지도 저러지도 못했는데 구세주였다. 돈까스는 얼른 대열에서 빠져 게거품 문 신병과 다리 절뚝이는 신병을 데리고 중대로 복귀한다. 대열이 다 복귀하고 저녁에 돈까스는 못난이 상병님이 불러서 공내무실에서 한 따까리 했다. 퍽~! 퍽~! 돈까스는 중대를 나서며 담배 한 대를 문다. 퓨~후~! 이젠 그러려니 한다.

사단 체육 대회가 끝나고 아침 먹으러 주계로 가니 뒤쪽에서 뭔가 꽥!거린다. 돈까스는 뭐냐? 가 보니 돼지 한 마리가 묶여 있다. 21대대 상품으로 돼지 한 마리가 나온 거다. 다들 신기해하며 구경하고 있는데 저쪽에서 지옥의 야차같이 생긴 2중대 500자 후임이 오함마를 들고 돼지 있는 쪽으로 쿵쿵거리며 다가간다. 후임이지만 쟈는 진짜 볼 때마다 무섭다. 선임으로 안 온 게 천만다행이다. 야차가 돼지에게 다가가더니 오함마로 정수리를 정확하게 한 방 날린다. 그 순간 돼지가 꽥~! 하며 푹 쓰러진다. 오줌이고 똥이고 다 싸며 죽는 돼지를 보니 돈까스는 돼지가 불쌍해진다. 돼지는 저녁에 나올 거란다. 나무관세음보살~!

한바탕 소동이 지나고 밥을 먹고 가려는데 주계병 후임인 정 해병이 저녁에 순검 끝나고 오란다. 그동안 대파 460자 이후 기수들이 한 번도 술을 못 먹었다고 주계 선임들이 회식하라고 허락했나 보다. 세탁소로 돌아오니 이성신 해병님이 메뉴가 뭐냐고 물어보신다. 저녁에 돼지 잡은 거 나온다고 하니 저녁은 드시려나 보다.

이성신 해병님은 다이어트 하신다고 요새 잘 안 먹는다. 군대에서 다이어트라니 돈까스는 이해가 안 갔다.

앗~! 연탄이 없~다~! 주임 상사님께 돈을 받아서 이경식 해병님과 대대 리어카를 끌고 남문으로 간다. 남문으로 나가면 작은 개천을 건너 바로 연탄 가게다. 남문으로 나가 둘이 연탄가게로 가는데 저쪽 가게에서 아줌마가 부른다.

'주 해병~! 물 한 잔 마시고 가~!'

돈까스가 돌아보니 저번에 중대 선임이랑 외출을 나와 막걸리를 마셨던 왕대포집 주인아줌마다.
돈까스가 이경식 해병님께 가 봐도 되냐고 하니 내가 먼저 가서 연탄 살 테니 잠시 들렀다 오라 한다. 돈까스가 신나서 가니까 아줌마가 막걸리를 한 잔 따라준다. 돈까스는 안 된다고 하니 음료수라고 한 잔 기어코 준다. 잡채 한 거 있다고 잡채를 한 접시 준다. 아줌마가 왜 한 번도 안 오냐고 한다.

"이모~! 내 월급이 4천 원도 안 돼. 어케 자주 와~?"
"그냥 시간되면 와~! 돈 없어도 그냥 주께~!"
"헉~! 정말이야~? 이모 그냥 먹고 싶으면 와도 돼?"
"그래 내가 군인한테 무슨 돈을 받아서 부자 되겠다고~!"
"응 알았어요~! 고맙습니다. 이모~!"

얼마나 시간이 흘렀을까? 이경식 해병이 연탄 30장을 벌써 싣고서 온다. 돈까스는 그제야 정신 차리고 얼른 이경식 해병님 리어카를 받아 끌면서 돌아보며 아줌마한테 손 인사를 한다. 남문으로 들어오려는데 헌병이 뭔가 이상한지 정지~! 시킨다.

"너희 술 먹었지? 솔직히 말해~!"

평소 안면이 있던 헌병 정 상병이 씨~익 비굴한 미소를 날린다. 그 순간 돈까스가 정 상병에게 솔담배 1갑을 찔러 준다. 정 상병 주머니에 넣으며 '얼른 들어가' 한다.

남문을 통과하자 돈까스는 이경식 해병에게도 솔 한 갑을 준다.

"너 이거 워디서 났냐~?"

"아까 아줌마가 술 먹어서 헌병이 뭐라고 할지 모르니 찔러주라고 솔 담배 3갑을 준 겁니다. 히히."

그 후로 돈까스는 그 이모한테 몇 번 놀러가고 그 이모가 부대로 2번 면회 온 적이 있다. 진짜 이모처럼 말이다. 이 이야기는 그냥 여기서 끝, end, Fin.

돈까스와 이경식 해병은 얼른 연탄을 내리고 저녁 먹으러 주계로 간다. 잔뜩 기대하며 배식판 앞에선 돈까스…? 엥? 찌개통 앞에서 국자를 들었는데 어? 돼지비계 조각 몇 개만 둥둥 떠다닌다. 우째 이런 일이~! 하~!

"야~! 돼지가 밑에만 씻고 그냥 갔냐~?"

정 해병이 씨익 웃으며 귀에 대고 조용히 이따 오십쇼~! 한다. 돈까스는 결국 국물에 밥 말아 먹고 후딱 나온다.

"아~! 그 돼지는 비계 몇 조각을 남기고 어디 갔을까?"

이럴 때는 저번에 오마니가 면회 오셨을 때 주고 가셨던 절편떡 밑에 발

랐던 참기름이 많이 생각난다. 떡 다 먹으니 박스 안에 떡 담은 비닐에 함박 흘렸던 참기름 박카스병 한 병을 모아 한 번, 딱 한 번 식당에서 비벼 먹는데 쫄병이 참기름 먹는다고 뺏겼다. 히히히~! 여러 가지로 난관이다.

  돈까스와 이경식 해병은 일찌감치 일을 마치고 이성신 해병님께 허락을 받아 주계로 간다. 오늘은 선임들은 참석을 안 하고 460자 밑으로 쫄병들만 단합 모임이다. 대파 선임들은 따로 서문 옆 사단 PX에서 한잔한다고 했다. 주계로 가니 주계병들이 청소를 다 마치고 마무리를 하고 있다. 둘이는 주계병들 자는 곳으로 들어가니 헉~! 띠~벌~! 낮에 비계만 남기고 자취를 감췄던 돼지가 여기에 수육이며 제육볶음 등으로 잔뜩 있다. 돈까스는 차차 주계병들과 교류하며 알았는데 돼지 한 마리는 이눔이 뭉텅 잘라 가고 저눔이 뭉텅 잘라 가면 나중에는 뼈도 안 남는다는 걸 고참 돼서야 알았다.

  조금 앉아 있으니 이발병, 대대장 따까리 등 주계병, 세탁병 까지 합하니 12명이다. 오랜만에 눈치 안 보고 즐겁게 서로의 고충을 얘기한다. 역시 같은 쫄병들끼리라 분위기가 화기애애하다. 누가 너무 좋다고 자주 모이자 했는데 쫄병들이라 그게 쉽지 않다. 하여간 다시 모일 것을 약속하며 끝내고 중대로 돌아오는데 달이 유난히 크고 밝다.

  이제 돈까스는 일병도 중간을 넘어간다. 그동안 잘 버텼다고 자칭하며 오랜만의 짠내 바람을 맡으며 중대 앞 나무 아래서 담배 한 모금을 빤다. 휴~!

(8) 운 좋은 소총수

21대대 대파 선임들과 돈까스

"Very Marine is, first and foremost, a rifleman. All other conditions are secondary."

(모든 해병은 최상의 소총수이다. 그 외 다른 조건들은 부수적인 것일 뿐이다.)

돈까스는 오늘도 늦게까지 세탁소 일을 하다 뒤늦게 순검 시간이 다 되어서야 내무반으로 돌아왔다. 순검을 받고 피곤한 몸을 침상에 누이는데 공내무실에서 본태 김 병장이 멍게 신병 최성민을 부른다. 중대에 빈 내무실이 하나 있다. 일명 공 내무실… 돈까스도 늦게 오면 잠자는 선임들을 깨울까 봐 가끔 공내무실에서 잔다.

이 공내무실에는 전역이 얼마 안 남은 제주도 출신 김영호 해병이 항상 잔다. 오늘도 거기서 자도 되는데 오늘은 02시부터 대공초소 근무가 있기 때문에 1소대 내무실에서 잔다. 어~? 멍게를 왜 부를까? 멍게는 서울 출신이다. 얼굴에 여드름 자국이 많아서 그렇게 부른다. 나중에 들은 소리에 의하면 김 병장은 본태다. 근데 어떤 때는 돈까스하고 김 병장하고 둘만 공내무실에서 잘 때도 있는데 돈까스는 김 병장 취향이 아닌지 관심을 안 둔다.

얼마나 잤을까? 대공 초소 전 근무자 후임 일병이 깨운다. 나하고 하나는 누구냐? 했더니 멍게란다. 가서 깨우라고 하고 돈까스가 단독 군장과 소총을 들고 먼저 나선다. 대공 초소는 1중대 건물 우측 사단 연병장 올라가는 길에 있다. 돈까스가 가서 근무자 교대를 하고 조금 있으니 저쪽에서 멍게가 뛰어 온다.

"필~승~! 늦어서 죄송합니다. 주 해병님~!"
"아니야 괜찮어~! 옷 두껍게 입고 왔나~?"
"넵~! 감사합니다~!"

돈까스는 어둠 속에서 얼핏 멍게의 얼굴을 본다. 많이 피곤한 얼굴이다. 다른 말 안 하고 서울 어디냐고 물어본다.

"넵~! 공항동입니다. 인하대 다니다 왔습니다~!"
"응 그렇구나~! 우리 힘든 일 있어도 참고 잘 지내자~!"
"넵~! 감사합니다. 주 해병님~!"

그때는 그저 다 동생 같았다. 내 동생도 얼마 전에 육군 수기사에 갔다는 말을 친구 놈의 편지 받고 알았다.

멍게가 이것저것 물어보는 거 아는 대로 말해 주고 하다 보니 어느새 막 근무자가 나오고 있다. 근무를 끝내고 잠깐 자고서 세탁소로 나와 연탄불을 피우고 주임 상사님의 심부름으로 남문으로 걸어가는 돈까스…. 어~? 앞에 둘이 가는데 하나가 자세가 구부정한 게 어디서 많이 보던 뒷모습이다. 돈까스가 설마? 생각하며 혹시나 하고 불러본다.

"갑득아~! 갑득이냐~?"

구부정한 넘이 뒤를 돌아보는데 헉~! 저 단추 구멍 눈은~?

"누구냐~! 감히 나를 갑득이라고 부르는 게~!"

갑득이 맞다. 훈련소에서 1사단으로 와서 나는 21대대로 갑득이는 22대대로 배치받아 헤어지고 거의 1년 만에 보는 거다. 둘이는 서로 약 10m의 거리를 쏜살같이 달려 안긴다.

"갑득아~!"
"주완순~! 오랜만이다~!"
"큭큭큭~! 갑득아~! 잘 지냈지 이눔아~! 22대대면 바로 앞집인데 이렇게 오랜만에 보냐~! 흑흑."
"주완순~! 이 형이 안 챙겨 줘도 잘 살아 있네~!"

옆에 계신 중사님이 돈까스와 갑득이가 너무 반가워 하니 씨~익 웃으며 한마디 하신다.

"동기야~? 아주 쌩쑈를 하고 자빠졌네~!"
"넵~! 필~승~! 넘~! 오랜만이라 반가워서요."
"난 주임 상사님 심부름 가는데 갑득이 너는~?"
"웅 난 선임 하사님 집에 보수 장비 가지러 가."

돈까스와 갑득이는 오랜만의 얘기를 하며 남문을 나서 며칠 있다가 PX에서 보기로 하고 길이 갈려 헤어진다. 돈까스는 첫 정기 휴가가 맞으면 같이 나가 회포를 풀려 했지만 갑득이네 대대는 저번 주에 휴가를 갔다 왔단다. 돈까스는 주임 상사님이 물건 맡겨 둔 철물점에서 물건을 찾아서 남문 쪽으로 걸어가는데 저쪽에서 대포집 누님이 부른다. 오늘은 금방 들어가서 못 마신다고 하니 조그만 통을 주는데 김밥이란다.

돈까스가 고맙다고 너무 좋아하니 가다가 남문 옆 가게에서 음료수랑 솔 담배 사 가라고 돈을 조금 찔러 준다. 돈까스는 감사 표시를 하고 오다가 주머니를 보니 헉~! 거금 6천 원이다. 거의 돈까스 한 달 월급이 넘는다.

남문 옆 가게에서 음료수 세 병이랑 솔 두 갑 사서 남문 들어올 때 아는 헌병 솔 담배 한 갑을 주니 어여 들어가란다. 큭큭큭~! 458기인데 짜리 너무 좋아한다. 돈까스는 들어와 선임들이랑 김밥을 나눠 먹고 주임 상사님 물건 갖다 주러 주임 상사님실에 가니 대대장님 따까리 강철희 해병님이 청소를 하다 돈까스를 보고 초코파이를 하나 주며 쉬다 가란다. 강 해병님이랑 이 얘기 저 얘기하다 보니 강 해병님은 서울역 염천교에서 구둣방 하시는 아버지를 도와드리다 왔단다. 조금 있으니 대대장님 운전병 차성민 해병님이 들어온다. 서글서글한 눈매에 웃는 모습이 좋은 선임이다. 근데 차 해병님은 낯이 익다 했더니 돈까스가 중이염으로 연대 본부 중대 의무실에 있다가 중대로 복귀할 때 태워다 주신 선임이었다.

얘기를 다 하고 세탁소로 돌아오니 신영재 해병님이 왜 이제 오냐고 한다. 이러쿵저러쿵 얘기를 하니 다짜고짜 발길질이 날아온다. 뒤로 밀리고 한참을 설교를 듣고 옷을 다리는 돈까스…. 이제는 맞는 것도 설교도 어느 정도 만성이 되어 간다.

아무렇지도 않게 이경식 해병님과 히히덕거리며 다림질을 하는 돈까스…. 뒤에서 이성신 해병님과 얘기하던 신영재 해병님이 '웃어~?' 하며 뒤통수를 한 대 친다. 돈까스는 이젠 웬만해선 신경 안 쓴다. 왜? 왜긴 여기 생활에 적응 못하면 갈 데가 없다. 마지막이다. 죽기 살기로 적응하는 수밖에 없~다~!

이것저것 바쁘게 다림질하고 있는데 옷을 들고 누가 들어온다. 헉~! 못난이 상병이다. 한껏 최대한 웃는 모습으로 돈까스한테 군복을 내밀며 다려 달라 한다. 돈까스는 지난날 생각에 잠시 머뭇하다가 '예~! 알겠습니다.' 하며 군복을 받아든다. 못난이 상병이 잘 부탁한다며 한껏 미소를 지으며 나간다. 돈까스는 잠시 멍~! 한다. 그러다 피식~! 웃으며 생각해 본다.

'못난이 상병이 저런 미소가 있었나~?' 이성신 해병님이 뒤에서 물어본다. '아는 애야~?'

"아~! 네 중대 선임 해병님입니다."

그 후로도 김 병장과 못난이 상병은 몇 번 옷을 다려 달라고 갖고 온다.

한껏 웃는 모습으로 말이다. 돈까스는 그걸로 모든 과거를 묻어 둔다. 왜? 이제는 적어도 맞지는 않을 테니까…. 히히~! 참말로 세상사 요지경 이다.

　돈까스의 15일짜리 첫 정기 휴가가 내일이다. 오늘 휴가 정복을 다리려고 하니 세탁장인 이성신 해병님이 자기가 다려 준다고 한다. 원래 쫄병 첫 정기 휴가 때는 선임이 휴가 정복을 다려 주는 소소한 전통이 있다. 참 이럴 때는 한없이 자상한 선임인데 어떤 때는 싹 변한다. 돈까스네 중대에서 6명이 내일 휴가를 간다. 동기 3명 선후임 3명이다. 464기 동기 한 명은 경주고 한 명은 부산이다.
　후임 한 명은 광주라서 같이 안 가고 선임 한 명과 후임 한 명이 서울이다. 그래서 458기 정근식 선임 해병과 468기 후임 한덕진과 같이 가기로 했다. 종일 설레는 마음으로 과업도 하는 둥 마는 둥 하고 순검 받고 일찌감치 잠자리에 든다.

　아침에 일어나니 세상이 달라 보인다. 기분이 붕 뜬 게 마냥 좋다. 내무실을 나오는데 저쪽 길에 우뚝 서 있는 플라타너스 나무 사이로 아침 햇살이 비추는데 너무 경이롭다. 오~! 나의 첫 정기 휴가를 밝혀 주는구나~! 생각하며 세탁소로 달려가 싹 닦아 논 세무 워커와 정복을 들고 세탁소 선임들께 잘 갔다 오겠습니다. 하고 쏜살같이 내무실로 달려간다. 모두 정복으로 갈아입고 휴가증을 받아들고 내무반 앞에서 중대장님께 휴가 신고를 한다.

　"필~승~! 신고합니다. 상병 정근식 외 5명은 00월 00일부터 00월 00일까지 정기 휴가의 명을 받았으므로 이에 신고합니다~! 필~승~!"

중대장님, 소대장님들께 신고를 하고 휴가 인원은 서문으로 향한다. 서문 헌병에게 휴가증을 보여 주고 서문을 나와 각자 갈 길을 간다. 돈까스는 정 해병님과 한 해병과 함께 죽도 시장으로 가서 회덮밥에 한잔하기로 하고 죽도 시장행 버스에 오른다. 사실 돈까스는 정 해병이랑 가지 않고 혼자서 빨리 집에 가고 싶었는데 이 정근식 해병의 심기를 거스르면 중대에서의 생활이 조금 귀찮아지니까 그냥 비위를 맞추기로 한 거다. 또 자기가 산다고 하는데 굳이 안 갈 이유도 없다.

정 해병님 집이 조금 살 만해서 휴가 가기 전에 집에 얘기해서 돈을 좀 보내라고 해서 몇만 원이 있나 보다.
그래서 같이 가기로 했는데…. 하~! 혼자 갈 걸….

셋은 죽도시장 끝 쪽에 아주 허름하고 조그마한 식당으로 들어간다. 평소 정 해병님이 외출, 외박 나오면 꼭 들른다는 집이다. '어부 식당' 들어가니 손님은 없고 주방 쪽에서 할머니가 나오신다. 돈까스가 보기에는 그냥 밥집이다.

"할매요~! 회덮밥 먹을라카이 우선 물회로 한 개 주이소 마~! 확 마~! 이빠이 주이소~!"
"썩을 넘의 시키~! 오늘은 옷이 멋있네~! 어디 가나~!"
"아따~! 지 오늘 집에 갑니데이~! 휴가 갑니데이~! 아~! 할매요~! 지 외상 얼만교~? 두 번인가?"

할머니가 조그만 수첩을 이리저리 보더니 외상값을 말한다.

"세 번~! 22,500원~! 왜? 오늘은 돈이 있나 보지~!"
"알겠습니다~! 마님~! 오늘 먹는 거랑 합해서 자요~!"

정 해병이 주머니에 가지고 있던 3만 원을 다 준다. 할머니가 돈을 받으며 '고맙다~!' 하며 돈에 퉤~! 하더니 머리에 쓰윽 문지른다. 오늘 마수인가 보다.

"오늘 마음껏 마셔~! 먹고 싶은 거 있음 더 먹어~!"
"넵~! 감사합니다~! 정 해병님~!"

후임 한 해병이랑 돈까스는 오랜만의 술과 안주라 일단은 기분이 좋았다. 정 해병은 여기를 자주 왔나 보다.
이 옆집은 뭐고 저 집은 뭐가 맛있고 신이 나서 침까지 튀기며 열변을 토한다. 근데 돈까스가 정말 궁금한 거는 이 인간의 고향이다. 말할 때 보면 어떤 때는 전라도 말씨…? 어떤 때는 경상도 말씨? 충청도로 갔다가 강원도로 갔다가… 또 서울로 왔다가…? 도무지 종잡을 수가 없다. 돈까스가 나중에 물어봐야지 하며 정 해병을 보는데 정말 신나서 열변을 토하는데 신기하다. 이런 행복한 얼굴 첨 본다. 돈까스와 후임 한 해병은 멀뚱멀뚱 정 해병을 쳐다보다 한 잔 하고 또 쳐다보며 경청하다 한 잔 한다. 얼마 지나서 음식이 나왔다. 정 해병이 이 음식에 대해 또 열변을 토한다.

"자~! 먹어 봐, 정말 맛있다~! 서울서는 못 먹어~!"

돈까스가 보니 엥~? 밑에 야채가 조금 깔리고 위에 회가 얹어있고 그 위에 양념장 한 움큼이 있다. 이게 물회야~? 흠~? 할머니가 잘못 알아들었나 보다…. 돈까스가 할머니한테 말한다.

"할머니~! 물회를 달라고 했는데 이건 그냥 회인데요? 물회 육수를 안 주셨는데요~? 히히."
"이건 뭐냐~? 그기 포항 물회여~! 쌍놈의 시키야~! 주는 대로 쳐 먹어~!"

옆에 한 해병을 쳐다보며 맞어? 하는 눈치를 주니 한 해병도 아닌데요~! 하는 표정이다. 돈까스가 다시 할머니한테 말하려고 하니 정 해병이 말리며 말한다.

"크크크, 주 해병~! 여기 포항은 이기 물회여~! 우선 양념을 비벼 봐~! 그리고 회를 먹어~! 그리고 어느 정도 회를 먹고 나중에 물을 부어 먹어~! 그기 포항 물회여~! 히히히."
"어~? 그렇습니까? 저번에 이성희 중사님이랑 밖에 작업 나왔을 때 사주셨던 물회는 국물이 있고 회보다 국물이 맛있었는데 말입니다~!"
"웅 그건 원래 다른 지방 물회고 여기 포항 물회는 원래 이렇게 먹는 거야~! 일단 비벼 먹어 봐~!"

돈까스하고 한 해병은 고개를 끄덕이며 양념을 비벼 회를 먹어 본다. 오~? 이거 맛있다. 돈까스는 처음 먹어 보는 맛이다. 회는 이번이 세 번짼데 이렇게 맛있고 땡기는 맛은 처음이다. 얼마나 지났을까? 한참을 먹고 마시다 보니 셋 다 알딸딸하게 마신 거 같다. 시계를 보니 3시간여를 마셨나 보다. 돈까스가 정 해병님한테 많이 잘 먹었다고 이제 슬슬 가자고 했더니 정 해병님은 더 마시자고 했다. 조금 취한 거 같다. 우리는 할머니한테 인사를 하고 포항역 쪽으로 걸어간다. 술도 어느 정도 깨야 하니 자판기 커피를 뽑아서 이 야기 저 얘기하며 걸어간다. 포항역 광장에 앉아서 한 시간쯤 쉬었을 거다.

다른 대대 동기 넘들 두 넘은 봤다. 저놈들도 한잔씩 걸치고 가나 보다. 나와 한 해병은 정 해병님이 한잔을 더하고 가자는 걸 억지로 끌고 TMO를 들렸다가 표를 끊고 맨 앞에 군용열차 칸을 탄다. 안으로 들어가니 육, 해, 공군…. 다양하게 앉아있다. 뒤쪽 자리를 보니 3명이 한꺼번에 앉을 자리가 없다. 그때? 정 해병이 앉아 있는 육군 상병 2명과 해군 병장 한 명한테 저 쪽 빈자리로 가라고 한다.

육군 애들과 해군이 정말 똥 씹은 표정으로 말없이 간다. 솔직히 돈까스는 많이 정말 미안했다. 그러나 어쩌랴~! 돈까스도 쫄병인데 분위기를 따라야지 뭐라고 할 처지가 못 된다.

수송관이 와서 휴가증을 보여 달란다. 공군 중사다. 근데 돈까스가 이 수송관이 쪼끔 껄쩍지근한 게 아까 우리가 탑승할 때 보니 표정이 확 찌그러지는 걸 본 돈까스는 기분이 좀 안 좋았다. 근데 휴가증 보여 달라는 말이 심히 짧았다.

"야~! 해병들 휴가증 내놔 봐~!"

헉~! 언제 봤다고~? 계급이 있지만 타군인데 야~!라니? 돈까스가 휴가증을 보여 주며 한마디 한다.

"중사님~! 아무리 중사님이라도 언제 봤다고 야~!는 너무하신 거 아닙니까~?"

수송관이 돈까스를 째려본다. 나이도 별 차이 안 나겠구만 야~! 라니 돈까스도 같이 째려보며 적막이 흐른다. 그때 앉아있던 정 해병님이 꽥~!소리를 지른다.

"저리 꺼져. 씹샤꺄~! 우리가 니 쫄따구야~!"

정 해병님이 수송관한테 쌍욕을 다 해 가며 한 대 칠 기세다. 돈까스가 정 해병님을 말리며 이러시면 안 된다고 앉히는데 오~잉~! 한 해병이 정모를 수송관한테 던지면서…. 아~놔.

"아이~C8~! X미~! 우리가 니 직속 쫄따구야 뭐야~! 한번 해보자는 거야~! 뭐야~! X시키야~!"

헉~! 대학물 쪼금 먹어서 젠틀하던 애는 또 왜 이러냐~? 이러지마~! 쫌~! 돈까스는 둘을 밀쳐 앉히며 수송관한테 가시라고 하는데 공군 수송관은 울라구 한다. 어우야~! 졸라 불쌍하다.

아~! 돈까스 이때부터 뭔가 불안했다. 흑흑흑~! 수송관이 다른 객차로 가고 셋이 일단 앉았다. 정 해병과 한 해병은 아직도 씩씩거린다. 돈까스는 자꾸 말리고…. 정 해병님이 검은 비닐봉지를 한 해병한테 뜯으라 한다. 그러고 보니 아까 할매 집 나올 때부터 들고 있었다. 비닐을 뜯으니 또 작은 봉지에 회다. 초장이 섞인 회하고 플라스틱 음료수병에 소주를 담아왔다.

소주는 그냥 돌아가며 나발 불고 회는 젓가락이 하나 들어 있어 그거로 먹는다. 다 먹을 때쯤 한 해병이 정 해병님한테 뜬금없는 질문을 한다.

"정 해병님~! 정 해병님 때는 열차 안에서 돈 걷어서 술 사 먹었다면서요~! 맞습니까~!"

돈까스가 놀라면서 입에 있던 회가 바닥으로 튀어나왔다.
헉~! 이 시키 왜 이러냐? 설마~? 설마가 사람 잡는다.

"웅 진짜야~! 한 바퀴 돌면 꽤 걷혔지 좋았다. 그때~! 아~! 너네 한번 해 볼래~? 추억도 되고 좋을 거야~!"
"아~참~! 정 해병님 지금 때가 어느 땐데 그걸 합니까~!"
"네~! 정 해병님 한번 해 보고 싶습니다. 주 해병님 하시죠~!"
"야~! 한 해병~! 이눔아 너 왜 자꾸 그러냐~! 정신 차려~! 우리 휴가 첫날이야~! 정 해병님 하지 마십쇼~! 지금 우리 휴가 첫날인데 재수 없으면 큰일 납니다. 정말 하지 마십쇼~!"

그때 정 해병님이 일어나서 앞으로 나가 소리친다.

"육군, 공군, 해군~! 형님 여러분들 우리가 평소 타군과의 차별로 잘 먹지를 못하고 훈련을 받는 걸 아실 테니 집에 계시는 형, 동생이다 생각하고 십시일반 쪼금씩만 보태 주시면 은혜 갚겠습니다. 감사합니다."

이래서 돈까스와 한 해병은 정모를 들고 앞좌석부터 돌며 거둬들인다. 돈까스도 이쯤 되니 더 이상은 뺄 수가 없다.(뭔 일이랴~! 왜 이런디야~!)
어떤 넘은 없고 어떤 넘은 천 원 주고 또 어떤 넘은 개기다가 대가리 한 대 맞고 주고 어떤 넘은 끝까지 없다고 개기다 뒤져서 나오면 오늘 하나 죽을 때까지 원 펀치 번갈아 때리기 하니까~! 양말에서 꺼내서 주고 어떤 넘은 진짜 끝까지 없다고 하다가 돈까스가 불쌍하게 내 사정 좀 이해해 주라 흑흑~! 하니까…? 정말 불쌍하다고 모자 안에서 꺼내 주고…. 정말 각양각색이다.

단 이병, 일병한테는 안 걷었다. 왜? 막내 열외~!

한 바퀴 도니까 13,000원 정도 걷혔다. 서울 내려서 한잔하기로 하고 아까 정 해병님이 싸온 술과 안주를 다 먹으니 솔솔 잠이 왔다. 셋이 아침부터 몇 잔씩을 했으니 잠이 올 만도 하다. 얼마나 잤을까? 기차가 역에 섰다. 셋이 부스스한 모습으로 깨어난다. 돈까스가 젤 먼저 깨서 창밖을 보니 대전인 거 같다. 어~? 저 앞문으로 헌병이 들어온다. 해병 헌병이 대전에 왜? 뒷문으로도 들어온다. 돈까스는 쎄한 느낌에 수송관을 보니 씨익~! 야비한 미소를 짓는다. 헌병이 돈까스와 정 해병한테 오더니 조용히 말한다.

"좋을 말로 할 때 따라 나온다~! 실~시~!"

셋은 아무 말 없이 따라 내린다. 어쩌랴 이미 벌어진 일인데~! 헌병들을 따라 나가니 헌병 빽차가 대기하고 있다. 빽차를 타고 조금 외곽 쪽으로 가서 내리니 자그마한 2층 건물에 헌병 ○○ 대전 파견대라고 써 있다.

이때 처음 알았다 대전에 해군 해병 헌병 파견대가 있다는 걸….

셋이 줄줄이 안으로 따라 들어가니 헉~! 자그마한 건물에 무슨 철장 감방이 있냐? 소지 물건을 다 꺼내고 주머니 검사를 받고 혁띠를 풀고 감방 안으로 들어간다. 셋이 나란히 앉았다. 철문을 잠그고 헌병이 야비한 미소를 지으며 한마디 한다.

"너넨 이제 X됐어~! 시키들아~! 내일 위에 보고하고 너희들은 다시 1사단으로 빠꾸다~! 히히~! 벽에 봐 봐~! 피 보이지~? 조용히 있어라~!"

헉~! 벽에 보니 피 같은 게 묻어 있고 이불에도 피 같은 게 묻어 있다. (셋이 망연자실~!)

"아~! 거 봐여~! 제가 조용히 가자고 했잖습니까~!"

돈까스가 정 해병을 보고 한마디 날린다. 정 해병은 미안하다 일이 이렇게 커질 줄은 몰랐다고 미안하다고만 한다. 한 해병은 울고 있다. (한 해병 늦었다.) 돈까스도 울고 싶다. 진짜~!

밖이 어두컴컴해진 거 같다. 철장이 있는 방은 불도 안 켜고 옆 사무실만 불을 켠다. 문을 열어 놓으니 그 방 불빛이 조금 들어온다. 돈까스는 걱정이 되지만 이미 엎질러진 물이다.

정자세로 앉혀 놓고 잠도 안 재운다. 내일 어차피 사단으로 갈 거면 고생문이 훤하니 잠이라도 재우지 왜 안 재우는지…? 흑흑 X됐다. 셋이 앉아서 한숨만 쉬고 있는데 빼꼼이 한 넘이 고개를 들이민다.

그러더니 '너네 돈 얼마 있냐? 배고프지?' 한다.

정 해병이 아까 걷은 돈에서 기차 안에서 사이다랑 빵이랑 사먹은 돈 빼고 남은 돈 몇천 원 있다고 한다.

"우리 그걸로 치킨 시켜 먹을래~?"

엥~? 뭐지~? 저넘 뭐냐? 어쨌든 배고픈데 그러자~! 하고 돈을 건넨다. 조금 있으니 우리가 준 돈으로 두 마리는 시켰나 보다. 자기네 한 마리 먹고 우리 셋이 한 마리 나눠 먹으라고 안으로 준다. 내일은 내일이고 셋이 허겁지겁 먹는다.

오~! 정말 맛있다. 치킨을 다 먹고 또 하염없이 앉아서 대기 타고 있다. 돈까스는 이 생각 저 생각 하며 그동안의 군 생활 생각을 하며 버티고 있는데 한 해병이 계속 찔끔찔끔 운다. 돈까스가 한 해병 어깨를 두드리며 한 마디 한다.

"한 해병~! 이미 엎질러진 물이야~! 나두 울고 싶어~! 그러나 어쩌겠냐~! 우리 자신 잘못인데 달게 받아야지~!"
"근데 정 해병님~! 우리 내일 사단으로 끌려가면 어떻게 되나요~?"
"웅 일단 사단 영창에 갔다가 군기 교육으로 끝날지~! 아님? 영창 며칠일지 가 봐야 알겠다~! 물론 휴가는 취소지~!"
"미안하다. 내가 괜히 객기 부려서 니들한테 피해를 줘서~!"

밤새 잠도 못 자고 헌병 시키 하나가 들어 와 앞에 앉아서 너네 내일가면 영창 갈 건데 영창 가면 아주 죽는다고 밤새~! 헛소리를 해대는 바람에 아침에 기분이 아주아주 엿같았다. 철장 안에 앉아 있는데도 어느 집 닭이 우는 소리가 들린다. 아침이 됐나보다. 치약 냄새도 나고 비누 냄새도 나는 거 보니 헌병 넘들 기상해서 씻는가 보다. 이제 우리가 사단으로 끌려갈 시간이 다가온다는 거다.

정 해병님이랑 돈까스는 이제 체념한 듯하고 한 해병은 애가 이제 막 세상 하직할 거 같은 얼굴이다. 돈까스가 갑자기 픔~! 하고 웃는다. 정 해병이 이 시키 미쳤나? 한다. 아니다~! 갑자기 진해 훈련소 때 순복이 표정과 한 해병 표정이 오버랩 되면서 돈까스가 저도 모르게 웃었다. 으이그~! 속두 좋다.

아침 닭이 또 허벌나게 울고 셋이서 걱정하며 완전 똥 씹은 얼굴로 대기하고 있은 지 얼마나 시간이 흘렀을까? 걸걸한 목소리가 들리는 거 보니 파견대장님이 나오셨나 보다. 파견대장님이 월남전에 갔다 오신 상사님이라던데 이제 보고드리고 우리를 사단에서 온 헌병들에게 넘기겠지? 아니 여기 헌병들이 데리고 가서 넘길라나? 아~! 별 생각 다하며 초조하게 기다리고 있는 돈까스는 완전 똥 씹은 표정의 돈까스다.

후회막심이다. 그냥 혼자 갈걸…. 흑흑 아~오~! 시간이 많이 흘렀다. 돈까스의 생각에 서류를 정리하는 중인가 보다 생각하니 이제 완전히 체념 단계다. 조금 더 있으니 헌병 하나가 들어와서 문을 연다. 세 넘은 잔뜩 쫄은 모습으로 사무실로 나가니 강단 있게 생기신 상사님이 우리를 째려본다.
우리가 '필~승' 경례를 하니 쳐다보지도 않고 어제 우리가 소속 부대며 이름과 계급을 적은 종이를 보고 있다.

"이 시키들~! 지금이 어느 땐데 그런 짓을 하나~?"
"죄송합니다~! 다신 안 그러겠습니다~!"
"너네 21대대야~?"
"네, 그렇습니다~!"

흠~! 한참을 종이쪽지만 보고 계신다. 그러더니 물어보신다.

Chapter 3. 실무 군 생활

"대대장님이 김휴정 대대장님 맞아~?"
"네~! 그렇습니다. 김휴정 대대장님이십니다~!"

어~? 대대장님을 어떻게 알지?? 세 넘이 어리둥절하며 서로를 쳐다보는데 상사님이 한마디 하신다.

"너네들 바로 사단으로 넘겨 아주 혼쭐낼라 했는데 내가 월남전 때 모시던 분이 김휴정 대대장님이다. 운 좋은 시키들~! 이번 한 번만 봐준다. 알았나~?"
"넵~! 정말 감사합니다. 다신 안 그러겠습니다~!"

아~! 살았다. 어떻게 지옥 문 앞에서 이런 행운이…. 크크크.

"자~! 얼른 소지품 집어넣고 돈들 있냐~?"
"넵~! 없습니다. 봐주신 것만도 정말 감사합니다~!"
"자~! 이거 가다가 밥이라도 사 먹어~! 야~! 김 해병아~! 야들 역에까지 태워다 줘라~!"
"대장님 정말 감사합니다~! 필~승~!"
"응 가 봐~! 다신 그러지 마라~!"

아~! 돈까스~! 지옥문까지 갔다가 가까스로 살았다. 십년감수했다 정말로…. 거기다가 돈까지 주셨다. 역전에서 보니까 3천 원씩 주셨다. 우리는 헌병들에게 감사드리고 역전 우동집으로 가서 우동 곱빼기를 한 그릇씩 먹고 서울행 열차를 탔다. 이번에도 군용 열차 칸에 탔다. 군용 칸에 타니 장병들이 별로 없었다. 자리에 앉으니 저쪽에서 수송관이 우리 쪽으로 다가와 휴가증을 보여 달란다. 이번에도 공군 중사님인데 어제와는 다른 분이다. 돈까스가 휴가증을 모아 수송관님에게 주며 한마디 날린다.

"수송관님 수고 많으십니다~! 식사는 하셨습니까~?"

(9) 전천후 1사단 돈까스

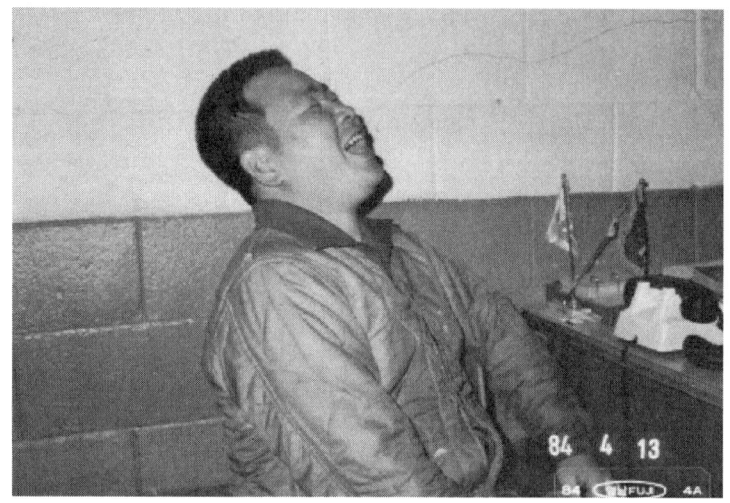

대대장님실에서 호탕하게 웃는 돈까스

* 실전 전투 병법 *

1- 공격이 잘 진행되고 있다면 매복이 있다는 뜻이다.

2- 당신은 결코 슈퍼맨이 될 수 없다는 것을 명심해라.

3- 제압 사격은 절대로 적을 제압하지 못한다.

4- 적을 빼고 모든 것이 부족하다면 당신은 현재 전투 중이라는 뜻이다.

5- 가는 길이 쉬워 보인다면 지뢰가 묻혀 있다는 뜻이다.

6- 적이 사정거리에 들어왔다면 당신도 마찬가지라는 뜻이다.

7- 적의 조준 사격보다 더 정확한 건 아군의 오인 사격이다.

8- 무전기는 당신이 필요로 하는 순간 항상 고장 난다.

9- 수류탄의 살상 범위는 항상 당신이 피한 거리보다 조금 더 넓다.

10- 작전 계획이라는 건 전투 개시 후 몇 초 이상 가는 법이 없다.

    낮 시간에 대공 초소…. 돈까스가 후임과 같이 대공 초소 근무를 서면서 노가리를 열심히 까고 있다. 원래 낮 시간에는 대공 초소 근무를 잘 안 섰는데 조금 있으면 84팀 스피릿트 훈련이 있다. 그래서 오키나와에 있던 미 해병 애들이 훈련을 하러 한국에 오면 사단 연병장에 대규모 천막을 치고 있다.
    돈까스는 생각하기도 싫었던 정기 휴가는 잘 지내다 어제 복귀했다. 아무래도 첫날 그런 일이 생기니 불안해서 거의 집에 있다가 또 동네 친구들과 당구를 치다가 다방에서 놀다가 오마니와 군대 가기 전에 하던 생맥주집 일을 도와주다가 하며 조용히 지내다 복귀했다.

    대공 초소가 사단 본부 연병장 올라가는 입구가 되는 것이다. 미 해병 애들이 남문으로 출입을 해서 가장 가까운 길이 대공 초소 옆으로 올라가는 길이다. 그래서 낮 근무를 안 서던 대공 초소를 근 한 달여를 위병소처럼 하는 것이다. 한마디로 세계 최강의 대한민국 해병이 너희 천막 막사 입구를 지키니 안심하고 지내라는 뜻인가? 그럴 거다.^^ 중대 인원들이 대민 작업이나 중대 훈련이 자주 있는 때 주로 잔여 인원들이 번갈아 가며 대공 초소를 자주 섰다. 돈까스도 대파 인원이라 대공 초소 근무를 자주 섰는데 보통 우리군도 장교 지프차에 경례를 한다.
    어느 때부터인가 중대장님이 경례를 잘해 주라고 한다. 위에서 지시가 내려왔을 거다. 돈까스가 또 이런 거…. 똥구멍 긁어 주는 거…. 즉 윗사람 비위 맞춰주는 거 이런 거 잘한다. 다른 선임들은 노발대발하며 존심이 있지~! 하며 잘 안 한다.
    근데 돈까스는 생각이 다르다. 거 뭐시냐 어차피 우리 군이나 미 해병들이나 다 집 떠나 고생하는 군바린데 서로 좀 비위 좀 맞춰 준다고 존심까지야 하는 게 돈까스의 생각이다. 오늘도 점심 먹고 부터 6시간 코스 대공초소 근무다. 원래 2시간이 교대인데 선임 근무 시간을 대신해 줄 수 있냐고 고참 소대장님이 물어보길래 그러마 하고 한 거다.

어차피 세탁소 있어 봤자 옷만 주야장창 다리지 별거 없으니 대공 초소 근무서면서 양키 애들 구경이나 하고 후임들이랑 사회에서 있었던 얘기하는 게 훨씬 마음이 편하다.

저쪽에서 미군 지프차가 오고 있다. 돈까스는 후임이랑 얘기하다가 나가서 필~승~! 한다. 미군 선탑자가 경례를 하며 좋다고 씨익 웃는다. 어~? 그러더니 조금 가다가 차가 선다. 미군이 내리더니 이쪽으로 걸어온다. 가까이 오는 걸 보니까 계급장이 중사다. 돈까스가 멀뚱 쳐다보며 생각한다.

(그냥 가~! 뭐 하러 오니~ 그냥 가~! 아~! 짜식~!)

미 해병 중사가 돈까스한테 오더니 뭐라 씨불인다. 그러면서 봉지 두 개를 준다. 돈까스가 얼떨결에 받아들고 "땡큐~! 써~!" 했더니 많이 좋아하며 돈까스 어깨를 두드리고 간다. 차가 떠나고 돈까스가 들어와서 봉지를 보니 이게 C레이션이란다. 돈까스는 C레이션 처음 봤다. 안에 내용물은 과자도 있고 잼도 있고 등등 밋밋하지만 맛있다. 같이 근무 서던 후임 482기 장 해병이 돈까스에게 물어본다.

"주 해병님 뒤에 써~! 붙이는 건 원래 알고 있었습니까~?"
"엉~! 몰랐지~! 근데 저번에 김 하사랑 같이 근무 섰는데 김 하사님이 꼭 뒤에 써~!를 붙이라고 하더라구~! 그러면 미군 애들 좋아한다구 맞지~?"

"네~! 맞습니다. 쟤네들은 그게 높여 주는 말입니다."

즉 우리말에 존칭에 해당하는 말이다. 아래 계급한테는 안 붙여도 되는데 어차피 붙일 거 기분 좋으라고 다 붙인다. 그 다음부터는 웬만한 애들은 돈까스가 근무 설 때는 먹을 거를 하나둘씩 준다. 돈까스가 얼른 뛰어나가서 씨~익 쪼개면서….

"내가 그지냐~! 시키들아~! 탱큐~써~!" 한다.

그러면 세탁소로 가져 와 선임들하고 나눠 먹는다. 맨날 다꾸앙에 마늘종 반찬만 먹다가 달달한 거 먹어 주면 한결 낫다. 물론 그 안에 땅콩잼 같은 건 못 먹는다. 우리나라 달달한 크림 섞은 땅콩잼하곤 많이 다르다.

하루는 연대 다니다가 휴학하고 온 후임하고 근무를 서는데 미군 지프차가 서더니 미 해병 대위가 내린다. 오~! 평소 자주 다니던 조셉 대위다. 미시건주 출신이다. 이것도 장 해병이 쏼라쏼라 하면서 알게 된 거다. 돈까스가 반가운 마음에 경례를 한다.

"필~승~! captain~!" 오~! 좋아한다. 돈까스한테 악수를 청해서 돈까스하고 악수하고 뒷좌석을 열더니 우~왕~! C레이션을 한 박스와 무슨 과일 주스 20개짜리를 준다.

"탱큐~! 써~! captain~!"

장 해병이 얘기해 주는데 조셉이 자기가 지나다닐 때 돈까스만큼 반갑게 경례를 해주는 병사를 일본이고 아시아 여러 나라고 다녀 봤지만 한국 1사단에서 처음 봤단다.

오키나와에서 온 미 해병대에는 여군도 있었다. 그런데 이 여 해병을 우리나라 여군으로 생각하면 큰 오산이다. 얘네는 남자들하고 동급이다. 아니 오히려 어떤 여군은 그 이상의 quality가 있다.

하루는 남문 쪽에서 지프차가 오길래 아~! 오늘도 조셉 대원가? 작은 기대심을 가지고 누구보다 각 잡힌 필~승~!을 외치니 창이 스르륵 열리는데 엥~? 남자여? 여자여? 씨익~! 미소를 짓는다. 내 명찰을 보더니 서투른 말로 '안뇽허세요~!' 하고….

"corporal 주~! have a nice day~!"
"옛~써~! 써전트~!"

돈까스가 자신 있게 배운 대로 경례를 한다. 오~! 좋아한다. 그때 뒤에서 장 해병이 귓말로 '스탭 써전트입니다' 한다.

"탱~큐~! 써~! 스탭 써전트~!"

오~! 더 좋아한다. 악수를 청하는데 와~! 팔뚝이 장난 아니다. 꼭 군대 오기 전에 봤던 미국 여자 레슬링 선수같이 생겼다. 오하이오 태생 Kelly란다. 장 해병이 몇 마디 주고받더니 중대장 조셉이 Kelly랑 우리 얘기를 했었나 보다. 대공 초소에 기합 든 ROK Marine이 있다고 조셉이 침 튀겨가며 칭찬했다고…. 히히히 돈까스는 중대에서는 기합 빠진 놈이라는데 기합 들었다는 말은 미 해병대한테 처음 들었다. 미해병 중사 Kelly가 차 안에서 자그마한 박스하고 네모난 박스하고 C레이션 5개를 준다.

"Thank-you~! step sergeant~! have a nice day~!"

돈까스가 경례를 붙이고 bye bye~! 하니 Kelly가 손을 흔들고 예쁜 미소를 지우며 떠나간다. 주고 간 걸 열어 보니 적포도주 하나, 미 군용스킨 화장품 세트다. 어차피 적포도주는 가져가면 뺏기니 돈까스가 따 가지고 장해병이랑 한 잔씩 마신다. 나머지는 대공 초소 뒤쪽에다 비닐로 감싸서 감춰 뒀다. 그 후로도 조셉 대위랑 다른 해병들도 자주 갖다 줬다. 미 해병대 애들은 훈련 때까지 한 달 정도를 천막 치고 생활하고 훈련 끝나면 다시 일본으로 돌아간다.

팀 스피릿 84가 끝나고 미 해병대 애들이 돌아갔다. 하루는 대대 주임상사님이 목공병, 세탁병과 중대 애들 몇 명을 차출해서 대공 초소로 간다.

"오늘은 나라에 충성하기 위해 물건을 조달하러 간다~!"

주임 상사님은 미 해병대 애들이 천막 치고 생활할 때 화장실로 쓰던 나무판자로 지은 작은 건물을 가리키며 '저걸 해체한다' 하더니 우리를 그리 데리고 간다. 평소 대공 초소 근무 설 때 미군 애들이 들락날락해서 화장실인 것은 알았지만 저걸 해체? 한다고? 돈까스와 목공병이 먼저 들어가 보니 4명이 앉아서 똥 누게 되어 있는데 어~? 문은 4개인데 들어가면 칸막이가 없다? 앉으면 옆 사람 대가리 보면서 얘기할 정도의 작고 낮은 칸으로만 나뉘지 소리, 냄새, 등을 커버하지 못하고 서로 얼굴 보며 얘기할 수 있다.

돈까스가 생각하기에는 전혀 이해가 안 갔다. 분명 여자 해병들도 같이 들어가고 나가고 했는데? 뭥~미~? 그럼 남자나 여자가 서로 똥 누면서 얘기하고 그랬다는 거다. 흠~! 아~! 드런 시키들이네~! 분명히 봤다. 여자 해병, 남자 해병들이 저리로 들락날락하는 걸…? 아~! 모르겠다.

근데 목공 쪽에 문외한인 돈까스가 봐도 나무는 정말 좋다. 여기서 뜯은 나무는 나중에 대대 작전실 만들 때 정말 요긴하게 쓴다. 목공병 정 해병님 후임으로 온 도세우가 저때 뜯은 나무를 기반으로 대대 작전실을 기가 막히게 만드는 걸 돈까스가 중간중간 도와줬었다. 하여간 반나절 만에 4칸짜리 나무 화장실이 흔적도 없이 깔끔하게 해체된다.

며칠 있다가 대대 주임 상사님이 신나는 얼굴로 오셔서 다시 한번 작업원을 꾸린다. 사단 연병장 공수 교육대 위쪽에 미 해병 애들이 남기고 간 화장실이 하나 더 있단다.

원래 다른 대대가 가져가기로 했는데 안 가져가서 우리 대대 주임 상사님이 우리가 가져간다고 말하고 오늘 가는 거다. 주임 상사님을 따라가니까…. 오~! 이것도 나무가 엄청 좋은 나무다. 이것도 반나절이 안 돼서 깔끔하게 흔적도 없이 해체된다.

돈까스가 해체를 다 하고 주임 상사님이 사단PX에서 사 오신 하드를 먹으면서 오랜만에 저쪽 하늘로 넘어가는 석양을 바라보며 생각한다. "오늘도 무사히~! 감사합니다~!"

(10) 고장 난 국방부 시계

"전쟁은 투쟁이고 투쟁에서 위대함이 나온다.
인간은 끊임없이 투쟁할 것이다."

며칠 후 대대가 야외 종합 전술 훈련을 나갔다. 무슨 훈련인지 정확히 기억이 나질 않지만 대대 TTT? 모르면 무조건 종합 전술 훈련이다. 그 당시 비가 엄청 내렸다. 판초를 뒤집어쓰고 행군을 했으며 쎄무 워커와 군장이 빗물로 질퍽했었고 양쪽 발이 물에 퉁퉁 불어 허옇다 못해 쭈글쭈글 했었다. 발에 고린내가 요동치는 해병들은 오래간만에 발을 안 씻어도 자연스레 발이 퉁퉁 불어 나중에 훈련 끝나고 워커를 벗으면 묵은 때까지 잘 씻어진다. 훈련 장소는 어딘지 알겠는데 정확한 지명은 모르겠고 그 부근이 1사단 유격장 가기 전 위치한 자그마한 동네다. 정확히 말하면 훈단 때 화생방 교장 못 가서 우측으로 들어간 마을이다.

나중에 알고 봤더니 후임 장문수의 고향이란다.

우리 중대는 그 폭우 속에 A텐트를 쳤다. 개천가에 불어난 빗물로 인해 목적지 산까지는 가지 못하고 하는 수 없이 냇가 주위에 위치한 마을 부근 야산에 천막을 친다. 작전 하사가 이장님한테 물어봐서 안전하다고 점지? 해 준 곳에 자리 잡았다. A형 천막을 치는데 천막 똑딱이 단추 사이로 하염없이 빗물이 들어오고 있었다.

후달리는 기수는 재빨리 판쵸를 뒤집어쓰고 천막 주위에 물 배수로를 판다. 선임 해병님들은 천막 안에 들어가 휴식을 취한다. 물 배수로로 빗물이 잘 내려간다. 계속 비를 맞았고 또 날이 흐리니 진짜 춥고 배고팠다. 점심식사는 추진이었다. 어느덧 쏟아지는 폭우를 뚫고 배고픔에 지친 우리를 구하려고 밥을 실은 본부 중대 60트럭이 훈련장까지 도착한다.

"야~! 시키들아~! 밥 빨리 옮겨라잉~!"

본부중대 부식 추진하는 박 중사님이 붉으락푸르락한 모습으로 가까이 있던 우리 1중대원들에게 소리친다.

"아니 날씨에 조금 온다던디 이거이 뭐냐~! 아따 참말로~!"

트럭이 오다가 진흙에 빠져 마침 지나가던 큰 트랙터가 빼는데 고생을 많이 했나 보다. 논물을 보기 위해 삽을 들고 가던 동네 할아버지 불쌍한 눈으로 쳐다보고 있으며 동네 구멍가게 할머니가 우산을 쓰고 나와 혀만 쯧쯧 차고 있다. 밥에 빗물이 들어가고 있었으며 똥국(멀건 된장국)은 빗물국인지 된장국인지 입고 온 판초로 국과 반찬 밥을 비가 안 들어가도록 뒤집어 씌우고 낑낑거리며 옮겼다.

(아! 군복에서 시궁창 냄새가 솔솔 올라온다.)

폭우 속에 밥 배식…. 밥 반 빗물 반…. 아주아주 드러운 경험이다.

점심 식사 후 전원 천막 안에 짱박혀 있었다.

조금 지나니 언제 그랬냐는 듯 비가 멈췄다. 약 1시간 뒤 야외 훈련을 나온 중대 분위기는 삭막했다. 계획된 훈련에 차질이 생기니 대대 본부에서 계획을 변경해서 훈련 계획 오더를 다시 내렸나 보다. 쫄따구들만 바쁘게 생겼다. 다른 중대가 방어를 하고 우리가 공격을 하는 것이다. 그런데 우연인지 원래 계획된 것인지 마을 다리 밑 공터에 전차 부대 애들이 훈련 나왔다 잠시 쉬고 있었다. 그 전차 부대를 격파하고 고지로 돌격하는 게 시나리오다. 우리는 공포탄을 지급받고 탄창에 채운다. 중대장님이 탄피는 되도록 줍되 여의치 않으면 줍지 말라고 하신다.

단독 무장만 한 채 공격 목표 지점으로 이동했다. 군복은 빗물에 젖어 무겁고 찝찝하고, 쎄무 워커엔 흙이 묻어 떡이 돼 있다. 우리는 마을로 내려가 작전 하사가 정해 주는 대로 1, 2, 3조로 나뉘어 전차 3대를 격파하는 것인데 사실상 전차를 향해 총을 졸라게 갈기고 빠지는 것이다. 돈까스는 2조…. 후임 1명을 데리고 다리 아래 첫 번째 전차를 공격하기로 하고 최대한 가까이 간다.

약 20m쯤 떨어져 어느 집 창문 밑 담벼락 뒤에서 후임들과 함께 10탄창을 가져온 걸 다 갈겼다.

둘이서 한참을 신나게 갈기고 있는데 옆집 창문이 열리면서

"야~이! X시키들아~! 잠 좀 자자~! 씨~펄 몇 기야~!"

돈까스가 후임들하고 오랜만에 총 맛 좀 보고 있었는데 갑자기 소리 질러서 둘이서 눈만 끔뻑끔뻑한다.

창문 안에서 한 4~50된 아저씨가 밤에 비 땜시 논둑 보느라 잠을 설쳤는데 하필 우리가 창문 바로 밑에서 공포탄을 후임이 5탄창 돈까스가 5탄창을 갈기니 깜짝 놀라 깨신 모양이다.

"넵~! 464깁니다. 선배님~! 죄송합니다~!"
"다 갈겼냐~?"
"넵~! 다 갈겼습니다~!"
"알았어~! 자~! 이거 먹어~! 수고~!"

콜라 두 병과 빵 3개를 주시고는 쿨하게 창문을 닫는다.
우리는 닫힌 창문에 대고 경례를 한다.

"감사합니다. 선배님~! 편히 주무십시오~!"

하고는 그 자리 앉아서 허겁지겁 게 눈 감추듯 먹는다.
돈까스가 후임과 전차가 있는 쪽으로 간다. 돈까스가 전차를 총으로 두드리며 "탱크야~! 노올자~!" 하니까 앞쪽에 조종석 햇치가 빼꼼히 열리며 "탱크 잔다~! 안 놀아~! 가~!" 한다.
돈까스가 피식 웃으며 "넵 알겠습니다~!" 하며 다리 쪽 집합 장소로 간다.
집합 장소로 가니 다른 대원들은 벌써 와 있다. 작전 하사가 다 왔으니 간식이나 먹으러 가자고 우리를 데리고 다리 옆 구멍가게로 간다. 할머니가 하시는 가게인데 찐빵을 만들어 판다. 국민학교가 저쪽에 있어 아이들 상대로 찐빵, 떡볶이, 오뎅을 파시는가 보다. 작전 하사가 가서 할머니한테 찐빵을 20개 달라고 하니 할머니가 반갑게 맞이하신다. 작전 하사는 훈련이 있을 때마다 사전 답사 형식으로 정찰을 나오니 많이 왔었나 보다.

우리는 찐빵에 오뎅 국물, 떡볶이 조금 해서 먹고 다리 위에서 담배 한 대씩 피고 있으니 작전 하사가 저쪽 야산을 가리키며 저기를 점령하고 복귀하면 된다고 한다.

우리는 일제히 야산 쪽을 보는데 헉~! 무슨 동네 야산이 각도가 80도쯤 되나 보다. 조금 쉬고 우리는 야산 및 개활지 입구에 모였다. 00시 00분 일제히 돌격이다.

"21대대 1중대 월남 스키부대 돌~격~!"

엥~! 아~놔~! 작전 하사 자기가 돌격 부대 이름을 붙여 명령 할 테니 그때 돌격하면 된다구 했는데 하필 월남 스키부대가 뭐냐? 우리는 일제히 와~! 하며 돌격한다. 산등성이에서는 방어하는 중대가 공포탄을 쏘나 보다 탕~! 탕~! 드르륵~! 드르르륵~! 우리는 돌격하다 중간에 볏 짚단 쌓아 놓은 곳에 엄폐, 은폐를 하다 다시 돌격~! 드디어 산을 오르는데 와~! 이거 장난이 아니다. 아침까지 비가 왔지 낙엽 쌓인 곳에서 미끄러졌다가 다시 오르고 또 오르고 거기다 진짜 각도가 90도 가까이 된다. 앗~! 쫄따구 하나 하염없이 굴러간다.

"야~! 장수천~! 저넘 챙겨라~! 내려가 봐~!"

돈까스가 올라가다 숨이 턱까지 차면서도 쫄따구가 걱정된다.
장 일병이 내려가서 보더니 소리친다.

"예~! 괜찮은데 수통 뚜껑이 열려 하나도 없습니다."

"그래~? 괜찮어~! 두 개 더 있어~! 잘 데리고 와~!"

돈까스가 올라가면서 아~! 쪼금 아깝네 한다. 고지를 다 올라가니 진짜루 심장이 터질 것 같다. 앉아서 쉬는데 방어하던 3중대 넘들이 '수고하십쇼~!' 하고 철수를 한다. 어~? 왜 가냐~? 쟤네들?
작전 하사가 오더니 우리 중대가 진지 방어를 새벽까지 하다가 철수하는 게 끝이란다. 아~! 뭐냐~! 추운데 밤새 있으라고? 그래서 그 산 위에서 밤새 졸라게 떨었다. 우리는 5m 간격으로 방어선을 치고 밤새 있어야 했다. 돈까스가 옆쪽 애들을 불러 모은다.

"강 해병님 수통 주십쇼~!"
"웅 자~! 여기 있다."

돈까스가 자기 수통도 열고 아까 쫄따구는 다 흘렸고, 수통에 생명수가 있는 걸 돈까스가 강 해병님 먼저 마시게 주고 쫄따구들까지 나눠 마신다. 아까 할머니네 찐빵 집에서 작전 하사한테 얘기해서 생명수 3병을 수통 3개로 나눠 놨다. 지금 이 산 속에서 밤새울 생각하니 그러길 잘했다.

돈까스가 산속에서 매복 붙는 게 이번에 3번 정도 되지만 이날은 그 어느 때보다 추웠다. 비가 안 왔으면 낙엽을 끌어모아 덮으면 어느 정도 추위는 막을 수 있다. 근데 이날은 어제 저녁부터 계속 비가 내리고 잠시 멈췄다가 다시 오고를 반복해서 땅과 낙엽이 다 젖어 무용지물이었다. 새벽 5시쯤에 상황 종료를 하고 텐트 친 중대 본부 쪽으로 가서 바로 아침 먹을 준비를 하니 어느 정도 날이 밝아온다. 아침을 먹고 바로 철수 준비를 한다. 다시 행군으로 철수하는데 이런 상그지들이 없다. 그래도 복귀를 하면 춥지 않게 잘 수 있으니 발걸음이 한결 가볍다.

쫄병들이 훈련 나갔으니 선임들이 그 동안의 세탁물을 처리했나보다. 돈까스와 이경식 해병이 다시 들어가 샤워를 하고 나오니 그동안의 훈련 나갔다 온 중대원들의 세탁물이 쏟아져 들어온다. 군용 드럼 세탁기에 다 쓸어 놓고 돌린다. 한 삼 일은 정신없이 바쁘다. 옷 마르면 대충이라도 다려서 놔야 하니 정신없었다. 돈까스는 그래도 이제는 일이 손에 익으니 일사천리로 다려 나간다. 그러다 가끔 딴 생각에 실수를 하고 또 한 대 맞고 다시 군복 다리고, 이제 돈까스는 상병 말호봉을 향해 가는데 일에 거침이 없다.

이제는 일도 적응됐고, 선임들한테 갈굼을 당해도 금방 그러려니 한다.

어쩌겠냐? 까라면 까고 뒤집으라면 뒤집고 다시 하라면 다시 하고…. 히히히~!^^ 돈까스가 어느 정도 일을 처리하고 밖에 나와 담배 한 대를 물면서 혼잣말로 가사를 흥얼거린다.

"거꾸로 매달아도 국방부 시계는 돌아간다~!"

(11) 군용 해바라기

연대 R.L.T? 훈련 중 매복지에 돈까스

　오늘은 주말인데 중대에 신병들이 엊그제 들어와서 그 신병들 군복을 세탁을 해주고 다려 주는 게 많이 밀려서 아침부터 바쁘게 세탁기를 돌리고 말려서 다림질을 열심히 허벌나게 하고 있다. 최고참인 이성신 해병님은 전역 날짜가 다가오니 일을 거의 놨다. 중간 고참이던 신영재 해병이 바통을 받아 세탁장이 된다. 이성신 해병님은 허드렛일을 도와주는 게 일인데 며칠 전부터 군용 칫솔을 가지고 뭘 만들고 있다.
　돈까스가 쓰던 칫솔도 새것 쓰라고 하고 헌것을 달라고…. 도대체 뭘 만들기에 칫솔을 색깔별로 6개를 장만했을까? 이때 군용 칫솔이 칫솔대가 투명이다. 꼭 투명 칫솔대로만 해야 한단다. 뭘까? 이성신 해병이 이걸 한 4~5일을 정성 들여 만든 거 같다. 돈까스한테도 도와달라고 할 때도 있다.

칫솔대 끄트머리를 약 1cm 정도로 자른다. 그걸 빼빠에다가 둥그렇게 허벌나게 갈아야 한다.

초반 작업 이걸 돈까스가 해 줬다. 1cm로 잘라 그게 7mm 정도의 달걀 모양으로 될 때까지 갈아서 넘겨주면 이성신 해병님이 그걸 더 고운 빼빠에다가 갈고 그 다음에 치약을 묻혀 못 쓰는 하얀 군용 팬티에다가 허벌나게 닦으면 반짝반짝 빛나는 작은 달걀 모양이 된다. 저 대단한 프로젝트가 일주일째…. 이성신 해병님이 돈까스한테 심부름을 시킨다. 위생병한테 말해 뒀다고 소독약하고 거즈하고 마이신을 받아오란다. 돈까스가 위생병한테 가서 물건을 받으며 신중하게 물어본다.

"야~! 매딕아~! 이 해병님 뭐 하는 거냐~?"
"웅~! 다마~! 덧나지 않게 잘해야 되는데~!"

다마? 아~! 이제 알았네…. 헉~! 근데 그걸 직접 한다고? 돈까스가 생각하기엔 그게 직접 못할 텐데? 어케 하려구? 참말로…?

"야~! 그걸 어떻게 직접 하냐~? 말도 안 돼~!"
"히히히 그러게 일단 놔둬 봐~! 주 해병은 나중에 하게 되면 잘해 줄게. 말해 알았지~!"

돈까스는 알았다고 하고 이 해병님께 물건을 갖다 줬다. 그 다음 날 그 말도 안 되는 일을 직접 보게 될 줄이야 정말 몰랐다.

다음 날 일요일이라 한가한 날이다. 점심 먹고 오니 이성신 해병님이 어제 갖다 준 소독약을 잔뜩 깔아 놓고 준비를 한다. 드디어 시술? 시작~! 도

루코 양면 면도칼로 똘똘이 옆쪽을 싹~! 쨌다. 어우야~! 졸라 아프겠다. 보기만 해도 치가 떨린다.

　돈까스는 생각한다. '어우 저 시키~! 미친 게 분명해~!' 자기도 너무 아파한다. 근데 그걸 참는다.

　면도칼로 쨴 그 부분에 다마를 밀어 넣고 의료용 바늘로 꿰맨다. 하나를 넣고 한참을 망설인다. 그러더니 다시 반대편을 면도칼로 쨴다. 으으~! 재빠르게 다마를 집어넣고 다시 잽싸게 꿰맨다. 나중에 알고 봤더니 매딕(위생병)한테 주사기로 국부 마취제를 먼저 맞았나 보다.(그래도 아프다.) 그럼 그렇지…. 마취를 안 하고 저걸 어떻게 해…. 와~! 독한 넘 동서남북으로 4개를 다 넣었다. 저게 그렇게 아픔을 참아가며 넣을 가치가 있을까? 정말 이 말도 안 되는 상황이 지나고 이 해병님은 며칠을 마이신을 먹어가며 끙끙댄다. 결과적으로는 전역할 때까지 아무 탈 없이 잘 아물었다.

　이 이후 정확히 8개월 후 돈까스는 위생병 넘이 최신형 쇠다마를 장착해 준다는 꼬임에 빠져 쇠다마를 박는다. 그것도 자그마치 6개를 장착한다. 이때 쇠다마 7~8개를 보여 주며 1개나 2개는 서비스라고 했는데 동서남북 네 개면 되던데 2개는 어디에? 장착하냐? 했더니 6개를 촘촘히 박아 해바라기를 만들 거란다. 돈까스는 이때 해바라기를 처음 접했다. 지금 생각하면 위생병넘의 실력 향상에 도움이 되는 마루타였던 거다.^^ 돈까스가 전역하고 얼마 있다가 김포 공항에 근무했던 적이 있는데 어쩐지 돈까스가 검색대를 지날 때는 쇠붙이를 다 빼도 항상 삐삐거렸었다. 이후 쇠가 안 좋다 그래서 6개를 다 뺐다. 그런데 2018년에 제주도 모임 갈 때 김포 공항 검색대를 지날 때 혁띠도 빼고 주머니 다 비워도 삐삐~! 다시 해 봐도 삐삐~! 흑흑~! 매딕아~!

도대체 서비스를 어디다 박은 거냐~? 공항 검색대 아가씨가 나중에 짜증내며 그냥 가라더라. 흑흑~!

그 후에도 몇 번 공항 검색대를 지날 때는 다리 관절에 싸구려 쇠를 시술했다고 둘러대고 통과한다. 언젠가는 위생병 넘을 찾으면 꼭 물어봐야지. 도대체 몇 개를 워다가~! 박었냐구~!

(12) 특등 사수의 꿈

1중대 앞에서 후임과 돈까스

　오늘은 1박 2일로 오천 사격장 가는 날이다. 바리바리 군장을 싸서 사격장까지 행군한다. 남문으로 나가니 대폿집 누님이 오란다. 얼른 눈치를 보고 뛰어가니 검은 비닐봉지를 준다. 고맙다고 하고 얼른 받아 펼쳐 보니 오~잉! 김밥이랑 김치를 싼 거다. 얼른 김밥은 걸어가며 동료들과 나눠 먹고 김치 봉다리는 배낭 옆구리에 넣었다. 후임들이 누구냐고 물어보길래 이모라고 했다.
　행군을 하며 대폿집 누님을 생각해 보니 참 고마운 누님이다. 사격장에 도착해서 우리는 텐트부터 쳤다. 20인용 대형 텐트 2개하고 A형 텐트를 치고 짐을 풀었다.
　텐트를 다 치고 군장 정리를 하고 바로 영점잡고 클리크 수정, 격발 연습을 한다. 사격장 텐트 친 곳이 울퉁불퉁한 자갈밭이다. 땅바닥에 엎드려 격발 연습을 하고 있는데 사격장 땅바닥은 좀 추웠다. 지나가는 중대장님, 소대장님들은 한마디씩 한다.

"오늘은 전부 특등 사수로 잘 좀 쏘자~!"

돈까스는 철모를 꾹 눌러쓰고 얼굴을 가린다. 중대장님이 돈까스한테 한마디 날린다.

"만년 소총수~! 오늘 특등 사수 되겠지~?"
"넵~! 중대장님~! 이 특등 사수만 믿으십쇼~!"
"언제부터 12발이 특등 사수였냐~! 시캬~! 말은~!"

중대 몇 안 남은 선임들이 한마디씩 한다.

"으이구~! 만년 소총수 시키 소대 망신 다 시킨다."

영점 맞추고 드디어 첫 번째 사격이다. 쓰벌 거 우찌 된 게 오늘 전부 다 잘 맞춰야 세 발 네 발이었다. 하도 이상해서 소대장님이 통제실에서 확인해 본즉 타깃이 고장이었다. 결국 다른 사선도 고장이 나서 정비병들이 올 때까지 사선으로 들어가서 체크해야 한다.
당연히 돈까스도 들어갔지~! 재밌을 거 같아서 자진해서 들어간다. 6명이 들어가서 타깃이 세워져 있는 언덕 밑에 앉아 있다가 한 파트 사격이 끝나면 올라가서 분필로 체크하고 종이에 적고 다시 내려가서 앉았다가 다시 올라오고 계속 반복이다. 근데 돈까스는 여기서 중요한 걸 깨닫는다.

사격하는 동안 앉아 있는데 위로 쉑~! 쉑~! 하며 총알이 지나가는 소리가 난다. 돈까스 생각에 헉~! 저렇게 총알이 수백발이 지나가는데 상륙해서 돌격해야 한다구?

흠~! 상륙하면 최대한 짱박히면서 돌격을 해야겠구나~!

이날 이 경험은 잊지 못할 소름끼치는 경험이었다. 그런데 전역하고서 한참 지난 날 '짱박히면서 상륙 돌격한다?' 이 생각이 소용없다는 걸 '라이언 일병 구하기'란 영화를 보면서 많이 바뀌었다. 오죽하면 상륙 작전은 2~30%만 살아도 성공이라고 했을까? 흠~! 결론은 군인은 불쌍하다.

사격장은 식사 추진이다. 2R1BN HQ에서 식사차 도착…. 각 중대별로 배식이 실시된다. 모래바람 씽씽 맞으며 츄라이에 모래가 들어가든 말든 그냥 GO다. 아~놔~! 오늘도 똥국에다가 마늘종 장아찌, 단무지다. 국방부 누구 아는 사람이 마늘종 장아찌 장사를 하나 보다. 그렇지 않고서야 이렇게 자주 나올 수가 없다. 그나마 쫄따구들이 요리조리 뛰어다니면서 어디서 구해 왔는지 싸제 맛다시 가루를 쪼끔씩 뿌려준다. 중대 고참들끼리 모여 앉아 밥 먹으면서 한마디 한다.

"요즘 쌔끼들은 졸라 빠졌어…, 우리 때는 싸제 김치를 구해 와서 쭉~ 찢어 놓고 라면도 끓여 놓고 했는데 에이~! 잘 좀 해라."

그러나 어쩌랴~! 세상이 변해 가고 해병대 기합 빠진 거는 2기부터 빠졌는데…. 히히히~!

저녁 식사를 하고 잠시 휴식을 한 뒤 야간 사격이 있다. 근데 이게 참 난감하다. 돈까스가 군대 와서 알았는데 야맹증이 있는 거 같다. 드디어 돈까스 조 차례다.

사로를 올라가 총알 10발을 받아 탄창을 채우고 사격하기 전에 옆에 탄차 받는 후임에게 첫발 탄착군이 몇 시 방향인지 말해 달라고 했다. 첫발 사격 탕~! 후임이 "10시 방향입니다~!" 한다. 흠~! 그러면 조준을…. 우로 하나 아래로 하나. 두 번째 사격 탕~! "주 해병님 정확하지 말입니다~!"

그 후 탕~! 탕~! 탕~! 8발을 다 쐈다. 결과는 8발 명중이다. 중간에 호흡을 잘못해서 한 발 놓쳤다.

"오~! 주완순~! 잘 쏘는데~! 특등 사수 되겠어~!"

야간 사격까지 끝내고 저녁에는 각 중대별, 소대별로 사격을 더 잘 쏘기 위한 토론회가 열린다. 오늘 사격에서 18발을 맞춘 485기 김성민 일병이 먼저 열변을 토한다. 김성민이는 경기도 포천 어느 절에 주지스님 아들이다. 딱 봐도 스님처럼 생겼다.

이케이케 조준을 하고 이케 숨을 참고 사격했더니 잘 맞았다.

그걸 누가 모르냐고요~! 그렇게 하고도 안 맞으니 답답하지…. 돈까스는 내일을 위해 일찍이 침낭 안으로 들어간다. 오늘도 후임이 탄피 2개가 날아가 이걸 찾느라고 사로 근처를 이 잡듯이 뒤졌다. 결국 하나는 못 찾고 내일 다시 찾으란다. 아~! 한국군은 언제쯤 탄피 압박에서 벗어나나? 저번에 미군 애들 보니까 탄피 신경 안 쓰던데 우리는 왜 그럴까?

아침부터 바쁘게들 움직인다. 오늘은 식사를 각자 추진한다.

식사라 봤자 밥하고 어제 먹다 남은 똥국에 김치고 마늘종이고 다 때려 넣고 쓰레기국이다. 오~잉 그래도 빠릿한 놈이 한 놈 있어서 아침 일찍 사격장 옆 민가에서 김치를 얻어왔다.

오~! 천상의 맛이다. 역시 싸제 묵은지는 진리다. 460기 하정복 해병이 돈까스한테 슬며시 수통을 내민다.

돈까스는 물인 줄 알고 마시는데 오~잉~! 물이 아니다. 이런이런~! 생명수다. 아침에 찬 기운이 쫙 풀린다. 식사를 다 하고 바로 다시 영점 사격장에 도착 크리크 수정하고 영점을 다시 잡은 뒤 격발 연습을 한다. 오후엔 사격장 사로에 들어가 사격을 한다. 총 20발 중 14발 이상 맞춰야 합격인데 돈까스는 실무에 와서 그동안에 사격 중 특등 사수는 못 돼도 15발 이상은 맞췄다. 진짜다.

오후 실사격 차례차례 조별로 사로로 올라간다.

나머지 조는 영점 연습하다가 차례가 되면 올라간다. 오~잉~? 아침에 빈 속에 생명수가? 급똥이 몰려오는 돈까스는 옆에 같은 조 본부 소대 궁물이 연습하고 있다. 궁물한테 맡기기는 조금 쎄한데 너무 급똥 기운이라 할 수 없이 맡긴다.

"궁물~! 총 좀 갖고 있어. 아무것도 만지지 마~!"
"네~! 걱정 마십쇼~!"

궁물은 경주에서 전문 대학 2년 다니다 온 넘인데 중대로 전입 온 이튿날 화기소대 하리마오가 라면을 끓여 먹고 있는데 천하의 기합 빠진 쫄따구가 감히 하리마오 병장님한테 라면 국물 좀 남겨 달라고 해서 졸라 터지고 그 다음부터 닉네임이 궁물이 되었다. 야도 어디에도 쓸 수 없어 할 수 없이 본부 소대에 서무로 쓰이는 후임이다. 그래도 전문 대학이라도 나왔으니 말이다.

드디어 돈까스 조 차례가 되었다. 1차 10발 사격하고 다시 로테이션으로 돌아 10발 사격하고 한다. 돈까스가 사로에 들어가 자리 잡고 혹 모르니까 어제 18발 사격한 김성민 일병이 했던 방법을 떠올리며 생각해 본다.

'흠~! 사격은 영점도 중요하지만 호흡도 중요해~!'

"사수 사로~봇~!"
"사격~!"

탕~! 탕~! 탕~! 드르륵~! 히히히 누가 3점사 쐈다. 돈까스는 아주 만족스럽게 첫 4발을 잘 쏘고 있다? 100m 표적, 200m 표적, 250m 표적을 쏘게 되어 있으며 이 세 종류의 표적이 같은 크기라는 이야기가 있지만 사실은 다르다. 100m 표적은 사람의 머리와 어깨까지만 있으며 200m, 250m는 상반신이다.

100m 4발, 200m 4발, 250m 2발을 쏘게 되어 있으며 부대에 따라 3발, 4발, 3발을 쏘기도 한다. 돈까스가 5발을 쏘는데 뒤에서 사격하는 병사들을 관리하던 신참 소대장이 돈까스 뒤에 서더니 한참을 본다. 탕~! 탕~! 탕~!

"야~! 주 해병~! 너 왜 자꾸 옆에 표적지에 쏘냐~?"

돈까스가 멈추고 뒤에 소대장님을 본다. 뭔 소리?

"아~! 소대장님 뭔 소리세요~! 제 표적지 쏘는데~?"

탕~!… "또 옆에 표적지야~! 너~! 영점 잘 잡았냐~?"

"정말요~? 저는 지금 이 끝에 제 표적지 맞췄는데~?"

탕~! 탕~! 마지막까지 쐈는데 소대장님이 나를 이상하게 쳐다보며 한마디 하신다.

"봐~! 지금 마지막도 옆에 표적지야~! 왜 그러냐~! 너~!"

돈까스는 이 상황이 전혀 이해 안 가다가 문득 아까 급똥 때 상황?이 떠올라 궁물을 불러 물어본다.

"야~! 궁물~! 너 아까 내가 총 맡겼을 때 만졌냐~?"
"네~! 주 해병님 특등 사수 되라고 내가 영점 잡어 크리크 좀 옮겼죠~!"

돈까스하고 소대장님은 둘이 멀뚱멀뚱 쳐다보다 총을 봤다. 아~! 누가 봐도 총 가늠자가 한쪽으로 밀려나 있다. 궁물아~! 궁물아~! 도대체 너는 어느 별에서 왔니? 흑흑.
야~! 돈까스도 쫄따구 때 질질 짜며 누구 못지않은 고문관 이었는데…. 궁물이는 어떤 때는 멀쩡하고 어떤 때는 뭐? 어쩌라구 하는… 뭐랄까? 신박한 새로운 타입의 고문관이다.

"주 해병 쟤한테 총 영점 잡아 달라고 맡겼냐~?"
"에이 설마요~! 소대장님 급똥이 와서 잠깐 갖고 있으라고 한 건데… 하~! 제 잘못입니다. 할 말 없습니다 죄송합니다~!"

우쨋든 돈까스는 첫 번째 사격은 0점 처리됐다.

다시 밑으로 내려와 허탈한 마음에 한참을 멍하게 있다가 궁물이를 쳐다보는 돈까스…. 근데 헉~! 궁물이가 돈까스를 쳐다보는데 왜? 그러세여~? 하는 표정이다. 돈까스는 그냥 아무 말 없이 궁물이한테서 최대한 멀리 떨어진 자리에서 엎드려 다시 영점을 잡는다. 우선 한참 물러난 가늠자부터 가운데로 끼릭 끼릭~! 돈까스는 사격 연습을 하면서도 자꾸 떨쳐버릴 수 없는 생각이 하나 있다.

궁물이가 일부러 날 골탕 먹이려고 그랬나? 그러나 그 생각이… 궁물이가 일부러 그랬나? 하는 생각이 잘못됐다는 걸 나중에 해안 방어 나가서 알았다.

(13) 벽암지 유격장

벽암지 유격장. 앞줄 가운데가 돈까스

"유격 훈련의 유격(遊擊)은 적진에서 형편에 따라 기습적으로 공격하는 것을 뜻하므로, 곧 게릴라전에 필요한 훈련을 의미한다. 영어로는 guerrilla training, 혹은 ranger training으로 표기하는 만큼 국토의 대부분을 차지하는 산악 지형에 적합한 훈련을 진행한다."

이번 주는 4박 5일 벽암지 유격장으로 이동한다.
전날 중대에서 철모에 덮여 있는 위장포를 제거하고 알철모 이마빡에 교번을 붙인다. 바로 내일 떠날 유격 교육을 받기 위해서다. 돈까스는 밤새 2층 침상 구석에 누워 이런저런 생각을 했다.
이미 유격 받기 싫어하는 선임들은 졸지에 전부 환자로 열외 되고 기수빨에 밀려 졸지에 고참 대열에 올라 농땡이도 못 부리고 이번이 2번째 유격인데 돈까스는 유격이 조금 재미있다. 그놈의 PT만 빼면 좋겠다. 원래 유격장 가면 장교건 부사관이건 대원이고 뭐고 전부 피교육생 신분 아닌가~! 어느 곳이든지 피교육생은 누구나 다 춥고 배고프고 졸리고 불쌍하다.

다음 날 벽암지에 도착하여 군장을 막사에 정리하고 바로 작업원을 차출하는데, 이미 중대 병장 선임들은 부식 작업원이나 츄라이 작업원으로 빠지는 평소엔 멀쩡하던 선임들이 갑자기 환자로 전락해 버린 것이다. 우리는 집합하여 유격 훈련대 교관들과 상견례를 가졌다. 교관과 조교들은 모두 빨강 팔각모를 쓰고 매우 날렵해 보였다. 교관은 키가 짤막하고 나이는 들어 보이는데 중사 계급장을 달고 있었다. 어떠한 불굴의 상황이 도래해도 상황을 반전시키며 특수전 임무를 감당할 것 같은 당찬 인상이었다.

그런데 이번 차에 교관님은 특이하게 제일 먼저 '유격대가'를 가르쳐 주었다.

"검푸른 산속 산길은 사나워도
나는야 언제나 불굴의 유격대
막걸리 생각 날 땐 시냇물을 마시고
사랑이 그리울 땐 산속을 헤맨다."

목청이 터져라 부르고 또 부르고 어느새 모두가 외우는 단계에 이르렀고 이동 시 유격대가로 고된 훈련을 위로받았다. 유격 훈련은 숙달된 조교의 시범으로 시작되었다.

우리는 조교의 시범이 끝나자 실습에 들어갔는데 두 줄타기, 세 줄타기 등은 약간의 고소 공포증을 유발할 수도 있겠지만 돈까스는 오히려 약간의 긴장감으로 고소공포증을 극복하며 해나가지만 매번 적응이 안 된다. 어느 정도의 고소공포증은 어쩔 수 없다. 거기다가 중간쯤 밑은 도로다. 차가 지나간다. 그리고 외줄 타기는 생각대로 되지 않아 다수의 애들이 제일로 고생하는 코스다. 교육장과 맞은편 산을 잇는 외줄, 두 줄타기 도하 연습을 한다.

출발은 양호하게 시작했지만 중간 지점에 이르러서는 거의 모두가 타잔 영화에 나오는 사냥 동물 모습처럼 거꾸로 매달려 종착지까지 가는 수고로움을 감내하여야만 했었다. 또 마닐라 로프로 하네스 모양으로 양가랑이에 결속하고 스냅링 하나 걸고 20~30m 암벽 레펠을 한다.

훈련의 반은 PT체조를 한다. 구호를 틀려 얼차려 훈련으로 일관하기 일쑤다. 정말 마지막 구호 외침 드럽게 안 맞는다.

띠~벌~! 마지막 구호 하지 말라구~! 쫌~!

줄타기를 중심으로 암벽 오르기, 강하 훈련 레펠 훈련 등으로 이어진 유격 훈련은 최악의 상황에서도 살아남을 수 있는 극기 훈련으로 강한 해병으로 만들어 가는 극치의 과정의 보루였다. 유격이 끝나고 교관이 연설을 하신다.

"본 교관은 여러분들에게 많은 걸 바라지 않는다. 하고자 하는 의욕, 의지~! 그리고 패기 있는 목소리! 이 두 가지만 본다. 알았나~! 수고했다~!"

유격 훈련이 마무리되고 우리는 막사로 돌아 왔다. 저녁은 특식이 나왔는데 실무 와서 딱 3번째 먹는 음식이다. 짜장밥이었다. 짜장면보다는 못하겠지만 검은 짜장에 비벼 먹은 짜장밥은 이 세상 어느 만찬에 비길 바가 아니었다.

그러나 오늘도 역시 돼지가 구석구석 몸에 때만 씻고 갔나 보다. 고기가 읎~따~! 하~! 그래도 이게 어디냐~! 맛있다. 먹고 나서 츄라이는 영락없이 정부미 포대 올을 풀은 거와 국방부 보급용 빨랫비누로 작업원들이 츄라이를 닦는다. 선택의 여지가 없다. 다른 게 없다. 퐁퐁 그런 거 읎~따! 이 츄라이 작업원도 열외를 할 수 있으니까 꿀에 작업원이라고 전부 중대 고참 병장들이 식기 세척장에 쭈그리고 앉아 대략 밥풀이 츄라이에 붙어 있어도 통과다. 츄라이에 빨랫비누 냄새가 요동쳐도 중대 쫄따구들 그 어느 누구 하나 인상 찌푸리는 놈들이 없었다. 어디 감히 선임들이 닦아 주는데 태클을 걸겠냐~!

우리 21대대 1중대는 막사 두 개에 나눠 짐을 풀었다. 저녁 취침 전에 중대장이 있는 막사로 전부 다 가서 오늘 하루의 문제점과 시정 사항을 토론을 한다.

중대장님이 내일도 아무 사고 없이 무사히 훈련을 잘 받자는 말을 끝으로 우리는 각자 막사로 돌아가 고단한 몸을 누인다.

다음 날 일어났는데 어우 야~! 누가 밤새 나를 멍석말이 타작을 했냐? 왜 이리 몸이 구석구석 다 쑤시냐? 돈까스는 억지로 몸을 일으켜 세면장으로 향하는데 오~! 그래도 어느 정도 산속이라고 공기가 다르다. 화~한 공기가 기도를 통해 쑤욱 들어오는데 대뇌가 맑아진다.

"오늘도 활기차고 줄기차게 PT체조부터 시작~!"
"삐빅~! 삑삑~! 삑삑삑~! 삑삑~!"
"하나~! 두울~! 세~엣~! 네~네으으~넷~!"

으으~! 도대체 PT는 워떤 눔이 만든 거냐? 이건 고문에 가깝다.

온몸의 구석구석을 괴롭히는 체조다. 특히 13번 코스(or 8번) 온몸 비틀기…. 돈까스의 짧은 다리가 허공에서 몸부림친다. 근데 PT를 하고 나면 또 몸이 시원해지고 가뿐해지는 걸 느낀다. 그냥 그렇다고요.

PT체조(2022년 현재는 14개 동작)의 세부 종목이 24개나 된다. 그리고 악명 높은 13번 PT….

가볍게 암벽 레펠을 하고 다시 허공에 줄 타고 건너가 헬기 레펠을 한 돈까스는 이번엔 11m 막타워 레펠 앞에 서 있다. 오늘 돈까스는 동에 번쩍~! 서에 번쩍~! 이다. 신참 소대장이 아까는 저쪽에서 봤는데 이번엔 막타워에서 보게 되니 흠칫 놀란다. 웅~? 어느새 이쪽에~? 하는 표정이다. 돈까스는 씨~익 썩소를 날리며 막타워에 오른다.

막타워에 올라 조교한테 스냅링을 단단히 결속받은 뒤~!

쫘~악~! L자 레펠을 중간 스톱 없이 내리꽂는다. 바로 다시 뒤로 돌아 뛰어가서 막타워에 오른다.

그리고는 이번엔 대가리부터 내리꽂는 거꾸로 직각 레펠을 사정없이 내리꽂는다. 쫘~악~! 밑에서 소대장이 소리친다.

"야~! 주 해병~! 천천히 내려와~! 다쳐~!"

다 내려가니 신참 소대장님이 걱정스런 얼굴로 다가온다.

"야~! 주 해병~! 너 바로 떨어지는 줄 알았잖아~!"
"참~! 소대장님 걱정 마십쇼~! 신속, 정확 히히."

크크크~! 이 신참 소대장님은 훗날 2018년 돈까스가 전우회 생활할 때 전진구 사령관님 이, 취임식 때 발안 해병대 사령부에서 조우한다. 그때는 몰랐는데 나중에 전우회 중앙회 지난 사진을 보던 중 전년에 중앙회 간부님들과 해병대 사령부 간부님들과 미팅이 있었을 때 사진 보니 별 하나를 달고 있다. 오~! 엘리트 코스를 밟고 승승장구 진급해서 장군님이 되셨네~! 아마도 준장님으로 전역하셨나 보다.

돈까스는 그 사진을 보고 있자니 1984년도 신참 소대장님과 일이 주마등처럼 지나가 엷은 미소가 스쳐 지나간다.

유격장 2일째 저녁 취침 들어가기 전에 돈까스가 막사를 나와 중대장님이 계신 막사 쪽으로 발걸음을 옮긴다.

Chapter 3. 실무 군 생활

돈까스가 중대장 앞으로 가서 필~승! 경례를 한다.

"오~! 만년 소총수~! 웬일이냐~?"
"넵~! 중대장님~! 중대 인원 3분의 1이 낼부터 연대 훈련 대항군으로 나가는 걸로 알고 있습니다. 저두 대항군 쪽 훈련으로 나가고 싶습니다."
"어~! 그래~? 유격 훈련하기 싫어서 그런 거 아냐~?"

옆에 계시던 신참 소대장님이 얼른 한마디 날린다.

"어우~! 아닙니다, 중대장님~! 주 해병 진짜 열심히 합니다~!"
"넵~! 그렇습니다. 중대장님 제가 쫄병 때 훈련을 많이 나가보지 않아서 지금이라도 여러 훈련을 경험하고 싶습니다~!"
"흠~! 그래 알았어~! 야~! 작전 하사 내일 만년 소총수도 데려가~!"

옆에 있던 작전 하사가 씨익~! 웃으며…

"네~! 알겠습니다~!"

돈까스는 중대장님께 필~승! 하고 막사로 돌아간다.
이래서 돈까스는 담날 대항군 훈련으로 소대장님과 작전 하사, 중대원 20명과 대항군 훈련으로 전환하여 유격장에서 빠진다.

(14) 대항군 훈련

다음 날 아침 대항군 훈련으로 전환한 인원은 유격장에서 아침을 먹고 군장을 챙겨 빠진다. 유격장에서 대항군으로 참여하기 위해 다른 수송 지원이 없다. 행군으로 가야한다. 산 넘고 물 건너 하염없이 그것도 산길로만 간다.

"아~! 띠바~! 그냥 유격장 있을걸. X빨렀다고 왔나~!"

정기 휴가 때 같이 나갔다가 헌병대 신세를 같이 졌던 458기 정근식 해병이 투덜투덜댄다. 돈까스는 그 이후 정 해병과 거리를 좀 둔다. 다혈질이라 좀 위험하다.^^ 정 해병은 진짜 유격이 하기 싫어 대항군 훈련으로 온 거다. 근데 그 생각이 잘못된 걸 이제 안 거다. 산악 행군 장난이 아니다. 산을 몇 개나 넘는지 모르겠다. 아침에 유격장을 떠났는데 거의 해가 넘어갈 때쯤 대항군 매복 위치에 도착했다.

이건 뭐 장거리 정찰대 수준이라고 작전 하사가 투덜댄다. 이왕 이렇게 된 거 지대로 정찰대 교본처럼 하자고 텐트를 안치고 밑에 텐트를 깔고 침낭 놓고 그 위에 다시 텐트를 이불처럼 덮고 별 보며 취침하게 된다. (완전 머나먼 정글이다.^^)

잠자리를 마련하고 얼른 저녁을 준비한다. 밑에 냇물로 밥을 짓고 개인 부식으로 싸온 단무지와 마늘종 장아찌가 전부다.

어~휴~! 이눔의 마늘종 장아찌…. 흑흑 지겹다. 저장성이 좋아서 군에 적합하다고 하지만 아무리 그래도 그렇지 야외 훈련 나갈 때는 영락없이 안 빠진다. 저녁을 해결하고 일렬로 쫙 깔아놓은 침낭에 누우니 무한대의 밤하늘을 별이 쏟아지는 거 같다. 장관이다.

얼마나 잤을까? 아직 어둠이 채 가시지 않았는데 쫄따구들이 왔다 갔다 한다. 돈까스가 침낭 밖으로 얼굴을 내밀며 덮개를 보니 서리가 내렸나 보다. 덮개며 옆 키 작은 소나무에도 하얗게 서리가 내렸다. 아~! 이러니 새벽녘에 추웠지~! 돈까스는 침낭에서 나와 옆쪽으로 가서 시원하게 소변 한 방 갈기고 돌아오니 500자 쫄따구가 밥을 하고 있다. 돈까스가 옆으로 가서 뭐~! 도와줄 거 없냐? 하니 이제 국만 끓이면 된다고 라면 두 개를 찢는다. 어디서 생겼냐고 하니 어제 떠날 때 작전 하사가 나눠 줬단다. 오~! 웬일로 라면을 줬나 했더니 유격장에서 떠날 때 작전 하사가 주계병한테 말하고 유격장에서 점심 메뉴로 나올 라면 몇 개를 달래서 가져왔단다. 1개조 네 명당 2개씩…. 어쨌든 아침에 라면 국물하고 먹으니 속이 뜨듯하니 잘 먹었다.

후임들이 냇가로 가 그릇 닦는 동안 선임들이 침낭들을 챙긴다. 군장을 다 싸고 산 8부 능선 매복지로 이동한다. 능선에 가니 땅이 파여 있는 게 여기서 훈련을 자주 했나 보다.

우리는 10보 간격으로 2명씩 자리를 잡는다. 10시쯤 공격조가 산 아래 개활지를 지나 이 산에 고지를 점령하는 게 오늘의 시나리오다. 지금이 8시쯤 됐으니 2시간여를 기다려야 된다. 돈까스는 조금 있으니 쌀쌀해서 후임과 서로 등을 맞대고 앉아 이빨을 깐다. 다른 뭐 할 것도 없다. 산속에서 뭐 하겠냐…. 조금 있으니 작전 하사가 공포탄을 2탄창씩 나눠 주며 오늘은 탄피를 굳이 수거를 안 해도 된다고 한다. 오~잉~! 웬일이랴~! 탄피를 안 챙겨도 된다니? 공포탄이라 그런가? 우쨌든 귀찮은 일 하나 덜었다. 이제 거의 시간이 다 될 때쯤 467기 김사섭이 이쪽으로 온다.

"야~! 사섭아~! 왜?"
"네~! 작전 하사가 여기 가서 확실히 갈겨 주라고 합니다~!"

김사섭이는 서울에서 살다 들어온 M60사수다. M60은 람보 영화에서 람보가 졸라 갈기던 그 기관총이다.

"그려~! 국방군 종간나 시키들한테 확실히 갈기라우~!"
"알갔시오~! 주동무 오늘 탄창 2줄 갖고 왔시요~!"

김사섭이는 중대 화기소대원이다. 덩치가 좀 있다. 든든하다. 사섭이가 오고 나서 한 20여 분쯤 됐을까? 산 아래쪽 개활지에서 타 대대 국방군 쪽을 맡은 종간나 시키들이 엄폐, 은폐를 하며 소리를 지르며 돌격해 온다.

"아직 쏘지 말고 산 아래에서 올라올 때 사격해."

작전 하사가 저쪽 옆 진지에서 소리친다.
시간이 돼서 준비를 하고 있으니 산 아래 개활지를 개떼처럼 오고 있다. 돈까스가 옆에 사섭이한테 말한다.

"사섭동무~! 종간나 시키들 총알 허벌나게 갈겨 주라우~!"
"걱정 마시라요~! 주 동무~! 간나 시키들~! 뎀~벼~!"

돈까스하고 사섭이 둘이 아주 신났다. 아~! 진해 훈련소 때 쓰리고 보는 듯하다. 옆에서 470자 후임이 둘이 지랄하고 자빠졌네~! 하는 듯 쳐다보고 웃는다.

'드르륵~! 탕~! 탕~! 드르륵~! 탕~! 탕~! 탕~!'

이제 산 중간쯤으로 몰려든다.

"공산당~! 타도~! 빨갱이 시키들 전멸~! 돌~격~!"

저 밑에도 우리 같은 시키들이 있나 보다. 갖은 욕설을 내뱉으며 개떼처럼 올라온다.

'드르르륵~! 드르르륵~! 찰칵~? 찰~?'
"사섭이 뭐 해~? 다 갈겨~!"
"어~? 이거 왜 이래~? 아~나 걸렸나~!"

작전 하사가 우리한테 소리친다.

"산 위 집결지로 후~퇴~!"

아~나~! 공산당이 패하여 후퇴하고 국방군이 고지를 점령하는 게 최종 시나리오다. 돈까스는 아직도 후임이랑 둘이 갈기고 있다. 그새 아래 국방군 애들은 거의 다 올라왔다.

사섭이는 아직도 M60을 손보고 있다. 그때~? 거의 다 올라 온 상대편 놈이 소리를 지르며 돈까스를 죽일 듯이 돌격하며 소리친다.

"빨갱이 시키들~! 다 죽어라~!"

 등치가 산만한 시키다. 돈까스는 흠칫 놀라며 뒤로 물러선다. 어~? 저 넘~? 돈까스가 그넘을 향해 소리친다.

"야~! 이노끼~! 항~복~! 항~복이다 살려 줘~!"

 고릴라 같은 넘이 멈칫하며 돈까스를 유심히 본다.

"어~? 주 해병님~! 여기 계셨습니까~!"
"웅~! 이노끼~! 올만이네~! 무서웠잖오~!"
"아이~! 주 해병님 가상인데 뭐가 무서워요~! 크~!"

 이 안토니오 이노끼는(일본 레슬링 선수를 닮아) 돈까스가 실무 오기 전에 중이염으로 연대 본부 의무실에 입원했을 때 본부 화기중대원으로 있다가 손가락을 다쳐 의무실에 자주 들락거리며 친해졌던 466기 장병민이다.

"1중대~! 집결지로 후퇴해~!"

 작전 하사가 다시 후퇴하라고 소리친다. 돈까스는 돌아보며….

"야~! 이노끼 반가웠다~! 담에 사단 PX에서 한잔하자~!"
"넵~! 주 해병님~! 반가웠습니다. 담에 뵙죠. 필~승!"

Chapter 3. 실무 군 생활

돈까스는 이노끼랑 인사를 하고 아직도 투덜투덜 M60과 사투?를 벌이는 사섭이와 후임을 데리고 산 위로 후퇴한다. 집결지로 올라가니 차경환 부중대장님과 작전 하사랑 애들이 다 와있다.

"이제 점심을 먹고 바로 대대로 복귀한다."

우리는 점심을 후딱 해 먹고 다시 온 길을 걸어서 대대로 복귀한다. 근데 유격장에서 여기 온 거리보다 여기서 사단 대대로 복귀하는 거리가 훨씬 가깝다. 몸은 고달프지만 집?으로 복귀한다니 발걸음이 한결 가볍다. 오는 길에 작은 가게에서 작전 하사가 하드 한 개씩을 사 줘서 잘 먹고 복귀한다.

전역 며칠 전 일월지에서 세우와 돈까스

Chapter 4. 병장 1사단 돈까스

"전쟁에 진 군인은 용서해도 경계에 실패한 군인은 용서받지 못한다."

(1) 해안 방어(Defense Coaster)

84년 여름이 다가온다. 이제 이성신 해병님이나 신영재 해병님은 전역할 날이 머지않았다. 세탁장은 462기 이경식 해병이다. 머지않아 2연대가 해안 방어 나갈 차례다.

돈까스는 해안 방어는 이번이 두 번째다. 첫 번째는 실무 오자마자 양남으로 갔는데 중이염 때문에 포항 병원에 입원하는 바람에 근무를 못했다.
주말에 그동안 밀렸던 빨래를 하고 있는데 중대에서 후임이 달려와 주 해병님 면회 왔다고 준비하고 서문으로 가 보란다. 어~? 오마니가 또 오셨나? 하고 작업복을 다려 놓은 거로 갈아입고 서문으로 나가니 아버지가 오셨다.

"아버지~! 힘드실 텐데 오셨어요~!"
"응~! 용균아~! 바람 쐴 겸 왔어~!"
"네~! 잘 오셨어요~! 저쪽 잔디밭으로 가세요~!"

아버지는 등산 차림으로 배낭을 메고 오셨다. 아버지는 평소에도 등산을 많이 다니셨다.

"오마니랑 누나, 짱구랑 다 잘 있지요~?"
"응, 별일 없어. 걱정 말고 건강히 있어~!"

잔디밭에는 면회객들이 갖가지 음식들을 싸 가지고 와서 펼쳐 놓고 맛있게들 먹고 있다. 아버지가 배낭에서 버너를 꺼내신다. 불을 붙여서 코펠에 물을 끓이시고는 너구리 라면을 두 개 끓이신다. 돈까스는 그 모습을 보고는 생각한다. '아~! 집이 많이 어려운가 보다~!' 이때는 돈까스도 군대 와 있고 동생 작은 돼지도 육군 가평 수기사에 복무하고 있을 때다. 그러니 집에 돈 버는 사람은 누나가 회사에 다니면서 버는 게 전부였나 보다. 알았으면 작은 돼지는 가정상의 이유로 군대를 안 가도 됐을 텐데 그걸 몰랐다.

돈까스는 옆에는 갖은 음식을 싸 왔는데 라면을 끓여 먹자니 조금 창피했다. 아버지는 얼마나 마음이 아팠을까? 생각에 내색을 안 하고 먹는다.

아버지는 오신 김에 돈까스랑 하룻밤을 자기를 바랐는데 이때 뭔 일이 있었는지 외출, 외박이 조금 자유롭지 못했다. 돈까스 그래도 알아보러 중대로 달려가 소대장님께 얘기를 해 보는데 좀 머뭇거리며 난색을 표하는 거 같아 돈까스가 됐다고 하고 아버지께 가서 요새 외박이 금지라고 말한다. 아버지는 돈까스한테 조금의 용돈을 주시고는 다시 올라가셨다.

돈까스는 지금도 이때의 일이 한으로 남는다. 나중에 전역하고 이때의 일을 들으니 내려올 때 아들 면회 가는 다른 아버지를 올라갈 때도 터미널에서 우연히 만나 그분과 저녁 겸 한잔하시고 올라오셨다고 한다. 그 아저씨도 아들 외박이 안 되서 그냥 가시는 길이었다. 돈까스는 착잡한 마음으로 서문으로 올라와 사단 PX에 들어간다. 빵하고 주스를 사 먹으러 들어왔는데 누가 부른다.

"야~! 주 해병~! 어디 갔다 오냐~? 이리 와~!"
"어~! 성규야~! 웬일이냐~?"

"응~! 후임하고 한잔하러 왔어~! 앉어, 한잔하자~!"

3연대에 있는 동기 박성규가 있었다. 돈까스는 성규하고 소주하고 깡통 안주 몇 개를 더해서 한잔하고 저녁 시간쯤 들어간다. 마음이 착잡한데 동기랑 한잔하니 좋긴 좋다.^^ 해안 방어 나갈 때가 다가오니 준비할 게 많다. 중대에서 총기와 단독 군장을 챙겨 잘 손질해 놓고 세탁소는 3개월 동안 나가 있을 거니 모든 장비를 세척해서 잘 닦아 놓아야 한다.

드디어 내일 해안 방어로 2연대가 한달비 지역으로 이동하는 날이다. 각각 분초, 소초를 배정받고 60트럭으로 이동한다. 돈까스는 중대 본부 5분 대기조에 배정받아 중대 본부에 있을 것이다. 중대 본부 섹터는 진지 5~6개 정도의 짧은 지역이다.

중대 본부에는 중대장님, 선임 하사님과 중대 본부 행정병들 그리고 통신병, 60운전병과 의무 하사 등등이 있다. 다른 중대원들이나 돈까스는 모두 잠을 설쳤다. 비록 3~4개월의 짧다면 짧은 기일이지만 새로운 지역에 대한 궁금증이랄까? 어쨌든 기상 군가 팔각모 사나이가 나오기 전부터 바삐 움직이는 중대원들의 군화 소리와 뭘 찾는 소리와 괜히 소리 지르는 열정적인 똘망 하사의 군기 잡는 소리에 돈까스는 마지못해 배시시 담요 밖으로 고개를 내민다. 어제 중대 끝에 공내무실에서 잤기에 지금 일어나지 소대에서 잤으면 제대로 자지도 못했다. 돈까스는 씻지도 못하고 소대 후임이 갖다 주는 총을 받고 단독 군장을 하고 꼰봉을 갖고 연병장으로 나가니 벌써 트럭 몇 대가 와 있다.

"주 해병님~! 본부 소대와 1소대랑 1호 찹니다~!"

돈까스 꼰뻥을 트럭에 던지고 중대로 다시 들어가는데 중대장님이 나오며 한소리 한다.

"야~! 만년 소총수~! 빨리 가자 또 워디 가냐~?"
"넵~! 위생 하사님이 물품 싣는 거 도와달랍니다~!"
"웅 빨리 갖고 와~! 야~! 소대장~! 다 되어 가냐~?"

이때는 몇 개월 전에 중대장님이 장영일 중대장님에서 임해룡 중대장님으로 교체가 됐을 때다.
장영일 중대장님은 사단으로 소령 달고 올라 가셨다. 돈까스는 위생 하사님 물품을 같이 실어 주고 트럭에 올라탄다. 트럭이 출발하여 북문으로 나간다.
이때는 도로가 아스팔트가 아닌 흙길이었다.
돈까스 오랜만에 밖에 구경하느라 후임과 함께 60트럭 앞에 호로를 살짝 걷고 상체를 내밀어 밖을 구경한다. 앞차가 지나가면서 일으키는 흙먼지가 장난이 아니다. 그래도 군용 마스크를 올리고 계속 히히덕거리며 구경하며 간다. 조금 달려 도구 해안을 지나간다. 도구에 사람들이 많이 나와 있다. 고개를 올라 트럭이 고갯길 한쪽에 차를 댄다. 고갯길 옆쪽에 자그마한 건물들이 있는데 이곳이 한달비 해안 방어 중대 본부다. 중대원들은 얼른 물품을 내리고 자그마한 내무반을 청소를 한다. 건물은 중대 내무실, 사무실, 중대장실이 붙어 있는 건물1동 주계 건물 하나 이렇게 2개 건물이 다인 거다. 화장실이 너무 옛날 거지 막사처럼 있어서 이거는 부수고 다시 짓기로 했다.

해안 방어 때는 각자 해 먹어야 한다. 중대본부도 누구랄 거 없이 그날 초소 근무가 없으면 자동으로 주계병이 되어야 한다. 밥하는 인원 열외는 본부 행정병들뿐이다. 돈까스도 해야 하니 짐 정리를 어느 정도 해놓고 주계로 가본다. 중간 가마솥 같은 게 2개 있고 냉장고가 한 대 갖은 양념통…. 이게 전부다. 5분 대기조 인원들이 돌아가며 밥을 하기로 하였다. 어쩌다보니 돈까스하고 490자 후임이 첫 번째로 밥을 한다. 그런데 돈까스는 밥을 해 본 적이 없~다~!

아~! 넉넉히 15인분을 해야 하는데 쌀을 얼마나 씻어야 되나? 이것이 문제였다. 그때 490자 후임 박기영이 말한다.

"주 해병님~! 제가 쌀 드리면 그걸 씻어 주세요~! 제가 소대로 오기 전에 한 달 동안 주계에 있었습니다~!"
"오~잉~! 그~래~? 이 자식 구세주네~! 알았어~!"
"반찬도 있는 거로 만들 테니 씻어서 다듬어 주세요~!"
"웅~! 알았어~! 다 해 줄게. 말만 해~! 거마워~!"

그 후에 박기영이 뭐 다듬어 달라…. 뭐 갖다 달라~! 하면 돈까스가 열심히 갖다 주며 옆에서 바로 배운다. 밥하는 데 불 붙이는 버너가 뒤로 돌아가서 붙이게 되어 있는데 이것도 박 해병한테 배웠는데 이게 해안 방어 내내 매번 잘 안 되서 밥 할 때마다 고역이었다.

한번은 주방 전체를 태울 뻔했다. 지금도 그때를 생각하면 뒷골이 쫄깃해진다. 박 해병이 반찬을 하는 동안 돈까스는 아까 봐둔 주계 뒤편에 밭으로 간다. 무나 배추를 조금 뽑아와 겉절이를 할 생각이다. 밭에 갔더니 3~40쯤 되는 아줌마가 밭일을 하고 있다. 밭 주인인가 보다. 돈까스가 인사를 드리고 배추랑 무를 하나만 달라고 하니 아줌마가 흔쾌히 뽑아 준다. 그런데 아줌마가 약간 다리 장애가 있나 보다. 조금 절룩거린다. 돈까스는 못 본 척하고 연신 감사합니다~! 하고 인사를 드리고 싱글벙글 주계로 내려온다. 주계에 갔더니 박 해병이 반찬을 거의 다 해 놓고 머뭇거리고 있다. 돈까스가 배추와 무를 가져오는 걸 보고는 밖으로까지 나와 환한 미소를 지으며 어디서 가져왔냐고 한다. 돈까스가 자초지종을 얘기하니 박 해병이 그러잖아도 국을 뭐로 할까 고민 중이었단다.

"주 해병님~! 이걸로 겉절이하고 배춧국을 끓이겠습니다~! 무도 잘라서 깍두기도 조금 만들어야겠습니다~! 히히"
"흑흑~! 박 해병아~! 너 하고 싶은 거 다 해~! 거맙다."

어쨌든 박 해병 때문에 첫날에 점심은 아주 기가 막히게 했다. 중대장 따까리 성원기가 중대장님이 아주 맛있다고 하더란다.

성원기는 중대장 따까리인데 우리가 밥을 해 놓자마자 중대장님 거랑 중대 선임 하사님 거를 퍼놓고 반찬이 좋으면 그대로 하고 그날 반찬이 안 좋으면 자기가 마을로 가서 재료를 사와 다시 한다. 쪼금 그렇지만 어쩔 수 없다. 도우며 살아야지 뭐~!

근데 박 해병이 나중에 3-1분초로 가게 된다. 큰일이다. 돈까스는 옆에서 배우긴 했지만 그게 쉽게 되나~! 그 다음부턴 그냥 죽지 못해 먹는다. 돈까스가 생각해도 더럽게 맛없다. 큭큭큭 아~놔~! 우짜냐~? 돌아가면서 밥 당번을 하는데 다른 넘도 마찬가지다 더럽게 맛없다. 어쩔 수 없다. 이제부터

는 밥만 잘되면 된다. 반찬은 솔직히 할 게 없다. 그 지겨운 단무지랑 마늘
종 장아찌는 어김없이 보급으로 나온다. 처음 나올 때 며칠분의 보급을 받
아서 나오는데 된장, 고추장은 조그만 박스째 나온다. 며칠은 계속 된장을
풀어 무배춧국을 맨날 끓였다. 그러다가 여기저기서 불만 사항이 터져 나와
돈까스는 담날 아침부터 마을 쪽 바닷가로 나가 본다.

어~? 바닷가에 해녀 아줌마들이 있네? 해녀는 제주도에만 있는 줄 알았
는데 포항에도 있단다. 돈까스는 해녀 아줌마들 쪽으로 다가간다. 몇 명의
아줌마들이 바다에 들어가 있고 두 명의 아줌마가 밖에 나와 있다.

"인녕하세요~! 좀 도와드릴까요~?"
"아고~! 군인 아자씨 잘 왔어요~! 도와줘~!"

아줌마 둘이 커다란 망태기?를 바다에서 끌어 올리느라 낑낑대고 있었다.
돈까스는 얼른 가서 혼자서 후딱~! 허벌나게 끌어올려준다. 이때 돈까스가
20대니 얼마나 힘이 셌을까~!

"오메요~! 군인 아자씨가 금방 올리는구먼. 힘 좋네~!"
"아이 참 아줌마~! 군인이 이것도 못 들겠어요~? 히히."
"뭐 안 갖고 왔나~? 쩌~기 봉다리 갖고 와라~!"

돈까스가 바위 옆에 아줌마들 물품 옆에 검은 봉다리를 갖다 주니 해삼,
멍게, 돌미역 등등 엄청 담아 준다.

"와~! 아줌마~! 이거 다 주는 거예요~? 감사합니다~!"
"반찬 할 것도 별로 없지? 자주 내려와. 줄게~!"

돈까스는 아주 신났다. 오늘은 특식이다. 근데 한 가지 문제가 있다. 한창 나이인 20대들인데 이런 걸 자주 먹으니 똘똘이가 아침마다 텐트를 친다. 흑흑 풀 데도 없는데 우짜냐~?

그 후로도 돈까스는 해녀 아줌마들을 도와주러 자주 내려갔다. 갈 때마다 아줌마들이 군용 바께쓰를 가져가면 한가득 담아 줬다. 돈까스는 해안 방어 내내 이 해녀 아줌마들과 끈끈한 우정?을 유지한다. 해녀 아줌마들의 나이는 평균 60세이다. 젤 나이 어린 막내 해녀 아줌마가 제주도에서 오신 56세 제주댁이다. 아저씨는 제주도 농장에 계시고 아줌마만 여기서 왔다 갔다 하신다.

그리고 63세 아줌마 하나, 그리고는 거의 65세 이후다. 그런데 돈까스하고 참 잘 맞는다. 가끔 아줌마들 모여 술 한잔하실 때는 돈까스가 근무를 안 나가는 날은 불러서 술친구로 이런저런 이바구도 잘하신다. 돈까스가 통신병 후임하고 친하게 지냈는데 통신병이 받으면 바로 다이렉트로 돈까스를 바꿔 준다. 물론 초소 근무를 나가면 못 논다. 어쨌든 이모들하고 친하게 지냈다구~!

(2) 해안선

 오늘은 돈까스가 초소로 근무 나가는 날이다. 18시에 근무 나갈 준비를 한다. 오늘 나갈 진지는 마을 앞쪽에 바로 있는 3-1초소다. 초소라고 해 봐야 지금처럼 작은 건물이 아니라 땅을 파고 돌과 모래주머니로 쌓아 놓은 것이 전부다.

 돈까스와 후임 475기 이근배가 상황실에서 탄을 배급받는다. 탄창도 원래 20발인데 격발이 용이하도록 탄창에 공간을 주기위해 18발만 채운다. 우리는 18발들이 8탄창과 수류탄 1발을 지급받는다. 지역이 넓은 데는 크레모아도 양옆으로 1개씩 세우는 게 원칙인데 이게 사고도 많이 나고 근무 섹터가 마을 쪽이고 짧아서 빈 공간을 메우는 개념이라 크레모아는 없다.

 방탄복도 월남전 때 쓰던 건가 보다. 무겁고 냄새도 나고…. 그래도 이게 어디냐 하고 꾸역꾸역 입고 나간다. 근무 투입…. 중대본부에서 걸어서 마을 쪽으로 내려가면 마을에서 왼쪽 바닷가 쪽으로 철조망이 쳐져 있고 그걸 넘으면 바로 진지가 있다. 철조망을 타고 넘어갈 때는 방탄복을 철조망에 걸치고 그걸 타고 넘어가야 안 찔린다. 이것도 선배들이 하는 걸 보고 배운 거다. 돈까스가 후임한테 가르쳐 주고 넘으라고 한다. 음~! 사회에서 운동하다 온 놈이라 신속하게 잘 넘는다. 돈까스와 후임은 진지로 가서 바로 자리 잡는다. 그리고 우리가 봐야 할 간격과 유사시 각자의 할 행동 수칙, 요령 등을 알려준다. 왜?인가 하면 만약의 경우에 서로 행동이 잘 맞아야 서로가 살아남을 수 있는 확률이 높으니 빨리 가르쳐 줘야 서로가 편하다. 처음 2~3시간 동안은 둘이 바다 쪽을 바라보며 얘기를 하다가 그 뒤에는 서로 번갈아 가며 앉아서 쉰다.

어차피 내일 아침 6시 철수할 때 까지는 계속 있어야 되는 조금은 지루한 근무다. 근무를 서 본 사람은 알겠지만 책대로 둘이서 계속 바다 쪽만 바라볼 수는 없다. 바닷가 바람은 육지 바람과 조금 다르다. 뭐랄까? 모래가 뺨을 할퀴면서 지나간다고 해야 하나? 소금기가 있어서 그런가 보다. 그러니 더 춥게 느껴진다.

"근배야~! 먼저 앉아서 좀 쉬어~! 첨에는 힘들어~!"
"넵~! 주 해병님 좀 앉겠습니다.~!"
"웅, 그리고 차 지나가는 거 잘 보고 차 불빛 다른 거 빨리 파악해야 해~! 승용차, 버스, 트럭, 지프차 다 달라~!"
"네~! 알겠습니다.~!"

돈까스는 근배를 쉬게 하고 저 멀리 바다를 주시한다. 수많은 오징어 배들의 불빛이 수평선을 환히 밝히고 있다. 바닷물의 하얀 포말이 많이 헷갈리게 보인다. 어떻게 보면 사람 대가리 비슷하게 보이고 어떻게 보면 흰옷 입은 사람이 누워 있는 거 같고, 그래서 너무 한곳만 오래 보면 안 된다. 우리 전에 다른 연대 해안 방어에서 바닷물 속에 검은 봉다리를 착각하고 엄청 갈긴 적도 있었다.

장동건 주연의 영화 '해안선'이라고 있었다. 그런 비슷한 일이 실제로도 있었다. 그 영화가 그 일을 바탕으로 만들었는지는 몰라도 말이다. 초소간의 연락은 딸딸이로 한다. 돈까스에게는 안 좋은 추억 속의 그 딸딸이 전화기다.

근무 서다 바다 쪽이 조금 이상하면 써치라이트에 딸딸이로 이쪽 몇 구역 한번 비춰 달라고 딸딸이를 때린다. 마을 쪽 민가의 불빛도 하나둘 꺼지면 시간이 꽤 늦어졌다는 거다. 돈까스는 근배랑 교대로 잠시 앉아서 쉬다가 또 둘이 이 얘기 저 얘기 하다가 늦어가는 바닷가의 밤을 보낸다. 돈까스…. 경계 근무의 중요성을 알기에 절대 자지는 않는다.

어느새 어김없이 날이 밝아오고 김 선장님의 배는 오늘도 일착으로 나간다. 슬슬 철수 준비를 하고 근배와 함께 마을 쪽으로 나간다. 어떤 때는 60트럭이 초소를 돌며 데리러 오는데 주로 걸어서 복귀한다. 중대 본부로 복귀하고 탄과 수류탄을 반납하고 또 하나 절대 잊지 말고 해야 할 절차…. 총기를 하늘로 향해 격발하고 빈총 확인 후 내무반으로 들어간다. 어느 해안 방어 때 마지막을 소홀히 해서 사고 난 적도 있었다.

근무 철수 후 아침을 먹고 바로 취침한다. 한참을 자고서 점심때쯤 일어난다. 한창때라 그런지 별로 피곤한 게 없다.

 일어난 돈까스는 주계 쪽으로 간다. 어제 근무를 안 나간 후임이 점심을 차리는 걸 도와주기 위해서다. 오늘도 똥국에다가 아침에 마을에서 얻어온 물미역, 계란프라이 한 개씩, 마늘종 장아찌, 단무지다. 그래도 오늘은 후임이 해 봤다고 계란프라이를 해서 괜찮다. 돈까스는 점심을 먹고 중대 본부 아래쪽 길 앞에 있는 써치라이트 막사로 간다. 써치병 후임들과 놀다가 그 바로 옆에 우물로 가서 샤워를 한다.

 나무로 기둥을 세워 지붕을 만들고 그 우물에서 주로 샤워를 했다. 샤워를 하다가 버스가 지나가면 맨몸으로 나와 까불기도 했다. 돈까스는 샤워를 하고 바로 화장실 짓는 곳으로 간다.

 선임 하사님과 460기 선임들이 기초를 놓고 있는데 가서 돌 나르는 거라도 도와준다. 어차피 우리가 쓸 거 여기서는 자체 조달로 손수 다 해야 한다. 돈까스는 어차피 돌 나르는 거 같은 단순 노동밖에 할 줄 아는 게 없다. 그것도 오래 못한다.

 돈까스는 다시 이리저리 기웃거리다 통신실 문을 빼꼼히 열고 본다. 통신병 490기 김형욱이 앉아서 책을 보고 있다.

"형욱아~! 뭐 하냐~? 노올자~!"
"아~! 주 해병님 들어오십시요~!"

그때 전화벨 소리가 울린다. '띠리리릭~! 띠리릭~!'

"넵~! 통신 보안~! 일병~! 김형욱입니다~! 넵~! 연결해 드리겠습니다.

필~승~!"

오! 새로운 물건이다. 텔레비전에서 옛날 드라마 할 때 본 거다. 전화 오면 연결해 주는 콘택트? 하여간 뭐 그런 건데 재미있겠다. 금방 또 전화가 울리니 형욱이가 이쪽 걸 빼서 저쪽에 꽂는다.

"야~! 형욱아~! 이거 나두 한번 해 보자~!"
"네~! 한번 해 보세요~! 요기 써 있죠? 통신 보안, 계급, 이름 말하고 받으셔야 합니다~!"

'띠리릭~! 띠리리릭~!' 앗~! 벨이 울린다.

"넵~! 통신 보안 병장~! 주완순입니다~!"
"응 나 대대 작전과 ○○○인데 중대장님 바꿔 줘~!"
"넵~! 바꿔 드리겠습니다~! 필~승~!"

돈까스는 이쪽에 선을 밑에 중대장실이라고 쓰여 있는 곳에 꽂고 전화기를 내려놓는다. 중대장님이 받으면 전화기를 내려놓아야 한다.

"잘하셨습니다~! 주 해병님~!"
"오~! 재미있다~! 크크크."

돈까스는 통신실에서 한참을 놀다가 저녁을 먹고 근무 나갈 준비를 한다. 그 후로도 돈까스는 시간만 나면 통신실에서 한참을 전화를 받으며 본의 아니게 통신병도 겸한다. 저녁을 먹고 돈까스가 상황실로 탄을 받으러 가는데 상황실에 못 보던 쫄병이 있다. 작전 하사가 탄을 나눠 주며 설명한다.

"오늘은 다른 분초로 4명이나 파견 나가서 주 해병~! 너는 오늘 방위병하고 끝에 3-3진지로 나가 줘라~!"
"앗~! 3-3분초 말입니까~?"
"웅~! 왜 무섭냐~? 쫄지 마~!"
"알겠습니다~! 한 번은 부딪혀 봐야죠~!"
"필~승~! 일병 이재영~!"
"오~키~! 잘 부탁한다. 이 일병~!"

이 일병은 동네 방위병이다. 고향이 여기 한달비란다. 생긴 게 곱상하니 영락없는 범생이다. 조금 통통한데 평발이고 해서 해병대 못가고 방위로 빠졌단다. 돈까스는 같이 걸어가며 처음 훈련소 들어갈 때의 돈까스를 생각하며 배시시 웃는다. 3-3분초는 마을을 지나 끝에 있는데 집이 있는 곳하고는 조금 떨어진 외진 곳이다. 마을에서는 안 보이고 옛날에 여기 공장이 있었다는데 저쪽 뒤에 산으로 올라가는 입구에 공장 건물이 보인다. 폐공장인데 10년은 넘었나 보다. 온갖 흉흉한 소문이 도는 곳이다. 돈까스는 이 일병하고 진지에 도착 바로 앉아서 담배 한 대를 꼬나문다. 여기 3-3분초는 진지라고는 하는데 모래주머니 몇 개 올려논 거다. 그나마 거의 무너지고 찢어졌다.

"주 해병님은 고향이 어디십니까~?"
"어~! 서울 촌놈이야~! 바다 여기 와서 첨 본다~! 니는 여기서 한 번도 안 나가 봤나~?"

"넵~! 고등학교 졸업하고 아버지 도와드리고 있습니다~!"
"웅 징집 해제돼도 계속 아버지 배 타야겠네~!"
"네~! 그러려구요~!"
"그래 일단 하고 또 나중에 다른 기회 되면 하면 되잖아~!"
"넵~! 감사합니다~! 주 해병님 이거 드십시오."

이 일병이 수통을 건네준다. 무심코 마셨더니 오~잉 생명수다. 한 모금 쭈욱 마시니 몸이 조금 풀린다. 이 일병이 주머니에서 검은 봉다리를 꺼내더니 무슨 포를 준다. 한 입 베어 무니 와~! 이거 진짜 맛있다. 알고 봤더니 대구포다. 이 일병 집에서 조미료 가미를 해서 말린 거다. 돈까스가 이 일병을 보고 한마디 한다.

"이 일병 다음부터 이런 거 매번 안 가져와도 돼. 이때까지는 어떤 식으로 가져왔는지 몰라도 앞으로는 되도록 가져오지 마~! 알았나~! 간식거리로 네가 먹거나 같이 나눠 먹을 거면 가져와서 먹어. 그렇지만 누구 주거나 하기 위해서는 가져오지 마!"
"네~! 알겠습니다!"

이전에는 방위병들이 현역병들을 주기 위해 많이 가져왔었다. 그러다 보니 현역병들이 요구하는 폐단도 있었다.

"이 일병 오늘 가져온 거는 먹자~! 이거 진짜 맛있다~!"
"넵 드십시오~! 근데 주 해병님~! 저기 공장 얘기 아시죠~?"
"웅? 모르는데~! 뭐~또 사연이 있냐~?"

"네~! 몇 년 전에 여우 귀신 사건이 있었습니다. 방위병이 기절하고 현역병이 돌았다는 거 말입니다~!"

"헉~! 그~래~? 그냥 지나가는 소리로 선임들이 얘기하는 거는 들어봤는데…. 그럼 요새도 나타났었냐~?"

"요새는 나타났다는 말이 없습니다~!"

"나오면 잡어 줄게, 걱정 마~! 히히~!"

여우 귀신 전설은 300자 선배님 때 얘기다. 현역병하고 방위병이 이 초소에 근무를 나왔는데 그날 생명수를 한 잔씩 하고 현역병이 먼저 잠이 들고 방위병이 근무를 섰다.

현역병이 한참을 자다 뭔 소리에 깨어나 보니 방위병이 바다 쪽을 안 보고 폐 공장 쪽을 보고 있더란다. 그래서 불렀는데 몇 번을 불러도 요지부동… 현역병이 방위병 얼굴 쪽으로 보니 게거품을 물고 그대로 앉은 채로 바위에 기대 기절했단다. 방위병을 뺨을 계속 때려 깨우니 애가 맛탱이가 갔단다. 그리고는 여우 귀신 소리만 계속하면서 폐 공장 쪽을 가리키는데 폐 공장 쪽에서 무슨 불빛이 계속 왔다 갔다 하는데 엄청 빠르게 움직이는데 순식간이다. 현역병이 어떤 새끼가 불빛으로 장난하나? 근데 넘 빠른데? 하고 장전을 하고 폐 공장 쪽으로 갔는데…. 잠시 후 이 현역병이 있는 총알을 다 갈기나 보다. 다행히 수류탄은 안 깠다. 그 후 한동안 적막이 흐르고 한참 후 중대 본부, 대대 본부 5분 대기조가 다 출동을 했는데 방위병은 앉은 채로 멀뚱멀뚱…. 현역병은 폐 공장 쪽 앞에서 기절한 채로 발견되었다.

다음 날 포항 병원으로 후송된 애들이 하는 소리가 방위병은 먼저 근무 서는데 누가 뒤에서 툭 쳐서 돌아봤더니 여우 귀신이 꼬리로 자기를 툭툭 쳤고, 현역병이 때려서 깨어났고 한참 있다가 폐 공장 쪽으로 총을 쏘던 현역병이 멈추더니 그 여우 귀신하고 둘이 뭔 얘기를 하는 듯했다. 방위병은 거기까지다.

그리고 현역병 얘기는 폐 공장 쪽으로 갔는데 하얀 물체가 날아다녀 무조건 쐈다고 하고 그 다음은 기억이 없다고…. 그 현역병은 계속 헛소리해서 결국 대구로 후송 갔다고 한다. 방위병도 헛소리를 주야장천 해서 징집 해제 조치되었다.

이것이 그동안 한달비 3-3초소 폐 공장에 대한 이야기다. 그 후 없었던 이야기가 되고 3-2와 거리가 너무 벌어져 다시 근무를 서게 되었던 거다. 돈까스와 방위병은 그날 번갈아 자기는커녕 한잠도 못자고 얘기를 하며 본의 아니게 갈 근무를 서게 된다. 언젠가 돈까스가 낮에 다시 거기를 가 보니 낮에도 뭔가 으스스했다. 후에 3-3초소를 4번 정도 더 나갔었는데 별일은 없었다. 돈까스가 3-3초소 근무 중 공장 쪽을 보니 버려진 커튼이 바람에 날아다니는 건 봤는데…. 날아다니는 모습이 좀 그러긴? 했다.

돈까스는 근무 철수 후 한잠 자고 통신실에 가서 다시 전화를 받고 노는데 이날은 유난히 전화가 더 오고 뭔가 부산했다. 알고 보니 어제 저녁에 흥해 쪽에서 부표를 잘못 보고 엄청 갈겨댔나 보다.

우리도 가끔 헷갈리는데 오래된 부표는 공처럼 된 부분이 이탈해서 떠다니는데 그게 꼭 사람 머리 같다. 어쨌든 그런 기회 잘 없는데 실탄은 원 없이 갈겼겠다.

돈까스는 오늘은 식사 당번이다. 아~! 매번 식사 때 뭘 해야 되나 걱정이 앞선다. 재료가 많으면 걱정 없이 다 때려 넣어서라도 하겠지만 이건 뭐

~! 근데 군대 고추장은 이게 어느 누가 봐도 고추장이 아니다. 고춧가루가 하나도 안 들어간 거 같다. 색깔은 짙은 쌈장 같은데 맛은 오래된 된장 쪼끔에 다가 밀가루 엄청 섞은 맛이다. 근데 된장도 거의 비슷하다.

오늘도 배춧잎 주워 온 거랑 고추 조금 얻어 온 거 넣고 똥국이 완성된다. 반찬은 여지없이 마늘종 장아찌. 운 좋게 담근 김치다. 요 위에 밭에 아줌마한테 은하수 담배 세 갑 주고 바꿔온 호박과 감자 몇 알로 호박무침을 했다. 담배 떨어지면 뭘? 주고 바꾸나? 식사를 다 만들고 츄라이에 담아서 배식하려는데 중대장님 따까리 성원기가 와서 중대장님국과 반찬, 중대 선임 하사님국과 반찬을 먼저 퍼 놓는다. 이게 당연한 일이지만 그동안 쪼끔 그랬었다. 돈까스가 그래서 진담 반 농담 반으로 한마디 한다.

"야~! 원기~! 여기는 각자 해먹어야 하는 게 원칙이야~! 열외는 없어. 직접 해 드시라고 해~!"
"진짜요~? 진짜 그렇게 말해요 난~!"
"웅?… 사령관님도 해안에서는 직접 해 먹어야 돼~!"

그때 중대장님이 밑에서 세면을 하고 들어가는 길이었다.

"뭐~? 내가 뭐 어쨌다고~! 만년 소총수님~! 왜요~?"

헉~! 중대장님이 언제? 들었나? 다 듣지는 못했나 보다.

"아닙니다~! 원기가 중대장님 반찬을 조금 뜨길래…. 제가 중대장님은 이 한달비 본부의 기둥이셔서 많이 담아 많이 드셔야 돼~! 라고 말하는 중입니다~!"

성원기가 옆에서 큭큭대며 어우~! 비굴하다는 듯 웃는다.
중대장님이 가시고 돈까스와 성원기가 잠시 서로의 얼굴을 쳐다보다 둘이 배꼽 빠질 듯이 포복절도를 한다.

"휴~! 큰일 날 뻔했다. 큭큭큭."

(3) 한달비 향수(鄕愁)

오늘은 3-1초소 근무다. 3-1초소는 해안 도로 옆에 높이 솟아 있는 바위다. 많이 높지는 않고 2~3m 정도 되는 바위 꼭대기에 벽돌과 모래주머니를 쌓아 놓은 곳이다. 올라갈 때는 위에 매어 놓은 로프를 타고 올라가야 한다. 시야 확보는 여느 진지보다 제일 좋다. 오늘은 461기 조태웅 해병하고 후임 하나하고 같이 나간다. 꼴통 조태웅 해병…. 흠~! 아무 일 없어야 하는데…. 진심 그러길 바란다. 오늘도 탄창과 수류탄을 받는다. 항상 그렇지만 실탄과 수류탄을 받으면 마음가짐이 좀 달라진다. 정신이 흐트러지거나 해이해지면 자칫 안전사고가 날 수 있기 때문에 돈까스는 실탄을 받으면 그 다음엔 바로 긴장 모드가 된다. 3-1초소에 도착하여 후임 올라가고 돈까스가 올라간다.

조 해병은 길 뒤쪽에 풀숲에 가려진 잠자리 비트에 가서 이상 없나 확인한다. 이 3-1 초소에는 양철로 둥글게 아치형으로 된 잠자리 비트가 있다. 문이 있었는데 누가 가져갔는지 없어졌다. 그래서 항상 들어가기 전에 점검해야 한다.

"야~! 주 해병~! 이거 봐라, 와 봐~!"
"넵~! 알겠습니다~!"

돈까스가 내려가 보니 조 해병이 손에 뭘 들고 있다. 가까이 가 보니 뱀이다. 길이가 짧고 무늬를 보니 독사다.

"조 해병님 그냥 버려요~! 위험해~!"
"야~! 주 해병~! 왜 버려? 꾸워 먹어야지~! 히히히."

조 해병이 마을 쪽으로 가서 페트병을 하나 구해와 그 안에 넣어 둔다. 이건 다음 날에 가져가 중대본부 화구에 구워 먹었다. 돈까스도 한 점 먹어 보니 맛은 다르지만 육포랑 식감이 비슷했다. 조 해병은 가져간 담요를 비트에 깔고 먼저 쉬고 돈까스랑 후임이 근무를 서는데 후임이 돈까스를 툭 친다?
돈까스가 왜? 하며 보니 후임이 오른쪽 마을 쪽을 가리킨다. 마을 쪽에서 누가 이쪽으로 온다. 이 시간에 이쪽으로는 거의 안 다니는데 누구지? 돈까스가 밑에 있는 조 해병님께 말하고 가 보라고 한다.

"조 해병님~! 저기 누가 오는데 무슨 일인지 알아봐요~!"
"어~? 누가 이 시간에~? 알았어~!"

돈까스가 위에서 보니 조 해병이 뭔가 얘기를 하는데 어? 상대방 키가 작다. 조 해병도 작은 키인데 그보다 작다. 조금 있다가 조 해병님이 돈까스를 부른다.

"야~! 주 해병~! 잠깐 내려와 봐야 되겠는디~!"

돈까스가 내려가서 보니 초등학생? 중1? 정도 된 여자아이이다. 옷차림이? 얇은 시스루에다 반바지다.

"야~! 주 해병 저 애 그건데 어떻게 하지?"

돈까스는 잠시 생각하다 퍼뜩 생각난 게 있다. 아~! 해병 버스? 이런…. 첨 봤다. 돈까스는 생각할 여지도 없다.

"조 해병님 얘기 잘해서 빨리 보내요~! 알았죠~?"
"야~! 주 해병 그래도 있잖아~!"
"아 진짜 있긴 뭐가 있어요~! 쫌 그러지 좀 말어 C발~! 조 해병님 제정신이야~! 우리 전에 양포 쪽 얘기 못 들었어? 큰일 나려고 그래요~! 내 근무 시간에 일 벌리면 가만 안 둬~! 진짜야~!"

조 해병도 고문관 주 해병 성질을 아니까 알았다구 하고 그 애 쪽으로 간다. 돈까스가 올라오다 들으니 그 애가 안 갈려고 하는지 조 해병이 소리를 빽~! 지른다.

"아~! 띠발년아~! 빨리 가서 처 자빠져 자~! 가~!"

돈까스가 올라오니 후임이 뭔 일인지 묻는다.
돈까스는 신경 쓰지 말라고 주의를 주며 한마디 한다.

"아~나~! 저 또라이 개시키 확~마~!"

내려다보니 그 애가 가고 조 해병이 다시 비트 쪽으로 간다. 돈까스는 해안 들어오기 전에 선임들이 하던 말을 떠올린다. 해안에는 해병 버스가 있다. 전에 근무 대대가 들어오는 근무자들에게 그 동네의 해병 버스를 알려 주고 간다. 돈까스는 이 문제에 대해서는 뭐라고 하고 싶진 않다. 나만 안 그럼 되고 내가 이런 문제에 엮이지 않으면 된다. 돈까스가 후임을 내려 보내고 조 해병님과 교대하라고 한다. 조 해병이 멋쩍은 듯이 올라오고 돈까스가 한마디 한다.

"조 해병님 다 조 해병님을 위해서 그런 거야~! 이제 얼마 안 남았잖아요~! 재수 없으면 탈나는 거여~! 무사히 제대하길 바랍니다~! 알았죠~?"
"웅 알아~! 주 해병~! 고마워~!"

돈까스와 조 해병은 훌훌 털어 버리고 그동안의 얘기와 훗날의 얘기를 하며 아무 탈 없이 근무를 섰다. 돈까스는 근무에 투입되면 잘 안 쉰다. 나름대로의 소신도 있지만 잠도 잘 안 온다.

그건 나중에 전역하고 김포 공항에서 근무할 때도 여지없이 근무에 투입되면 칼 근무다. 고등학교 때 읽은 패튼 장군의 책 중에 읽은 글…. '전투에 진 병사는 용서가 되도 경계에 실패한 병사는 용서가 안 된다' 이 글이 지금도 뇌리에 깊게 박혀 있다.

아침에 근무를 철수해서 탄을 반납받던 소대장님이 묻는다.

"별일 없었지?" 하며 묻는다. 돈까스는 썩소를 날리며

"이 주 해병이 근무서는 날은 별일 없습니다. 안심하고 주무십시오~! 큭큭큭."
"이그~! 말은 참~! 히히."

돈까스는 세면을 하고 자러 가기 전에 주계를 기웃거린다. 아무도 없다. 배가 좀 출출한데? 하고 냉장고를 여니 오~잉~! 조그만 바구니에 채 썬 오징어?가 있다. 아~! 중대장님 반찬으로 썰어 왔나 보다~! 돈까스 냉장고에 넣으려다가 그놈의 유혹을 차마 못 이겨 한 젓가락 뜬다. 와~! 입에서 녹는다. 두 번째 젓가락을 입에 가져가는 순간~? 헉~! 원기가 들어오다 딱 봤다. 둘이 순간 얼굴을 쳐다보며 한참의 정적이 흐른다.

"주 해병님 중대장님 반찬인데 그걸 드시면 어캅니까~? 중대장님한테 보고하겠습니다~!"
"잠깐~! 흑흑 띠~벌~! 그걸 보고하면 다혈질 중대장이 또라이 짓 하면 어카냐~? 인간적으로 한 번 봐주라~!"
"좋습니다~! 봐 드릴 테니 앞으로 제 말 잘 들어 주세여! 싫어요~? 싫으면 지금 꼰지르고~!"
"흠~! 나의 사랑하는 후임아~! 니 꼴리는 대로 하자~!"

중대장님 따까리 원기하고는 한달비 내내 재밌게 지냈다.
한잠 자고서 중대본부 앞에 제초 작업과 진지 보수 작업을 하고 있는데 462기 수송병 황지찬 해병이 돈까스를 부른다.

"주 해병~! 어딨냐~? 진지 보수용 돌 좀 실으러 가는데~!"
"네~! 갑시다~! 얼마나 갖고 올 건데요~?"
"응 작전 하사가 도구 뒷산 아저씨께 말해 놨단다~!"

우리는 후임 2명과 돈까스, 그리고 꼴통 하사 차종민 하사와 함께 탑승했다. 도구 쪽에 가니 사람들이 해수욕하러 많이 나와 있다. 조금 가니 아가씨들이 "오빠~! 언제 와~!" 한다. 돈까스가 짐칸에서 빼꼼히 보니 아가씨가 차 하사 보고 하는 말이다. 이궁, 차 하사는 단골인가 보다. 하기야 일반 하사 월급이 조금 되니 갈 만하지 나두 돈 있음 한 번쯤은 궁금해서라도 갔을 거다. 돈까스는 궁금한 거는 해 봐야 하는 성격이니…. 그러나 병장 월급이 4,500원이니 엄두를 못 낸다.

   도구 초등학교 뒤쪽에 가니 돌들이 쌓여 있다. 우리는 한 30개 정도를 올리고 담에 필요하면 또 가져가기로 했다. 잠시 쉬는데 황 해병이 봉지를 들고 오는데 하드가 있다. 우리는 하드 하나씩 먹으며 쉬다가 다시 출발한다. 올 때는 자 하사가 선탑자로 왔는데 갈 때는 뒤에 탄단다. 그래서 돈까스가 앞자리 타면서 하드 산 돈 작전 하사가 줬냐고 하니 자기 돈으로 샀단다. 돈까스는 항상 황 해병이 마크사에서 해병티도 몇 개씩 사고 하는 거를 항상 궁금해했었다. 나중에서야 그 궁금증을 풀 수 있었다.

(4) 1사단 면도칼

돈까스가 마을 쪽 갯바위 쪽으로 걸어가고 있다. 바다에는 휴~! 휴~! 숨비소리를 내뱉으며 해녀 아줌마들이 열심히 물질을 하고 있다.

"이모님들~! 홧~팅~!"
"아~고~! 주돌이~! 오랜만에 왔노~?"
"웅~! 이모~! 그동안 계속 근무라서 못왔지~!"

해녀 넘버 투 이모가 바구니 정리를 하다 돈까스를 반갑게 맞이해 준다. 돈까스가 이모 바구니를 옮겨준다.

"주돌아~! 바께스 갖고 와~! 해삼, 멍게 줄께~!"
"넵~! 이모 감사합니다.~! 이모들 최고~!"
"반찬거리 없으면 언제든 오니라~! 알았제~!"

돈까스는 아줌마들 바구니를 끌어주고 오줌이 마려워 바위 뒤쪽으로 갔는데…. 헉~! 아까 물에서 올라 온 제주댁 아줌마가 웅크리고 뒷물? 어디를 막~! 허벌나게 씻고 있다.

"아고야~! 총각이 구경하러 왔나 보다~! 호호호~!"
"아고~! 재주댁아~! 총각이 놀랐겠다~! 미칫다~!"

돈까스는 그 자리에 멍하니 굳어 있다 얼른 저쪽으로 냅다 뛴다. 너무 급해서 오줌을 다 누고 아줌마들 있는 데로 오니 아줌마들이 웃으면서 돈까스 얘기를 하나 보다. 돈까스 얼른 바께스를 들고 '감사요~! 이모들~!' 하고 냅다 달려간다. 뒤쪽에서 아줌마들의 웃음소리가 돈까스의 귀를 강타한다. 돈까스는 몰랐는데 그 바위 뒤쪽 웅덩이가 땅속에서 민물이 솟아난 웅덩이라 평소에도 해녀 아줌마들이 자주 씻는 곳이다. 중대로 돌아와 바께스를 쏟아 보니 해삼이 젤 많고 멍게랑 소라가 대빵 많다. 돈까스와 후임은 얼른 손질하고 돈까스가 마침 지나가던 중대장님 따까리 원기를 불러 말한다.

"원기야~! 오늘 해삼, 멍게, 소라 엄청 가져왔는데 초장 만들려니 군용 고추장이 되겠냐? 얼른 가게 가서 고추장 하나 사와라~! 많이 줄게."
"알겠습니다~! 중대장님 거 많이 빼 놔 주세요~!"
"당연하지~! 한달비 등불이신데~! 이빠이~! 히히."

그날은 점심을 해산물 파티로 했다. 한달비 중대 본부 인원이 먹고도 남았다. 1984년 이때만 해도 해삼이나 자연산 멍게는 해녀 아줌마들이 우리 주느라 물질하며 주워왔지 잘 안 가져갔던 건데 언제부턴가 비싸졌는지 요새는 넘 비싸다.

저녁에 근무 투입…. 돈까스가 실탄을 받고 나갈 채비를 하는데 작전 하사가 오늘은 후임 한 명과 얼마 전에 온 신참 최 하사와 3-4진지를 나가란다. 3-4진지는 대동배2리에서 구룡포로 넘어가는 도로 바로 옆에 있다. 3-4는 어떻게 보면 근무도 서지만 차량 통제도 부수적인 목적으로 하는 임시 개념의 진지다. 가끔 보면 대동배2리에서 한잔하고 구룡포 쪽으로 넘어가는 동네 아저씨들을 볼 수 있는 곳이다. 마침 장 해병이 구룡포 쪽 분초에

간다고 해서 차량에 탑승한다. 조금을 달려 돈까스와 후임과 최 하사님은 진지에 내려서 진지에 무너진 모래주머니를 보수하며 자리를 잡는다.

3-4는 구룡포 넘어가는 산길도로 8고지쯤이라서 전망은 좋다. 앞에 바다가 훤히 잘 보인다. 근데 진지 자리가 앞에가 도로 뒤에 바로는 깎아지른 산이다. 높지는 않지만 직각이라 올라갈 수 없다. 얼마나 지났을까? 갑자기 2~3m 앞에 산 위에서 뭐가 후두둑둑 소리를 내며 떨어진다. 돈까스는 산에 흙이 무너지는 줄 알았다. 반사적으로 앞쪽으로 총을 겨누고 있는데…? 엥 최 하사가 돈까스의 허벅지 뒤를 잡고 숨어 벌벌 떨고 있다. 후임 놈은 앉아서 그쪽으로 총을 겨누고 있다. 돈까스가 앞을 보니 먼지가 걷혔는데 뭐가 웅크리고 있다.

헉~! 멧돼지가 떨어졌나? 자세히 보니 사람이다. 꿈틀~! 꿈틀~! 헉~! 이럴 수가~? 사람이 옷을 훌훌 털며 진지 쪽으로 걸어온다.

"정~지~! 거기서~! 움직이면 쏜다~! 씨~벌~!"

엥~? 그래도 온다. 근데 오면서 뭐라 씨불이는데 뭐라는 거냐? 돈까스는 후임한테 아직 총 자물쇠는 풀지 말라고 했다.

"움직이지 말라고 씨~불~! 정지~!"
"에~이 개시키들 씨끄럽게 @%&BF*& 씨불씨불."

? 가까이 와서야 그게 할머니란 걸 알았다. 큰일 날 뻔했다. 얼굴은 피투성

이 옷은 거의 다 찢어지고…. 우리 앞을 지나가며 계속 뭐라고 욕을 하는 거 같은데 뭔 말인지 모르겠다. 우리는 멍하니 쳐다볼 뿐 뭘 해야 할지 몰랐다.

 할머니가 거의 안 보일 때쯤 돈까스는 최 하사를 일어나라고 한다. 그때까지도 뒤에서 벌벌 떨고 있다. 이~궁~! 만약에 유사시 같았으면 산개하면서 대응해야 하는데 돈까스 옷 뒤를 잡고 안 놔주니 그 자리에서 다 죽었겠다. 참말로…. 후임놈은 멍하니 앉아서 바다만 바라본다. 놀랬나 보다. 사실 돈까스도 섬뜩했다. 근데 돈까스는 선천적으로 반응이 좀 느린가 보다. 좀 지나 후임과 최 하사 하고 교대를 하고 뒤쪽에 잠시 앉은 돈까스는 앞쪽을 보며 생각에 잠긴다. '저 깎아지른 곳을 그 할머니가 어떻게 내려왔지?'

 지금 이글을 쓰면서 생각해 봐도 미스터리다. 40여 년이 지난 지금도 생생하게 오버랩 되면서 섬뜩함이 대뇌 마루엽을 씨게 강타한다. 돈까스는 최 하사님과 후임한테 이것저것 아는 것을 알려주고 사는 얘기며 최 하사의 개인적인 얘기며 이바구를 하다 보니 어느덧 서서히 날이 밝는다.

 바다 위에는 통통통~! 김 이장님의 배가 오늘도 만선을 꿈꾸며 출항 중이다.

"오늘은 운동 삼아 중대까지 걸어갑니다~!"

 돈까스는 잠을 안 잤으니 피곤도 하지만 걸어가며 최 하사님께 다른 진지나 지형 등을 알려 주려고 걸어가기로 한다. 돈까스가 걸어가면서 피식~! 웃는다. 갑자기 '쓰리고' 생각이 난 거다. 참말로 알게 모르게 고생하며 이제야 짬밥수가 쪼매 생겼다고 신참한테 이것저것 가르쳐 주는 게 조금 웃겼다.

 마을 쪽으로 거의 다 왔을 때 해녀 이모 한 분이 바다로 나가는 중이었다.

돈까스는 그 이모한테 어제 저녁 할머니 얘기를 하니 그 할머니 큰아들이 배 사고로 죽자 갑자기 그렇게 됐단다. 정신이 들어왔다 나갔다 하신단다. 이궁~! 불쌍한 할머니다. 돈까스가 중대 본부로 돌아 와 자려고 하는데 밖에서 후임 두 명이 얘기를 하는데 황 해병 얘기인 거 같다. 그때 황 해병이 해병 티 2개를 보이며 방금 사온 거라고 입어보고 자랑을 한다. 돈까스가 황 해병을 아~쫌~! 그만하고 자라고 버럭 소리를 지른다.

황해병이 "주 해병~! 너 왜 그러는데~?" 한다.

"주 해병~! 왜 그래? 너 나한테 뭐 할 말 있냐~?"

내무반에는 후임들이 있어서 돈까스가 황 해병을 불러낸다.

"네~! 황 해병 잠깐 밖으로 나와요~!"

그때 옆에 있던 꼴통 차 하사가 따라 나온다. 밖으로 나온 돈까스는 황 해병한테 자꾸 애들 있는 데서 해병 티 자랑 좀 그만하라고 한다. 애들이 사병 월급이 뻔한데 한두 번도 아니고 몇 번을 저렇게 쓴다고? 애들이 말이 나오니까 그만하라고 계속 말이 나오면 황 해병도 좋을 게 없다고 한다.

황 해병도 돈까스가 무슨 말을 하는지 이제 알겠다고 하는 눈치다. 근데 꼴통 차 하사가 옆에서 자꾸 쓸데없는 소리를 하니까…. 돈까스가 한마디 한다.

"아이 참~! 차 하사는 말을 쫌… 끼어들지 마요~!"

그러자 차 하사가 '뭐~? 그만하라고~?' 하며 들고 있던 하이바로 돈까스를 내리친다. 퍽~! 그 순간 돈까스는 뭔가 뜨듯한 물이 얼굴로 흘러내리는 걸 느낀다. 손을 눈 쪽으로 짚어 보니 헉~! 피다~! 아~놔~! 이 꼴통 시키 또 사고쳤네~! 황 해병도 그걸 보고 당황하고 어쩔 줄 모르고 차 하사는 더 당황해서 안절부절 못하며 돈까스에게 사정한다.

"야! 주 해병~! 나 이거 알려지면 깜빵이야~! 한 번 봐주라."
"야! 주 해병 빨리 위생 하사한테 가자. 피가 넘 많이 난다."

황 해병이 돈까스를 부축하며 내무실에 위생 하사님한테 간다.
위생 하사가 물품 정리를 하고 있다가 그 모습을 보고는

"아~! 시키들 말로 하지 이게 뭐야~? 누가 그랬어? 아~! 꼬매야것다~!"
"주 해병 미안하다~! 내가 또 사고쳤네~!"
"아~! 그러게 나서지 말라고 할 때 그냥 가지 아~놔"
"미안하다~! 주 해병~! 잘못했다. 말하지 말어 줘~!"
"아~! 쓸데없는 소리 말고 담배나 하나 줘요~!"

아까 주머니에 넣은 마지막 담배가 피가 흐르면서 다 젖었다.
위생 하사님이 이것저것 찾더니 돈까스한테 말한다.

"주 해병아~! 워쩌냐~? 엊그제 이장님 찢어진 거 치료하느라 마취제가 없는디~? 신청했는데 낼 와~!"
"엥~! 오~메~! 참말로…. 어쩌요~! 그냥 꿰매요~! 참어 볼게요~! 많이 아

퍼요~?"

"아녀~! 쪼금 따끔할 거여~! 그럼~! 시작헌다 잉~!"

'헉~! 으으~헉~! 으으으~!'

12바늘…. 어떤 때는 따끔~! 어떤 때는 오우야~! 아프고 한다.
눈썹 부분이 터졌다. 이 상처 지금도 깊게 남아 있다. 꿰매는 동안 차 하사는 계속 돈까스에게 한 번만 봐 달라고 한다. 차 하사는 복무 내내 작고 큰 문제를 일으켜 지금으로 말하면 삼진아웃에 걸릴 판이다. 그나저나 돈까스도 아무 일 없이 잠자고 일어나 평소대로 하려고 했다. 그런데 이궁~! 누가 벌써 중대 선임 하사님께 말을 했는지 자고 일어나니 선임 하사님이 부른단다. 돈까스는 얼른 선임 하사님한테 가니 왜 다쳤는지 솔직하게 말하란다. 돈까스가 군화를 보여 주며 군화창이 다 닳아서 뛰어 나가다가 삐끗해서 돌담벽에 부딪혔다고 말한다.
선임하사님이 '다시 한번 말하지만 나중에 다르면 너도 벌 받을 거야~!' 한다. 근데 그 뉘앙스가 그냥 조용히 넘어가기를 바라는 그런 뉘앙스다. 돈까스가 확신에 찬 모습으로 말한다.

"선임 하사님~! 제가 실수해서 다친 겁니다~!"

선임하사가 돈까스를 한참 보더니 돌아가도 좋다고 한다.

"필~승~! 주. 완. 순. 용무 마치고 돌아갑니다~!"

내무실로 돌아오니 차 하사가 얼른 달려온다. 차 하사 얼굴이 뻘겋게 상기되어 있다.

"주 해병~! 왜 뭐라고 했냐~!"
"하~! 참내~! 뭐라고 해요~! 내가 뛰어 나가다가 삐끗했다고 했지~! 걱정 말고 일 봐요~!"
"엉~! 그래? 주 해병 고마워~! 미안하다~!"

황 해병이 부른다. 밖으로 나가니 담배를 주며 말한다.

"주 해병~! 내가 경솔했다. 뭔 말인지 알겠다~!"
"그래요~! 황 해병님~! 애들한테서 점점 말이 나오니 그랬어요~! 계속 말이 나오면 좋을 게 없어요~!"

저녁 근무 시간이 다가오는데 어~? 오늘은 인원이 없다.
후임 2명이 환자 열외로 대대로 들어가서 2명을 지원받는다.
작전 하사가 조금 있으면 4-2분초에서 인원이 온단다. 다른 초소는 다 나가고 돈까스가 조금 기다리니 461기 강해원 해병이 들어온다. 강 해병이 돈까스하고 나가고 한 명은 써치 쪽에 붙는다. 돈까스와 강 해병은 3-2초소로 가서 근무 준비를 한다. 강 해병님은 중대 1소대 같은 소대인데 나이가 같아서 평소에도 잘 지냈었다.
경기 여주 사람이다. 돈까스와 둘이 이런저런 얘기하다 강 해병이 뜬금없이 그런다.

"주 해병~! 1사단 면도칼이라며~?"

"네~? 1사단 면도칼이 뭔데요~?"

"주 해병~! 잠 안 자고 근무 칼같이 선다고 1사단 면도칼 이라고 소문났던데~!"

"아~! 경계 근무는 원래 칼같이 서야 하잖습니까~!"

"그려~! 근데 교대로 좀 자야지 낼 아침까지 시간이 넘 길잖아~! 안 자고 칼같이 선다고 소문이 났어~!"

"그럼 다행이네요~! 전 원래 밤잠이 없어요~! 히히."

1사단 면도칼이 전역하고 언어 순화로 1사단 돈까스가 된 거다. 돈까스와 강 해병은 그날 밤새 얘기를 하며 근무를 선다. 아침이 밝아온다. 오늘도 어김없이 김 이장님 배가 맨 먼저 출항하며 돈까스 쪽을 보고 손을 흔든다. 돈까스도 이장님 배 쪽을 향해 손을 흔든다. 돈까스는 언제나 그랬듯이 이 새벽녘의 바다 내음이 좋다.

시간이 돼서 철수를 하는데 마을 쪽을 보니 어제 3-3초소 나갔던 사섭이가 마을에 있는 구멍가게로 들어간다. 돈까스는 사섭이가 가게에 뭐를 사러 갔나? 하고 생각하며 오는데 좀 이따 뒤를 보니 저 밑에서 사섭이가 걸어오고 있다. 돈까스가 뭔가 고개를 갸웃거리니 강 해병이 왜? 뭔데? 하고 물어본다. 돈까스는 별일 아니라고 둘러대며 피식~! 웃는다.

중대로 복귀하고 씻고서 자러 가려는데 본부 후임이 부른다.

"주 해병님~! 오후에 대대 본부로 들어오시랍니다~!"

"왜~? 누가 들어오라는데~?"

"네~! 대대 주임 상사님이 들어오시랍니다~!"

어~? 주임 상사님이 왜 부를까~? 대대로 들어오라고 하려나? 저번에 주임 상사님이 대대 부식 추진을 해 볼라냐~! 해서 쫄병 때 해안 생활을 못해서 이번엔 해안 방어 생활을 해 보구 싶다구 놔 두라고 부탁드렸었는데 또 왜 그러지? 돈까스는 갸우뚱하며 잠자리에 든다. 몇 시나 됐을까? 아~! 이 놈의 텐트가 자꾸 처져서 큰일 났네…. 돈까스는 일어나서 얼른 씻고 작업복을 갈아입고 본부에 대대 들어간다고 말하고 밑에 도로로 나간다. 여기서 있으면 좀 이따가 북문 앞에 서는 버스가 온다. 버스 배차 간격이 2~3시간? 에 한 대가 있는 거 같다. 한 10여분 있으니 마을 쪽에서 버스가 올라온다. 돈까스는 승차와 동시에 기사님께 필~승~! 한다. 기사님이 웅~! 하며 반겨준다. 우물이 있는 움막 앞에 가끔 근무 설 때는 버스가 지나가면 경례를 하니 기사님들도 좋아하고 반긴다.

해안 지역에서는 군인은 버스가 공짜다. 이것이야말로 진정한 군관민 협동 아니겠는가~! 오늘은 사람이 꽤 있다.

한참을 달려 북문이 다가오니 돈까스가 뒷문으로 간다. 평소 버스 지나갈 때 인사하던 차장 누나다.

돈까스가 차장 누나와 눈인사를 하고 윗주머니에서 껌을 하나 꺼내서 차장 누나를 줄려는 순간… 덜~컹 하며 차가 요동을 치는 바람에 돈까스가 하필 손을 짚는다는 게 헉~! 한 손은 버스 벽을 한 손은 차장 누나 가슴을 짚었다.

오~! 이런~! 멍하니 그 상태로 잠시 정적이 흘렀다. 대뜸 정신을 차려 손을 떼고 죄송합니다~! 하는데 차장 누나가 고개를 못 든다. 다행이 북문 바로 도착해서 돈까스는 얼른 내린다. 돈까스가 길을 건너 북문 들어가면서 필~승~!을 하고 북문 옆 대대 본부까지 가면서도 아까 그 누나 물~컹 하던 그 감촉은 뭐지? 그 생각밖에 없다. 돈까스는 이때까지만 해도 모태솔로였다. 못 해 봤다.

얼른 정신을 차리고 대대 주임 상사님을 찾아뵈니 뜬금없이

"주완순~! 똑바로 말해~! 너 거기 왜 그랬어~?"

돈까스가 흠칫 놀란다. 아~! 누가 주임 상사한테 말을 했나?

"제 군화 이거 보십시오~! 이쪽으로 다 닳았는데 바삐 뛰느라 삐끗해서 담 벽에 부딪혀서 다친 겁니다."
"정말이야~? 나중에 딴소리하면 너두 벌 받을 거야~!"
"넵~! 주임 상사님 그런 일 없으니까 안심하세요~!"
"웅 알았어~! 밥 먹고 들어가 봐~!"
"넵~! 주계 가서 밥 먹고 바로 복귀하겠습니다~!"

돈까스는 주임 상사랑 헤어져 대대 주계로 가는 길에 생각한다. 아~! 내가 첫 휴가 때 대전 헌병대 갔을 때 뜻하지 않게 대대장님한테 신세를 졌는데 왜 문제를 일으키겠습니까~! 별거 아닌 문제를 주임 상사님께 누가 말했을까~? 돈까스가 주계로 가니 주계병 정민철이가 반갑게 맞이해 준다.

"어~? 주 해병님 어쩐 일로 대대까지 들어왔능교~?"
"웅~! 주임 상사님이 뭐 물어본다구 불러서 들어왔어~!"

헉~! 대대는 부식으로 가자미 튀김을 하고 있었다. 우째 이런 일이…. 여기는 완전 별천지다. 부식이 왜 이리 좋냐?

"밥 먹고 들어가이소, 주 해병님~!"
"웅 민철아~! 지금 먼저 줄 수 있냐~? 먹고 들어가게~!"
"네~! 저쪽에 자리 잡으십쇼~!"

헉~! 민철이가 가자미 튀김을 두 마리나 줬다. 돈까스는 한입 베어 무니 흑흑~! 너무너무 맛있다. 이런 거 처음 먹어 본다. 돈까스가 허겁지겁 먹고 일어서니 민철이가 검은 봉다리를 준다. 돈까스가 뭐냐? 하니 주 해병님이 너무 맛있게 먹길래 가자미 튀김 몇 개 넣었단다.

"고맙다 민철아~! 돈 있지? 빵 사 먹어. 흑흑 난 돈 없어~!"
"넵~! 주 해병님 언제든지 나오십쇼~!"

돈까스는 민철이와 헤어져서 북문으로 나와 정류소에서 쫌 기다리니 버스가 온다.
필~승~! 어~? 북문 올 때 탔던 버스 그 기사님이다. 혹시나 하고 보니 오~! 아까 그 차장 누나다. 다행히 사람이 별로 없다. 돈까스는 얼른 차장 누나 옆 빈자리에 앉는다.

"누나~! 아까는 본의 아니게 미안했어요~!"
"아니야~! 일부러 그런 것도 아닌데 뭐~! 호호~!"

돈까스와 차장 누나는 오면서 이런저런 얘기를 한다. 차장 누나는 대구가 고향이고 고등학교 졸업하고 바로 버스 차장으로 취직했단다. 나이는 23살이다. 돈까스보다 2살이 많다. 돈까스와 얘기를 하다 누나가 뜬금없이 집에서 면회는 자주 오냐고 물어본다. 서울이라 멀고 부모님이 나이가 좀 있으셔서 잘 못 온다고 했다. 중대본부가 다 와 가길래 돈까스는 기사님이랑 차장 누나에게 인사를 하고 내린다. 중대 주계를 먼저 들러서 냉장고에 가자미 봉다리를 넣고 본부 사무실에 귀대 보고를 한다. 옷 갈아입는데 원기가 냉장고 봉다리 뭐냐고 하길래 저녁에 중대장님 반찬으로 드리라고 했더니 무지 좋아한다.

돈까스는 오늘은 근무를 안 나가서 잠시 중대 본부 뒷산에 앉아 담배를 물고 먼 바다를 본다. 먼 바다에 오징어잡이 배들의 불빛이 밝게 빛나고 있다.

(5) 한달비 연가

점심을 먹고 내무실에서 장기를 두고 있는데 작전 하사가 온다.

"자, 5분 대기조 지형 정찰이다. 단독 무장에 집합~!"
"엥~? 작전 하사님 뜬금없이 무슨 정찰~?"
"원래 해안 방어 동안 지형 정찰을 하게 되어 있어~! 아~! 하여튼 빨리 나와서 트럭에 승차해~!"

단독 무장을 하고 나가니 길가에 트럭이 와 있다. 황 해병이 일찍 나가더니 수송대에 들어가 기름을 넣고 왔나 보다. 적재함에 다 승차를 하자 작전 하사가 도구로 간다. 도구에 도착하니 해수욕하는 사람들이 제법 나와 있다. 우리는 도구에 뒷산을 한 바퀴 돌고 도구 국민학교 뒤에 앉아서 좀 쉰다.

작전 하사가 빵하고 우유를 사 온다. 정찰이라는 게 형식적으로 한 바퀴 돌다가 들어오면 되는 거다. 돈까스가 복귀하는 길에 수영 한 번 하고 가자고 했다. 황 해병한테 도구 초등학교 앞에 차를 대놓으라고 하고 우리는 너나 할 거 없이 해수욕장에 군복을 벗어놓고 빤쓰 바람에 일제히 바다로 들어간다.

오~! 이 짠맛에 바다 내음…. 오랜만에 수영을 하니 돈까스는 아주 신이 났다. 돈까스는 수영하고 스케이트는 어려서부터 아버지가 좋아하셔서 자주 데리고 다니며 배워 줘서 아주 잘한다. 지금도 친구들 중에 돈까스만 수영을 한다. 신병들은 만에 하나 안전을 생각해서 들어가지 않고 상병 이상 수영을 할 줄 아는 인원만 한다.

수영을 1시간 정도 하고 바다에서 나오는데 아기들을 데리고 모래사장에서 놀던 젊은 아줌마들이 일제히 우리를 쳐다본다. 돈까스는 아줌마들이 쳐다보니 어~? 아래쪽을 본다. 왜? 그제야 돈까스는 아래를 보니…. 어머~! 군용 빤스가 몸에 최대한 밀착되어 뭔가 불끈 나와 있다. 돈까스는 그제야 귓불이 빨개지며 얼른 뛰어간다. 이해하자~! 돈까스가 모태솔로라 뭘 모른다. 큭큭큭~! 트럭에 승차해서 본부로 돌아 와 장비 정리를 하고 있는데 궁물이 와서 주 해병님 면회 왔다고 한다. 어~! 면회 올 사람이 없는데~? 궁물한테 누구냐고 물었더니 궁물이 고개를 갸우뚱하며 대답한다.

"주 해병님 누난가 본데요~? 누나라고 하던데요~!"
"누나? 우리 누나는 서울을 떠나 본 적이 없는 사람인디~?"

돈까스는 옷 갈아입고 밑으로 내려가 본다. 어? 저 사람은?
김… 혜영…. 버스 차장 누나다.
아까 저쪽에서 트럭에서 내릴 때 얼핏 봤는데 전혀 못 알아봤고 나를 면회 온 사람이라고는 전혀 꿈에도 몰랐다. 돈까스가 가까이 가 보니 오늘은 사복에다 화장을 조금해서 더 예쁘게 보였다. 돈까스는 왜? 하는 식으로 말하면 누나가 괜히 왔나? 하고 뻘쭘할까 봐 일부러 더 오바하며 뛰어간다.

"어~? 누나~! 오늘 예쁘다~! 어서 와 누나~!"
"웅~! 주 해병~! 내가 바쁜데 괜히 온 거 아니지~?"
"엉~? 아니야~! 누나가 면회 와서 얼마나 좋은데~!"
"웅~! 딴 거는 말고 김밥 좀 싸왔어~! 이거는 몇 개 먹고 같이 있는 분들 줘~! 주 해병은 나갈 수 있으면 맛있는 거 사 줄(께)게~!"

"응~? 아~! 알았어, 누나. 조금만 기다려. 얼른 들어가서 외출증 끊어올게~!"

돈까스는 얼른 올라가 조금 깨끗한 군복으로 갈아입고 김밥 싸온 거는 중대원들 주고 행정실로 간다.

"야~! 행정병 면회 왔는데 외출증 끊어주라~! 외박은 안 될 거고 외출증이라도 끊어 줘~!"
"아~휴~! 왜 안 되겠습니까~! 주 해병님~! 외박증 끊어 드리죠~! 푹~! 쉬다 오십쇼~!"
"외박증 끊어 줘~! 주완순~! 잘 갔다 와~!"

이~궁 행정병 466기 박채원과 동기 애늙은이 정석주가 쌍으로 건방을 떨고 있다.

"그려~! 고맙다 동기야~! 잘 갔다 올게~!"

돈까스가 외박증을 끊어 내려오니 누나가 바닷가로 슬슬 걸어서 가자고 한다. 그러고 보니 누나가 작은 가방에서 일회용 카메라를 꺼낸다. 돈까스가 카메라를 보고 속으로 생각한다. 아~! 저거 살려면 세 달치 월급이 까지는데…. 누나랑 바닷길로 들어서려는데 뒤에서 택시가 온다. 옆으로 지나가다 서면서 창문이 열린다.

"주 해병~! 애인이 면회 왔나 보네~! 어디 가~?"

앗~! 이장님이다. 이장님 동생 분이 택시를 하신단다. 오늘 모임이 있어서 이장님이 포항 오거리 나가느라고 불렀다.

"아~! 네~! 이장님~! 도구 가려구요~!"
"아~! 그래~! 없으면 모르지만 타고 가. 어여 타~!"

돈까스가 차장 누나 팔을 이끌고 얼른 탄다.

"고맙습니다~! 이장님~! 도구 해수욕장 앞에 세워 주세요~!"

우리를 도구 해수욕장에 내려주고 이장님은 가셨다. 도구 해수욕장을 이렇게 와 본 것도 처음이다. 올 때마다 일을 마치고 바로 가니 자세히 둘러볼 일도 없었는데 오늘은 여유가 있게 와 보니 돈까스는 신났다.

"주 해병~! 뭐 먹을래? 배고파~? 맛있는 거 사 줄게~!"
"네~! 우선 짜장면하고 탕수육 먹어요~! 누나는~?"
"웅~! 나두 그거 좋아~! 어디 아는 집 있어~?"
"누나~! 나두 여기 처음 와 봤는데 작전 하사가 저기 저 집이 오래됐고 맛있대~! 저기 갈려구~!"

돈까스가 얼른 가자며 누나 팔짱을 낀다. 차장 누나가 돈까스를 보며 씨익 웃어 준다.

"주 해병~! 애인 면회 왔나 보네~! 히히."

"아~! 네 사장님~! 안녕하시죠~?"

그 짜장집이 도구 초등학교 문방구 옆쪽에 있어서 가는 길에 문방구 여사장님이 아는 척하며 씨익~? 뜻 모를 미소를 날린다. 저 문방구 아저씨가 해병대 414기?인가 그렇다. 근데 지금은 풍을 맞으셔서 여사장님이 주로 문방구 일을 하고 선배님은 허드렛일 정도 하신다. 몇 번 도구로 작업 왔다가 하드 먹으러 왔었다.

돈까스와 차장 누나는 중국집에 들어가 자리에 앉는다. 앉자마자 누나가 짜장면 두 개에 탕수육을 시킨다.

"주 해병~! 술은 뭐로 한잔할래~?"
"아~! 오늘 근무 아~! 아니구나~! 오늘 외박증 끊었지~!"

그 순간 돈까스가 본 것은 어~? 누나 표정이? 기쁜가? 뭐가~? 그러고는 바로 정색하는 표정이 된다. 아~! 몰라~! 돈까스는 짜장면에 탕수육이 빨리 나오기를 기다린다. 먼저 시킨 소주가 나오고 돈까스 누나한테 따라 주고 오늘 와 줘서 많이 기뻐요~! 고마워요 누나~! 하고 한잔한다. 바로 짜장면과 탕수육이 나왔다. 돈까스는 누나하고 다시 한 잔 마시고 탕수육을 먹으니 오~! 환상이다.

돈까스가 군에 오기 전에도 친구들과 소주에 탕수육을 먹는 이 조합이 가장 좋았다. 가게에 틀어 논 텔레비전에서는 김수희의 '멍에'가 나온다. 김수희의 '멍에'가 뭔가…. 돈까스가 실무 처음 나올 때 중이염 때문에 연대 본부 의무실에 입원했다가 동기들보다 한 달 늦게 해안 방어 양남에 갔을 때 짱박혔다가 이제 왔다고 기합 빠졌다고 허벌나게 터지고 있을 때 옆에 선임이 켜 놓은 라디오에서 흘러나오던 노래가 김수희의 '멍에'다. (돈까스는 지금도 이 노래를 들으면 그때 그 생각이 대뇌 전두엽에 전전두피질을 강타하며 지나간다.)

돈까스의 표정이 잠시 어두워짐을 느낀 누나는 술을 한 잔 따라주며 왜 그러냐고 묻는다.

"완순아~! 왜 뭐가 안 좋아~? 뭐 더 시켜 줄까~? 그리고 완순이라고 불러도 되지~? 그러고 싶어~!"
"아~! 잠시 안 좋은 기억이 떠올라서 그랬어. 미안~! 나는 좋아. 그렇게 불러요 누나~! 자 한 잔 해."
"완순아~! 너 집이 서울이지? 고향이 서울이야~?"
"웅 누나~! 신설동 그 집이 고향이야~! 오기 전에 오마니랑 호프집 했었어. 지금은 오마니 혼자 고생하시지…. 옛날엔 엄청 부자였는데 지금은 가세가 많이 기울었어. 이층집 하나 남었어~! 히히. 앗~! 미안 누나 내가 쓸데없는 말하고 있네~! 크크크."
"아냐~! 괜찮어~! 형제는 몇이야~?"
"웅~! 6살 터울 누나 하나하고 2살 터울 남동생 하나. 남동생도 지금 육군 맹호부대 근무하고 있어~! 누나는 형제가 몇이야~?"
"웅, 여자 동생 둘하고 국민학교 남동생 하나 있어~!"

어~? 왠지 누나네 집 얘기할 때는 뭔가 표정이 어둡다. 이 이유는 나중에야 알게 된다. 어우야~! 둘이 이 얘기 저 얘기하며 마시다 보니 소주 4병이

나 먹었다. 안주는 유산슬을 하나 더 시켜 먹었다. 돈까스는 유산슬 이때 첨 먹어 봤다. 맛있었다.

중국집에서 다 먹고 밤바다를 보러 도구 바다 앞 모래사장에 둘이 앉았다. 그러고 보니 오늘 누나가 가져온 일회용 카메라 몇 방 찍지도 못했다. 누나가 돈까스 어깨에 머리를 기댄다. 돈까스는 누나의 헝클어진 머리를 쓸어준다. 별 뜻 없다. 그냥 무의식의 행동이다. 그러다가 어느 순간 누나가 고개를 들어 돈까스의 입에 키스를 한다. 돈까스는 여자랑 키스 처음 해본다.

"피곤해. 좀 쉬었으면 좋겠어~!"
"웅 누나~! 저기 도구 여인숙 있어 저기 가서 좀 쉬자~!"

이때쯤 되니까 돈까스도 어느 정도 감이 온다. 돈까스가 아무리 모태솔로라 해도 영화나 소설, 빨간책 등을 봐서 대충 안다. 돈까스와 누나는 여인숙 안으로 들어간다. 마당을 두고 ㄷ자로 된 여인숙 몇몇 방은 언니들이 나와 있다. 돈까스가 주인아줌마 방으로 가니 아줌마와 어? 도구 문방구 여사장님이 과일을 먹으며 텔레비전을 보고 있다.

"어~? 주 해병 한잔했네~! 방 잡으려구 왔구나~! 언니 우리 주 해병 저 뒤에 방 줘~! 애인 면회 왔어~!"
"네~! 사장님~! 여기 계시네~! 고맙습니다~!"
"웅 그래? 뒤로 돌아가서 10호실로 가요~! 호호"
"네~! 고맙습니다. 사장님 놀다 가세요~!"
"아이~! 주 해병이나 잘 놀다가~! 호호호호~!"

아~! 참말로 저 사장님은 나만 보면 왜 자꾸 웃으면서 저러지? 참~내~! 알다가도 모르겠네~! 돈까스와 차장 누나가 뒤로 돌아가 10호실로 들어간다. 방에 들어가 선풍기 돌려놓는다. 누나는 방바닥에 누워 있다.

"땀 많이 흘렸잖아~! 주 해병~! 씻어~!"
"웅 누나~! 나 씻어야겠어. 땀 많이 흘렸어~! 누나 졸리면 먼저 자~!"

돈까스는 얼른 불을 끄고 옷을 벗어 걸어놓고 빤쓰 바람으로 욕실로 들어간다.

돈까스가 이곳저곳 땀으로 절여진 몸을 씻는다. 그때…. 삐~걱~! 하더니 헉~! 누나가 알몸으로 들어온다. 돈까스는 심장이 쿵딱쿵딱 한다. 어우야~! 누나가 옆에서 씻는다. 돈까스가 돌아서서 어쩔 줄 몰라 하며 씻는데 가슴은 벌렁벌렁~! 하는데 밑에 야는 왜 이러냐~? 한껏 성이나 불끈불끈…. 누나가 다 씻고서 돈까스를 뒤에서 씻어 준다. 잠깐을 씻어 주고 돈까스를 돌아서란다. 어우~! 누나~! 돈까스의 몸을 이곳저곳 씻어 주던 혜영 누나가 갑자기 아래로 내려간다? 헉~! 어머~! 누나~! 아~ 몰랑!

돈까스와 누나는 다 씻고서 욕실 밖으로 나간다. 돈까스가 한껏 홍조가 든 얼굴로 이불로 들어가자 혜영 누나가 들어온다. 돈까스는 왜? 심장이 이렇게 벌렁댈까?

"완순아~! 너 안 해 봤지? 처음이지~?"
"아냐~! 누나 한 번 해 봤어~!" 거짓말이다.
"알았어~! 누나가 해 줄게~! 가만히 있어~!"

그 다음부터는 이 누나가 돈까스의 혀를 뽑으려고 하나 보다. 흑흑~! 쭙~! 쭙~! 어우~! 키스가 이런 건가? 혀를 너무 세게 빨아댄다. 혀가 뽑아질 거 같다. 정신이 희미해진다.

그날 저녁…. 누나는 돈까스의 몸을 세 번이나 유린한다. 그리고는 이런 말을 한다.

"이제 딴 여자 사귀면 안 돼~! 넌 내 거야~! 누나 일이 있으면 못 오지만 시간 될 때마다 올 거야~! 알았지~?"

돈까스는 누나가 하는 말을 이해 못한다. 엥~! 왜? 내가 자기 거~? 뭥미~? 돈까스와 누나는 아침을 먹고 헤어진다. 누나가 돈까스 주머니에 뭘 찔러 준다. "맛있는 거 사먹어~!" 하면서 준다. 돈까스가 중대로 돌아와 주머니를 보니 헉~! 2만 원이다.

 그 후로도 혜영 누나는 해안 방어가 끝나고 대대로 들어가서도 자주 면회를 와서 짜장면과 탕수육을 사 주었다.
 혜영 누나가 돈까스에게 잘해 주는데 이유야 어쨌든 이때 돈까스는 누나의 마음 씀씀이가 아주 좋았다.

(6) 격오지 매복 근무

돈까스는 어제 저녁 근무를 갔다 오고 아침에 일어나 후임이 점심 준비를 하고 있는 주계로 가 본다.

"성근아 뭐 도와줄 거 없냐~?"
"아~! 주 해병님~! 그럼 이거 물미역 하고 멍게를 손질해서 좀 씻어 주세요~!"
"오~! 물미역~! 멍게~! 아침에 내려갔다 왔냐~?"
"네~! 제주댁 아줌마가 주돌이 찾던데요~! 히히"

요 며칠 결원(환자) 인원이 몇 명 있어서 돈까스가 계속 근무를 못 나가다 보니 한동안 해녀 아줌마들한테 가지를 못했다.

"주 해병님~! 여기 계셨네요~!"
"어~? 영식아~! 근무는 아니고…. 웬일이냐~?"

영식이는 지역 방위병이다. 돈까스하고는 여러 번 근무를 섰었다. 애가 성격이 좋아서 돈까스가 근무 파트너로 자주 데리고 나갔었다. 영식이랑 돈까스가 주계 밖으로 나간다.

"아~! 주 해병님 잠깐 외출 가능하세요~?"
"엉~! 나갈 수는 있는데 왜? 어디 갈려구~?"
"저희 집에 가서 점심 같이 드세요~!"
"아~! 저번에 네가 밥 한번 먹자고 한 거? 그러자~! 성근아~! 나 영식이네서 밥 먹고 올게~!"
"넵~! 주 해병님 다녀오십시오~!"

돈까스와 영식이는 해안길로 질러서 영식이네 금방 도착한다. 집에 가니 영식이네 엄마가 상을 차려 놓고 기다리신다.

"안녕하세요~! 오마니~! 주완순입니다."
"네~! 주 해병님 말씀 많이 들었심더~! 우리 영식이 잘 보살펴 주신다고 예~! 고맙심더~!"
"아휴~! 오마니 별 말씀을…. 영식이가 성격이 좋아서 잘해요~! 오히려 제가 도움 많이 받습니다."

영식이네 오마니는 연세가 65세다. 형들과 누나들은 시내에 나가 살고 늦둥이 영식이만 같이 살고 있다.

   점심상에는 회하고 김국, 부처손, 전복, 해삼, 멍게 등등 각종 해산물이 가득 차려져 있다.

"어우~! 오마니~! 뭘 이렇게 많이 차리셨어요~!"
"아니라예~! 그냥 먹는 거에 조금 더 올렸어여~!"
"주 해병님 소소합니다. 많이 드십시오~!"
"엉~! 그래~! 많이 먹을게. 같이 먹자~!"

   돈까스는 허겁지겁 정신없이 먹는다. 돈까스가 젤 좋아하는 해산물이 가득 있으니 정신없다. 밥을 금세 다 먹고 또 더 먹고 영식이가 방에서 가져온 산삼주를 몇 잔 마신다.

"주 해병님~! 방에서 한잠 주무시고 가세요~!"
"어~! 오랜만에 먹었더니 알딸딸하다. 그래도 되냐~?"
"네~! 한잠 주무세요~! 저녁에 깨워 드릴게요~!"

   돈까스는 영식이 오마니한테 감사히 잘 먹었다고 말씀 드리고 방에 들어가 눕자마자 코를 곤다. 얼마 후….

"주 해병님~! 시간 됐습니다~! 일어나십시오~!"

   얼마나 잤을까? 어우~! 골이 깨지는 듯하다. 시계가 5시다. 이때나 지금이나 돈까스는 담금주가 안 맞는 듯하다. 영식이가 돈까스를 보더니 옆방으로 가서 아스피린과 물을 가져온다.

"주 해병님 골이 깨지면 이거 드세요~! 좀 나아져요~!"
"웅~! 그래 난 이래서 네가 좋다~! 눈치도 빠르고~! 오마니~! 너무 대접을 잘 받았습니다. 감사합니다~!"
"아유~! 별거 없는데요~! 우리 영식이 잘 부탁합니다~!"

돈까스는 인사를 하고 해안길로 중대로 올라가는데 앞에 교복을 입은 여고생이 온다. 점점 가까이 오는데 몇 번 봤던 여학생이다. 이 동네 하나밖에 없는 여학생이다. 돈까스와 여학생은 서로 눈인사를 하고 지나간다.

중대 본부로 올라온 돈까스는 성근이가 저녁 준비를 하는 걸 도와주고 음식 다 해서 배식을 하고 얼른 근무 나갈 준비를 한다. 오늘도 5분소초로 파견 근무를 나가야 한다. 휴가 2명이 있어서 땜빵을 해야 한다. 원래 해안 방어 기간에는 원칙적으로 휴가, 외박이 금지다. 그런데 저번에 1명하고 이번에 2명은 할머니상 당하신 거하고 후임 아버님이 위독하신 거라 특별 케이스다.

그리고 가끔 면회를 올 때는 중대 본부장 재량으로 중대 섹터 안에서 외박이 있을 수 있다. 오늘은 돈까스하고 60사수 사섭이가 같이 나간다. 둘이는 지프차를 타고 5분소초로 간다.

도착하니 460기 기지성 해병이 둘을 데리고 암벽 쪽으로 간다. 엥~? 암벽 쪽은? 아니나 다를까 암벽에서 로프를 타고 약 20m를 내려간다. 내려가니 양쪽은 바로 암벽이고 뒤는 산이다. 돌로 몇 개를 쌓아놓은 것이 진지다.

돈까스는 바로 드는 생각이 '만약 여기서 상황이 벌어져서 가지고 온 실탄을 다 쏘고도 도망갈 곳이 없네?' 하는 생각이 젤 먼저 들었다.(완전 격오지 중 오지다.)

기 해병은 바로 로프를 타고 올라가고 돈까스와 사섭이는 바로 m60을 거치하고 진지를 조금 보수한다.

돌로 쌓아놓은 게 다 무너지고 흐트러져 있다. 다행이 그날 달빛은 참 밝았다.

"야~! 사섭아~! 너 탄창 얼마나 가져왔냐~?"
"한 깡통이죠(300발?). 뭐~! 근데 넘 기대하지 마요~! 한 10발? 15발? 정도 쏘면 잘 걸려요~!"

이 m60이 아주 고물이다. 평소에도 고장이 잦다. 저번에 대항군 훈련 나갔을 때도 공포탄 15발 정도 쏘고 걸려서 못 쏘고 사섭이랑 돈까스가 장렬히 전사했던 기억이 있다.

"사섭이~! 너 가게 언니랑 뭐 거래하지~?"
"어~! 주 해병님이 어떻게 알았어요~?"
"너 거기 잘 들락날락하더라~! 그리고 중대 뒤 밭에 대구댁 아줌마하고도 그렇고~!"
"아~! 대구댁은 군용 담배 좀 구해 달라고 해서요~! 그리고 가게 언니는 말하기 좀 그렇구요~! 둘 다 소아마비잖아요~! 측은해서…. 모른 척해요~!"
"웅~! 알았어~! 그냥 궁금해서~!"

악~! 악~! 오우야! 산 쪽에서 무슨 동물 소리가 저러냐? 돈까스나 사섭이나 서울 촌놈이라 저 소리가 뭔지 모르다가 나중에야 알았다. 고라니다. 이 진지는 정말 조금 교대로 쉬려고 해도 쉴 수가 없다.

뒤쪽 풀숲에서 부스럭 소리, 저벅저벅 사람이 걷는 소리? 바람소리가 누가 말하는 소리? 진짜 최악이다. 할 수 없이 돈까스와 사섭이는 밤새…. 먼동이 틀 때까지 각자의 살아온 얘기로 이야기꽃을 피웠다.

아침이 되니 기 해병이 복숭아 넥타 2개를 가지고 내려왔다. 헉~! 분초는 이런 것도 있나? 아~! 어떻게 중대 본부가 더 그지냐? 돈까스와 사섭이는 중대 본부까지 슬슬 걸어가기로 했다. 아침에 바닷가 내음이 참 좋거든….

(7) 호국간성(護國干城)

요 며칠 계속 근무를 나가서 오늘은 식사 당번을 하고 좀 쉬려고 돈까스는 일어나자마자 주계로 달려가 쌀을 씻어 올리고 냉장고를 뒤져 있는 식재료를 다 때려놓고 짬뽕 된장국을 끓인다. 오늘 오후에 부식이 온다. 오~! 중대원들이 된장국이 맛있단다. 역시 재료가 풍부해야 맛있다. 설거지를 끝내고 통신실에서 놀고 있는데….

"주 해병님~! 어딨어요~! 주 해병님~! 나와라 오~버~!"

468기 김만철이 열심히 허벌나게 돈까스를 찾는다.

"뭐냐~! 쉬는 돈까스를 찾으면 빨갱이 시키다~!"
"어~! 거기 계셨어요~! 빨리 와 보세요~!"

만철이가 돈까스를 한쪽으로 끌고 간다. 만철이 꼴통이다.

"와 그러는데~? 뭐 미친놈 똥꼬라도 봤냐~?"
"주 해병님~! 토종꿀 드실라예~? 빨리 가입시더~!"
"아~! 또 무슨 소리야~! 누가 꿀 줬냐~?"
"뭔 소린겨~? 누가 귀한 꿀을 줘요~! 주 해병님 요 위에 대구댁 밭 아시죠~? 그기서 쪼매 더 가믄 누가 벌을 치다가 안 하고 가면서 꿀통을 버렸는데 거기 벌들이 새까맣게 붙었어예~! 꿀이 이빠이 찼어여~!"

"헉~! 벌통? 잘못하다 쏘이면 X되는디? 꿀 꽉 찼어?"
"아~! 두말하면 잔소리라예~! 제가 확인했어여~!"
"흠~! 좋아 가 보자~! 잠깐 양파 싸는 거 쓰고 가자~!"

돈까스하고 만철이는 밭 한쪽에 있는 양파 싸는 거를 써 본다.

"어~! 너무 꽉 맞는다. 괜찮을까~? "
"아~참 괜찮어요~! 빨리 가요~!"

만철이가 앞장서고 돈까스가 불안한 마음으로 따라간다. 대구댁 밭에서 약 200m 정도를 더 가니 잡초에 가려져 잘 안 보이는데 만철이는 이걸 어떻게 찾았는지 모르겠다.

어~? 근데 한쪽이 삭았나? 조금 기울어져 있다. 만철이가 가져간 반합을 들고 다가간다. 돈까스는 바로 뒤에서 담배를 3개비를 한꺼번에 피워서 연기를 낸다.

만철이가 젤 위에 뚜껑을 걷어내니 우~왕~! 꿀이 꽉 찼다. 돈까스는 벌써 등 쪽에 한 방 쏘였다. 따가운데 꿀을 보니 아픔이 덜한 거 같다. 만철이가 반합에 뜨는데 와~! 엄청 많다. 돈까스는 벌써 담배를 다 피우고 다시 3개비를 꺼내 피우고 있다. 돈까스 얼굴은 이미 만면의 미소가 퍼지고 있다.

(흠~! 작전 하사한테 식빵을 몇 개 사 달래서 오늘 저녁은 꿀을 잔뜩 바른 토스트를 해 먹어야겠다. 히히히~!)

그 순간 어~? 어 어 어~! 기우뚱 불안하게 서 있던 벌통이 좌측으로 넘어지면서 반으로 뽀~각~! 하며 쪼개졌다. 헉~! 그런데도 만철이는 열심히 꿀을 퍼 담고 있다. 그 순간 만철이가 비명에 가까운 소리를 지른다.

"켁~! 주~! 주 해병님~! 튀~켁 튀~어~!"
"머~? 만철아~! 으~아~! 아~! 따거~!"

돈까스는 그 와중에 담배를 바닥에 버리고 비벼 끈다. 그리고는 최고의 속도로…. 흡사 돼지 꼬리에 불붙은 듯 졸라 빠르게 아래로 튄다. 돈까스의 기억에는 조금만 가면 냇가가 있다. 어우야~! 만철이는 벌써 냇가 물에 뛰어 들어갔다. 돈까스도 바로 냇가 물에 뛰어들어 납작 엎드린다. 물이 별로 안 깊어서 등 쪽으로 몇 방 집중으로 쏜다. 돈까스는 필사적으로 냇가 바닥으로 파고든다.

"아~! 앗 따거~! 우~우~! 악~!"

만철이는 이제 짐승 소리를 낸다.
돈까스가 뛰어오다가 얼핏 보니 만철이 얼굴에 몇 군데 벌겋더니만…. 아~놔~! 우째 이런 일이~!
한참을 냇가에 죽은 듯이 엎드린 돈까스와 만철이…. 돈까스는 물에 얼굴이 거의 다 들어갔는데도 귓가에는 윙~!윙~! 소리가 한동안 계속 들린다. 한참을 누워 있다가 만철이와 돈까스가 일어난다. 돈까스는 주로 등 쪽을 집중으로 공격당했다. 양파망을 쓴 게 효과를 봤는지 대가리에 한 방, 귀 쪽에 한 방 맞았다.

"만철아 괜찮냐~? 헉~! 너 얼굴에~!"

"괜찮아여~! 빨리 내려가죠~! 아~! 히히."

만철이가 반합을 들어보이며 씨익~! 웃는다. 오~잉~! 독한 넘~! 어느새 반합 뚜껑을 닫았다. 달리면서도 뚜껑을 닫아서 꿀은 살아남았다. 돈까스하고 만철이는 얼른 위생 하사한테 달려갔다.

"헉~! 야~! 너희들 왜 이래~?"
"위생하사님~! 빨리 치료 좀 해 주세요~!"

내무실에 들어가서 웃통을 벗고 보니 돈까스는 등에 7방을 맞았다. 후임들한테 빨리 침을 빼라고 한다. 다행히 위생 하사님한테 암모니아가 있었다. 암모니아를 바르니 바로 통증이 가라앉았다. 그리고 알약 하나씩을 줘서 먹었는데 문제는 만철이 눈 바로 위에 맞은 것이 점점 퉁퉁 부풀어 올라 눈이 안 보일 정도가 됐다. 위생 하사님이 오늘 하루 있어 보고 안 가라 앉으면 내일 포항 병원으로 가야 한다고 말한다.

만철이한테 얼음찜질을 하고 쉬라고 한다. 돈까스는 1시간 정도 지나니까 붓기도 가라앉고 통증도 없어졌다. 오늘 만철이가 근무를 못 나가니 돈까스가 나가야 한다.

저녁을 먹고 근무 준비를 하고 상황실로 가니까 작전 하사가 오늘은 인원이 모자라니 궁물을 데리고 가란다.

"주 해병~! 3-3진지 전에 철조망 안에 폐진지 알지?"
"네~! 알죠. 거긴 이때까지 안 섰는데? 왜요~?"
"옹~! 엊그제 대대에서 진지 일제히 점검하고 갔는데 3-3은 당분간 들어가지 말고 거기를 들어가래~!"
"넵~! 알겠습니다. 까라면 까야지 뭐~! 근데~! 궁물을 꼭 데려가야 돼요~?"

작전 하사가 돈까스를 보고 씨~익 웃으며 돌아선다. 돈까스는 신병 강동석하고 궁물을 데리고 진지로 향한다. 오늘 가는 폐진지는 마을 쪽에서 갯바위 쪽으로 가는 곳에 있는데 가슴 높이의 철조망을 쳐 놓은 곳을 넘어가야 있다. 마을 쪽을 지나 철조망 앞에 다다랐다.

"궁물~! 먼저 넘어 가~! 그 다음 강동석 넘어가고~!"

궁물이 철조망 앞에서 이리저리 머뭇하다 그냥 넘으려고 한다. 돈까스가 갖고 있던 하이바로 궁물 하이바를 깡~! 친다.

"궁물~! 너 처음 나왔어~? 저번에도 근무 나갔었잖아~!"
"네~! 근무는 나갔는데 철조망은 처음이라서요~!"
"뭔 소리야~! 저번에 나하고 나갔을 때 철조망 넘었잖어~!"
"어~? 그랬어요~! 생각이 잘 안 나는데요~!"
"하~! 비켜 시키야~! 방탄복 이렇게 벗어서 철조망 위에 덮어 놓고 타고 넘어가야 안 찔린다고 했냐? 안 했냐~!"

돈까스가 체념한 듯 강동석한테 알았지~? 하고 말한다.

"넵~! 알겠습니다.~!"

궁물이 가르쳐 준 대로 넘고 강동석이 넘었다. 그리고 돈까스가 넘고서 방탄복을 벗겨서 궁물한테 준다. 돈까스가 철조망 벌어진 곳 만지는데 뒤에서 '철컥~!' 한다. 돌아보니 궁물이 실탄을 장전한 것이다. 돈까스가 전광석화같이 궁물 아구창을 한 대 갈긴다. 궁물이 쓰러진다. 돈까스가 궁물을 보며 소리친다.

"야~! X시키야~! 누가 여기서 실탄을 장전하랬냐~? 햐~! 참말로~! 이 시키는 저번에도 그러더니 또 그러네! 너 저번에도 그러더니 안전사고 난다고 진지 가기 전에 실탄 장전하지 말랬지~?"

궁물이 일어나며 '죄송합니다~! 깜빡했어요~!' 한다.

"총구 아래로 안 해, X시키야~!"

돈까스는 더 이상 말 안 하고 진지로 들어간다. 그리고

"노리쇠 후퇴시켜 1발 장전 후 자물쇠 잠금 확인~! 자물쇠 풀고 방아쇠 당기면 즉시 발사 가능하도록~!"
"안전 확~인~!"
"안전 확~인~!"

궁물하고 동석이가 확인~! 하고 전방 주시를 한 다음 돈까스는 뒤로 가서 앉으며 담배 하나를 불붙인다. 원래 담배도 피우면 안 되는 게 원칙이다. 그러나 밤새 멀뚱멀뚱 근무를 설려면 담배만 한 친구가 없다. 최대한 담배 불

빛이 밖으로 안 새어 나가게 피는 거다.

"궁물아~! 때린 건 미안하다. 그렇지만 안전사고 안 나게 좀 잘하자 알았지~? 동석이도 항상 안전 명심하고~! 알았나~!"
"넵~! 알겠습니다~!"
"네~! 알겠습니다. 괜찮아여~!"

그날 밤도 무사히 아무 일 없이 근무를 선다. 서서히 아침 해가 떠오르고 역시 오늘도 이장님 배가 젤 먼저 통통통~! 거리며 출항한다. 이장님은 엄청 부지런하다. 돈까스는 이장님을 존경한다. 돈까스와 동석, 궁물은 근무지를 정리하고 철수를 한다. 중대로 돌아와 실탄, 수류탄 반납 후 '찰~칵' '찰~칵' 총구를 하늘로 향하고 빈총 발사~! 확인하고 내무반으로 돌아가는데 동기 정석주가 산에서 내려오는데 뒷짐 지고 내려온다.

"야~! 석주~! 궁물은 근무 내보내지 말지~! 계속 실수 연발인디~! 안전사고 걱정된다~!"
"응~! 그럴 수 있지 뭐~! 알았어~!"

아~휴~! 저 애늙은이~! 동기지만 밉상이다. 돈까스는 내무실에 가자마자 만철이한테 가 보니 이~궁 애 얼굴이 붓기가 안 빠져서 포항 병원으로 가 봐야 된단다. 위생 하사가 돈까스를 다시 한번 보고 괜찮다고 한다. 돈까스는 한잠 자고 일어나 빈통을 들고 밑에 도로에 내려가 누굴 기다린다.

조금 있으니 도구 쪽에서 트럭이 다가온다. 부식차다. 점점 다가오는 부식 트럭…. 식자재를 가득 싣고서 다가오고 있다. 돈까스가 씨~익 웃는다.

오늘 이쪽 배식 담당은 또 하나의 동기 보급병 윤태식이다.

"오~! 태식이~! 잘 부탁하네~! 동기~!"
"웅~! 부식은 공정하게~!"
"웅 공정이고 나발이고 동기~! 고기 좀 넉넉히 주셈~!"

태식이가 장류며 야채 등등을 내려주고 그 다음 고기를 꺼낸다. 헉~! 돈까스는 저런 덩어리 고기는 군대 와서 첨 봤다. 환상적이다. 태식이가 썰어 주는데? 어~? 조만큼을 누구 입에 바르냐~? 돈까스가 사회에서 혼자 먹던 양이다.

"어~이~! 동기 양반~! 쪼~금 더 썰어 주게~!"
"안 돼~! 다른 데 아직 많이 남었어~! 이해해 주게, 동기~!"

아~! 오늘 제육볶음 맘껏 먹으려 했는데…. 흑흑 중대장님 거 덜면 정말 제육볶음 야채만 먹게 생겼다.

"보급병아~! 근디 우리나라 소는 다 죽었냐~?"
"뭔 소리여~? 소가 왜 다 죽어~?"
"아니~! 근디 어째 난 군대 와서 소고기를 한 번 못 보냐~?"
"난 모르지~! 아~! 몰라몰라~!"

응~? 보급병이 왜 당황하지~? 근데 소고기 얘기 이건 진짜다. 돈까스는 군대 와서 저번에 소고기 뭇국이라는데 비계만 둥둥 떠다니고 고기가 없었다. 돈까스 기억에는 소고기 못 봤다. 부식차가 떠난다. 돈까스가 태식이한테 손을 흔든다. 돈까스는 손을 흔들며 입으로는 혼잣말을 한다.

"아~! 보급병아~! 고기 쫌만 더 주지~!"

(8) 풍림화산(風林火山)처럼

"전쟁에 임하고 있는 군의 태세는 '풍림화산'과 같아야 한다."

달릴 때는 바람과 같이, (風)
기다릴 때는 숲과 같이, (林)
공격할 때는 불과 같이, (火)
움직이지 않을 때는 산과 같이, (山)

- 손자병법(孫子兵法) 군쟁(軍爭) 중에서

"전승불복 응형무궁(戰勝不復 應形無窮)"

끝없이 변하는 상황에 적응해야 승리할 수 있다는 손자병법의 명언처럼, 돈까스도 변화와 적응을 해야 살아남는다. 훈련소 때의 어벙벙한 쓰리고(고문관 3명) 정신 상태로는 빠르게 변하는 '구타 금지 선진 병영'에선 살 수 없다. 자연적으로 배우는 짬밥 노하우를 후임들에게 잘 가르쳐 주고 이끌어 줘야 하는 게 진정한 선임의 자세다.

그래서~! 돈까스는 잘하려고 하는데 쉽지는 않다. 엊그제는 대대에서 신병이 왔다. 돈까스 실무 처음 올 때 밤에 양남 해안으로 끌려갈 때의 그 비참한 기억을 떠올리며 되도록 나긋나긋하게 대하려고 한다. 내무실에 들어가니 신병이 바짝 기합 든 자세로 앉아 있다.

"어~! 신병 왔냐~? 어~? 너~?"
"어~? 형님~! 여기 계셨어요~?"
"야~ 이 X시키야~! 형님이라니~? 졸라 빠졌네~!"

옆에 앉아 있던 성근이가 버럭 화를 내며 신병을 잡아먹을 듯 노려본다. 성근이 다혈질이다.

"아~! 성근아~! 릴렉스~! 릴렉스~! 히히~! 애 내 동생 친구야~! 네가 쫌만 이해해 줘~! 야~! 성규야~! 너 여기 지원해서 온 거야~?"
"형 아닙니다~! 육군 가는 줄 알았는데 차출돼서 왔어요~!"
"크크크~! 성규야~! 그게 무슨 말이야~! 이~궁~!"

성규는 돈까스가 신병 때처럼 실무 생활에 잘 적응 못한다.
나중에 들은 얘기로는 무슨 빽으로 편한 데로 갔다고 들었다.
오늘은 근무를 안 나가서 저녁을 먹고 통신실에서 놀고 있는데 통신병 형욱이가 마을에 갔다 오자고 한다. 엊그제 형욱이가 대대 장비 가지러 갈 때 집에다가 잠깐 북문으로 면회를 오라고 해서 용돈을 좀 받았다고 빵 좀 사 먹자고 한다.

"주 해병님~! 지금은 통신도 올 게 없으니 마을 내려가서 환타하고 빵 좀 사 먹죠~! 사 줄게요~!"
"엉~! 그래~! 갔다 오자~!"
"주 해병님 오늘은 도구 쪽 할머니네 가게로 가죠~! 거기가 빵이 종류가 더 많던데요~!"

"야~! 사 주는 놈 꼴리는 데로 가는 거야~! 오~키~!"

둘은 조용히 내무실 옆쪽으로 내려와 시골길을 걸어 내려온다. 그때 저 멀리서 차 불빛이 보인다.

"야~! 형욱아~! 저거 지프차 아니냐~!"
"네~! 불빛 위치가 지프찬데요~!"
"아~! 중대장님 오시나 보다~! 이쪽 풀숲으로 엎드리자~!"

지프차가 거의 다가오자 둘은 오른쪽 작은 풀숲으로 몸을 날려 바짝 엎드린다. 잠시 후 지프차가 지나간다. 돈까스와 형욱이가 엎드려 있는데 히프 쪽으로 뭔 차가운 바람이 올라온다. 뒤를 돌아보니 아~! 하필이면 뒤쪽 바다 쪽 경사면이 거의 직각인 곳으로 몸을 날린 것이다.

"헉~! 조금만 더 밑으로 몸을 날렸으면 떨어졌겠다~!"
"그러게 말입니다~! 큰일 날 뻔했습니다~!"

둘은 십년감수하며 마을로 내려가 할머니 가게에 가서 환타하고 빵을 세 개씩 사 먹고 올라온다. 돈까스는 원래 빵을 좋아했지만 형욱이가 빵이 무척 먹고 싶었나 보다. 형욱이 엄청 게걸스럽게 먹더라. 아~! 군인은 다 불쌍하다.

중대로 돌아와 내무실로 돌아가는데 궁물이 물어본다.

"아까 둘이 나가던데 어디 갔다 왔어요~?"

"웅~! 바닷가 달리기 좀 하고 왔습니다~!"

형욱이가 대충 얼버무린다. 돈까스는 아무 말 없이 자리에 눕는다. 이~궁 저거 눈치는 빨라요~!

"근데 형욱이 너한테 좋은 냄새가 난다. 흠~! 크림 냄새?"
"궁물아~! 쫌 가서 자라~! 귀신같은 시키야~!"
"히히 알겠심더~! 가야지예~!"

돈까스가 돌아누우며 혼잣말을 한다.

"아~오~! 난 궁물이 싫어~!"

내무반에서 잠깐 텔레비전을 보고 있는데 진중 방송으로 명령이 하달된다.

"5분 대기조 출동~! 5분 대기조 출동~! 5분 대기조는 실탄을 수령하고 집합~!"
"아~! 뭐~야~! 또 무슨 출동이야~!"

모두 실탄을 수령하고 60트럭에 올라탄다. 마을에서 거동 수상자를 신고 했단다. 트럭이 마을을 지나 구룡포 쪽 5분초 입구에 정지한다. 우리는 모두 내리고 정렬하는데 중대 선임 하사가 실제 상황이니까 긴장을 하고 조용히 따라오란다. 우리는 아~! 뭐야~! 진짜야~? 하며 긴장한 상태로 조용히 산 쪽으로 올라가려는데 5분초 쪽에서 누가 내려온다. 중대 선임하사가 바짝 쫄은 목소리로 "누구야~! 정~지~!" 한다.

 아~! 월남전까지 갔다 오신 우리 선임 하사님 저렇게 바짝 쫄은 모습은 의외다. 실제 상황이 맞구만~! 히히히~!

 "접니다~! 기지성~! 선임 하사님 상황 종료됐습니다~! 동네 어르신 오인 신고로 상황 종료입니다~!"
 "흠흠~! 어~! 그래? 알았다. 전원 탑승 복귀~!"

 이런 경우가 몇 번 있었다. 돈까스가 트럭에 타서 한마디 날린다.
 '내 이럴 줄 알았다~!'

(9) 한달비 여정의 끄트머리

"인생길이든 세상살이 길이든
어느 것 하나 힘이 안 들겠는가

군인의 길…. 몸을 얹혀 놓으면
저절로 몸에 익히며

걸어가는 것이다. 국방부 시계는 돌아간다.

바로 여기 군대… 이 순간 바로
한 치 앞을 걷고 다음 걸음을
옮기며 한 걸음 한 걸음 걷다 보면

어느새 전역이 눈앞이다."

어느새 4개여 월의 한달비 해안 방어도 막바지에 다다른다. 추석이 얼마 안 남았다. 가끔 먼저 다녀가는 사람들 차가 요사이 부쩍 늘었다. 그럴 때마다 집 생각이 더 난다. 지금 이맘때면 오마니가 가자미식해를 담글 때인데…. 익은 가자미의 찰진 맛! 아~! 이북식 가자미식해가 먹고 싶다. 오늘은 점심을 먹고 주계 앞 공터를 보니 탄창이 잔뜩 나와 있다.

"자~! 오늘 그동안 못 쏴 본 자동으로 허벌나게~! 맘껏 쏴~봐~!"
"오~잉~! 작전 하사님 웬일이랴~?"
"웅~! 중대장님이 하사하신 탄창 맘껏 쏴~봐~! 히히"

우리는 산 쪽으로 올라가는 길 언덕에 만들어 놓은 안전한 간이 사격장에서 입대 후 처음으로 자동으로 양껏 갈겨 본다.

"드르르르륵~! 드르르르륵~!"

캬~! 이 손맛~! 아는 사람만 안다는 자동 손맛…. 오우~야~! 다 쏜 후 손이 덜덜 떨린다. 우리가 탄피를 정리하고 있는데 중대장님이 외출하셨다가 돌아오시는데 어~? 머리는 산발이고 군복은 새것인데 온통 진흙투성이다? '헉~! 누구랑 싸웠나~?' 우히히히히~! 나중에 알고 봤더니 우리의 멋쟁이 중대장님이 지프차를 타고 선글라스를 쓰고 갖은 폼 다 잡고 순찰을 도는데 지프차가 길옆으로 빠져 쓰러졌는데 이눔의 운전병 시키가 감히 먼저 살겠다고 중대장님을 밟고 먼저 기어 나왔단다.

크크크~! 다행히 둘 다 멀쩡하고 지프차는 마침 멀지 않은 곳의 카센터 사장님이 조치를 취해 주신다고 해서 중대장님은 먼저 버스를 타고 오신 거다. 와~! 가오에 살고 죽는 우리 중대장님 저 상태로 버스를 탔으니 얼마나 창피했을까? 안 봐도 비디오네~! 돈까스는 당분간은 찍히지 말고 없는 놈처럼 조용히 지내야지 하고 생각하며 근무 나갈 준비를 한다.

돈까스는 오늘은 3-2초소에 후임 2명과 함께 나간다. 지금은 초소가 자그마한 건물로 지어졌지만 1984년도에는 모래주머니를 쌓고 그 위에 돌을 올려놓은 허접한 초소가 대부분이었다. 바닷가의 엄청 찬바람이 돌들 사이로 엄청 들어온다. 초소에 나가서 후임 2명을 옆쪽에 작은 풀숲에서 먼저 쉬게 하고 돈까스는 멀리 수평선의 오징어 배들의 불빛을 바라보고 있다. 와~! 가을이 다가오니 바닷가 바람이 장난이 아니다. 바닷가의 짠 바람은 얼굴 살을 할퀴며 지나가는 거 같다. 추석이 가까워진다. 동네로 들어오는 차가 부쩍 늘었다. 돈까스 오늘따라 집 생각이 부쩍 더 난다. 하염없이 바다 쪽을 바라보다 오우~씨~! 얼굴 쪽이 너무 춥다. 아~! 이젠 얼굴이 쓰리다. 돈까스는 잠시 앉아 추위를 피한다. 도로 쪽에는 연방 마을 쪽으로 차들이 들어간다. 앉아서 추위를 피한 지 한 5분이나 지났을까?

"뭐 하고 있나~? 근무 안 서나~? 전부 다 개판이네~!"

헉~! 중후한 저음의 목소리가 바닷바람을 뚫고 다가온다. 중대 선임 하사님이 뜬금없이 지프차를 몰고 순찰을 나오신 거다. 돈까스는 정말 할 말이 없었다. 굳이 변명을 하자면…. 정말 칼 같은 바람이 얼굴을 할퀴면서 지나가 얼굴이 너무 아파서 잠시 바람을 피해 앉았던 건데 그 순간에 걸린 거다.

오늘따라 명절로 인해 많은 차가 다닌 것도 한 원인이 되겠지만 변명의 여지가 없다. 그리고 선임 하사님이 이전에 4개 초소를 지나왔는데 하나같이 다 걸렸나 보다. 하~! 운이 안 좋으면 뒤로 자빠져도 코가 깨지는 것이다.

다음 날 아침 근무 끝내고 복귀하자마자 집합하여 약 400여m 되는 마을까지 빤쓰 바람에 오리걸음이다.

"오리~! 꽥~꽥~! 경계 근무를 잘 서자~!"
"나는 왜 이럴까~! 옛날엔~! 안 그랬었는데~! 나는 왜 이럴까~! 경계 근무를 잘 서자~!"

마을까지 어제 근무 인원 10여 명이 빤쓰 바람에 오리걸음으로 가니 동네 아줌마들은 다 나왔나 보다.

"어마야~! 주돌아~! 왜 그라노~? 히히히~!"

아~놔~! 해녀 아줌마들 아직 바다 안 나갔나 보네~! 엉~? 근데 이 마을에 아줌마들이 이케 많았나?

"오리~! 꽥~꽥~! 경계 근무를 잘 서자~!"
"나는 왜 이럴까~! 옛날엔~! 안 그랬었는데~! 나는 왜 이럴까~! 경계 근무를 잘 서자~!"
"아고야~! 남사스럽데이~! 호호~! 주돌아~! 이따가 바께쓰 들고 온나~! 호호호~!"

아~흐~! 쪽 팔리다. 증~말~!

중대로 돌아오고 선임 하사님이 끝까지 정신 상태 풀지 말고 경계 근무 잘 서라고 일장 연설을 하시고 우리는 내무실로 들어왔다. 흐~미~! 쪽팔려~!

돈까스는 잠도 안 자고 얼른 바께쓰를 챙겨 바다로 간다. 오늘은 근무가 없으니 잠은 저녁에 자면 되고 해삼이나 멍게가 먼저라고 생각하며 신나게 내려간다. 바다에 가니 해녀 아줌마들이 열심히 물질을 하고 있다.

"주돌이 왔나~! 기다리거라~! 많이 잡아 주께~!"

뭍에서 가까이 물질하던 제주댁 아줌마가 돈까스에게 손을 흔든다.

"이모들~! 파이팅~! 많이 주셔요~!"

돈까스는 이모들 물질하는 거 구경하고 있는데 마을 쪽에서 젊은 여자가 다가온다. 가까이 오는데 보니까 제주댁 아줌마 딸이다. 30살? 이라고 들었는데 도시 살다가 이혼하고 딸 하나 데리고 들어왔다고 들었다. 지금 해녀 할라고 한참 배우는 중이다. 돈까스도 두어 번 정도 본 거 같다.

"안녕하세요~! 누님~! 오늘은 물질 안 해요~?"
"아~! 주 해병님 안녕하세요~! 오늘은 감기 기운이~!"
"네~! 언제 한번 영미 데리고 부대 놀러오세요~!"
"웅 그럴게요~! 주 해병은 서울 어디랬지~?"
"아~! 신설동이요~! 동대문 쪽~!"
"아~! 신설동~! 친구가 있어 몇 번 가 봤는데~!"

"네~! 누님은 녹번동이랬죠~? 소방서 뒤쪽~!"
"웅~? 내가 말했나~? 소방서 뒤쪽 잘 아네~!"
"네~! 거기 고교 동창이 있어서 자주 갔어요~!"

한참을 얘기하다 보니 해녀 이모들이 하나둘 올라온다. 돈까스가 얼른 달려가서 이모들 바구니(테왁 망사리)를 뭍으로 올려 준다. 엄청 잡아서 꽤 무겁다.

"아고~! 주돌이 힘 세데이~! 주돌아~! 너 제대하믄 서울 가지 말고 여기서 우리 도와도~!"
"엉~! 그럴까 이모~! 먹여 주고 재워 줘야 되는디~!"
"하모~! 먹고 재워만 주겠나~! 집두 주꼬마~!"
"주돌아~! 우리 집에 가서 밥 먹고 가라~! 이 문어하고 소라 삶아 주께~!"

제주댁 아줌마가 금방 잡은 문어를 들어 보인다. 돈까스 침이 꼴깍 넘어간다. 돈까스 금방 대답 못했는데 제주댁 딸의 한마디가 결정적이었다.

"그래~! 주 해병~! 집에 가서 밥 먹고 가요~!"

제주댁 아줌마의 집은 바닷가에서 그리 멀지 않다. 돈까스는 같이 내려갔던 후임에게 멍게, 해삼이 한가득 담긴 바께쓰를 주며 먼저 가서 저녁 해 먹으라고 한다.

돈까스는 후임에게 돈까스는 대민지원 일환으로 이거 옮겨 주고 저녁 먹고 밤에 들어간다고 본부에다가 보고를 하라 말하고 해녀 아줌마들의 바구니를 구르마에 실어 창고에 내려주고 돈까스는 제주댁 집으로 같이 간다. 집에 가니 6살 정도 먹은 아주 예쁜 여자아이가 있다.

제주댁 아줌마 손녀인가 보다. 이궁 애기들은 다 예쁘다. 아이랑 조금 놀다 보니 제주댁 따님 영희 씨가 상을 가지고 온다. 우~왕~! 문어, 소라, 해삼, 멍게, 거북손 등등 온갖 해산물 진수성찬이다. 그리고 제주댁 아줌마가 회 접시를 들고 온다.

"헉~! 이모 뭐가 이렇게 많아요~? 그냥 회 조금 놓으면 되는데 이건 내가 좋아하는 해산물이 다 있네~!"
"주돌이 맘껏 먹으래이~! 오면 언제든 이만큼 주꼬마~!"
"네~! 주 해병 많이 드세요~! 언제든 오세요~!"
"감사히 잘 먹겠습니다~! 누나도 같이 먹어요~!"

돈까스는 군대 와서 회를 처음 먹었다. 그전에는 날생선을 먹을 생각을 못했는데 군대를 포항으로 오니 회를 엄청 많이 보고 먹게 됐다. 돈까스는 사는 동안 이때가 해산물을 제일 많이 먹어본 거 같다.

"주 해병~! 이거 한잔할래~?"

제주댁 이모가 담근주를 내온다. 병에 담근 연도 라벨을 보니 10년이 넘었다. 아저씨가 오래전에 담근 거다. 아~! 제주댁 아저씨는 얼마 전에 지병으로 제주도 농장에서 돌아가셨다.

라벨이 오래돼서 거의 지워졌는데 '비스무리' 이렇게 봤다. 그때는 그게 그냥 몸에 좋은 약이라고 해서 좋다고 했는데 나중에 한참 지나고 알았는데 '야관문(비수리)'였다. 돈까스는 그날은 근무를 안 나가니 제주댁 이모랑, 딸 영희씨랑 몇 잔을 연거푸 마셨더니 어우야~! 팽~! 돈다.

"에~구~! 주돌이 술이 약하네~! 한잠 자면 나아질 거야~!"

돈까스는 그래서 작은방에서 한잠을 푹 잔다. 한잠을 푹 자고 일어나니 어느새 밖이 어둡다. 돈까스가 방문을 열고 마루로 나가니 어느새 제주댁 이모가 저녁상을 차리고 있다.

"주돌이 일어났네~! 조개탕이야. 먹고 들어가~!"
"네~! 감사합니다. 잘 먹겠습니다~!"
"웅~! 주 해병~! 자주 와서 밥 먹고 가. 알았지~!"
"네~! 주 해병님~! 언제든 오세요~!"

돈까스는 이날 꼭 가족 같았다. 오랫동안 군 생활을 하다 보니 가족적인 분위기가 참 좋았던 거 같다. 그 후로 돈까스는 제주댁 이모네 몇 번을 더 갔다. 갈 때마다 반갑게 맞아주고 밥을 잘 차려 줘서 미안할 따름이었다. 갈 때마다 가게에서 외상으로 영희씨 딸 과자는 꼭 사갔다.

그리고 며칠이 지나 추석날이다. 저녁 근무를 서는데 연방 차들이 들어온다. 돈까스는 근무를 서는 중 집 생각이 가장 많이 나는 날이었다. 춥기는 왜 또 그렇게 추웠던지 히히히~! 그리고 며칠 후 우리는 7연대와 교대를 하고 철수를 한다. 나중에 해안 방어 철수했을 때 영희씨가 사단으로 면회를 와서 외박증을 끊어 나가서 제주댁 이모네 집에서 하룻밤 자고 들어온 게 서너 번 정도 됐었다. 영희씨 딸 혜림이도 돈까스를 잘 따랐다. 돈까스가 워낙 애기들을 좋아해서 그런지 혜림이를 많이 예뻐했다. 참 고맙고 정겨운 분들이었다. 하~! 아쉽게도 돈까스가 제대하고 바삐 살다 보니 자연히 연락이 끊겼다.

먼 훗날 돈까스가 집사람이랑 여행을 다닐 때 한달비를 가고 싶어서 구룡포에서 하루를 자고 한달비로 넘어간 적이 있었다. 그때는 한달비도 많이 변했지만 가 보니까 옛 기억이 떠올라 제주댁 아줌마네 집 쪽을 가 보니 조금 수리를 했는데 골격은 그대로였다.

돈까스가 집사람에게 얘기를 하고 가 보니 40대 여자가 마당에서 일을 하고 있다가 인기척에 돌아다본다. 헉~! 돈까스는 옛 기억이 대뇌를 스치며 몸이 휘~청한다.

"영희씨~?"

돈까스는 자기도 모르게 소리가 나왔다. 너무 똑같다. 얼굴이며 머리 모양도 똑같다.

"누구세요~? 영희씨~? 우리 엄만데~!"
"아~! 그럼 혹시 혜림씨~?"
"네~! 제 이름을 어떻게 아세요~?"

돈까스를 한참 쳐다보더니 고개를 갸우뚱 한다.

"저~기 혹시~? 주 해병 아저씨~?"

"네~! 주 해병입니다. 어떻게 저를 알아보세요~?"

"제 기억 모습이랑 많이 안 변하셨어요~!"

그러면서 방으로 들어간다. 아~! 저기가 안방이다. 제주댁 아줌마 방…. 돈까스는 기억이 새록새록 난다. 혜림씨가 방에서 뭐를 들고 나온다. 사진 한 장을 내민다. 아~! 돈까스가 그 사진을 보는 순간 눈물이 왈칵 쏟아진다. 영희씨가 돈까스가 해안 철수하고 보름 정도 지나 면회 왔을 때 돈까스가 외박증 끊어 나와 제주댁 아줌마네 왔을 때 바닷가 쪽에 텐트 치고 놀 때 돈까스랑 영희씨랑 갯바위에서 찍었던 그 사진이다.

그때 제주댁 아줌마가 일회용 카메라 몇 방 찍고 남은 거 가져와서 찍어줬던 그 사진…. 그때가 엊그제 같다.

그때 저쪽에서 기다리던 집사람이 안쪽을 빼꼼히 본다. 혜림씨가 부인이냐고 물어본다.

돈까스가 들어오라고 해서 서로 인사를 하고 혜림씨가 유자차를 내온다.

제주댁 아줌마는 돈까스가 제대 후 3년 있다가 1988년 올림픽 때 그동안의 지병으로 돌아가시고 영희씨는 그 후 재혼을 했는데 남편이 술주정뱅이라 금방 헤어지고 이제껏 혼자 살았단다. 그러다 위암으로 2년 전에 돌아가셨다고 한다. 저 사진은 영희씨가 가끔 꺼내 혜림씨랑 얘기하며 봤다고 한다. 그래서 혜림씨가 돈까스를 금방 알아봤던 거다.

조금 더 옛날 얘기를 하다가 돈까스와 집사람은 예약한 KTX시간 때문에 아쉬움?을 뒤로하고 일어선다. 마침 시내 쪽으로 나가는 버스가 온다. 돈까스는 혜림씨 손을 잡으며 반가웠다고 인사를 하고 버스를 탄다. 버스에서 돈까스가 한숨을 쉬니 집사람이 돈까스의 어깨를 두드려 준다. 돌아오는 길에 돈까스는 석양이 지는 걸 보며 옛 기억 속의 석양을 떠올려 본다. 그 어려움 속에 봤던 석양…. 그때가 그립다.

(10) 팀 스피리트 85(TEAM SPIRIT85'EX.) 1

"TEAM SPIRIT: 한반도에서 발생할지도 모르는 군사적인 돌발 사태에 대비하기 위하여 1976년부터 1993년까지 연례적으로 실시되었던 한미 양 국군의 연합 군사 훈련."

해안 방어 끝내고 사단으로 복귀해서 다시 세탁소로 복귀했을 때는 이성신 해병님이나 신영재 해병님은 다 전역을 하고 462기 이경식 해병이 세탁 장이 되었다. 이경식 해병은 천성이 착한 사람이다. 이 사람 화내는 걸 못 봤다. 후임이 실수를 하면 우선 말로 가르친다. 누구들처럼 손이나 발이 먼저 오지 않고 후임의 잘못이 뭔지 먼저 스스로 깨닫게 한다.

돈까스는 이것이 선진 병영의 시작이라고 본다. 돈까스도 그렇게 할 것이다. 돈까스의 기본 생각은 어차피 집 떠나와 다 같이 고생하는 여느 집의 귀한 자식들이다.

해안 철수 후 별일 없이 국방부 시계는 잘 돌아간다. 1985년 드디어 돈까스 전역의 해이다. 이제 5개월 남았다. 작은 훈련들은 종종 있었지만 이제 큰 훈련이 하나 있다. 1985년 팀 스피리트(TEAM SPIRIT85'EX.) 훈련이 그것이다. 이번에도 어김없이 2월 달에 오키나와에 주둔하던 미 해병들이 팀 스피리트 85에 참가하기 위해 사단 연병장에 대규모 텐트를 치고 있었다. 어김없이 대공 초소가 차가 드나드는 입구가 된다.

우리 1중대는 또다시 대공 초소 근무를 서게 된다. 하루는 대대 선임 하사님이 뜬금없이 대공 초소를 방문한다. 그리고는 사단 연병장 쪽을 한참 바라다보고 가신다. 돈까스가 그쪽을 보니 앗~! 작년과 똑같은 자리에 화장실이 있다. 대대 선임 하사님은 올해도 그 양질의 나무를 노리고 있으신 거다.

1사단 전체가 2월 달부터 팀 스피리트 훈련 준비로 어수선하다. 중간에 훈련 준비 태세 검열도 있고 각 개인 장구도 이상 없이 준비해야 하기 때문에 모두 바삐 움직인다. 세탁소 인원도 전부 참가해야 하기 때문에 중대 가서 일을 도왔다가 다시 세탁소 업무에 복귀해서 열심히 연탄불을 피워 다림질에 열정을 쏟았다가 무척 바빴다. 그새 세탁소에는 돈까스 밑으로 두 명의 후임이 들어왔다.

돈까스는 후임들에게 연탄불 다림질의 노하우와 아버지가 몇십 년을 양복점을 하시면서 곁눈질로 배웠던 거 모든 노하우를 후임들에게 전수를 하였다. 앗~! 후임이 돈까스가 잠시 자리를 비운 사이 보급관님의 팔각모를 다리다 한쪽 귀퉁이를 태웠다. 이~런~! 보급관님 성격 지랄 같은데~! 흠~! 돈까스는 보급관님에게 돈까스가 잠시 딴 생각하며 다리다 태웠다고 말씀드리고 한 시간을 쿠사리를 듣고 나왔다. 뭐~! 어쩌라고~!

드디어 3월…. 우리는 팀 스피리트 85. 훈련을 위해 군장을 메고 X성리를 향해 정처 없는 행군을 한다. 군장이 꽤 무겁다.

팀 훈련 동안 먹을 부식을 서로 나눠서 챙겼는데 첫날이니까 꽤 무겁다. 훈련 중 하루하루 먹으면 점점 가벼워지겠지만 군인 배낭은 그 기본 무게가 있다. 산길을 따라 걷고 또 걷고 도착하니 저 멀리 바다 수평선 위에 미 해군의 샌안토니오급 주력 상륙함이 그 위용을 자랑하며 떠 있다. 지금이야 우리도 독도함과 몇 척의 상륙함이 있지만 1985년에는 없어서 미 해군 상륙함을 얻어 탔다.

이때는 청군, 백군으로 나뉘었는데 우리는 백군이다.
해안에 내려가니 상장 대대 LVT가 쫙 도열해 있다. 우리를 태워서 저 바다에 떠있는 미 해군 상륙함 도크에 무사히 들어가는 것이다. 우리 각 개인 가슴에는 번호가 쓰여진 하얀 명찰이 붙어있다. LVT 몇 호 차에 타는 번호와 훈련 끝나고 복귀할 때 타는 미 해병 씨누크 헬기 탑승 번호다. 30여분을 쉬다가 정렬을 해서 우리는 차례차례 안전하게 LVT에 오른다. 조금 있으니 부르르릉~! 하며 LVT가 매연을 뿜으며 바다로 들어간다.

벌써부터 매연 때문에 기침을 하고 난리 났다. 잠시 후 둥둥 뜨는 느낌이 나며 위에서 바닷물이 한 움큼 쏴~아~! 들어온다. 그리고 여기저기서 웩~! 하며 멀미를 하느라 지옥이 따로 없다.

"죽고 싶냐~! 개시키들아~! 입 막어~!"

"웩~! 쓰~벌 시키들아 매연 좀 어케 해 봐야~!"

돌팍하사 차 하사가 열 받었다. 큭큭큭~!
차 하사가 LVT 선탑장과 한바탕 눈싸움 뒤 오바이트를 한다. 둘 다 하사인데 누가 선임이냐~? 히히히~! 이거 한 번 타면 전부 다 녹초가 된다. 근데 이게 참 난감하다. 상륙함으로 들어갈 때는 LVT가 순서를 지켜 차례대로 도크로 들어가야 한다. 나머지는 바다를 계속 돌아야 한다.

그래서 뒤에 들어가는 LVT의 병사들은 더 괴롭다. 근데 상륙함에서 나올 때는 좀 덜하다. 그냥 순서대로 바로 나오면 된다. 우여곡절 끝에 우리는 무사히 상륙함 도크에 들어왔다. 전부 녹초가 되어 하차하니 와~! 도크가 엄청 크다. 이만한 상륙함 도크 처음 보니 대단했다. 도크 감상도 잠시 미 해군 병사의 안내로 우리는 좁디좁은 복도를 지나 정말 좁은 계단을 두 번 내려가니 상륙병 침실이다. 침대가 전부 쇠사슬로 매달려 있다. 각자 자리를 잡고 배낭을 내려놓고 잠시 쉬는데 헉~! 이 큰 배도 좌우로 약간씩 흔들린다. 조금 있으니 식사 알아보러 갔던 쫄병이 헐레벌떡 뛰어온다.

"와~! 저기 식당에 주스가 막 분수처럼 올라옵니다~!"
"뭐~? 야~! 빨리 수통 다 모아~! 가져가서 받아 와~!"

후임들이 우왕좌왕 수통을 다 모아 쏜살같이 식당으로 튄다. 돈까스와 460기 하정복 해병은 '무슨 말이야~?' 하며 식당으로 올라가 본다. 식당에 들어선 돈까스와 하 해병님은 두 눈이 동그래진다.

"우~왕~! 이게 식당이야 레스토랑이야~?"

와~! 저기 유리 항아리 3개에서는 주스가 분수처럼 솟아난다. 거기다가 먼저 줄 서서 음식을 받아 온 후임 접시를 보니까…. 헉~! 스테이크? 소시지? 돈까스 얼른 접시를 들고 줄을 선다. 앞에 선 후임들이 접시가 넘칠 정도로 수북이 음식을 담아간다. 돈까스도 고기, 쏘시지, 땅콩버터 등등 수북이 쌓아간다. 자리에 앉아서 딱 한 숟가락 먹는데 어~? 냄새가 좀 이상하다.

스테이크 고기는 좀 먹을 만한데 땅콩버터, 쏘시지는 너무 느끼하다. 담아 온 소스가 전부 우리가 먹던 것과는 달리 너무 달고 짜고 느끼하다. 돈까스는 고기만 먹고 나머지는 짬밥통에 다 털어 버린다. 다른 애들도 마찬가지다. 식당을 나오는데 흑인 주계병이 우리를 보고 뭐라고 씨불인다.

"야~! 저눔이 뭐라고 씨불이는 거냐~?"
"글쎄 말입니다~! 너무 빨라서 못 알아듣지 말입니다~!"

돈까스가 대학물 먹다 온 후임에게 물어본다.
후임도 너무 빠른 본토 발음이라 모르겠단다. 어쨌든 화가 났다는 건 알겠다. 돈까스가 후임들하고 유리 항아리의 주스를 전부 수통에다가 담아서 기쁜 마음으로 히히덕거리면서 내려오는데 미 해병 병사들 침실에 우리 병사들이 모여 있다. 돈까스가 다가가 보니 물건 체인지 오케이?를 하고 있다.

옛날부터 내려오던 말이 미군하고 합동 훈련할 때 우리 해병의 베레모나 배지, 위장복 등이 미군 애들한테 인기가 좋아서 훈련할 때 가져가 체인지 하면 의외로 득템할 수가 있었다. 전해오는 말로는 어느 선배는 체인지 할 때 미군 권총까지 득템했던 걸로 전해 내려온다. 그런데 요새 미 해병 애들도 약았다. 기껏 내어놓는 게 플레이보이 잡지 같은 거다. 미 해병 애들도 선배들이 조언을 많이 해 줬나 보다. 돈까스는 잠시 구경하다 재미없어서 샤워를 하기로 했다. 먼저 샤워를 하고 온 후임에게 샤워장 위치를 물어서 속옷을 챙겨갔다.
샤워기 물이 제법 따뜻하다. 근데 뭔가 미끌거리는 느낌이다. 이때는 몰랐는데 바닷물을 정화해서 쓰기 때문에 약간의 미끌거림이 있단다. 샤워를 다하고 침실로 내려가는데 미군 애들 침실을 지나야 하는데 여기 지날 때마다 뭐랄까 빠다 태운 냄새? 개털 태운 냄새? 그런 냄새가 난다. 개털 타는 냄새는 돈까스가 어릴 적 학교 옆 산에서 가끔 어른들이 개를 잡아 먹으려고 태울 때 노린내? 그 냄새를 몇 번 맡아 본 적이 있다. 그런데 미군 애들 침실을 지날 때 꼭 그런 냄새가 난다.

침실에서 장비 점검을 하고 놀다가 저녁 먹으려고 다시 식당으로 올라간다. 어? 그런데 유리 항아리가 멈췄다. 주스가 안 나온다. 대학물 먹은 후임이 낮에 그 흑인 주계병한테 가서 물어본다. 똥 씹은 얼굴로 후임이 다가오더니 말한다.

"우리가 주스를 다 뽕빨을 내서 안 튼답니다~?"
"옴마~! 썩을 놈의 시키들 안 먹으면 되지 뭐~!"

다혈질 차 하사가 전라도 욕이란 욕은 찰지게 다한다.
우리는 또다시 접시 한 가득 담아 온다.
어~? 그런데 우리가 집에 있을 때 사 먹던 그 양식 맛이 아니다. 너무 느끼하다. 우리는 얼마 못 먹고 나머지 남은 거를 다 짬밥통에 때려 넣는다. 아니나 다를까… 아까 그 흑인 주계병이 또다시 고래고래 씨부렁 씨부렁댄다. 차 하사가 돌아보며 한마디 해댄다.

"알았어야~! 안 묵어~! 썩을 넘아~! 치사 빤쓰여~!"

우리는 침실로 내려와서 입이 느끼해서 단무지를 하나씩 먹는다.
얼마나 쉬었을까? 행정병이 와서 도크로 다 집합하라고 한다. 우리는 뭐야~? 무슨 일인데? 하며 다 도크로 집합한다. 도크에 가니 중대장님이 LVT에 올라서 있다. 우리가 정렬하니 중대장님이 씩씩 거리며 한마디 한다.

"빨리 정렬해 이 시키들아~! 빨리 안 와~? 아휴~! 내 증말~! 야~! 너희들 음식을 왜 안 먹고 다 버려서 내가 저 함장한테 못사는 나라에서 음식을 왜 그렇게 낭비하냐는 소리를 들어야 되냐~? 처음부터 조금씩 떠서 먹어보고 더 떠다 먹어야지 왕창 가지고 왔다가 느끼하다고 다 버리고 낼 아침 한 끼 더 먹는데 조금씩 떠다 먹어라. 알았냐~!"
"넵~! 알겠습니다~! 죄송합니다~!"
"좋아~! 그건 그거고 다 꼬라박어~!"

엥~? 이건 또 뭔 시츄에이션이냐~! 세상에 미군 상륙함 도크에서 중대가 꼬라박어 한 거는 세계사에 우리 중대가 처음일거다. 중대장님 어지간히 창피했나 보다.
우리가 도크에서 단체로 꼬라박으니 미 해군 애들이 큭큭대며 웃는 넘들, 좀 놀란 애들 다양하다. 우리가 꼬라박고 있는 사이 중대장님은 계속 미군 함장에 대한 분노를 표출하고 있었다.

"야 이 X시키들아~! 그럴 수 있지 뭐~? 못사는 나라? 양아치 같은 시키들~! 아휴~! 계급장 떼고 한판 붙어~?"

우리 임해룡 중대장님 다혈질이다. 한참 있다가 우리는 원위치 해서 중대장님의 분노의 연설을 조금 듣고서 다시 침실로 돌아왔다. 잠깐 쉬다가 돈까스하고 후임 한 명이 수통 몇 개를 가지고 식당으로 올라간다. 애들이 다 너무 느끼하다고 물만 엄청 먹는다. 식당으로 가니 미군 수병 애들이 영화 감상을 한다. 그런데 영화가 헉~! 오리지널 야동이다. 오~! 백마가 죽는다. 후임이 워~러~! 하니 뒤쪽에 있던 수병 하나가 저쪽이라고 가리키는데 동양인이다.

우리가 물을 다 뜨고 가는데 아까 그 동양인이 부른다. 병맥주를 두 병 내민다. 버드와이저다. 후임이 '탱큐~! 써~!' 하니 '앉아서 마시고 가요~!' 한다.

잠시 앉아 맥주를 마시며 얘기해 보니 한국인 2세다. 초등학교 때 가족이 다 이민 갔고 고향이 청주 어디였단다. 아까 도크에서 왜 그랬냐고 물어본다. 우리는 우리가 먹던 양식이랑 달라서 그런 거고 중대장님이 한 소리 들어서 화가 났었다고 하고 미군 주계병들한테 미안하다고 얘기해 달라고 말하고 악수를 하고 내려왔다. 돈까스가 나오며 돌아보니 흑인 주계병이 쳐다보길래 '아 엠 쏘~리~!' 하니 하얀 이빨을 드러내며 씨~익 쪼갠다.

돈까스는 매달려 있는 침상 중 맨 아래를 택했다. 중대원들과 잠시 얘기를 하다 피곤했던지 어느새 스르르~! 잠에 빠져든다. 후다닥~! 어수선한 소리에 돈까스 배시시 잠을 깬다.

아~! 진해 훈련소인 줄 알았잖아~! 돈까스 시계를 보니 5시 조금 넘었다. 후임들이 준비를 하느라 일찍 돌아다닌다.

돈까스는 본능적으로 세면장으로 가서 세면을 하고 얼른 군장을 챙긴다. 어느새 돈까스도 모르게 진해 훈련소의 행동이 몸에 뱄나 보다. 잠시 앉아 있다가 시간이 돼서 식당으로 올라간다. 이른 시간인데도 벌써 줄을 섰다. 돈까스는 오늘은 야채 위주로 조금만 담는다. 이따가 상륙할 때 위에 부담 주면 오바이트를 하기 때문에 허기만 면하기로 했다.

어제 그 흑인 주계병이 동그랑땡?을 세 개 배식하면서 '하이 주~!' 하며 씨~익 쪼갠다. 돈까스도 '탱큐~! 써~!' 하며 씨~익! 웃으며 엄지를 세운다. 돈까스가 얼른 먹고 나오려는데 뒤에서 '헤이 주~!' 하며 누가 부른다. 돈까스가 뒤를 보니 그 흑인 주계병이 나오며 종이봉투를 주며 '머거~! 머거~!' 한다. 열어보니 팩 주스하고 소시지가 가운데 박힌 빵이다.

(이때는 이 빵을 첨 봤는데 이게 미국에서는 흔한 햄버거란다)

돈까스는 그 병사하고 허그를 하며 '탱큐~써~!' 하고 이름을 'What you a name~!' 물어보니 '죠지 페리'라고 한다.

'My name is 완순 주' 하고 손을 흔들고 내려오는데 뭔가 울컥한다. 돈까스가 내려오며 생각해 보니 그 흑인 병사와 남자들만의 뭔가가 통했나 보다. 하여간 무지 고마웠다.

우리는 시간이 돼서 군장을 챙겨 도크로 모인다.

도크에 정렬하고 들어올 때 탔던 LVT에 다시 올라 차례를 기다린다. 조금 있으니 '크르르릉' 하며 LVT가 도크를 나서 바다로 들어간다. 바다로 들어가면 쏘~욱~! 내려갔다가 뜨는데 이때가 가장 겁난다. 장갑차가 반은 물속에 잠기는 거라 우리는 물속에 있는 거나 마찬가지다.

거기다 위에 해치에서는 연신 바닷물이 조금씩 들어오기 때문에 긴장하지 않을 수 없다. 사실 몇 년 전에 훈련 중 LVT 스크류 이상으로 고대로 가라앉아 다수의 해병대원이 순직한 일이 있었다. 안전하다고 하지만 우리는 그 생각을 완전히 떨쳐 버릴 수는 없었다. 다행히 상륙 시에는 차례대로 나와 해안에 여러 대가 산개하기 때문에 금방 도착했다.

잠시 후 장갑차 뒤 해치가 열리고 우리는 함성을 지르며 해안가 언덕으로 돌진한다. 언덕에 도착 후 은폐, 엄폐를 하며 전방을 주시하고 있는 중대원들과 돈까스…. 앗~! 어디 방송인지 카메라로 찍고 있다. 흠~! 포항 Xbc인가?

아~! 저 카메라에 찍히면 집에서도 보고 평생 가는 영상인데 하는 생각이 드니 돈까스는 계속 카메라가 어느 방향으로 도는지 쳐다보느라 고개가 바쁘다. 이때 서서 찍던 카메라가 엄폐를 하고 있던 우리를 좌측서부터 찍으며 오고 있다.

엉~! 히히히 멋지게 눈을 부라리고 찍어야지…. 하고 작은 눈을 최대한 크게 부라리는 돈까스…. 빨리 와 빨리~! 어~? 어~? 잘 오던 카메라가 갑자기 일어서 우리 뒤를 찍고 있어서 돈까스가 뒤를 돌아봤더니? 아이 C@%&$E~! 야~이~!$&$@…. 돈까스한테 거의 다 왔는데 띠벌~! 아나운서가 중대장님을 인터뷰 하는 걸 찍고 있었다. 돈까스가 옆을 보니 아~! 3명만 더 오면 됐었는데 흑흑흑~!

돈까스는 카메라가 다시 올까 하고 기다렸더니…. 에라이~! 그건 내 생각이고 우리가 전방 개활지를 돌격하는 뒷모습을 풀 샷으로 찍고 있다. 여기가 원주? 어디인 것 같은데 여기는 지형이 요상하다. 해안가 앞에 개활지 그리고 그 앞에 바로 산이 가로막고 있다. 저 산을 넘어야 한다. 돈까스는 산 쪽으로 걸어가며 아쉬운 마음에 카메라 쪽을 계속 쳐다보는데 철수 준비를 한다. 포기를 하고 산으로 가는데 와~! 볼 때는 나지막한 야산쯤 되는데 각도가 거의 80도 정도 된다. 거기다 여기는 오전에 비가 왔는지 미끄럽다.

우리는 산 밑에 횡대로 서서 대기하고 중대장님, 소대장님들이 뒤에서 돌격~! 하고 엥~! 저기 풀 샷 카메라 한 대는 아직 찍는다. 아~! 우리 중대장님 너무 폼을 좋아한다. 우리는 거의 직각인 산을 쉬지 않고 돌격~! 하며 오른다. 켁~! 와~! 숨이 목구멍 아래까지 차서 잘 안 쉬어진다.

"돌~격~! 오늘 여기서 뼈를 묻어버리는 것이여~!"

돈까스가 옆을 돌아보니 어느새 차 하사가 시뻘건 얼굴로 진짜 오늘 여기서 죽을 것처럼 뛰어 오른다. 순간~! 어~? 갑자기 차 하사가 옆에서 사라진다. 돈까스가 뒤를 보니 이런 미끄러져서 차 하사가 구른다. 다행히 몇 미터 구르다가 퍽~! 소리가 나며 나무에 걸려서 멈췄다. 돈까스는 내려가 보니 헉~! 차 하사가 움직이지 않는다. 죽었나? 하고 흔든다.

"주 해병~! 나으 죽음을 순이 헌티 알리지 말어야~!"
"아~참 깜짝 놀랬잖어여~! 참말로~!"

밑에서 올라오던 소대장님이 "순이가 누구여~?" 물어본다. 누구긴 누구여~! 도구 해수욕장 순이네 막걸리집 큰 따님 순이 말하는 거구먼.^^ 저번에 해안 방어 때 차 하사가 돈까스한테 미안하다고 자기 단골집 한번 데려간 게 그 순이네 집이구만…. 그때 엄마 도와준다고 음식 날라준 따님 순이….^^ 서울에서 공장 다니다 몸이 아퍼서 잠시 고향이라고 와서 엄마 가게 도와주며 있었는데 조그마하니 참 예뻤다. 차 하사는 해안 철수 후에도 그 순이네 집을 자주 갔었나 보다. 먼 훗날 돈까스가 김포에 동원 훈련 들어갔을 때 중대장님 따까리 성원기를 만났는데 돈까스가 전역하고 얼마 있다가 차 하사가 그 순이랑 결혼한다고 살림을 차렸단다.

돈까스는 그 얘기를 들었을 때 잘됐다고 생각하며 진심으로 축하한 적이 있었다. 그때를 생각하니 차 하사가 보고 싶기도 하고 어떻게 사는지 궁금했었다.

차 하사를 일으키는데 아~악~! 하며 소리를 친다. 군화를 벗기고 보니 그새 많이 부어 있다. 후임들이 차 하사를 부축해 아래로 내려간다. 나머지는 다시 산 위로 오른다. 와~! 정상에 오르니 심장이 터질 것 같다.

오늘은 여기서 점심을 해 먹고 계속 산길로 전진해서 저 앞에 까마득히 보이는 저 산에 방어 진지를 구축하는 것이 우리의 가상 임무다.

후임들과 점심 준비를 하는데 소대장님이 올라오길래 차 하사를 물어보니 가까운 시내 병원에서 X레이를 찍어보고 결정한단다.

(11) 팀 스피리트 85(수륙 양용 작전) 2

85 팀 스피리트 미군 상륙함 갑판에서…

"해병대는 육, 해, 공군과 같이 영토의 어느 한 영역을 방위하는 것이 아니라 국가 전략 기동 부대라는 특수한 목적에 의해 조직되었고, 그 전략적 목적을 달성하기 위해 어떤 작전이 주어지더라도 그 임무를 완수해야 하는 특수 목적군이다. 해병대는 상륙 작전이라는 특수한 작전을 주 임무로 한다.

흔히 상륙이라 함은 단순하게 바다에서 육지로 이동을 말하는 〈RAND TO RAND〉를 의미하는 것이 아니다. 반드시 뚫어야 살아남는 해병대의 숙명은 적진에 아군의 교두보를 확보하기 위해 육지에서 육지로의 유격대, 하늘에서 육지로의 공정대, 바다에서 육지로의 기습 특공대로 난공불락의 적진을 일시에 기습하여 차지하는 싸워서 이기고 지면 죽어라 식의 수단과 방법을 가리지 않고 승리해야 살아남는다는 것이다. 이러한 상륙 작전을 하기 위해서는 죽음을 가볍게 여기고, 명령에 절대복종 하는 오로지 앞으로 진격하는 강력한 군대가 필요했다. 그것이 국가 전략 기동 부대 해병대다."

 우리는 분대 단위로 자리 잡아 점심을 해 먹기 위해 불을 피우고 반합에 물을 끓인다. 상륙함에서 차 하사가 상륙하면 같이 끓여 먹자고 사비로 산 라면 3개를 돈까스 배낭에 넣어 놨었다. 이제 우리 분대장 차 하사가 빠졌으니 우리 1분대는 라면을 조금씩 더 먹을 수 있다. 냉정할 거 없다. 이유야 어쨌든 차 하사 성격에 시내에 갔으니 짜장면을 안 사 먹을 사람이 아니다.

 돈까스와 분대원들은 점심을 아주 잘 먹고 얼른 개울가로 내려가 옆의 풀을 뜯어서 반합을 씻고 얼른 출발 채비를 한다. 잠시 시간이 있어서 돈까스는 담배 한 대를 물고 옆쪽의 분대 애들이 모여 있는 데로 가 보니 신병이 발에 물집이 많이 잡혀 있었다. 위생병이 물집을 터트리고 가루약으로 처치를 해준다. 돈까스는 그 모습을 보니 실무 처음에 왔을 때 생각이 나서 신병에게 담배를 한 대 물려줬다.

 "상순아~! 조금만 참고 잘 넘겨~! 이제부턴 너 자신과의 싸움이야~! 난 쫄병 때 너보다 더했어~! 너 자신이 이겨 내며 너만의 노하우가 쌓일 거야~! 알았지~!"
 "알겠습니다~! 주 해병님 감사합니다~!"

 돈까스는 신병들을 보면 지금 가평 수기사(맹호부대)에 군 복무하는 동생 같이 생각한다.

돈까스 동생 故주경순(이 글을 쓰기 몇 년 전 지병으로 하늘로 떠났음) 생각이 나서 동생같이 대하려고 한다.

우리는 논둑길로, 밭둑길로 미끄러지고 엎어지고 소대장들 목소리 듣고 열심히 따라갔다. 전날 비가 와서 많이 미끄럽다. 우리는 저 멀리 방어 진지 구축할 산으로 가기 전에도 야산을 공격하고 방어군은 후퇴하고를 반복하며 열심히 전진한다. 상륙군의 전초 기지 확보가 목적이라서 매번 기습 공격이라 그런지 행군 속도가 거의 뛰다시피 무척 빨랐다.

(먼 훗날 '라이언 일병 구하기'란 영화를 보니 상륙하고 진지를 구축하면 뒤에 대규모 후속 부대가 오는 장면이 우리가 그때 했던 훈련을 가장 잘 표현한 거 같다.)

돈까스가 진지 구축할 산이 거의 다 왔을 때 산 밑에 다리 옆집 쪽으로 달려간다? 집 앞으로 가니 그 집 오마니가 마당에서 청소를 하고 계셨다.

"오마니~! 반찬이 떨어졌어여~! 김치 쪼금만 주셔요~!"
"에구~! 군인들 배고프겠네~! 잠깐만 있어요~! 아~휴 줄 게 김치하고 감자밖에 없어~! 잘 먹어요~!"

오마니가 봉다리에 김치하고 삶은 감자를 몇 알 주셨다. 돈까스는 얼른 "오마니 고맙습니다~! 잘 먹겠습니다~!" 하고 얼른 대열로 들어간다. 군부대가 있는 곳은 이렇게 얻는 군인들이 많아서 주민들이 불만도 있다는데 돈까스는 그런 분들 못 봤다. 매번 많이 못 줘서 미안하다는 오마니, 아버지들뿐이지 매번 친절하신 분들뿐이다. 매번 감사할 따름이다.

그때 저쪽에서 중대장님 따까리 원기가 허벌나게 뛰어 온다.

"헥~헥~! 주 해병님~! 중대장님이 주 해병님한테 가면 저녁 찌개거리 줄 거라는데 무슨 말입니까~?"
"헉~! 봤네~! 봤어~! 자 이거 갖다가 김치찌개 끓여."

돈까스가 묵은지 얻어온 거에서 반을 뚝 잘라 원기한테 준다.
이때쯤이면 누구나 부식이 다 거기서 거기다. 중대장님과 소대장님들이 뒤쪽에서 오면서 돈까스가 그 집에 들어가 뭘 얻어오는 걸 보신 모양이다. 큭큭큭~!

돈까스네 중대는 오후 느지막이 방어선 구축할 산에 도착한다. 우리는 얼른 산 정상 부근에 참호를 파고 저녁 준비를 한다. 참호간의 간격이 5~6m 정도로 해서 각자 참호로 가서 공격조가 올 때까지 있어야 하는데 3월의 산은 춥다. 오늘 잠은 다 잔 거 같다. 쟤네들이 00시에 공격을 한다는데 그 시간이 확실치 않다. 참호에 둘, 셋씩 앉아서 서로 등을 기대고 이빨을 까며 기다리는 수밖에 없다. 아까 돈까스가 얻어 온 김치와 감자로 김치찌개를 2~3개의 반합 끓여서 옆 참호 애들까지 저녁을 맛있게 먹고 각자의 참호로 돌아가 하염없이 기다린다.
조금 있으니 저쪽 옆쪽에서 누가 뭐라고 하며 오는 거 같다.

"제군들~! 오늘 여기를 우리의 무덤으로 삼는다. 죽어도 방아쇠에 손가락을 걸고 죽어라~! 우리가 뚫리면 나라가 위험하다. '필사즉생(必死則生) 필생즉사(必生則死).' 죽기를 각오하고 방어하라~! 알았나~!"

오 마이 갓~! 중대장님이 소대장, 작전 하사를 대동하고 지나가며 결전을 독려하고 있다.

흑흑 햐~! 우리 중대장님 또 영화 찍는다. 한두 번이 아니다. 드디어 돈까스네 참호를 지나가며 오~잉~! 돈까스와 중대장 눈이 마주쳤다. (이빨을 쑤시면서 썩소를 날리신다.)

"만년 소총수~! 오늘 믿어도 되겠지~!"
"넵~! 중대장님 일당백 오늘 여기에 뼈를 묻겠습니다~!"
"캬~! 말은 청산유수여~! 좋아~!"

돈까스는 슬슬 춥고 배고프고 화가 난다. 후임들과 얘기를 하는 것도 어느 정도지, 빨리 공격해 오지 뭐 하는지 짜증이 난다.

"아~놔~! 빨갱이 시키들 빨리 오지 뭐하냐고~!"

산 아래를 보니 저기 다리 아래에 불빛이 보이고 거기 집결해 있나 보다. 말이 떨어지기 무섭게 아래에서 함성이 들린다. 어~? 그런데 금방 아래에서 함성이 들렸는데 바로 몇 미터 아래 어둠 속에서 움직임이 보인다. 돈까스가 뒤에 있던 작전 하사에게 물어본다.

"작전 하사님 보여~? 쟤네 뭐여~?"
"웅~! 보여~! 치사하게 기습조 보냈네~! 아~놔~! 저 시키는 항상 저 모양이야~! 그냥 대충하지, 다큐를 찍어요~! 갈겨~!"

저쪽 작전 하사와 우리 작전 하사는 동기다.

돈까스가 공포탄을 신나게 갈긴다. 일제히 다른 참호도 다 갈기는데 옆 참호 m60 사수 사섭이가 한참 갈기다가 또 소리친다.

"아~! 또 걸렸네~! 이 고물 좀 바꿔 줘~! 띠바~!"
"사섭아~! 다음에 순이네 가서 불고기랑 바꿔 먹자~!"
"아~! 그래야 되겠어여~! 이 고물~!"

어~? 근데 조 앞에 있는 넘들이 더 이상 밀고 들어오질 않네~? 아~! 밑에 본대가 올라오길 기다렸던 거다. 띠~바~!

조금 있으니 본대와 합류한 적군은 본격적으로 밀고 올라왔다.

앗~! 저쪽은 벌써 우리 애들 참호를 지나 돌격한다. 우리 쪽도 벌써 올라왔다. 돈까스는 소리를 치며 공포탄을 신나게 자동으로 갈긴다.

"이 빨갱이 시키들아 다 죽어라~!" 드르르륵~!

전진하던 적군 놈이 하나가 멈추더니 돈까스를 향해 말한다.

"어~! 아닌데~! 그쪽이 빨갱이고 우리가 국군입니다~!"
"엉~! 그래~? 이 종간나 시키들아 다 뒈져라~!"

이제 우리 진지는 다 점령됐다. 그때 옆 참호에 있던 가방끈 긴 범생이 후임이 외친다.

"브로큰 애로우[1]~! 브로큰 애로우~!"

돈까스가 저게 무슨 말이냐? 하니 사섭이가 말한다.

"머여 저 시키 무슨 과자 달라고 외치는 거야~?"

산 뒤쪽으로 철수를 해 집합하니 중대장님이 열변을 토하신다.

"우리는 오늘 다 전멸했어~! 그냥 자빠져 자~!"

그날은 텐트를 안 치고 침낭 위에 텐트를 덮고 그냥 잤다.

아침에 일어나니 덮었던 텐트천이나 나뭇가지에 서리가 내려 있다. 밤사이 조금 춥게는 느꼈지만 못 견딜 정도는 아니었다. 얼른 일어난 돈까스는 아까 배식해 준 라면과 고체 연료로 라면을 끓이고 역시 반찬은 마늘종 장아찌와 단무지. 김치는 다 먹었다. 아침을 다 먹고 군장을 다시 챙겨 또다시 산길을 정처 없이 걸어간다.

---

1) 브로큰 애로우(Broken Arrow)
   아군의 진지나 거점이 적에게 완전히 포위당해 온전히 빠져나갈 수 없는 상황 등 부대가 괴멸 위협에 처해 있는 상황을 이르는 말이다. 절체절명의 상황에서 모든 수단을 강구하라는 뜻이기 때문에 경우에 따라 데인저 클로즈가 무시돼 아군 오폭을 감수해야 할 상황일 수 있으며, '진내 폭격' 혹은 '진내 사격', '동귀어진'으로 잘못 각인되는 경우가 많은데 원래 의미는 적에게 포위된 상황만을 나타내고, 진내 사격 요청을 반드시 포함하지는 않는다.

이 이후부터는 며칠을 앞에 있는 산을 점령하고 방어하고 우리들끼리 그러면서 계속 남하한다. 오늘은 계속 걷고 저녁이 되면 분대 단위로 텐트를 친다. 마을에서 가까운 산에 숙영지를 마련했기 때문에 돈 있는 분대는 가게로 내려가서 이것저것 사는데 불행하게도 우리 분대는 돈이 없었다.

팀 스피리트 훈련도 후반으로 가니 부식도 거의 다 먹었다. 그냥 있는 거 다 때려 넣고 잡탕을 끓인다.
다들 바쁜데 어~? 신병 하나가 없다? 아~놔~!
한참 있다가 신병이 왔다. 물어보니 마을 가게에서 집에 전화하고 왔단다. 빠진 놈의 시키~! 경민이가 먼저 몇 대 때리고 해서 돈까스는 그냥 말로 한다.

"야~! 호근이 너만 집 생각나고 그런 게 아니야~! 여기 너 후임 정호도 집 생각 날 텐데 너처럼 개인행동을 하면 군대가 안 되지…. 공동체인데 너 하나 때문에 피해를 볼 수 있다고~! 재수 없으면 사단 심사관들이 돌아다니다 네가 걸려 봐~! 우리 대대 X되는 거여~! 이 고생이 물거품이 되는 거야~! 알았냐~! 시키야~!"
"넵 알겠습니다~! 잘못했습니다~!"
"쫌 그러지 좀 말자~! 빨리 밥 해~! 시키야~!"

돈까스는 저녁을 다 먹고 담배를 한 대 피우는데 경민이가 옆으로 다가오며 나지막이 묻는다.

"근데 주 해병님 사단 심사관들이 돌아다녀요~?"

"웅~? 나두 몰러~! 그냥 말한 거야~! 히히히."

경민이가 자러 가고 돈까스는 달을 보며 오마니, 아버지, 누나는 잘 계실까? 하고 생각한다.

또 가평 수기사에 복무하는 동생은 별탈 없이 잘 있을까? 생각하니 마음이 착잡하다. 텐트에 들어간 경민이 라디오에서 '사이먼 앤 가펑클'의 'Bridge over troubled water'가 흘러나오는데 달빛과 너무 잘 어울린다.

훈련 중 산속 개울가 세수

어우야~! 아침에 일어나니 몸이 안 쑤시는 데가 없다. 어제 저녁이 좀 추워서 웅크리고 자서 그런가? 이제 오늘 저녁 하루만 자면 내일 복귀다. 훈련이 끝난다. 훈련 중의 백미 팀 스피리트…. 장장 10박 11일(12일?)이다. 아침을 준비하느라 애들이 왔다 갔다 하는데 이젠 전부 다 아주 상그지들이

다. 이젠 국 끓여 먹을 재료도 읎~따. 그냥 밥을 물에 말아서 마늘종 장아찌, 단무지에다 먹었다. 다행히 처음 나올 때 마늘종 장아찌는 넉넉히 줬다.

아침을 빨리 먹고 돈까스는 또 남보다 먼저 군장을 챙긴다. 원래 천성이 느려서 남보다 한 발 먼저 움직여야 한다.^^ 우리는 산을 내려가서 논둑을 지나 밭둑을 지나는데? 몇몇 놈들이 무슨 풀밭으로 뛰어들어 풀을 뽑는다? 어? 저건 쑥? 냉이? 그냥 흙만 털고 주머니에 집어넣는다. 조금 가다가 또 뛰어들어 뽑는데 이번엔 그냥 풀인데? 부추란다. 점심에 국 끓여 먹으려고 그런가 보다.

한참을 걷다가 점심 먹으려고 산 중턱에 군장을 풀고 점심 준비를 하는데 작전 하사가 와서 오늘은 저녁까지 여기서 먹고 야간 행군으로 간다고 한다.

팀 스피리트 훈련 중... 뒷줄 가운데가 돈까스

아~! 푹 쉬는 거는 좋지만 야간에 산을 타는데 돈까스는 걱정이 앞선다.

밤눈이 어둡다. 돈까스는 원래 며칠짜리 훈련 나가면 군화를 잘 안 벗는다. 항간에는 양말 여유분을 가지고 나가서 잘 갈아 신어야 한다는데 돈까스는 훈련 중에는 안 벗고 복귀해서 벗는 게 더 나은 거 같다. 이번에도 날짜가 좀 길지만 안 벗었다. 내일 복귀를 하고 시간이 좀 있으니 양말을 갈아 신는다. 군대에는 여러 노하우가 있지만 각자에게 맞는 거 하면 된다.

중간에 오랜만에 낮잠도 잠깐 자고 돈까스는 후임들과 군장을 다시 정리를 한다. 군장이 한결 가벼워졌다.

저녁을 일찌감치 해 먹고 어스름 해가 넘어갈 때쯤 우리는 출발을 한다. 산을 내려가서 마을을 지날 때쯤 다리 밑에서 동네 분들이 매운탕에 소주를 하고 계신다.

"어~이 군인 양반들~! 한잔하고 가~!"
"많이들 드십쇼~! 선배님들."

돈까스가 다리 끝 쪽을 지날 때 한 아저씨가 주섬주섬 봉지에 뭘 담더니 앞쪽에 후임에게 얼른 준다. 후임놈 눈치 보더니 얼른 품에 숨긴다. 아~! 다행히 호근이가 받았다. 호근이가 뒤 돈까스를 보며 '어떡하죠~?' 하는 눈치다. 돈까스는 얼른 손짓으로 품에 넣으라고 바삐 손짓을 한다. 대열이 다시 산으로 들어갈 때쯤 거의 다 어두워졌다. 길도 없는 산을 지날 때마다 신경을 더 써야 한다.

조금 아까도 후임 하나가 발을 잘못 디뎌 넘어져 다칠 뻔했다. 이제는 완전 어두워졌다. 다행히 달빛이 있어서 좀 낫다. 돈까스는 잘 보구 걷는데도 자꾸 축축한 곳으로 발을 헛디딘다. 낮에 잘 보일 때 걸을 때보다 배는 힘이 드는 거 같다. 다시 산을 내려가 밭둑을 지나 다시 산으로 간다.

잠깐 쉬고 다시 출발…. 몇 시간을 야간 행군으로 걷는다.

드디어 저쪽에 마을이 보인다. 그 뒤에 산이 우리 마지막으로 1박을 할 곳이다. 마을 입구 옆쪽으로 올라 우리는 텐트 칠 장소로 가는데 길옆에 흙으로 보아 얼마 안 된 작은 무덤이 있다. 흠~! 쪼매 찜찜하다. 늦은 시간이라 우리는 얼른 텐트를 치고 잘 준비를 한다. 캬~! 때를 잘 맞춰 텐트를 다 치니 보슬비가 조금씩 온다.

우리는 텐트에 들어가 아까 호근이가 받은 봉지를 열어 보니 오~! 생명수 2병에 번데기 깡통, 소시지가 들어 있다. 얼른 나눠 마시고 침낭에 들어가 잘 준비를 하는 돈까스….

"1중대~! 철수~! 빠르게 텐트를 접고 군장을 싼다~!"

엥~! 이게 무슨 귀신 빤쓰 터지는 소리냐~? 소대장님이 소리치며 돌아다닌다. 돈까스는 생명수를 한잔하니 이제 몸이 노근하게 풀려 잠이 올라 하는데 아~! 짜증이 확~! 올라온다.

자초지종은 이렇다. 우리가 여기 도착했을 때 작전 하사가 마을 가게에 달걀을 사러 갔는데 가게 주인이 달걀을 집어 주는데 어~? 손가락이 두 개다. 그렇다. 이 마을은 한센병? 환자들 마을이었다. 가게 주인아저씨가 달걀을 팔며 '오늘 여기 산에서 자면 안 되는데…' 하시더란다. 작전 하사가 찜찜해하며 올라와 중대장님에게 그 말을 전하는데 곧바로 마을 이장님이 중대장님에게 오셔서 말한다.

"아까 오다가 무덤 못 봤냐? 그 무덤이 오늘 묻은 건데 오늘 여기 산에서 자면 누구 하나 안 좋은 일 생길 겁니다."

하고 가신다. 그 말을 들은 우리의 중대장님 조금의 지체도 없이 저쪽 아래 개활지로 철수~!를 결정하신 거다. 우리는 무슨 이런 황당한 일이 생기냐~!? 하며 어쩔 수 없이 텐트를 걷고 약 200여m 떨어진 아래 개활지로 철수한다. 그 사이 빗방울은 굵어졌다. 개활지로 오니 텐트를 칠 시간도 없고 칠 필요가 없다. 옷이며 군장 다 젖었다. 그런데 돈까스는 어쩌냐~! 아까 먹은 생명수 덕에 잠이 솔솔 오는데…. 할 수 없이 중대원들이 그냥 빗속에 침낭을 깔고 자기로 했다.

다들 피곤해서 그냥 자려고 한다.

돈까스는 침낭을 바닥에 깔고 그냥 침낭 속으로 들어간다. 조금 있으니 침낭 속에 물이 질퍽질퍽하다.

얼마나 잤을까? 눈을 뜨니 이건 뭐~! 물속에서 자는 거 같다.

다행히 비는 멈췄다. 그 와중에 다시 잠들었다.

"기~상~! 얼른 군장을 챙겨라~! 집에 가자~!"

돈까스가 눈을 뜨며 침낭 밖으로 소리를 친다.

"자~! 시키야~! 너는 잠두 없냐~!"

고참 소대장님이 돈까스에게 다가와 흔들며 깨운다.

"주 해병~! 미친 척하지 말고 집에 가자~! 히히."

"아~! 소대장님이셨쎄여~! 몰랐어요~!"

돈까스가 침낭 밖으로 나오니 어우야! 몸이 다 젖어 똘똘이까지 불었겠다. 우리는 아침을 대충 해 먹고 개활지 가운데 장작을 구해다 불을 피운다. 모두 밤새 떨어서 옷이며 군장을 말린다.

작전하사가 와서 00시에 미 해병대 헬기가 온단다. 그러고 보니 여기 개활지가 헬기가 오는 장소였나 보다.

우리는 몸을 말리고 얘기도 하며 헬기 오는 시간을 기다리는데 거의 시간이 다 될 쯤 중대장님이 우리를 모아 놓고 한 말씀하신다.

"제군들~! 이번 85 팀 스피리트 훈련은 오늘로 끝마친다. 아무 사고 없이 무사히 잘 따라 준 우리 대원들 대견하게 생각하며 고맙기도 하다. 마지막까지 사고 없이 유종의 미를 거두길 바란다. 알았나~!"

"넵~! 알겠습니다. 수고하셨습니다~!"

조금 있으니 저쪽 하늘에서 미 해병대 씨누크 헬기가 온다. 우리는 가슴에 달린 명찰 번호로 나눠서 탑승한다. 오~! 씨누크 처음 타 본다. 몇 분 안 지나서 창밖 아래에 1사단 항공대 활주로가 보인다. 우리는 착륙해서 21대대까지 행군으로 간다. '팀 스피리트 85' 돈까스 개인적으로는 참 값진 경험이었다.

이 열흘간의 훈련은 돈까스 개인에게는 잊지 못할 훈련이었다.

이제 전역까지는 두 달 정도 남았다. 마지막까지 무사히….

(12) 긴 여정의 끝과 시작

"과거에 얽매여 있다면 현재에 머무를 수 없고 현재에 머물러 있다면 미래를 품을 수 없다!"

팀 스피리트 훈련이 끝나고 사단 연병장에 머물렀던 미 해병 애들도 오키나와로 돌아갔다. 이경식 해병도 제대를 하고 이제는 돈까스가 세탁장이다. 세탁소 인원도 후임이 2명이고 목공병 노사우까지 후임들에게 노하우를 전수하던 어느 날….

두~둥~! 대대 주임 상사님이 어김없이 나타났다.

"야~! 주 해병~! 가지러 가야지~? 얼른 준비해~!"
"넵~! 알겠습니다. 노사우, 정식이, 성우 준비해~!"

"신속하게 침투해서 빠르게 철거해서 내려온다~!"

우리는 먼저 사단 연병장으로 올라가고 뒤에서 오던 주임 상사님이 1중대에서 3명을 더 데려와서 우리는 엄청 빠르게 미 해병대 애들의 화장실로 쓰던 질 좋은 나무를 엄청 많이 가져온다. 주임 상사님 입이 한껏 벌어졌다.

오늘도 국방부 시계는 잘 돌아가나? 고장 났나? 왜 이렇게 날짜가 안 가는 거야~! 이럴 때는 바쁘게 일을 해야 하는데 자연적으로 열외가 된다. 제대 날짜가 가까워질수록 끼워 주지도 않고 또 나 자신도 몸 사리게 된다.

오늘은 연탄을 채워 놓기로 했다. 보급에서 구르마를 빌려 후임을 데리고 남문으로 나가는 돈까스…. 아~참~! 연탄값을 안 가져왔다. 아이~! 그냥 가자. 다시 갔다가 오려면 멀다. 정식이는 연탄 사는 데를 오늘 처음 가 본다. 가게도 가르쳐 줄 겸 가는 거다. 정식이가 "제가 갔다 올까요~?" 한다. 돈까스가 그냥 가자고 한다. '선조치 후보고'다. 연탄 가게를 도착하니 마침 사장님이 연탄 배달을 나가셨다. 돈까스는 잠깐 눈치를 보다가 주인아주머니에게 말한다.

"사모님~! 바쁜데 일단 먼저 100장 담을게요~!"

돈까스가 정식이한테 빨리 실어~! 하며 재촉을 한다. 둘이 실으니 금방 실었다. 돈까스가 또 눈치를 보다가

"사모님~! 주임 상사님이 퇴근하실 때 돈 드린대요~!"
"응 알았어~! 주 해병~! 고구마 좀 줄까~?"

"네~! 사모님 감사합니다~!"

돈까스와 정식이는 고구마 두 개씩을 후딱 게 눈 감추듯 먹고 몇 개 싸 준 거를 들고 들어간다. 돈까스는 주임 상사실에 가서 연탄 100장을 보고하고 얼른 사단 PX로 달려간다. 부중대장님이 사단 PX에서 파는 중위 계급장을 좀 사다 달래서 계급장을 사고 복숭아 넥타하고 도나스 2개를 사서 느긋하게 먹는다. 중위님이 잔돈은 간식 사먹으라고 했다. 병장 월급이 4,500원이라서 이런 꽁돈이 즐겁고 귀하다. 세탁소로 돌아오는데 동기 행정병 정성주가 새 군복을 차려 입고 걸어온다.

"어이~! 애늙으니 워디 가냐~?"
"웅~! 외출 간다. 중대장님 심부름 시내 가는 길~! 너두 갈래~? 일 끝나면 죽도 시장 들를 낀데~!"
"됐다~! 던 없다~! 잘 갔다 와~!"

돈까스가 다른 동기 같았으면 얼른 같이 갔을 건데 애늙은이는 어쩐지 불편하다. 동기라고 다 좋은 건 아닌가 보다. 근데 지금은 그 인간도 보고 싶다. 잘 살고 있겠지?

세탁소로 돌아 간 돈까스는 후임들이 잘할 수 있도록 모든 걸 전수하는데 하루하루를 보내고 점점 전역 날이 다가온다. 2달~!, 1달~!, 15일~!…. 한편으론 빨리 기다려지는 전역 날이지만 뭔가~? 한쪽이 허전한 느낌이다. 뭘까~? 저번에 마지막 2박 3일 외박 때 집에서 자는데 뭔가? 불편한 느낌이 있었는데 그거와 관계가 있는 걸까?

이제 돈까스 전역 1주일 전이다. 오후 저녁을 일찌감치 먹고 사단 연병장 옆에 공수 교육대 입구 돌로 된 공수 마크상 옆에 돈까스가 앉아 있다. 어제부터 돈까스는 사단 전체를 돌아다니는 중이다.

그동안에 지나다니던 곳, 못 가 본 곳 등 1사단을 눈에 담고 있다. 오늘도 포항 병원까지 갔다가 오는 길이다. 그리고 지금 담배 한 대를 물고 저쪽 사단 본부를 쳐다보고 있다. 28개월 전 훈련소를 마치고 저기 사단 본부 내 보충대 내무실에 온 게 엊그제 같다. 그때 내무반에 쫄아서 대기하고 있을 때 내무실에 기간병이 틀어 놓은 라디오에서 최백호의 '입영전야'가 흘러나오고 있었는데 아련하다.

오늘은 돈까스가 아침을 먹고 서문 옆 강당으로 간다. 3일 동안 사회 적응 훈련, 보안 교육, 그리고 경찰, 소방서, 몇 개 기업에서 오리엔테이션을 하러 온다. 그중 포항제철은 아주 적극적이다. 각 파트를 모집하지만 경비 업무는 해병대가 단연 제일이다. 돈까스의 듣는 자세가 맘에 들었는지 부장? 이라는 사람이 이것저것 물어보고 명함을 줬었다. 교육을 다 듣고 동기 몇이서 사단 PX에서 한잔하는데 유장희가 같이 못 나가고 며칠 늦어진단다. 돈까스는 몰랐다가 이때 처음 장희의 얘기를 듣고 안타까워했다.

느지막이 세탁소로 돌아온 돈까스는 오늘은 세탁소에서 자기로 한다. 자는데 중간 중간 쥐새끼가 왔다 갔다 난리다.

저번에 다른 연대에서 세탁소에서 자다가 불이 난 적이 있었다. 그 다음부터는 세탁소에서 못 자게 했다. 그런데 이제 며칠 후면 여기도 이별을 할 거라서 전역 날까지 자기로 했다.

다음 날 정식이가 들어오는 소리에 깬 돈까스…. 아침 먹으러 가기 전에 연탄 화로를 가지고 세탁소 밖으로 나간다.

"주 해병님~! 제가 피울게요~!"
"아니야~! 오늘이 이거 피우는 것도 마지막이잖아~!"
"주 해병님~! 뭔가 아쉬운가 봅니다~! 말뚝 박으세요~!"
"악담을 해라~! 시키야~! 크크크."

연탄불을 피워 놓고 돈까스가 주계로 간다. 조금 일찍 왔더니 배식을 아직 안 한다. 돈까스는 이리저리 할 일이 없나 보니 주계장 철민이가 돈까스를 보더니 대뜸 소리친다.

"주 해병님~! 뭐 하능교 이리 오소~! 이거 좀 썰어줘요~!"
"엉~! 뭔데~? 뭐든 시켜 주셈~!"
"무 이거 깍둑썰기로 짤라 주세여~! 빨리여~!"

그동안 돈까스는 후임들이 들어오고 제대날이 다가와 시간이 날 때마다 주계에 와서 잔일을 도와줬었다. 돈까스는 그동안 자주해서 칼질도 좀 늘었다.

"아~! 주 해병님 저녁에 오세요~! 환송식 해 주께~!"
"어~! 거마워~! 대파[2] 다 모이지~?"

---

2) 대파
대대 파견 인원 – 주계병, 이발병, 세탁병 등

돈까스는 저녁을 먹고 본부 소대에 가서 외출증을 끊어서 남문으로 나간다. 그동안 잘해 준 남문 옆 왕대폿집 이모한테 가서 제대 인사를 하기 위해서 갔는데 손님이 좀 있다. 이모가 반가이 맞아 주며 잠시 안에 들어가 있으란다. 식당 뒤로 가면 이모가 거주하는 작은방이 있다. 조금 앉아서 텔레비전을 보고 있으니 이모가 돈까스가 젤 좋아하는 제육볶음에다가 소주 한 병을 갖고 들어온다.

"어~? 이모 나는 괜찮지만 이모는 아직 시간이 있는데 한잔해도 돼~? 손님도 아직 있던데~!"
"웅~! 아줌마 불렀어~! 주돌이 제대하는데 우리끼리 파티해야지~! 낼 바로 서울로 가~?"
"넵~! 감사~! 근데 오늘은 2시간 정도밖에 없어요~! 저녁에 후임 애들이 송별식 해 준대요~! 모레는 사단 신고식 하고 시내 갈 사람은 버스 타고 가고 저는 모레 남문으로 나올 건데~?"
"어~? 그래~! 그럼 들렀다 갈래~!"
"네~! 그럴게요~!"
"웅 그래~! 근데 혜영이 소식 들었어~?"
"혜영이 누님 두 달 전에 오고 안 왔어요~!"

버스 안내양 하던 그 누님…. 혜영 누님은 돈까스한테 세 번 정도 면회 왔었다. 그리곤 갑자기 소식이 끊겼다.

"웅~! 대구 집에서 결혼 준비한대~! 친구 영미가 한번 와서 말해 주더라고~!"

돈까스가 누나가 면회 왔을 때마다 여기 와서 먹고 같이 놀아서 여기 이모도 혜영 누나를 알았다.

"이모~! 잘 먹었어요~! 감사합니다~!"
"아이~ 뭘~! 모레 갈 때 와~!"

돈까스는 6시 좀 넘어서 남문으로 들어간다. 들어오며 자주 보던 헌병한테 아까 들어올 때 이모가 준 솔 담배 한 보루에서 두 갑을 꺼내 준다. 아주 좋아한다.

세탁소 관물함에 담배랑 봉지를 넣어 놓고 후임들한테 정리하고 주계로 오라고 하고 주계로 향한다. 아~참~! 주계로 가다가 다시 세탁소로 돌아가

카메라를 챙겨간다.[3] 저번에 휴가 나갔을 때 친구 수창이한테 빌려 온 거다.

주계로 가니 주계병들이 바쁘게 마무리를 하고 있다. 철민이가 주계 안에 있는 내무실로 가라고 눈짓을 한다.

주계병들이 정리를 다하고 음식을 차려 놓는다. 진수성찬~! 오~잉! 밥 먹을 때 돼지고기가 비계만 둥둥 뜨더니 살코기가 여기에 있었네~! 대파 후임들도 다 모였다.

"자~! 잔을 들어라~! 건배를 하자~! 주완순 해병님~! 전역을 축하합니다~! 건~배~!"

"주완순 해병님~! 전역을 축하합니다~!"(일동)

"오늘 여러분이 이 사람을 이렇게까지 자리를 마련해 주니 한없이 고맙다. 무사히 살아남아 전역을 하니 감개무량하다. 내가 무사히 전역을 하도록 도와주신 모든 분들에게 감사를 드린다. 나는 사회로 돌아가 새로운 시작을 하지만 여러분은 더 복무를 하니까 한 가지만 말하겠다. '상존하존' 집 떠나와 다 같이 고생하는 귀한 집의 아들들이다. 서로를 존중하며 아끼며 전역하는 그날까지 몸 건강히 잘 복무해 주길 바란다. 그리고 사족 한마디 더 덧붙이자면 군대는 인생의 공백기가 아니다. 군대에서 알게 모르게 배우는 것이 내가 앞으로 살아가는 데 밑거름이 될 거라고 나 주완순은 굳게 믿는다. 여러분도 의미 없는 군 생활이라고 여기지 말고 자기 자신에게 의미 있는 군 생활이 되길 바란다. 파이팅~! 건~배~!"

"넵~! 알겠습니다~! 건~배~!"

---

[3] 아~! 저때 사진을 철민이가 인화한다고 필름을 빼 줬는데 안 보내줬다. 해안 방어 때 찍은 것도 누구한테? 있는지 모르겠다.

이날은 주계장 철민이가 PX병한테 말을 해서 생명수를 짝으로 갖다 놨다. 정말 많이 마셨다. 각 중대에는 송별식 얘기를 하고 대파 인원 전부 열외를 해서 거기서 거의 밤새워 논 거 같다. 그리고 후임들이 조금씩 갹출해서 전역패를 줬는데 나중에 물어보니 대대 464기 동기 중 거의 못 받고 나만 받았다.

다음 날 돈까스는 곤봉 반납을 하고 전역복 개구리복 받은 거를 싹 다려 놓고는 오후에 사단 내 일월지로 간다. 절 같은 곳이다. 무사히 전역하는 걸 감사하는 기도를 하기로 한 것이다. 일월지로 와 보니 처음 실무 때 가끔 몰래 와서 운 적도 몇 번 있었다. 저쪽 연못 옆에서 소라? 다슬기? 그런 것도 잡아 몰래 끓여 먹고 그랬다. 감사 기도를 하고 나오는데 오늘도 어김없이 석양이 붉게 진다. 돈까스는 앉아서 담배를 한 대 피운다. 그 동안의 일들이 주마등처럼 지나가며 살짝 미소를 짓는다. 그리곤 혼잣말을 되뇐다.

"수고했어~! 돈까스야~! 살아남아 전역해 줘서~!"

그날이 왔다. 정말 오지 않을 것 같던 그날이 나에게도 왔다.
1985년 5월 25일…. 길다면 길고 짧다면 짧은 30개월이다.
아침 5시에 눈을 떠서 샤워를 마치고 잘 다려 놓은 개구리복을 입는다. 감회가 남다르다. 그냥 막 즐겁지도 않은 그렇다고 슬프지도 않고 뭐랄까? 아무 생각 없는 그냥 멍~!한 거다. 짬밥도 마지막이라 일부러 밥 먹으러 갔다가 처음 군에 들어올 때 3일 못 먹던 생각하며 몇 술 뜨다가 그냥 나오고 지나가는 후임들이 '축하합니다' 하는 말에 어색한 미소를 짓다가 또다시 멍~! 해지고…. 돈까스가 대공 초소에 올라 중대 내무반 건물을 보며 담배 한 대를 피우고 내려온다. 중대에 조금 앉아 있다가 사단 연병장에 전역 신고를 하러 올라간다. 올라가니 그 동안에 자주 보던 동기, 못 보던 동기 등 1사단 해병 464기 전역 동기들이 다 모였다.

　군악대의 연주가 울리고 사단장님의 훈시를 듣고 악수하고 끝났다. 어떻게 끝났는지 모르겠다.^^ 중대로 내려와서 중대장님의 훈시를 듣고 소대장님, 하사님들과 후임들과 마지막 인사를 하고 드디어 나간다. 사단 버스가 터미널, 포항 역전까지 데려다주는데 돈까스는 그냥 남문으로 나간다. 남문을 지키던 그동안 자주 봤던 헌병이 반갑게 맞이한다.

"수고하셨습니다~! 주 해병님 필~승~!"
"박 해병~! 고마웠어, 잘 지내세요~! 필~승~!"

　남문으로 나와서 돈까스는 그냥 걸어가다 버스를 탈까? 동기 몇 놈이 죽도 시장으로 오라고 했는데? 생각하며 남문을 나온다.

전역 며칠 전 세우랑 정식이랑…

이제 개인적으로는 저길 못 들어간다. 쪼금 이상한 기분이다.

히히~! 대폿집 누님이 나와 있다. (이때 이모랑 개구리복 입고 가게 앞에서 찍은 사진이 있었는데 아무리 찾아도 없다. 결혼하면서 정리했나?)

"주 해병~! 밥 먹었어~? 빨리 와~!"

돈까스가 가게로 걸어가며 씨~익하고 미소를 짓는다.
갑자기 생각난 것이 대폿집 식당 누님이 40대인데 꼭 우리 엄마처럼 반긴다. 누가 보면 아들이 오늘 제대한 줄 알겠다.

가게로 들어가니 방에 차려 준다고 방으로 가란다. 상에 차려주는데 돈까스가 제일 좋아하는 제육볶음, 돔회, 뿔소라, 성게 등등 진수성찬이다. 돈까스가 정신없이 먹는다. 사제 음식 오랜만에 먹어 본다.

"주 해병~! 근데 이제 집에 가면 뭐 할 거야~?"
"아~! 가면 한 달 정도 쉬면서 직장 알아봐야죠~!"
"여기 포스코도 왔었지~? 여기서 다니지 그래~!"
"네~! 포스코에서 나오신 분이 명함도 줬어요~! 생각해 보고 내려오라고~!"
"어~! 그래~? 주 해병이 내려오면 좋겠다. 여기서 직장 다니면 좋겠네~! 주 해병 생각은 어때~!"
"네~! 일단 올라갔다가 좀 생각해 보고 내려올게요~!"
"웅~! 알았어~! 어여 먹어~!"

돈까스는 이날 맘껏 먹는데 오랜만에 맘을 풀어놓고 먹었는지 많이 취해서 거기서 자고 간다.

담날 아침에 일어나니 10시가 넘었다. 누님이 끓여 준 해장국을 먹고 누님과 헤어진다. 주머니에 영락없이 가다가 휴게소에서 사 먹으라고 몇만 원을 찔러준다.

오랜 세월이 지나서 생각해 보니 순진한 돈까스는 잘해 주는 누님이 마냥 고마웠다. 그냥 그렇다고….

(지금에서야 얘기지만 돈까스는 서울 올라갔다가 두 달 후 포항에 다시 내려온다. 알바를 하러…. 그 얘기는 나중에 기회 되면(추억의 단상 2편…?) 다시 쓰겠다. 포항 몇 달 알바 생활 이야기만 써도 책 한 권 분량이 된다.)

포항 역전으로 가서 기차를 타려고 역전에서 담배를 한 대 피우는데 어~? 저쪽에서 개구리복 두 넘이 걸어온다. 큭큭큭~! 어제 돈까스한테 죽도 시장으로 오라고 하던 동기 두 넘이다. 얘네도 어제 맘껏 달리고 여인숙에서 자고 지금 나오는 길이다.

"어이~! 병채~! 종서~! 엄청 빨었구먼~! 히히"
"어이~! 주 해병~! 어디 있다가 지금 나오냐~! 히히. 대전 가서 밥 먹고 가~! 그냥가기 섭하잖여~!"
"그려~! 그러자~! 병채야~! 밥 먹고 가자구~!"

종서가 집이 대전이라 병채랑 밥 먹고 서울로 가면 된다. 돈까스는 애들이 화장실 가고 역전에 앉아 담배를 또 문다. 군 생활 진해 훈련소 생활 6주를 빼고 28개월 2주를 여기 포항에서 내 집처럼 있었던 거다. 한마디로 시원섭섭 아쉽다. 다른 동기들은 여기 쪽으로 오줌도 안 눈다고 하지만 돈까스는 여기가 그리울 거 같은 생각이 든다. 마침 역전 광장 한쪽에 우리 또래 젊은이들 몇이 모여 있다. 어디로 엠티를 가나 보다. 바리바리 싼 것이 엄청 많다.

누군가 틀어놓은 라디오에서 입대할 때 들었던 그 노래가 나오고 있다. 한 넘이 나를 보고 씨~익 웃는다.

돈까스는 기차 시간이 다 되어서 천천히 일어나며 포항 시내를 한번 쭉 돌아보고 한마디 되뇐다.

"잘 있어라~! 포항아~! 내 제2의 고향 고마웠습니다~!"

* The End *

후기

"95퍼센트의 인간은 타고난 운명 그대로 평범하게 살아간다. 이들은 순리자라고 한다.

5퍼센트의 인간은 정해진 운명을 거스르는 능력을 갖고 있다. 정해진 운명을 거역하는 자. 이들을 역행자라 부른다."

— 어느 책에서

먼저 작가님들에게 존경의 마음을 표한다. 정말 어렵다. 평소 나는 모든 일을 되도록 내가 경험하고 말하려고 하는 편이다. 글을 쓴다는 것…. 이번에 정말 어렵다는 걸 느꼈다. 내가 겪어온 군 생활에 대한 이야기를 기억을 되살려 쓰는 것도 이토록 어려운데 한 권의 책을 내기 위해 자료를 모으고 그 이야기를 창작으로 책을 내니 대단한 일이다. 내가 책을 쓰려고 마음먹었던 건 오래전이다. 군 선배님들이나 지인들이 책을 낼 때마다 속으로만 부러워했었다. 그러나 여건도 안 되고, 내 주제에 무슨 책을 써~! 하는 마음이 앞섰던 것이다. 그러다가 세월이 지나면서 내가 컴퓨터 공부를 하고 이 사이트 저 사이트 웹서핑을 다니면서 재미로 겪었던 일이나 여행기 등을 올리면서 재미있다고…. 다음 편을 빨리 올리라는 댓글이 달리면서 조금 조금씩 자신감이 붙었던 거다.

그러다 어느 노선배님이 자전적인 책을 내면서 한 권 주신 게 나의 마음에 작은 불씨를 일으키게 된 거다. 어려서부터 공부는 젬병인데 만화책이며 커서는 무협지, 소설책을 엄청 읽었다. 어느 날인가는 5권짜리 소설을 잠도 안 자고 밤새 다 읽는다. 다음 날 다른 책을 또 산 적도 있었다.

그렇게 마음만 있고 또 머뭇거리다 해병 464기 동기회 밴드에 짧게 몇 개의 에피소드를 올렸는데? 여기서 동기들이 재미있다…. 다음 편 올려라…. 책을 내자 하는 말을 또 듣는다. 순진한 돈까스는 '아~! 책으로 쓰면 정말 재미있겠구나~!'라는 생각이 대뇌의 전두엽, 후두엽, 달팽이관을 사정없이 강타하고 지나간다. 그래서 쓰기로 결심한 거다.

동기회 밴드에 처음 올린 날짜가 2022년 6월이다. 이 후기를 쓰는 날이 3월 초니 9개월이 걸린 거다. 잘 생각나다가 갑자기 생각이 하나도 안 날 땐 이틀이고 삼 일이고 진도가 안 난다. 그러다 갑자기 또 생각이 나면 몇 페이지가 금방 써진다. 이걸 몇 번씩 반복을 한다. 담배만 늘었다. 아~! 이래서 작가님들이 담배를 많이 피우는구나~! 생각이 막히면 2~3개 줄 담배가 되고….

졸작이지만 쓰다 보니 어느 순간 그때로 돌아간 거 같기도 했고 정말 힘들었는데 선배님들은 몇십 배 더 힘들었다는 걸 생각하니 절로 존경심이 생기기도 했다.

다시 한번 말씀드리지만 나는 정식 작가도 아니고 정말 졸작이지만 나의 군 생활 이야기를 95% 정도 사실에 5%의 살을 붙여 재미 위주로 최선을 다해 썼다. (5%는 동시대에 같은 해병대 생활을 했던 후임들의 경험담을 들었던 거를 썼으니 거의 사실이다.)

누가 그러더라…. 맨 처맞는 얘기만 썼다고…. 히히히.

그래서 돈까스가 대답했다.

"저게 처맞는 얘기만 썼다고 보여지냐? 그러게 내가 언젠가 그랬지~! 책 좀 읽으라고~! 하다못해 만화책이라도 보라고 했냐 안 했냐~? 이 글(책)이 돈까스가 맨 처맞는 거만 쓴 거로 보이나~! 그리워하고 있잖아~! 그 시절로 돌아가고 싶어 하잖아! 부모님이 살아 계신 그때로…. 동생이 살아 있는 그때로, 고인이 된 동기들이 돈까스의 총을 들어 주며 동기야~! 힘내라~! 동기야~! 힘내라~! 하던 그때로 말이다."

주완순 스스로에게 수고했어~! 토닥토닥하며 이 책을 쓰도록 용기를 북돋아주며 물심양면으로 도와준 부인 도회남님에게 진심 감사를 드립니다. 하늘에 계신 아버지, 오마니, 남동생에게 올립니다. 또한 고인이 된 해병 464기 동기님들에게 바칩니다.

끝으로 나라를 위해 목숨을 바치신 호국 영령들과 국군 선배님들의 노고에 감사드립니다.

2023년 3월 어느 날
대한민국 해병대 464기 주완순